VIVIR CON DISOCIACIÓN TRAUMÁTICA

Entrenamiento de habilidades para pacientes y terapeutas

SUZETTE BOON
KATHY STEELE
ONNO VAN DER HART

VIVIR CON DISOCIACIÓN TRAUMÁTICA

Entrenamiento de habilidades para pacientes y terapeutas

2ª edición

BIBLIOTECA DE PSICOLOGÍA
DESCLÉE DE BROUWER

Título de la edición original:
COPING WITH TRAUMA-RELATED DISSOCIATION
Skills Training for Patients and Their Therapists

Traducción: Alfonso Colodrón
Corrección de contenidos: Amaya Pérez Domínguez
(Psicóloga colegiada nº M-16790)

1ª edición: abril 2014
2ª edición: septiembre 2016

Henao, 6 – 48009 Bilbao
www.edesclee.com
info@edesclee.com

EditorialDesclee

@EdDesclee

Printed in Spain
ISBN: 978-84-330-2702-3
Depósito Legal: BI-254-2014

A nuestros pacientes que nos han enseñado tanto
y constituyen la verdadera inspiración de este manual.

Índice

PARTE III
Mejorar la vida diaria

PARTE IV
Afrontar los recuerdos y los desencadenantes traumáticos

PARTE V
Entender las emociones y las cogniciones

PARTE VI
Habilidades avanzadas de afrontamiento

PARTE VII
Mejorar las relaciones con los demás

PARTE VIII
Guía para los facilitadores de grupo

Apéndices

Prólogo

Vivir con disociación traumática es el primer manual desarrollado para pacientes con trastornos traumáticos complejos del desarrollo, tales como el Trastorno de Identidad Disociativo (TID) y el Trastorno Disociativo No Especificado (TDNE). El tratamiento de los trastornos disociativos complejos ha ganado una aceptación creciente, porque se han validado estos diagnósticos en numerosas poblaciones, y los enfoques de tratamiento, basados en un consenso clínico experto, han demostrado ser sólidos y muy prometedores (para las directrices de tratamiento, consúltese *Sociedad Internacional para el Estudio del Trauma y la Disociación* [ISSTD], en prensa). Los estudios realizados hasta la fecha, aunque aún presentan problemas metodológicos, indican que los pacientes con un trastorno disociativo se benefician del tratamiento "centrado específicamente en la patología disociativa", y muestran mejoría en un setenta y cinco por ciento de una variedad de síntomas que incluyen disociación, ansiedad, depresión, angustia general y trastorno por estrés postraumático (TEPT) (Brand, Classen, McNary y Zaveri, 2009, p. 652). Los esfuerzos preliminares para validar empíricamente estos tratamientos han mostrado resultados positivos (Brand, Classen, Lanius, et al., 2009), además de que ya se han iniciado nuevas investigaciones actualmente en curso.

En los años 90 empezaron a aparecer libros especializados para pacientes traumatizados y otros pacientes de psicoterapia, pero ninguno específico para individuos con un trastorno disociativo complejo. Muchos de estos libros se centraban en un enfoque teórico concreto o en técnicas para problemas relacionados con el trauma, pero no se enfocaban específicamente en los trastornos disociativos, así que se han ido incorporando al tratamiento de individuos traumatizados en general. Algunos libros especializados terminaron siendo un complemento a la terapia individual o se les dio un uso personal, mientras que otros fueron diseñados para utilizarse en el marco de grupos estructurados.

Estos valiosos manuales cubren una amplia variedad de temas, incluyendo la regulación emocional de la sensación de seguridad y la fobia al afecto, la ansiedad social, las adicciones, las autolesiones, la depresión, la ansiedad y los problemas en las relaciones. Algunos de los más destacados, que han sido particularmente útiles para muchos supervivientes del trauma, incluyen la terapia dialéctico conductual para la personalidad límite (Linehan, 1993); los sistemas de entrenamiento para la predictibilidad emocional y la resolución de problemas (STEPPS; Blum y otros, 2008; Bos, Van Wel, Appelo y Verbraak, 2010 también para personalidad límite); los tratamientos psicodinámicos breves de la fobia al afecto (McCullogh y otros, 2003); el *mindfulness* y los tratamientos basados en la mentalización como la terapia de aceptación y compromiso (ACT; Follete y Pistorello, 2007).

En la década pasada surgieron manuales específicamente dirigidos al tratamiento del trauma, alguno de ellos empíricamente validados. Varios son específicos del TEPT, principalmente basados en la terapia cognitivo conductual (TCC) y en la exposición prolongada (por ejemplo, Rothbaum, Foa y Hembree, 2007; Williams y Poijula, 2002). Otros manuales de TEPT han integrado la TCC con otras modalidades, incluyendo la regulación emocional (por ejemplo, Ford y Russo, 2006: grupo adaptativo de recuperación del trauma, educación y terapia [TARGET]; Wolfsdorf y Zlotnick, 2001; Zlotnick y otros autores, 1997); gestión interpersonal y del proceso para trauma y adicciones (*Pedir Ayuda*, Najavits, 2002); y un enfoque ecléctico (*Más allá de la superviencia*, Vermilyea, 2007). Cloitre, Cohen y Koenen (2006) fueron los primeros en desarrollar un manual de psicoterapia específico para el TEPT complejo en adultos supervivientes del abuso infantil, basándose en la TCC y las relaciones objetales interpersonales de apego. En los Países Bajos se publicó un curso de estabilización para el trastorno por estrés postraumático, "Vroeger & Verder" (Dorrepaal, Thomaes, & Draijer, 2008), adaptado de un manual original de C. Zlotnick y otros autores, con algunos añadidos.

Se supone que alguno de estos manuales centrados en el trauma están específicamente dirigidos al tratamiento de los recuerdos traumáticos; sin embargo, el consenso de los expertos indica que los pacientes con trastorno disociativo complejo tienen alto riesgo de desestabilizarse y pueden incluso descompensarse, cuando se les expone prematuramente a los recuerdos traumáticos. La inmensa mayoría de estos pacientes necesitan un plazo considerable de estabilización y de desarrollo de competencias antes de poder tolerar e integrar con éxito los recuerdos traumáticos. De hecho, el acuerdo clínico general para el tratamiento de los individuos traumatizados crónicamente, incluidos los pacientes con TID y con trastorno por estrés postraumático extremo no especificado (DESNOS), es el de seguir una terapia individual para pacientes externos, secuenciada en las siguientes fases: (1) estabilización, reducción del síntoma y entrenamiento de habilidades; (2) tratamiento de los recuerdos traumáticos e (3) integración y rehabilitación de la personalidad (Boon & Van der Hart, 1991; Brown, Scheflin y Hammond, 1998; Chu, 1998; Courtois, 1999; Herman, 1992; ISSTD, en prensa; Kluft, 1999; Steele y Van der Hart, 2009; Steele, Van der Hart y Nijenhuis, 2001, 2005; Van der Hart, Van der Kolk y Boon, 1998; Van der Hart, Nijenhuis y Steele, 2006).

"Las directrices para el tratamiento del TID y del DESNOS" (ISSTD, 2011) y otras publicaciones de expertos en este campo proporcionan una excelente visión de conjunto de los enfoques de tratamiento (por ejemplo, Kluft y Fine, 1993; Kluft, 1999, 2006; Putnam, 1989, 1997; Ross, 1989, 1997; Steele y Van der Hart, 2009; Van der Hart, Nijenhuis y Steele, 2006). Dichas publicaciones también facilitan intervenciones específicas. No obstante, todavía se deja a los terapeutas elegir una mezcla de técnicas, basadas en habilidades específicas de la Fase I, de la literatura y la rica tradición oral del campo de los trastornos disociativos, dejando cualquier tratamiento dado a merced de la creatividad y familiarización del terapeuta con todo lo que se ha escrito. En este manual, hemos intentado reunir las técnicas fundamentales de estabilización de la Fase I para pacientes y sus terapeutas, específicamente adaptadas para tratar la disociación que subyace y mantiene muchos de los síntomas. Entre algunas de estas habilidades se incluyen la mentalización, la atención y conciencia plenas, la regulación emocional e impulsiva, la empatía interna, la comunicación y la cooperación, el desarrollo de seguridad interna así como habilidades cognitivas, afectivas y de relación.

Este manual se sustenta en los aproximadamente 30 años de experiencia clínica que cada uno de los autores ha tenido con pacientes con TID o TDNE, así como en el trabajo magnífico y fundamental de otros muchos colegas, pioneros en este terreno. Es bien sabido que las innovaciones clínicas proceden de los que ejercen la clínica, no de los investigadores (Westen, Novotny y Thompson-Brenner, 2004), y hasta que se hayan dirigido suficientes estudios controlados aleatoriamente sobre el tratamiento de los trastornos disociativos complejos, dependemos de dicho saber clínico ganado a duras penas. Por primera vez, este manual proporciona un protocolo de tratamiento operativo, que está supeditado a validación empírica en una población tan necesitada como esta, que había sido excluida de otros estudios sobre tratamientos del trauma.

Desarrollo del Manual de formación en habilidades

Este manual se basa parcialmente en experiencias continuadas de aprendizaje con programas de tratamiento de día para pacientes externos con TID durante la década pasada en los Países Bajos. Dichos programas se llevaban a cabo todos los días de la semana, con una duración de media jornada a jornada completa, e incluían terapias complementarias, como la terapia de arte y movimiento. Esto las diferenciaba de otras terapias de orientación más cognitiva para el trastorno de personalidad límite. Los componentes no verbales y las experiencias de estos programas de tratamiento demostraron ser particularmente desestabilizadores para muchos pacientes con trastornos disociativos complejos en las primeras fases del tratamiento. Estas modalidades pueden reactivar recuerdos traumáticos y partes disociadas, dando lugar a una desorganización de la persona como un todo, especialmente cuando la fobia a la experiencia interna sigue siendo intensa. Tales dificultades condujo a uno de nosotros (S.B.) a desarrollar un curso estandarizado de duración limitada, comparable a la formación en habilidades, como en el caso de la terapia dialéctico conductual (Linehan, 1993) y del sistema STEPPS (Blum y otros, 2008; Bos y otros, 2010), pero específicamente diseñado para pacientes con trastornos disociativos complejos.

La fuente de inspiración más importante y publicada para nuestra obra, *Vivir con disociación traumática,* fue un curso holandés, validado empíricamente, de estabilización para pacientes con TEPT complejo, desarrollado por Ethy Dorrepaal. Kathleen Thomaes y Nel Draijer (Dorrepaal, Thomaes y Draijer, 2006, 2008). Como parte de una investigación, uno de los autores (S.B.) dirigió en 2005 un grupo de pacientes con TEPT complejo basándose en una versión inédita de este manual holandés, *Vroeger en Verder* (Más pronto y más lejos; Dorrepaal, Thomaes, & Draijer, 2006, 2008) y los resultados la impresionaron gratamente. En cualquier caso, como se excluyó a los pacientes con trastorno disociativo complejo (TID y TDNE, subtipo I), se redoblaron los esfuerzos con el fin de crear un manual específico para ellos. Una experiencia positiva con el grupo que padecía TEPT complejo animó a la primera autora a desarrollar un manual para pacientes con trastornos disociativos complejos. Este manual tiene un formato análogo, y se superpone en algunos temas, a *Vroeger en Verder* (Dorrepaao, Thomaes & Draijer, 2008) y al manual STEPPS para la regulación de las emociones en el trastorno de personalidad borderline (Blum, Pfohl, St. John, & Black, 1992); también posee algunas similitudes con otros manuales de habilidades para trastornos traumáticos (Cloitre, Koenen, & Cohen, 2006; Harris, 1998; Najavits, 2001). La particularidad de este manual consiste en destacar formas, tanto para pacientes con trastornos disociativos como para los terapeutas, para trabajar eficientemente una organización subyacente disociada de la personalidad, como parte fundamental para afrontar muchos de los bien conocidos síntomas de los traumas crónicos.

Durante los últimos 6 años, varios expertos clínicos, incluyendo una de las autoras (S.B.), han utilizado una versión anterior de este manual para dirigir grupos de formación en los Países Bajos y, más recientemente, en Noruega y en Finlandia, dando lugar a nuevas propuestas para mejorarlo. Finalmente, durante los últimos 3 años, los autores han colaborado intensamente para perfeccionar y ampliar el manual definitivo. Hemos consultado a muchos otros colegas y a algunos pacientes en un esfuerzo por recibir una amplia variedad de comentarios y sugerencias.

Aunque el manual se desarrolló originalmente para un grupo estructurado de tratamiento basado en habilidades, rápidamente nos dimos cuenta de que también puede ser considerado como un complemento valioso para pacientes en terapia individual y una guía para terapeutas. Por tanto, el presente manual puede utilizarse tanto con objetivos grupales como individuales. A pesar de que se pensó específicamente para pacientes con trastorno disociativo complejo, muchos de los contenidos son muy relevantes para personas con TEPT complejo y trastornos de personalidad relacionados con hechos traumáticos.

Los terapeutas que utilicen el manual como parte de la terapia individual con pacientes, deberán tener en cuenta que el capítulo 34, "Sesión de introducción", y el capítulo 35, "Sesiones de cierre" son únicamente para un uso grupal.

Debe avisarse a todos los clínicos y pacientes de que este manual no es de ninguna manera un sustituto del tratamiento integral para los trastornos disociativos, ni tampoco del adecuado entrenamiento y supervisión del tratamiento de los trastornos disociativos complejos. Recomendamos encarecidamente que cualquiera que utilice este manual se familiarice con las novedades de la Sociedad Internacional para el Estudio del Trauma y con las Directrices para el Tratamiento de la Disociación para TID y TDNE (Directrices de tratamiento de la ISSTD, 2011).

Para más información sobre el tratamiento de los trastornos disociativos visiten la página web de la Sociedad Internacional para el Estudio del Trauma y la Disociación en http://www.isst-d.org o la página web de la Sociedad Europea de Trauma y Disociación en http://www.estd.org.

Puede ampliarse la información relativa a *Vivir con disociación traumática*, los autores o la formación especializada para terapeutas, en nuestra página web que pueden visitar en http://www.copingwithdissociation.com.

Agradecimientos

Muchos son los colegas que han contribuido de forma significativa a este manual y lo han hecho, tanto a través de los grupos de formación que ellos mismos han desarrollado, como con la aportación de ideas y sugerencias. Mencionamos especialmente a Nel Draijer, Ethy Dorrepaal y Katleen Thomaes que nos inspiraron con su Curso de Estabilización, *Vroeger & Verder*, para desarrollar este entrenamiento en habilidades. Los equipos y colegas de los Países Bajos que trabajan con uno de los autores (S.B.) han realizado contribuciones inestimables al tratamiento de los trastornos disociativos complejos y al desarrollo de técnicas de formación. Queremos expresar nuestro particular agradecimiento a Sheri Miller, LCSW, y a Kate O'Mullan, BA, por sus útiles aportaciones al capítulo 30, "Afrontar el aislamiento y la soledad". Nos gustaría dar las gracias a Jolanda Treffers por su excelente prólogo para pacientes desde la perspectiva de una superviviente. Lo escribió originalmente para nuestra traducción al holandés. Nos congratulamos de que su texto sea ahora incluido en todas las futuras traducciones y reediciones.

Sobre todo queremos dar las gracias a nuestros pacientes, que tuvieron el coraje de compartir sus vivencias con nosotros, trabajar sin descanso por su sanación y ser la inspiración más importante del manual. Muchos participantes de los cursos llevados a cabo en los Países Bajos durante los últimos seis años, así como varios impartidos en Estados Unidos, nos proporcionaron comentarios muy valiosos sobre las versiones anteriores del manual que nos ayudaron a mejorarlo. Estamos muy agradecidos por sus sugerencias y comentarios.

Este manual contiene gran variedad de técnicas. Resulta imposible determinar el origen de algunas de las más antiguas, porque llegan a menudo por transmisión oral desde distintas tradiciones de la psicoterapia y algunas son omnipresentes. Hemos hecho todo lo posible para honrar dichas técnicas y queremos disculparnos si, involuntariamente, hemos olvidado citar algunas fuentes.

Introducción para pacientes

Este manual fue desarrollado para aquellos de ustedes que están luchando contra los trastornos disociativos complejos relacionados con el trauma, como son el Trastorno de Identidad Disociativo (TID) y el Trastorno Disociativo No Especificado (TDNE, subtipo I). La sociedad no suele entender bien estos trastornos, y las publicaciones sobre su tratamiento se han escrito para los profesionales de la salud mental. Existe muy poca ayuda fiable y práctica que pueda encontrar, salvo la que su terapeuta pueda ofrecerle. Muchos de ustedes han pasado años en el sistema de salud mental antes de que sus problemas disociativos nucleares fueran reconocidos y tratados. Este manual les ofrece soluciones prácticas a los problemas de disociación durante la primera fase de su tratamiento. Explicamos la disociación y otros síntomas relacionados con el trauma con un lenguaje sencillo y le ayudamos a entender y a trabajar con sus partes disociadas de una forma racional. Se le presentarán ideas y temas esenciales, útiles para sanarse de la disociación y del trauma; también aprenderá habilidades prácticas que le ayudarán a manejarse en su vida diaria.

Recomendamos encarecidamente el uso de este manual solo en el curso de la terapia individual o en un grupo de formación estructurado facilitado por clínicos capacitados, para que pueda aprovechar al máximo de su experiencia y recibir el apoyo adecuado. Este manual no está destinado para que lo utilice usted solo si no está en terapia, aunque algunos contenidos puedan servirle. El manual también puede ser útil para sus seres queridos, que desean entenderle y ayudarle más eficazmente.

Cada capítulo incluye un tema relevante respecto al trauma y la disociación, así como estrategias para ayudarle a afrontar más eficazmente su disociación y otros problemas relacionados con el trauma. Se han incluido tareas en cada tema para ayudarle a practicar sus nuevas habilidades. Si está utilizando este manual en su terapia individual en lugar de participar en un grupo, puede pasar por alto el programa sugerido al comienzo de cada capítulo y también la Parte 8 en su totalidad, los capítulos del 33 al 35, que se centran en la participación en grupos.

Algunos temas pueden no ser relevantes para usted. No obstante, puede encontrar algunos consejos útiles en loa capítulos en los que se tratan; así pues, le animamos a que lea al menos algo sobre dichos temas, antes de decidir saltárselos. Algunos capítulos pueden ser demasiado abrumadores o prematuros para usted en este momento. Es normal; salte esos capítulos y continúe con otros que sean adecuados para usted.

Es fundamental que practique los ejercicios de las tareas propuestas y los adapte a sus propias necesidades. Leer el manual puede ayudarle, pero no sustituye la práctica continua con la que adquirir nuevas habilidades. Asegúrese de colaborar con su terapeuta en su trabajo con este manual.

Es muy importante que siga su propio ritmo de trabajo con este material. En cualquier momento en que empiece a sentirse sobrepasado, deténgase y practique los ejercicios para conectarse al aquí y al ahora, céntrese en el momento presente y consulte con su terapeuta en caso necesario. Sanarse requiere tiempo; forzarse demasiado puede, de hecho, frenar su progreso. Por otro lado, no presionarse a usted mismo en absoluto para superar la evitación de asuntos dolorosos, o para practicar nuevas habilidades, también frena su sanación. Encuentre su ritmo y, si es necesario, pida ayuda a su terapeuta para saber cuándo esforzarse más y cuándo aminorar el ritmo.

La participación en cualquiera de los ejercicios de este manual es voluntaria. Hemos intentado crear los ejercicios apropiados para una amplia variedad de individuos; por supuesto, no todos los ejercicios, sin embargo, pueden ser útiles o apropiados para usted en particular. Aunque las personas con disociación tengan mucho en común, también presentan muchas diferencias. Conseguirá máximo beneficio del curso si practica los ejercicios tanto como le sea posible, pero también debe ser consciente de lo que es y no es útil para usted. Siéntase libre de modificar los ejercicios en su beneficio, para conseguir los suyos propios o la ayuda adicional de su terapeuta para practicar las habilidades de este manual.

A través de este manual se le preguntará a menudo si encuentra cualquier dificultad a la hora de completar las tareas. Tener conciencia de estos obstáculos es el primer paso para superarlos. Es fundamental que usted comente cualquier dificultad en su terapia individual para recibir más ayuda y apoyo.

I Entender la disociación y los trastornos traumáticos

1 Entender la disociación

PROGRAMA

- Bienvenida y reflexiones sobre la sesión de introducción.
- Ejercicio: Aprender a estar presente.
- Tema: Entender la disociación.
  - Introducción.
  - Aprender a estar presente.
  - Entender la disociación.
  - Los orígenes de la disociación crónica.
  - Los trastornos disociativos.
- Tareas:
  - Releer el capítulo.
  - Practicar el ejercicio de aprender a estar presente dos veces al día, por la mañana y por la tarde, o un ejercicio parecido que usted y su terapeuta hayan acordado que es mejor para usted.
  - Completar la hoja de tareas 1.1, reflexiones sobre lo que ha aprendido.

Introducción

Este manual tiene como objetivo principal ayudarle a entender y vivir con la disociación y los principales trastornos disociativos, así como con las experiencias y problemas que se derivan de ellos. Desde el principio es importante que se marque un ritmo que le sea cómodo para trabajar con este manual, así como con su terapia. Puede que el centrarse en sus síntomas disociativos pueda temporalmente aumentar su ansiedad; sin embargo, ampliar su comprensión de lo que le está ocurriendo por dentro y aprender formas más eficaces de afrontarlo le ayudará en poco tiempo a sentirse más relajado y cómodo con sus vivencias internas. Si se encuentra demasiado ansioso al trabajar con este manual en algún momento, haga un alto y practique el ejercicio de Aprendizaje de Estar Presente, que se encuentra en este mismo capítulo u otros ejercicios de este libro que le ayudarán a calmarse y sentirse más enraizado en el presente. Siempre podrá volver después para acabar un capítulo. Así, empezará a aprender más sobre cómo permanecer presente. Una vez que haya practicado el ejercicio propuesto para estar presente, podrá leer acerca de la disociación en este mismo capítulo.

Aprender a estar presente

Estar en el presente, ser consciente de lo que le rodea y de usted mismo es algo esencial para aprender, madurar y curarse de un trastorno disociativo. En el momento en que está presente, el pasado queda detrás. De este modo, antes de introducir ningún otro tema, empezamos con un ejercicio para ayudarle a centrarse en estar presente, porque esto constituye la base de todo el trabajo que llevará a cabo en este manual y en su terapia. También, porque sabemos que cuando se padece un trastorno disociativo estar presente puede comportar toda una lucha.

Las personas con trastornos disociativos tienen ciertas dificultades que interfieren con el hecho de permanecer presente. Cuando usted está estresado o afronta un conflicto doloroso o una emoción intensa, tal vez disponga de una serie de formas de retirarse del presente para evitarlos. Y aunque esta retirada pueda momentáneamente hacerle sentir mejor, a largo plazo usted evitará cada vez más el presente, y esto probablemente empeorará sus problemas.

Puede que haya veces en que se sienta en Babia, confuso o atontado. Tal vez pierda una fuerte conexión con el presente, incluso sin darse cuenta de ello, para percatarse después de que no estaba muy presente. Quizá se haya sumergido en imágenes, sentimientos o pensamientos negativos del pasado, o en inquietudes sobre el futuro, hasta el punto de estar tan preocupado dentro de su propia mente de no ser consciente del presente. Puede que haya ocasiones en que sea consciente de sus acciones y, aunque esté observándose, sienta que no tiene control sobre ellas. ¡Es como si estuviera presente y no presente al mismo tiempo! Además, algunas personas con trastornos disociativos complejos pierden tiempo, es decir, no pueden dar cuenta de lo que ocurrió durante lapsos significativos de tiempo en el presente. Y algunas personas pueden "quedarse en blanco" en algunos momentos y no percatarse de nada. Otras personas se retiran en sus fantasías o ensueños cuando la vida les parece demasiado estresante.

El siguiente ejercicio de concentración puede ayudarle a centrar su atención en el *aquí y ahora*. Podrá empezar a aprender cómo dejar de "colocarse" y finalmente superar gran parte de su disociación practicando el estar presente. Recuerde evaluar si el siguiente ejercicio le es útil y, si no, dejarlo de hacer o modificarlo.

EJERCICIO
APRENDER A ESTAR PRESENTE

- Seleccione visualmente tres objetos que vea en la habitación y preste mucha atención a sus detalles (forma, color, textura, tamaño, etc.). Asegúrese de no apresurarse a lo largo de esta parte del ejercicio. Permita que sus ojos se detengan en cada objeto. Diga para sí y en voz alta tres características del objeto. Por ejemplo: "Es azul. Es grande. Es redondo".
- Seleccione tres sonidos que pueda oír en este instante (dentro o fuera de la habitación). Escuche sus características. ¿Es fuerte, chirriante y definitivamente desagradable?

- Toque ahora tres objetos que estén cerca de usted y descríbaselos en voz alta. Si los siente, por ejemplo, ásperos, suaves, fríos, calientes, duros o blandos, etc.
- Vuelva a los tres objetos que escogió observar visualmente. Mientras los ve, concéntrese en el hecho de que está usted aquí y ahora con estos objetos en el presente, en esta habitación. A continuación, percátese de los sonidos y concéntrese en el hecho de que se halla usted en esta habitación con estos sonidos. Por último, haga lo mismo con los objetos que ha tocado. Puede ampliar este ejercicio repitiéndolo varias veces, tres objetos para cada sentido, después dos para cada uno, después uno solo. A continuación, vuelva de nuevo a tres de nuevo. Puede usted también añadir nuevos objetos para mantener viva su práctica.

Ejemplos

- **Vista**: Busque algo en la habitación (o también a alguien) que pueda ayudarle a recordarle que está usted en el presente. Por ejemplo, una prenda de vestir que esté llevando y que le guste, un color, forma o textura particular, un cuadro en la pared, un pequeño objeto, un libro. Dígase en voz alta el nombre del objeto.
- **Sonido**: Sírvase de los sonidos de su alrededor para ayudarse a concentrarse en el aquí y ahora. Por ejemplo, escuche los ruidos cotidianos de su alrededor: el ruido del aire acondicionado o del frigorífico en marcha, personas que hablan, puertas que se abren o se cierran, los sonidos del tráfico, el canto de los pájaros, el aire del ventilador. Puede recordarse a sí mismo: "Estos son los sonidos de la vida normal a mi alrededor. Estoy a salvo. Estoy aquí".
- **Gusto**: Lleve consigo un comestible que tenga un gusto agradable y fuerte. Por ejemplo, pastillas de menta, caramelos duros o chicle, alguna fruta como un plátano o una naranja. Si se siente desenraizado del presente, llléveselo a la boca y concéntrese en el gusto y la sensación en el paladar para facilitarse el estar más *aquí y ahora*.
- **Olfato**: Lleve consigo algo pequeño que tenga un olor agradable. Por ejemplo, su crema de manos, su perfume favorito, una loción para después del afeitado, o también una fruta con aroma como una naranja. Cuando empiece a sentirse en Babia o que de algún modo no esté presente, un olor agradable constituye un poderoso recordatorio del presente.

- **Tacto**: Pruebe alguno de los siguientes ejercicios de tacto que le apetezca. Toque la silla o el sofá en el que esté sentado, o su ropa. Siéntala con los dedos y preste mucha atención a las texturas y al peso del tejido. Intente empujar el suelo con los pies para poder sentir realmente la parte del mismo que le sostiene. Dese un apretón de manos y deje que la presión y el calor le recuerde que usted está aquí y ahora. Presione con fuerza la lengua contra el paladar. Cruce los brazos sobre el pecho con la punta de los dedos tocando las clavículas y dese palmaditas en el pecho, alternando la parte derecha y la izquierda, al tiempo que recuerda que está usted en el presente y a salvo (el abrazo de la mariposas, Artigas y Jarero, 2005).
- **Respiración**: La forma en que respiramos es esencial para ayudarnos a estar presentes. Cuando las personas se disocian o se quedan en Babia, normalmente están respirando muy superficial y rápidamente o mantienen la respiración demasiado tiempo. Tómese el tiempo de ralentizar y regular su respiración. Inspire por la nariz contando lentamente hasta tres, retenga el aire tres segundos y a continuación expire por la boca, contando igualmente hasta tres. Hágalo varias veces mientras toma conciencia de cómo respira.

Dese cuenta de si ya tiene recursos para enraizarse en el presente.

Entender la disociación

En las siguientes secciones, aprenderá sobre la disociación que se desarrolló a partir de un trauma del pasado. Este concepto se basa en años de atentas observaciones y estudios (Boon; Boon y Draijer ; Van der Hart y Boon; Van der Hart, Nijenhuis, y Steele, 2006), incluida la investigación histórica de los escritos del siglo XIX sobre el tema y las lecciones de los pioneros de las obras sobre trastornos disociativos del último tercio del siglo XX (por ejemplo, Braun, 1986; Chu, 1998, Horevitz y Loewnestein, 1994; Kluft, 1985; Kluft y Fine, 1993, Loewenstein, 1991; Michelson y Ray, 1996; Putnam, 1989, 1997; Ross, 1989, 1997). *Disociación* es una palabra que se utiliza para muchos síntomas diferentes y, a veces, se entiende de forma diferente por diversos profesionales. Empezaremos explicando la integración, que es aquello por lo que usted lucha como parte principal de su curación.

La integración

Para entender la disociación es útil entender primero un poco de su opuesto: la *integración*. En el contexto de los trastornos disociativos, la integración puede entenderse como la organización de todos los diferentes aspectos de la personalidad (incluido nuestro sentido del yo) en un todo unificado que funciona de un modo cohesionado.

Cada uno de nosotros nace con una tendencia natural a integrar nuestras experiencias en una historia completa y coherente y en un sentido estable de quienes somos. Nuestra capacidad de integración nos ayuda a distinguir el pasado del presente y a mantenernos en el presente, incluso cuando estamos recordando nuestro pasado o contemplando nuestro futuro. También nos ayuda a desarrollar nuestro sentido del yo. Cuanto más seguro y protegido es nuestro entorno emocional y físico cuando crecemos, más capaces somos de desarrollar y potenciar este potencial de integración.

Cada uno de nosotros desarrolla formas típicas y duraderas de pensar, sentir, actuar y percibir, que es lo que se llama en su conjunto nuestra *personalidad*. Por supuesto, la personalidad no es "algo" que pueda verse, o que viva y respire; es más bien una especie de abreviatura que describe nuestras respuestas características singulares como complejos sistemas vivos. Normalmente, las personas funcionan de una forma coordinada para poder efectuar transiciones suaves entre sus patrones de respuesta, con el fin de ajustarse y adaptarse a diferentes situaciones, lo mismo que hacemos con el cambio de marchas en un automóvil. Se puede ir de casa al trabajo y tranquilamente cambiar los pensamientos, los sentimientos y la toma de decisiones, e igualmente cambiar de acción y, sin embargo, podemos vivirnos como una misma persona. En este sentido, nuestra personalidad es estable y predecible. No obstante, para ser más eficaces en nuestra vida, siempre estamos sutilmente cambiando, ajustando, adaptando y reorganizando nuestra personalidad a medida que aprendemos y tenemos más experiencias. En este sentido, nuestra personalidad es flexible.

El sentido del yo

A lo largo de nuestro desarrollo, aprendemos gradualmente a conectar nuestras experiencias de vida a lo largo del tiempo y de las diversas vivencias que tenemos con nuestro sentido del yo. Así pues, podemos tener una percepción suficientemente clara de quiénes somos y somos capaces de situar estas experiencias en la "historia de nuestra vida" como una parte integral de nuestra autobiografía. Cada uno de nosotros posee un sentido del yo que constituye una parte de nuestra personalidad, que debe ser coherente a lo largo de nuestro desarrollo y a través de circunstancias diferentes: "Yo soy *yo, soy yo mismo* como niño, como adolescente, como adulto, como padre, como trabajador. Yo soy *yo, yo mismo* en circunstancias buenas, difíciles o abrumadoras. Todas estas circunstancias y experiencias *me* pertenecen. Mis pensamientos, conducta, emociones, sensaciones y recuerdos –con independencia de que sean agradables o desagradables–, todos ellos *me* pertenecen".

La disociación

La disociación es la principal insuficiencia de la integración, que interfiere y cambia nuestro sentido del yo y nuestra personalidad. Nuestra capacidad de integración puede desequilibrarse de forma crónica si sufrimos un trauma. También puede verse perturbada o limitada cuando estamos extenuados, estresados o gravemente enfermos, pero en estos casos la perturbación es temporal. La traumatización infantil puede afectar nuestra capacidad de integrar nuestras experiencias en una narrativa de vida coherente y completa, porque la capacidad de integración de los niños es mucho más limitada que la de los adultos y se halla en proceso de desarrollo.

Por supuesto, no todas las insuficiencias de integración abocan a la disociación. Las insuficiencias de integración se producen en un *continuum*. La disociación conlleva una especie de apropiarse y despropiarse de la experiencia en paralelo: mientras que una parte de usted se apropia de la experiencia, la otra parte no lo hace. De este modo, las personas con trastornos disociativos no se sienten integradas, sino fragmentadas, porque tienen recuerdos, pensamientos, sentimientos, comportamientos, etc., que viven como ajenos y no característicos, como si no les pertenecieran. Su personalidad es incapaz de "cambiar de marcha" suavemente de un patrón de respuesta a otro; por el contrario, su sentido del yo y sus patrones duraderos de respuesta cambian de una situación a otra, y no son muy prácticos para adoptar nuevas formas de vivirlas. Experimentan más de un sentido del yo y no viven estos "yoes" como pertenecientes (por completo) a una sola persona.

Partes disociadas de la personalidad

Estos sentidos divididos del yo y los patrones de respuesta se llaman *partes disociadas de la personalidad*. Es como si no hubiera suficientes enlaces o conexiones mentales entre un sentido del yo y otro, entre un cuadro de respuestas y otro. Por ejemplo, una persona con un trastorno disociativo tiene la experiencia de que algunos recuerdos dolorosos de su infancia no son suyos: "Yo no tuve esas malas experiencias; no soy esa pequeña niña. Ella está asustada, pero ese no es un miedo mío. Está desamparada pero no es mi desamparo". Esta laguna del darse cuenta, esta experiencia de "no soy yo" constituye la esencia de los trastornos disociativos.

Las funciones de cada parte disociada de la personalidad o del yo pueden ir desde ser extremadamente limitados a ser más elaborados. Esto último es especialmente así en casos de trastorno de identidad disociativo (TID), que explicaremos con más detalle en el capítulo 3. La disociación adopta muchas formas, que expondremos e el próximo capítulo sobre los síntomas. Muchos síntomas disociativos son comunes en personas con trastornos disociativos, pero cada individuo puede también tener su propia experiencia subjetiva y singular de disociación.

Los orígenes de la disociación crónica

La disociación se desarrolla generalmente cuando una experiencia es demasiado amenazadora o abrumadora en algún momento para que una persona pueda integrarla totalmente, en especial en ausencia de un apoyo emocional adecuado. La disociación crónica entre partes de la personalidad o del yo puede convertirse en un "estrategia de supervivencia" en quienes han sufrido un trauma en su temprana infancia. En alguna medida, la disociación permite a una persona intentar seguir con una vida normal, mientras continúa evitando ser abrumada por experiencias extremadamente estresantes, tanto en el pasado como en el presente. Desafortunadamente, también deja una o más partes de la persona "bloqueada" en experiencias no resueltas, mientras que otra parte intenta evitar para siempre estas experiencias que no han sido integradas.

Es importante que usted sepa que en su proceso de entender y vivir con su disociación necesitará centrarse inmediatamente en su pasado doloroso. Mejor aún, el primer objetivo es dar sentido a sus aspectos disociativos y aprender a relacionarse más eficazmente con ellos, para poderse sentir mejor en su vida cotidiana. Resolver el pasado es un paso posterior después de haber aprendido a afrontar en el presente, tanto su mundo externo como su mundo interno.

Existen factores biológicos, sociales y del entorno que hace que algunas personas sean más vulnerables a la disociación que otras. Algunos pueden tener una tendencia biológica a disociarse o, quizá, tengan disfunciones orgánicas en su cerebro que provoca que les sea más difícil integrar en general lo que viven. Los niños pequeños poseen menos capacidad para integrar experiencias traumáticas que los adultos, porque su cerebro no ha madurado suficientemente para ello. Su sentido del yo y de la personalidad no son todavía suficientemente maduros a este respecto. Desde hace tiempo se ha reconocido que aquellos sin suficiente apoyo social y emocional son más vulnerables a desarrollar trastornos crónicos traumáticos, en especial quienes viven experiencias crónicas de desatención y abusos. Por último, muchas familias carecen simplemente de habilidades para relacionarse bien con sentimientos y temas difíciles; por ello, no pueden ayudar a niños que se han visto superados a aprender habilidades emocionales eficaces. Se necesitan estas habilidades para superar la disociación y resolver experiencias traumáticas. Son estas habilidades, entre otras, las que aprenderá en este manual.

Trastornos disociativos

Cuando las personas se disocian crónicamente hasta el punto de ver perturbada diagnosticarse que padecen un trastorno de disociación. Existen diversos trastornos disociativos y es importante saber que estas clasificaciones no pueden describir por completo a ningún individuo; de hecho, todavía seguimos aprendiendo sobre la disociación. Sin embargo, existe un consenso generalizado sobre el hecho de que los principales trastornos disociativos complejos se desarrollan típicamente durante la infancia y de que son el resultado de perturbaciones en la integración de la personalidad y del sentido del yo del niño, cuyos efectos continúan durante la etapa adulta.

Existe actualmente dos clasificaciones de diagnósticos y ambos difieren entre sí en alguna medida. Uno es el *Manual diagnóstico y estadístico de los trastornos mentales* (*DSM*), que hoy día se halla en su cuarta edición (Asociación Americana de Psiquiatría [APA], 1994), y se encuentra en curso de su quinta edición en el momento de publicación de este manual. Cada nueva edición incluye cambios en los criterios de diagnósticos mentales, que se basan en nuevas investigaciones y otros desarrollos en el campo de la salud mental. El *DSM* es el principal sistema de clasificación utilizado en Estados Unidos y muchos otros países. El otro sistema de clasificación lo publica la Organización Mundial de la Salud (OMS) y se conoce como *Clasificación Internacional de Enfermedades* (*CIE*). Algunos países europeos y no europeos utilizan principalmente la actual décima edición del *CIE* (OMS, 1992). Si consideramos un espectro de trastornos traumáticos, siendo el más básico el trastorno por estrés postraumático (TEPT), que se desarrolla en el periodo inmediatamente posterior a un incidente traumático en cualquier edad, los trastornos disociativos complejos constituyen una adaptación evolutiva al trauma más generalizada, originada en la infancia, y que dan un paso más en dicho espectro.

Este manual se centra en dos trastornos disociativos concretos: Trastorno de identidad disociativo (TID) y otro trastorno disociativo que constituye una especie de cajón de sastre para personas que presentan síntomas similares a los del TID, pero más leves, llamado Trastorno disociativo no especificado, tipo 1 (TDNE). (Véase el Apéndice A). Este último trastorno abarca en realidad a la mayoría de las personas que acuden a un tratamiento para el trastorno disociativo. La dificultad principal de ambos tipos de trastorno consiste en una disociación de la personalidad y del yo en la que las partes disociadas pueden tomar el control de la conducta o de la experiencia, o influir en ellas internamente. Por supuesto, todas las partes disociadas componen la personalidad de la persona en cuestión como un todo (Sociedad Internacional para el Estudio del Trauma y la Disociación [ISSTD, siglas en inglés], en prensa: Kluft, 2006; Putnam, 1989; Ross, 1997; Van der Hart y otros, 2006).

Debería examinar su diagnóstico con su terapeuta si tiene preguntas o algo que le preocupa. Recuerde que los diagnósticos no son etiquetas que definan cómo es usted. Por el contrario, son simples modos de clasificar amplias vivencias para que su terapeuta pueda ayudarle. La mayoría de las personas que padecen trastornos disociativos complejos acuden a la terapia con otras demandas, como la ansiedad, el pánico, la depresión, dificultades alimentarias o de sueño, abuso de sustancias adictivas, autolesiones, tendencias suicidas, problemas somáticos, pseudoconvulsiones y dificultades para relacionarse. Si el terapeuta no diagnostica adecuadamente un trastorno disociativo subyacente, esa persona puede malgastar mucho tiempo en un tratamiento sin alcanzar necesariamente el alivio que necesita. Habitualmente estos problemas o síntomas se resuelven cuando queda claro cómo están relacionados con una disociación subyacente de la personalidad, ya que la disociación puede mantener estos síntomas hasta que se afronta.

En este manual hemos intentado ofrecer una ayuda práctica para que usted pueda encarar los síntomas de la disociación que le perturban, en lugar de centrarnos en el diagnóstico. Por supuesto que el diagnóstico es importante, ya que le proporciona un mapa que usted y su terapeuta pueden seguir para obtener la ayuda adecuada. Pero como los criterios de diagnóstico cambian de vez en cuando, e incluso existen desacuerdos legítimos sobre los mismos, es probable que le sea más útil centrarse en lo que le ayude a resolver la disociación que trastorna su vida, en lugar de preocuparse demasiado de su propio diagnóstico.

Practique el ejercicio que se encuentra al principio del capítulo, *Aprender a estar presente*. Practique al menos dos veces al día durante unos minutos cada vez. Puede intentar el ejercicio en cuanto se levante y también antes de acostarse. También puede practicar este tipo de ejercicios por un momento en cualquier lugar en que se encuentre durante el día.

Hoja de tareas 1.1
Reflexiones sobre lo que ha aprendido

Reflexione sobre lo que ha aprendido en este capítulo sobre la disociación.

- Advierta y escriba lo que encaje y lo que no encaje con su vivencia.

- Advierta y escriba cualquier pensamiento, emoción preocupación, miedo, pregunta o cualquier otra experiencia que le venga a la mente.

- Percátese de si tiende a querer evitar el tema y, en caso afirmativo, cómo lo evita.

2 Síntomas de la disociación

PROGRAMA

- Bienvenida y reflexiones sobre la sesión anterior.
- Ejercicio: Aprender a estar presente.
- Tema: Síntomas de la disociación.
  - Introducción.
  - Problemas con la identidad o sentido del yo.
  - Experimentar muy poco: síntomas disociativos que implican pérdida aparente de función.
  - Experimentar demasiado: Síntomas que implican intrusiones.
  - Otros cambios en el darse cuenta.
  - Ampliación del aprendizaje del ejercicio.
- Tareas:
  - Releer el capítulo.
  - Complete la hoja de tareas 2.1, reconocer los síntomas disociativos.
  - Complete la hoja de tareas 2.2, lista de anclajes de seguridad al presente.

Introducción

La disociación abarca una amplia gama de síntomas que van de leves a graves y de temporales a crónicos. Los síntomas de quienes padecen trastornos disociativos suelen ser crónicos e interferir de algún modo en la vida cotidiana. Algunos síntomas disociativos se manifiestan no solo en los trastornos disociativos, sino también en otros trastornos psiquiátricos. Los profesionales todavía debaten sobre qué síntomas deberían considerarse disociativos y cuáles pueden ser síntomas más comunes de otro tipo, relacionados con los cambios que se producen en el darse cuenta y en la conciencia que todo el mundo percibe en algún grado. En este capítulo y en el siguiente describiremos los síntomas más importantes de la disociación.

Problemas con la identidad o sentido del yo

La mayoría de las personas que padecen un trastorno disociativo no acuden a terapia con demandas sobre su identidad ni sentido del yo. De hecho, buscan ayuda para otro tipo de problemas como la depresión, la ansiedad, dificultades para dormir o problemas de relación. Pero también padecen síntomas que pueden parecer extraños y atemorizantes, para los que no encuentran explicación y que a menudo les lleva a temer haberse vuelto "locas". Generalmente carecen de palabras para describir estas experiencias internas y puede que no las comuniquen a nadie, a menos que se les pregunte, porque se sienten avergonzadas. De hecho, estos síntomas se relacionan habitualmente con las acciones negadas de otras partes de la personalidad o del yo. Una vez que entienden sus síntomas disociativos, normalmente empiezan a sentirse mejor.

Uno de los principales síntomas de la disociación consiste en una *sensación de involuntariedad*: alguien es consciente de pensamientos, sentimientos, comportamientos, recuerdos, sucesos, etc., pero estas vivencias no parecen pertenecerle. Estas vivencias tienen una cualidad de "*no son mías*". Hay personas que tienen la sensación de ser "más de una persona" o de tener diferentes "voces" o identidades, algunas de las cuales pueden tener su propio nombre, edad y otras características diferentes de la vivencia que la persona tiene de su propia identidad.

Cada parte disociada de la personalidad posee el potencial de desarrollar una visión relativamente individual del yo, de los otros y del mundo, a menudo con diferentes pensamientos, predicciones, sentimientos y conductas de otras partes, aunque puedan ser muy limitados. Como consecuencia, quienes padecen un trastorno disociativo pueden estar muy confusos sobre quiénes son realmente, qué piensan, sienten, hacen, desean o sus sensaciones corporales. *Las partes disociadas de la personalidad no son en realidad identidades o personalidades en un cuerpo, sino simplemente partes de un solo individuo que todavía no funciona como una unidad de una forma fluida, coordinada y flexible.* En el siguiente capítulo describiremos con más detalle las partes disociadas de la personalidad.

La división interna de la personalidad puede manifestarse en un abanico de síntomas que pueden describirse en términos de experimentar "demasiado poco" o "demasiado".

Experimentar demasiado poco: Síntomas disociativos que conllevan pérdida aparente de funciones

Algunos síntomas disociativos conllevan una pérdida aparente de determinadas funciones o experiencias que, en principio, uno debería tener. En este caso, se experimenta "demasiado poco". Por ejemplo, puede usted tener amnesia, pérdida de memoria ("demasiado poca") para acontecimientos o segmentos importantes de su vida. O quizá puede que de repente le parezca perder una habilidad o un conocimiento que normalmente es una parte importante de su vida, como poder conducir o manejar el dinero. Es habitual que las personas que se disocian comuniquen que de forma inesperada son incapaces de sentir una emoción o una sensación en el cuerpo: es como si se entumecieran emocional o físicamente. Estas pérdidas no son permanentes ni se deben a estados de salud, como la demencia o padecer trastornos neurológicos. Se deben a la actividad de otras partes de la personalidad que están más bien separadas de usted.

Estas pérdidas son solo "aparentes", porque la función o experiencia que tiende a no estar disponible para usted puede estar de hecho disponible para otra de sus partes. Por ejemplo, aunque pueda no recordar haber tenido miedo en la infancia, otras partes sienten miedo o terror cuando se evocan determinados recuerdos infantiles. En este ejemplo puede ver que, aunque pueda experimentar demasiado poco (entumecimiento emocional), otra parte de usted puede estar experimentando, por ejemplo, demasiados sentimientos abrumadores. Expondremos posteriormente en este mismo capítulo estos síntomas de experimentar "demasiado".

Amnesia disociativa (pérdida de memoria)

Todo el mundo padece una amnesia natural sobre la mayor parte de la vida anterior a los tres años de edad, a causa de la inmadurez del cerebro, y no se recuerda gran cosa de los años anteriores a la escolarización. Por supuesto, nadie recuerda todo lo que le ha sucedido y todo el mundo tiene un grado de olvido normal y de distorsión de los recuerdos. Pero en general las personas deberían tener un recuerdo de su vida y de los principales acontecimientos de la misma hacia la etapa de la escuela elemental, suficiente para poder expresar una narrativa fluida de sí mismas.

La amnesia va más allá del olvido normal. Implica problemas graves de memoria no causados por enfermedad o fatiga extrema, el alcohol u otras sustancias que alteran la mente, ni por el olvido normal. La amnesia se hace repetitiva. Las personas que padecen un trastorno disociativo pueden recordar algunos aspectos de un acontecimiento, pero no otras partes esenciales del mismo. En algunos casos, no está disponible para un recuerdo consciente la totalidad de la memoria en determinados acontecimientos. Algunas personas con un trastorno disociativo describen su memoria como si fuese "agujeros de un queso suizo", estuviese "empañada" o "llena de agujeros negros". Puede que sospeche que algo les sucedió o puede que alguien les dijera que algo les pasó, pero no tienen un recuerdo personal de los acontecimientos en cuestión y, con frecuencia, les tienen miedo. Algunas personas pueden padecer amnesia sobre periodos más largos de tiempo y los acontecimientos normales que sucedieron durante los mismos. Por ejemplo, alguien puede decirnos que es incapaz de recordar nada de su quinto año escolar o desde los 9 a los 12 años de edad.

Puede también padecerse amnesia no solo del pasado sin también del presente. A esto se le llama "momentos perdidos" y es un síntoma clave del TID. Algunas personas pueden encontrarse en un lugar y no tener idea de para qué fueron allí, o pueden informarnos de que hay horas o incluso días en que no saben que estuvieron haciendo. O también descubren que es evidente que hicieron algo (como comprar o ir a una biblioteca), pero no se acuerdan de haberlo hecho. Pueden encontrarse a otras personas que les reconozcan, pero no tienen el recuerdo de haberlas encontrado. Algunas personas comprueban que otros les hablan de algún tema como si hubieran hablado antes del mismo, pero no recuerdan ninguna conversación al respecto y el tema no les suena de nada.

Cuando estos síntomas no se deben a una falta de atención estresante, frecuentemente están relacionados con el hecho de que una parte está implicada en una acción de la que otra parte posee una conciencia limitada o ninguna conciencia en absoluto. Así pues, existen partes que van de compras o a una biblioteca mientras que otras partes no tienen conciencia de estas acciones, o en los casos más graves, existen partes que tienen sus propios amigos, mientras que otras nunca los han encontrado. La pérdida de momentos frecuente o prolongada es mucho más común en el TID que en TDNE.

Distorsiones del tiempo

Las personas con un trastorno disociativo cuentan a menudo que tienen problemas de *distorsión del tiempo*. (Van der Hart y Steele, 1997). Viven internamente el tiempo como si pasara demasiado lento o demasiado rápido; a veces pasó más tiempo del que pensaban o, por el contrario, una hora les parece como todo un día. Algunas partes de la personalidad se hallan a menudo muy confusas sobre donde están en el espacio y en el tiempo, creyendo que están todavía en el pasado.

Alienación o distanciamiento de usted mismo o de su cuerpo (despersonalización)

Muchas personas viven normalmente formas temporales de despersonalización cuando están cansadas o estresadas, lo cual es un síntoma común en muchos trastornos mentales. Existe cierto debate entre los profesionales sobre si algunos síntomas de despersonalización son disociativos o si deberían clasificarse como otra clase de cambios en la conciencia (Boon y Draijer, 1993, 1995; Steele, Dorahy, Van der Hart y Nijenhuis 2009; Van der Hart y otros, 2006). Describiremos estos otros cambios de conciencia en el último párrafo de este capítulo.

Sentirse extraño a sí mismo supone a menudo que existen partes disociadas de la personalidad; por ejemplo, una parte de usted puede sentirse entumecida, en blanco o nublada, pero puede que haya otra parte que probablemente se encuentre abrumada. O puede que se viva como observándose desde afuera del cuerpo y ver a otra parte de sí mismo haciendo algo como si estuviera observando a otra persona.

Algunas personas que padecen un trastorno disociativo son capaces de saber y recordar lo que ha sucedido en una situación, es decir, no sufren amnesia, pero sienten como si no les hubiera realmente sucedido a ellas personalmente, como si estuvieran viendo una película o un sueño. O pueden saber que sucedió, pero no se percatan de que les sucedió a ellos; es como si estuvieran observando que le sucede a otra persona. De este modo son capaces de continuar distanciándose de experiencias que les sobrepasan. La desconexión de las emociones puede producir el que una persona viva como si existiera únicamente "en su cabeza", como si estuviera muerta por dentro, o como si estuviera "envuelta en algodón", o sentirse como "acartonada" o "unidimensional". Parecería como si no estuviera en el presente; se siente irreal, como si no existiera en realidad o no tuviera ningún control de sus acciones. Algunas personas también cuentan tener una sensación de ir con el piloto automático o como un robot.

Cuando quienes padecen un trastorno disociativo están alienados de su propio cuerpo, pueden ser insensibles al dolor físico o carecer de sensaciones en algunas partes del cuerpo. Algunas personas comentan que no siempre registran adecuadamente el calor o el frío, no pueden sentir si tienen hambre o están cansadas, o se sienten corporalmente entumecidas.

Existen muchos síntomas diferentes de despersonalización, pero en todos los casos parece que existe un modo de evitar o de intentar regular sentimientos o experiencias abrumadores. Los síntomas de despersonalización pueden ser temporales o crónicos.

Alienación o distanciamiento de su entorno (desrealización)

Además de la alienación de usted mismo, puede también tener la vivencia inquietante de que su entorno o las personas que le rodena parecen irreales. Por ejemplo, su propia casa puede resultarle desconocida, extraña o irreal, como si estuviera visitando la casa de cualquier otra persona. O puede que alguien al que conoce bien le parezca extraño y desconocido. Tal vez sienta irreal el mundo como si estuviera en un sueño o en una obra de teatro. A veces su entorno puede parecerle borroso, brumoso o distante. Las voces de la gente pueden parecerle muy lejanas, como si procedieran del otro extremo de un largo túnel, aunque sean próximas, o puede que parezcan visualmente muy lejanas aunque estén junto a usted. En personas con trastornos disociativos estos síntomas de falta de familiaridad o de irrealidad pueden estar relacionados, al menos por un tiempo, con partes de la personalidad que siguen viviendo en la época del trauma, es decir, confunden el presente con el pasado y, de este modo, no viven el presente como algo real y conocido. Estas partes pueden influir en su percepción de la realidad, hasta el punto de quedar confuso.

Experimentar demasiado: síntomas disociativos que conllevan intrusiones

Las intrusiones disociativas son aquellos síntomas que se producen cuando una parte disociada interfiere en la experiencia de otra. Las intrusiones pueden suceder en cualquier campo de la experiencia: recuerdos, pensamientos, sentimientos, percepciones, ideas, deseos, necesidades, movimientos o conductas. Por esta razón, muchos síntomas diferentes tienen una base disociativa.

Las posibles intrusiones disociativas incluyen retrospectivas súbitas de acontecimientos traumáticos del pasado; de repente, salen de "la nada" sentimientos, pensamientos, impulsos o conductas; un dolor inexplicado u otras sensaciones que carecen de causa médica; una sensación de ser físicamente controlado por otra persona u otras fuerzas que están más allá de su control; oír voces que comentan, discuten, critican, lloran o hablan en un segundo plano; u otras experiencias internas estremecedoras que no siente como propias. Estas vivencias suceden cuando una parte disociada de usted entra en su percatación consciente y usted toma conocimiento de, al menos, algunos aspectos de lo que esa parte suya está experimentando. Dichos síntomas pueden aumentar o disminuir, dependiendo de las circunstancias y del estrés que padezca.

Al menos al principio de la terapia, normalmente es difícil saber si un síntoma es disociativo, es decir, si está relacionado con una parte disociada de la personalidad. Es importante que se tome su tiempo para entender el origen y significado de sus síntomas. Una dificultad para reconocer la disociación consiste en que las personas a veces carecen de palabras para describir sus síntomas. Es importante que usted practique el percatarse de ellos y describir sus experiencias internas, sean o no disociadas. Esta toma de conciencia le permitirá dar más sentido a todas sus vivencias internas. Los ejercicios de tareas que se encuentran al final del capítulo están diseñados para ayudarle a volverse más consciente y ser más capaz de describir sus propias experiencias disociadas.

Otros cambios en el darse cuenta

La disociación se halla fuertemente asociada a otros cambios en el darse cuenta que son comunes a todo el mundo y que también se encuentran en otros trastornos mentales; así pues, no son exclusivos de los trastornos disociativos. Estos síntomas pueden producirse fácilmente por el cansancio, la enfermedad y el estrés, las drogas y el alcohol, y frecuentemente son temporales. Incluyen el no sentirse presente; quedar en Babia; ser muy olvidadizo y perder conciencia del tiempo; incapacidad para concentrarse o prestar atención; estar tan absorbido en una actividad (por ejemplo, leer un libro o ver una película) que no se da cuenta de lo que sucede a su alrededor; ensoñaciones; quedar absorto en fantasías; conducta asimilable a un trance, incluida la "hipnosis de la autopista" –conducir tan automáticamente que no recuerda gran cosa de su viaje y en ocasiones se equivoca de salida–; distorsiones de tiempo y bajo nivel de energía mental.

Estos síntomas pueden abarcar una gama de leves a severos, pueden consistir simplemente en un agravamiento; pueden perjudicar gravemente el funcionamiento de la persona, y pueden ser más transitorios o más crónicos (Steele y otros, 2009; Van der Hart y otros, 2006). Las personas que padecen un trastorno disociativo sufren gravemente como consecuencia de muchos de estos cambios de percatación, además de los síntomas relacionados con las partes disociadas de la personalidad o del yo. De hecho, cada parte disociada puede experimentar variantes de estos problemas del darse cuenta, y la intrusión o interferencia de las partes disociadas pueden también conllevar como resultado algunos cambios en la misma toma de conciencia. Puede usted ampliar el ejercicio del capítulo 1 de aprender a estar presente en el aquí y ahora, para adecuarlo a sus necesidades específicas.

Ampliación del aprendizaje del ejercicio de estar presente: Cómo encontrar sus propios anclajes al presente

Practique este ejercicio en su propia casa, encontrando anclajes al presente en cada habitación. Empiece siempre este ejercicio cuando se encuentre descansado, preferiblemente durante el día, ya que la luz natural le ayuda a estar más presente. De hecho, todos los nuevos ejercicios deberían practicarse en las ocasiones en que se encuentre en las mejores condiciones, porque es entonces cuando es más capaz de aprender de ellos. Una vez que tenga más práctica, le será más fácil servirse de ellos cuando se encuentre estresado.

Paséese por su casa y concéntrese dentro de cada habitación en los diversos objetos que pueda ver, los sonidos que escuche, los olores que perciba, los alimentos que pueda saborear en la cocina, las cosas que pueda tocar o tomar. Lo importante es que encuentre cosas que sean neutras o agradables de sentir, es decir, ver, oír, tocar; esto le conecta al presente. Por ejemplo, observe un cuadro o un póster que se halle en la pared, escuche música que le agrade, pruebe algo que le guste en la cocina, etc. En cada habitación, escoja tres objetos que pueda oír, sentir o tocar. Considere la posibilidad de elaborar una lista escrita de cada anclaje para tenerla disponible cuando la necesite, porque en general es fácil olvidar el utilizar estos anclajes cuando se está estresado. Puede incluso pedirle a alguien que le grabe una lista de estos objetos en una casete para poderla escuchar cuando se encuentre estresado. Lo importante es que se concentre en objetos que le ayuden a darse cuenta de que está en el presente, y de tenerlos disponibles cuando necesite enraizarse en el presente u orientarse en el presente en su casa.

Quizá le apetezca comprar cualquier pequeño objeto que le recuerde estar en el presente y colocarlo en algún lugar especial de su casa. Por ejemplo, una foto, una piedra, una figurilla, cualquier cosa que pueda ayudarle a usted o a partes internas a conectarse con el presente. En cualquier momento en que lo observe o lo tome en sus manos, recuerde que este objeto pertenece al presente y que usted lo está con él aquí y ahora. Algunas partes de su personalidad puede que encuentren que algunos objetos son más útiles para conectarse con el aquí y ahora que para usted. Y a otras partes tal vez no les guste las que usted elije. Por ejemplo, algunas partes que se viven como si fueran más jóvenes quizá prefieran objetos que otras partes más adultas consideran infantiles. Sin embargo, son a veces estas jóvenes partes las que encuentran más dificultades para permanecer presentes y necesitan ayuda para ello. Intente ser inclusivo y respetuoso para que todas sus partes encuentren lo que usted necesita para sentirse seguro y cómodo.

Nota: Cuando usted busque anclajes al presente en su casa, quizá se tope con objetos que le recuerden experiencias dolorosas del pasado. Por el momento, apártelas si puede. Puede encontrar sugerencias concretas sobre cómo evitar o reducir estos recuerdos traumáticos en el capítulo 15. Algunos objetos pueden desencadenar experiencias dolorosas para una parte de usted, pero no para otra; así pues, es importante tomar en cuenta lo mejor que pueda las necesidades y sentimientos de todas las partes, al decidir si apartar o evitar algunos objetos.

Hoja de tareas 2.1
Reconocer los síntomas disociativos

1. ¿Cómo fue para usted el leer sobre los síntomas disociativos?

   a. Describa sus pensamientos, emociones y/o sensaciones físicas cuando lee sobre los síntomas. Por ejemplo, ¿sintió alivio, confusión, miedo, vergüenza?

   b. Describa si algunos de estos síntomas concuerdan con su experiencia y de qué modo.

2. Marque con un círculo dos síntomas disociativos que quizá haya notado la semana pasada:
   - Sentido de fragmentación o división del yo o de la personalidad (puede incluir cierta toma de conciencia de partes disociadas).
   - Amnesia del presente.
   - Alienación de sí o de su cuerpo.
   - Alienación de su entorno.
   - Experimentar demasiado poco: pérdida de funciones.
   - Experimentar demasiado: intrusiones.
   - Otros cambios en el darse cuenta.

3. Describa su experiencia de cada uno de estos dos síntomas y cómo afectaron su conducta en el momento.

4. ¿Qué ha hecho en el pasado que le ayudase a afrontar estas experiencias disociadas?

5. ¿Qué síntomas disociativos le gustaría a usted aliviar más?

Hoja de tareas 2.2
Lista de anclajes de seguridad al presente

Relea las instrucciones para encontrar anclajes en su casa.

1. Haga una lista de anclajes de cada habitación de su casa (por ejemplo, el dormitorio, el cuarto de baño, el cuarto de estar, la cocina). Dese cuenta de lo que siente cuando piensa en estos anclajes.

2. Haga una lista de anclajes en otros lugares en los que sea importante para usted permanecer presente. Por ejemplo, en el automóvil, en el despacho de su terapeuta, en el trabajo o en la escuela.

3 Entender las partes disociadas de la personalidad

PROGRAMA

- Bienvenida y reflexiones sobre la sesión anterior.
- El mundo interno del individuo disociado.
- Significado y funciones de tipos concretos de partes de la personalidad.
- Revisión del ejercicio sobre el desarrollo de anclajes personales.
- Tareas:
  - Releer el capítulo.
  - Revisión del ejercicio sobre el desarrollo de anclajes personales.
  - Completar su lista de anclajes.
  - Completar la hoja de tareas 3.1, identificando los síntomas disociativos.
  - Completar la hoja de tareas 3.2, reconociendo las partes disociadas de usted mismo.

Nota: Este capítulo contiene mucho material. Si está usted utilizando este manual en un contexto grupal, puede que le sea útil emplear más de una sesión para abarcar su contenido.

Introducción

Las personas que padecen un trastorno disociativo complejo poseen una organización disociativa de su personalidad que se compone de dos o más partes disociadas, cada una de las cuales tiene (al menos en algún grado) diferentes respuestas, sentimientos, pensamientos, percepciones, sensaciones físicas y comportamientos. El mundo interno de estos individuos conlleva la existencia de interacciones entre diversas partes de la personalidad, caigan o no dentro de un darse cuenta consciente. Como ya hemos indicado anteriormente, la personalidad de todo el mundo es un sistema dinámico complejo que, como todos los sistemas, conlleva continuas acciones y reacciones, en las que partes de dicho sistema interactúan para mejor o para peor. La partes disociadas pueden tomar el control o influir en la persona como un todo en una mayor o menor medida. Como ya hemos señalado, estas partes, con independencia del grado de separación que vivan, no son otra "persona" o "personalidad" completa, sino más bien manifestaciones de la forma en que se organiza su única personalidad. Usted sigue siendo una persona, aunque entendemos que no siempre lo viva usted así.

El mundo interno del individuo disociativo

Imágenes del "mundo interno" de las partes disociadas

Muchas personas con un trastorno disociativo (aunque no todas) visualizan un espacio o mundo interior en el que habitan sus partes, e incluso puede que visualicen también una imagen de una parte concreta. Quizá describan escenas subjetivas, tales como vestíbulos con puertas, casas con habitaciones, o escenas concretas en las que "viven" algunas partes, como un niño acurrucado en un rincón o un adolescente con pelambrera y aspecto furioso. Estas imágenes son útiles, porque pueden cambiarse terapéuticamente para aumentar la seguridad interna y la comunicación. A modo de ejemplo, las habitaciones pueden tener intercomunicadores instalados para una mejor comunicación, o puede añadirse la imagen de una manta blanca o un peluche a la imagen de un niño acurrucado en la esquina para aumentar la sensación de seguridad y bienestar.

Las funciones básicas de partes de la personalidad

Aunque cada persona puede tener algunos rasgos singulares de sus partes disociadas, existen algunas similitudes típicas que subyacen en las funciones básicas de las partes. Cuando alguien ha sido traumatizado, su personalidad se halla generalmente organizada en al menos dos clases de partes especializadas en diferentes funciones. La primera se centra en afrontar la vida cotidiana y evitar recuerdos traumáticos, mientras que la segunda está enganchada a experiencias traumáticas del pasado y centrada en defenderse de cualquier tipo de amenazas (Van der Hart y otros, 2006).

La o las partes de la personalidad que funcionan en la vida cotidiana abarcan frecuentemente la porción mayor de la personalidad. La mayoría de las personas que padecen un TDNE solo tienen una parte que funciona en la vida diaria, mientras que quienes padecen el TID tienen más de una. Este tipo de parte evita habitualmente tratar con otras partes o incluso reconocerlas, aunque puede ser influida por estas de varias formas, como veremos más adelante. Esta parte puede evitar situaciones o experiencias susceptibles de evocar recuerdos traumáticos. Dicha evitación ayuda originalmente a poder afrontar la vida diaria, mientras se tiene a raya experiencias dolorosas del pasado. Sin embargo, con el paso del tiempo, se produce una vida que se vuelve cada vez más limitada.

Mientras la parte de la personalidad que afronta la vida diaria es evitativa, al menos otra –y habitualmente más de una– permanece "estancada" en recuerdos traumáticos, y piensa, siente, percibe y se comporta como si dichos acontecimientos estuvieran todavía sucediendo (al menos en alguna medida) o estuviera a punto de suceder de nuevo. Estas partes suelen estancarse en repetir conductas de protección en caso de amenaza, aunque no son adecuadas. Por ejemplo, algunas partes luchan para protegerse aun cuando usted no necesita dicha protección en el presente, otras quieren evadirse o huir aunque esté usted a salvo, algunas quedan bloqueadas por el pánico y otras se desmoronan totalmente. Estas partes son generalmente muy emocionales, no demasiado racionales, limitadas en su raciocinio y percepciones, no orientadas al presente y se encuentran absolutamente sobrepasadas. Mayoritariamente viven en la época del trauma, es decir, continúan viviendo la experiencia traumática del pasado como si fuera presente y mantienen emociones, creencias, sensaciones, etc., relacionadas con las experiencias traumáticas.

Conciencia de las partes entre sí

Las partes disociadas pueden tener diferente grado de conciencia de cada una de las otras. Algunas no son conscientes en absoluto de la existencia de las otras partes o solo de algunas. Puede que una parte sea consciente de otra y no a la inversa. Algunas pueden tener conciencia de la existencia de las otras, pero no entienden su sentido. Incluso cuando las partes son conscientes de su existencia recíproca, a menudo no están de acuerdo sobre temas que son importantes para la persona en su totalidad. Una de sus metas al servirse de este manual consiste en aprender a desarrollar habilidades para alcanzar acuerdos entre diferentes partes, lo cual es muy diferente de forzar a otras partes a plegarse a usted o ignorar sus necesidades.

La influencia de las partes en cada una de las demás

Con independencia del grado en que las partes sean o no conscientes de cada una de las otras, se influyen entre sí. Cualquier parte puede inmiscuirse e influir la experiencia de la parte que está funcionando en la vida diaria sin tomar pleno control de su funcionamiento; a esta experiencia se la llama *influencia pasiva* (Kluft, 1987) o *intrusión parcial* (Dell, 2002). En el capítulo anterior, expusimos brevemente algunos de estos síntomas de intrusión. Puede usted ser influido por otras partes en sus pensamientos, sentimientos, sensaciones corporales, percepciones, expectativas o conductas. Por ejemplo, en un centro comercial las personas con trastornos disociativos pueden escuchar una voz interna que dice: "¡Salga, salga! No es seguro permanecer aquí. ¡Debe irse a casa!". Sin embargo saben que no está pasando nada. Es más que un deseo; es más bien una desesperada voz interna que proviene de otra parte de la personalidad que puede visualizarse como un niño pequeño aterrorizado. Quizá estos individuos pueden también oír o sentir otras voces internas que le dicen a la parte infantil que grite o que se queje sobre lo estúpido que es salir de compras porque no necesita nada.

Estas personas pueden entonces sentirse confusas, avergonzadas y asustadas de lo que les está sucediendo por dentro sentir una especie de catástrofe inminente, como si les fuera a ocurrir algo terrible. Y al mismo tiempo permanecen conscientes de que se hallan simplemente en un comercio en el que cada uno se ocupa de lo suyo de manera normal. Además, puede que oigan o sientan interacciones entre diversas partes internas, así que se vivan como espectadores de una conversación o una discusión en la que no se les ha incluido.

Estas intrusiones poseen una cualidad diferente de la incomodidad normal que algunas personas sin trastorno disociativo pueden experimentar en un centro comercial abarrotado de gente (*"Este centro comercial está abarrotado y estoy deseando acabar e irme"*). Por el contrario, es como si la persona con un trastorno disociativo tiene (al menos) dos mentes completamente diferentes que no se entienden entre sí o que conversan sobre temas totalmente diferentes. Estas intrusiones pueden parecer tan extrañas o ajenas que quizá usted comience a preocuparse y pensar que está loco, pero usted no lo está. Incluso aunque usted no lo entienda del todo todavía, otras partes de usted tienen su propio programa, sus propias percepciones, pensamientos, sentimientos, deseos, necesidades, etc. y por buenas razones. Su desafío consiste en aprender sobre ellas y aceptarlas sin juicio, aun cuando no esté de acuerdo con ellas. Solo desde este punto de comprensión puede usted hacer cambios que colaboren a que todas las partes trabajen juntas de forma más armoniosa.

Control ejecutivo

En algunas personas, especialmente si padecen el TID, una parte disociada puede tomar pleno control de su conducta en el mundo. El proceso de una parte que domina a la otra (a menudo es un acontecimiento involuntario) se llama *cambios de personalidad ("Switching"–*. Si usted vive un cambio de personalidad, quizá pierda tiempo cuando otra parte de usted tiene el control. O puede que sea consciente de lo que está sucediendo, pero es como si estuviera usted observando y no tuviera control sobre su conducta. Por ejemplo, una persona perdía tiempo siempre que se encontraba en un centro comercial abarrotado de gente. "Volvía" a su automóvil con toda su compra de comida, pero no recordaba haberla comprado. Otra persona tenía la vivencia de observarse en el centro comercial como si estuviera caminando tras de sí o viéndose a sí misma desde arriba, fuera del cuerpo, preguntándose por qué estaba siendo tan lenta comprando. Informó de haber vuelto a su cuerpo una vez que volvió al automóvil.

La mayoría de las partes disociadas influyen en la experiencia de usted desde dentro, en lugar de ejercer un control completo, es decir, mediante una influencia pasiva. De hecho, muchas partes nunca toman el control total de una persona, sino que solo se viven internamente. Con frecuencia, cambiar puede constituir un signo de estrés severo y de conflicto interno en la mayoría de los individuos. Sin embargo, para algunos pacientes con TID, cambiar en la vida diaria es algo común.

Elaboración y autonomía de las partes

Partes de la personalidad pueden tener autonomía y una amplia gama de elaboración de sus características, es decir, una sensación de estar separadas de otras partes (Kluft, 1999, 2006; Putnam, 1997; Ross, 1997; Van der Hart y otros, 2006). Algunas pueden tener sus propios nombres, edad, sexo y preferencias, pero no todas ellas. Pero cada parte tiene al menos un conjunto de recuerdos, percepciones, pensamientos, emociones y conductas relativamente limitadas. Unas pocas partes se vuelven muy elaboradas y tienen un mayor espectro de acciones, habilidades y un sentido más complejo del yo, particularmente en individuos que padecen el TID. A título de ejemplo, una parte puede ser activa en el trabajo y también en situaciones sociales, que exigen emociones, pensamientos, comportamientos y sentido del yo muy complejos, mientras que otra parte puede solo llorar sin palabras y sentirse asustada. Esta última parte posee un repertorio muy limitado de experiencias, conductas, emociones, pensamientos y percepciones. Por supuesto, la mayoría de las personas con trastorno disociativo tiene una sola parte principal de la personalidad que está separada, es compleja y funciona en el mundo. Como regla general, cuantas más partes, es decir, cuanto más fragmentada está la personalidad, más rígida y limitada es la experiencia de muchas de dichas partes (no de todas). Cuanta más activa es una parte, más interactúa con otra gente y con otras partes, más puede ampliar su propia historia de vida y sus actividades. Las partes también varían en su grado de autonomía, es decir, el grado en que son capaces de actuar por sí mismas al margen del control de otras partes, inclusive obteniendo control pleno o ejecutivo (Chu, 1998; Kluft, 1999; Putnam, 1997; Ross, 1997; Van der Hart y otros, 2006).

Nombres de partes

La gente se pregunta a veces hasta cuántas partes puede tener. El número real no es importante en sí mismo. Es significativo únicamente en el hecho de que cuanto mayor sea la fragmentación de la personalidad, menor tiende a ser su capacidad integradora. Esto significa normalmente que las personas que tienen "más" partes pueden necesitar trabajar más en terapia para aumentar su capacidad de integrar sus experiencias.

El significado y las funciones de tipos específicos de partes de la personalidad

Partes de la personalidad pueden tener sus propias características únicas basadas en sus funciones dentro de la persona como tal. Sus características, como la edad, el género, el nivel emocional, las creencias y los comportamientos indican que todavía necesitan integrarse en la personalidad total. Por ejemplo, una parte muy niña que llama a su madre probablemente muestra añoranza de amor y cuidados que la persona como totalidad ha encontrado abrumadora, vergonzosa o inaceptable. Como las partes de la personalidad son representaciones, pueden adoptar una infinita variedad de formas, limitadas solo por la experiencia y creatividad de la persona en cuestión. A título de ejemplo, una parte masculina fuerte en una mujer la protegía cuando era vulnerable en una situación de miedo, evitando de este modo el tomar conciencia de que realmente estaba indefensa. Otra persona describía una parte como un pájaro. Esta parte podría eventualmente entenderse como una parte que, en su imaginación, intentaba huir volando y escaparse cuando las experiencias eran abrumadoras. De este modo, las características de una parte son informativas, pero no constituyen el foco principal de la terapia y no debe tomarse literalmente. Es el *significado y la función* de lo que representa lo que es esencial que usted y su terapeuta entiendan.

Partes de la personalidad con funciones en la vida diaria

Como ya se ha dicho, las personas que padecen el TDNE tienen una parte principal de la personalidad que funciona en la vida diaria, mientras que las que padecen el TID tienen más de una parte activa en el mundo; por ejemplo, partes que van a trabajar o que cuidan a los hijos. En casos extremos de TID, las partes que funcionan en la vida cotidiana no son conscientes de su existencia recíproca. Sin embargo, es más frecuente que exista un cierto grado de percatación, al menos para muchas personas, pero también un cierto grado de evitación. Y la mayoría de las partes que funcionan en la vida diaria son fóbicas respecto a las partes estancadas en la época del trauma.

Partes de la personalidad que retienen experiencias traumáticas

Existen diversas clases típicas de partes de la personalidad que se hallan estancadas en la época del trauma. Estas partes son representaciones de conflictos y experiencias comunes que tienden a ser difíciles de integrar. Tenga en cuenta que las siguientes descripciones son generales y que tal vez los ejemplos expuestos no se ajusten a usted. Es importante que acepte su propia experiencia interna tal como es y que no intente hacerla encajar en ninguna de las descripciones de este manual.

Partes jóvenes. La mayoría de las personas con un trastorno disociativo que vivieron un trauma infantil tendrán partes de la personalidad que se viven como más jóvenes en relación con la edad real de la persona: adolescentes, partes infantiles de la edad de la escuela primaria e incluso bebés y lactantes. Es como si estas partes estuvieran estancadas en diversos periodos evolutivos del pasado. Con frecuencia retienen recuerdos traumáticos y emociones o sensaciones perturbadoras y dolorosas, pero a veces también recuerdos positivos. Es típico que tengan sentimientos de añoranza no resueltos, soledad, dependencia y necesidad de bienestar, ayuda y seguridad, así como sentimientos de desconfianza y miedo al rechazo o al abandono. Estas partes se expondrán con más detalle en el capítulo 25.

Por supuesto, es completamente natural y comprensible que las personas que no han recibido atención o han padecido abusos tengan estas vivencias de necesidad. Al mismo tiempo, es bastante común que otras partes piensen que estas necesidades normales son repulsivas o peligrosas, porque tienen experiencias negativas del pasado al haber expresado lo que querían o necesitaban. Así pues, algunas partes de la personalidad rechazan las partes "necesitadas" y tienen la creencia de que es mejor no tener necesidades y ser completamente autónomo. Este hecho instala un típico conflicto interno entre partes que necesitan y partes que tienen miedo o son rechazadas por esas necesidades.

Partes colaboradoras. Algunas personas con un trastorno disociativo, aunque no todas, tienen partes "colaboradoras" en su mundo interno que cuidan del bienestar de otras partes, una forma interna de regulación que puede constituir un recuso o una base para aprender habilidades posteriores para tranquilizarse a sí mismo. Algunas veces, las partes colaboradoras se modelan conforme a una buena persona del pasado o a un personaje atrayente de un libro, de una película o de la televisión. Estas partes constituyen el intento del niño traumatizado para tranquilizarse y consolarse a sí mismo. En la mayoría de las personas, la parte principal de la personalidad que funciona en la vida diaria puede también aprender a ser muy empática y colaboradora para las partes internas.

Partes que imitan a personas que le hieren a usted. Habitualmente existen partes de la personalidad que sienten enfado y rabia que son inaceptables o muy atemorizantes para otras partes. Algunas pueden parecerse a personas del pasado que cometieron abusos. Estas mismas partes avergüenzan, amenazan o castigan a otras partes internas o pueden dirigir su enfado hacia otras personas del mundo externo. Aunque el comportamiento de estas partes puedes ser muy atemorizante o dar vergüenza, al tiempo que son inaceptables, es importante que usted entienda que estas partes tienen una buena razón para existir y que son representaciones; por tanto no son las mismas personas que le hieren. En su origen se desarrollaron para protegerle, conteniendo muchas experiencias perturbadoras de cólera, indefensión y, a veces, de culpabilidad o vergüenza. Por añadidura, su función consiste a menudo en impedir que las otras partes se comporten de un modo que, en el pasado, evocaba miedo o vergüenza. Con el tiempo, es importante apreciar la causa de su existencia, incluso aunque sus "métodos", es decir, su conducta y actitudes puedan no ser aceptables. Para curarse, tiene que superar el miedo y la vergüenza que siente de estas partes. Estas partes, como todas las partes de usted, necesitan convertirse en parte de un "equipo" interno que colabora y le representa como la persona total que es, así como su propia historia. Y una vez que esto es así, quedará sorprendido de la tremenda ayuda que dichas partes serán para usted. Estas se ampliarán en el capítulo 22.

Partes combativas. Algunas partes enfadadas quedan atascadas en una lucha defensiva contra cualquier amenaza. Tienen la función explícita de proteger al individuo mediante respuestas belicosas, dirigidas bien hacia otras personas o hacia partes internas que, de algún modo, evocan una sensación de amenaza. Las partes combativas creen con frecuencia que son fuertes, no han sido heridas y son capaces de desencadenar fuertes reacciones agresivas ante la percepción de una amenaza o una conducta irrespetuosa. A menudo se ven como un niño o un adolescente "duro" o un hombre grande y fuerte.

Partes avergonzadas. La vergüenza es una emoción esencial que mantiene la disociación (véase el capítulo 24 sobre la vergüenza). Algunas partes de la personalidad son especialmente evitadas y denostadas, porque retienen experiencias, sentimientos o conductas que usted, o partes de usted, han etiquetado como vergonzosas o repugnantes. Tendrá que ser especialmente empático y acogedor con esas partes suyas.

Un problema fundamental para las personas que padecen un trastorno disociativo es que partes de la personalidad se evitan entre sí, y también evitan sus recuerdos y experiencias dolorosas, o tienden a tener fuertes conflictos recíprocos. En las publicaciones especializadas se ha descrito esto como "fobia de las partes disociadas" (Van der Hart y otros, 2006). Es típico que algunas partes se sientan atemorizadas, avergonzadas o rechazadas por otras partes. En especial, partes disociadas que funcionan en la vida diaria quieren tener el menor contacto posible con partes disociadas que se han quedado fijadas en experiencias traumáticas. Las partes estancadas en la época del trauma se sienten frecuentemente abandonadas o desatendidas por las partes que intentan funcionar sin ellas en la vida diaria.

Estos conflictos internos permanentes pueden ser dolorosos y atemorizantes, y le hacen gastar a la persona que padece un trastorno disociativo una tremenda cantidad de energía. Como ya se ha dicho, todas las partes necesitan aprender a aceptar y cooperar entre sí. A fin y al cabo, para adaptarnos y funcionar plenamente, debemos aprender a aceptarnos y aceptar todos los aspectos de nosotros. Solo reconociendo y aceptando, somos capaces de efectuar cambios positivos en nosotros mismos.

Sin embargo, somos conscientes de que conseguir conocerse y trabajar de un modo más cooperativo internamente puede ser un largo y dificultoso proceso. No puede esperar de sí mismo funcionar inmediatamente de un modo diferente, cuando las partes de usted han pasado toda la vida evitándose entre sí o peleando. Recuerde que necesitará mucha paciencia y autoaceptación en este trabajo e ir a su propio ritmo. Recuerde ser empático y aceptarse como una persona completa.

Los siguientes ejercicios que le ayudan a permanecer en el presente pueden ser útiles para las partes estancadas en el pasado, especialmente para encontrar "anclajes" al presente.

Hoja de tareas 3.1
Identificar los síntomas disociativos

1. Marque con un círculo dos síntomas disociativos que haya podido tener la semana pasada.
   - Sentido de fragmentación o división del yo o de la personalidad (puede incluir algo de conciencia de las partes disociadas).
   - Alienación de sí mismo/no sentirse real.
   - Alienación de su entorno.
   - Experimentar demasiado poco/pérdida de función, por ejemplo, amnesia.
   - Experimentar demasiado/intrusiones.

2. Describa sus experiencias de estos síntomas y cómo afectaron su forma de funcionar en ese momento.

3. ¿Qué ha hecho en el pasado que le ayudó a afrontar estas experiencias disociativas?

Hoja de tareas 3.2
Reconocer sus partes disociadas

Existen varias formas en las que puede darse cuenta de partes de usted.

Considere los siguientes ejemplos:

- Usted ha perdido tiempo y descubre que hizo algo que solo usted podía haber hecho, pero no lo recuerda.
- Se oye a usted mismo hablando, pero pareciera que los pensamientos o palabras que oye no fueran "suyas" y no tiene control sobre lo que dice.
- Tiene la experiencia de estar fuera del cuerpo, como si estuviera mirando a otra persona.
- Tiene sensaciones corporales que siente que no le pertenecen o que parecen venir "de la nada" y no se ajusta a la situación del momento. A veces, estas sensaciones son acompañadas por sentimientos de miedo o pánico.
- Tiene pensamientos o emociones que experimenta como súbitas, no apropiadas a la situación, o como si no le pertenecieran.
- Oye voces en su cabeza que le hablan o que hablan entre sí
- Se encuentra en un lugar y no tiene ni idea de cómo llegó allí.
- Siente que su cuerpo, sus movimientos o conductas no están bajo su control

1. Describa un ejemplo de haberse percatado de acciones (internas o externas) de otra parte de usted. ¿Cómo llegó a darse cuenta de esa parte?

2. Describa qué entiende de su propia organización interna de las partes. Por ejemplo, ¿cómo parecen interactuar sus partes, si es el caso? ¿Qué partes de usted evitan o son evitadas por otras partes de usted? ¿Qué emociones se producen en partes de usted? ¿Existen partes con las que se siente más cómodo? ¿Comunican algunas de sus partes con las demás?

4 Síntomas del trastorno por estrés postraumático (TEPT) en los trastornos disociativos complejos

PROGRAMA

- Bienvenida y reflexiones sobre la sesión anterior.
- Coloquio sobre las tareas.
- Descanso.
- Tema: Síntomas del TEPT en trastornos disociativos complejos.
  - Introducción.
  - ¿Qué es el TEPT?
  - ¿Cuáles son los síntomas del TEPT?
  - TID y TDNE como trastornos complejos por estrés postraumático.
  - Lectura opcional: TEPT complejo y disociación.
- Tareas:
  - Releer el capítulo.
  - Completar la hoja de tareas 4.1, identificando los síntomas del TEPT.
  - Completar la hoja de tareas 4.2, mis habilidades para afrontar los síntomas del TEPT.
  - Completar la hoja de tareas 4.3, repetir la práctica: aprender a identificar y a afrontar sus partes disociadas.
  - Practique la reducción del estrés y el ejercicio de curación de este capítulo al menos una vez al día.

Introducción

Los trastornos traumáticos tienen síntomas que se solapan ampliamente, así que es posible que una persona encaje en varias categorías de diagnóstico. Esto no quiere decir que se añada nada a su estado; más bien revela el hecho de que las descripciones de los trastornos traumáticos no son muy precisas y se solapan considerablemente. En este capítulo expondremos algunos de los síntomas más básicos y comunes de los trastornos traumáticos, concretamente del trastorno por estrés postraumático (TEPT). Se considera que los trastornos disociativos son formas más complejas de los TEPT que surgen cuando ciertos sucesos traumáticos afectan el desarrollo de la personalidad normal del niño y, de hecho, muchos síntomas del TEPT implican disociación. Por tanto, es probable que haya tenido o experimente habitualmente algunos síntomas del TEPT. Una vez que entienda estos síntomas, puede trabajar para superarlos con algunas habilidades prácticas.

¿Qué es el TEPT?

El TEPT implica un cuadro de síntomas que surge turas un suceso traumático (o muchos). Estos grupos sintomáticos incluyen evitación, intrusión de recuerdos traumáticos y desregulación fisiológica. Estos síntomas se expondrán posteriormente en este capítulo. Por ejemplo, el TEPT puede observarse en muchas víctimas de guerra, violación o desastres naturales. Las personas que padecen un TEPT también sufren depresión, abuso de sustancias y molestias físicas. Algunos profesionales han propuesto un diagnóstico llamado TEPT Complejo, que es una categoría que encaja en alguna parte entre el TEPT y los trastornos disociativos (Herman, 1992, Pelcovitz, Van der Kokl, Roth, Mandel, Kaplan, y Resick, 1997; Van der Hart, Nijenhuis y Steele, 2005). Si quiere, puede leer más sobre este diagnóstico propuesto en el material de lectura opcional que se encuentra al final del capítulo.

¿Cuáles son los síntomas del TEPT?

Los síntomas básicos del TEPT incluyen tres grupos básicos:

- Intrusiones de experiencias traumáticas (por ejemplo, *flahsbacks*, pesadillas).
- Evitación, quedarse en blanco y desapego.
- Hiperactivación (reflejo de alarma, ansiedad, miedo, agitación).

Síntomas de intrusión

- *Flashbacks*, es decir, revivir todos o algunos de los acontecimientos traumáticos como si estuvieran sucediendo en el presente. Los *flashbacks* pueden incluir imágenes, olores, sonidos, sabores, emociones, pensamientos y sensaciones físicas.
- Pesadillas de sucesos traumáticos o de contenido similar.
- Alucinaciones, delirios, estados ilusorios relacionados con los acontecimientos traumáticos.
- Reacciones graves y recurrentes de pánico o ansiedad, con palpitaciones cardiacas, agitación respiratoria, sudoración y espasmos, y una sensación de catástrofe inminente.
- Sentirse paralizado de miedo o tener impulsos de huida.

Estas reacciones ocurren principalmente en situaciones que le recuerdan (desencadenan) un suceso traumático del pasado, o mejor aún, una parte suya queda "bloqueada" en esa situación de origen, es decir, vive en el momento del trauma (Van der Hart, Nijenhuis y Solomon, 2010). En consecuencia, esa parte responde a esos recuerdos con idéntica sensación abrumadora de amenaza como ocurrió en el pasado.

Síntomas de evitación

- Intensos esfuerzos para evitar cualquier pensamiento, sentimiento o situaciones que puedan evocar recuerdos traumáticos. Por ejemplo, concentrándose excesivamente en el trabajo, en una limpieza obsesiva, en permanecer ocupado todo el tiempo, consumir drogas o alcohol o evadirse quedándose en blanco.

- Amnesia, es decir, incapacidad de recordar todos o algunos aspectos significativos de los sucesos traumáticos.
- Entumecimiento emocional.
- Incapacidad para disfrutar de la vida o sentir amor.
- Sentirse como si tuviera puesto el piloto automático.
- Aislamiento y evitación de otras personas.
- Reticencia a hablar de experiencias traumáticas.

Síntomas de hiperactivación

- Síntomas físicos persistentes de tensión: nerviosismo, agitación, impaciencia y sentirse continuamente en estado de alerta.
- Sacudidas, sobresaltos por cualquier motivo e hipersensibilidad a lo que ocurre alrededor.
- Irritabilidad, estallidos de cólera o rabia.
- Explosiones emocionales.
- Serias dificultades para dormirse o despertares frecuentes.
- Problemas de concentración y atención.

Nuestra mente y nuestro cuerpo están preparados de una manera innata para afrontar situaciones de emergencia amenazadoras, mediante el mecanismo de cortar ciertas actividades y de potenciar otras. Por ejemplo, se ralentiza la digestión, aumenta el ritmo cardiaco y respiratorio, la sangre se agolpa en el cerebro y en las piernas y nuestros músculos se tensan para prepararse para huir corriendo o luchar. Cambiamos de un estado "cotidiano normal" en el que amamos, aprendemos, trabajamos y jugamos, a otro de alerta extrema que implica hipervigilancia, lucha, huida y/o bloqueo. La actividad cambia de partes de nuestro cerebro que nos ayudan a resolver problemas complejos a partes del cerebro que nos ayudan a reaccionar en situaciones que amenazan nuestra vida, en las que probablemente no hay tiempo suficiente para pensar opciones posibles. Estas acciones automáticas pueden ayudarnos a sobrevivir a las amenazas del mismo modo en que los animales de presa sobreviven a un predador. Desafortunadamente, cuando se produce la disociación, pueden bloquearse o quedar fijadas en la hiperactividad partes de la personalidad. Cuando se activan estas partes, padecerá síntomas de hiperactividad.

Síntomas de hiperactividad

Aunque los síntomas de hiperactividad no son habitualmente incluidos entre los síntomas del TEPT, se ha producido una creciente toma de conciencia y aceptación del hecho de que algunas personas padecen una especie de "apagón" disociativo en lugar de hiperactividad (Lanius y otros, 2010). De hecho, la mayoría de las personas con TEPT alternan estos dos estados fisiológicos, ambos considerados disociativos por muchos expertos. Los humanos somos muy similares al resto de los mamíferos en nuestras reacciones ante el peligro. Además de la hiperactividad, nosotros poseemos una línea de defensa basada en la hipoactividad, al igual que nuestros "mamíferos primos". Se trata de una estrategia fisiológica, automática e inconsciente, que ayuda a asegurar la supervivencia cuando no existen otras opciones disponibles. El ritmo cardiaco y respiratorio disminuye drásticamente, el tono muscular se debilita y nuestro cuerpo y nuestra mente entran en un estado profundo de hibernación. Conservamos la energía entrando en este estado automático de "colapso", llamado a veces "simulación de muerte" en los animales. Las zarigüeyas emplean esta táctica cuando "se hacen las muertas"[1].

Los síntomas de hipoactividad postraumática incluyen:

- Entumecimiento emocional
- Entumecimiento físico, incapacidad para sentir dolor
- Mente en blanco, incapacidad para pensar o hablar
- Desapego profundo
- Incapacidad para moverse o responder
- Somnolencia extrema e incluso pérdida temporal de conciencia

Al igual que con la hiperactividad, las reacciones hipoactivas pueden deberse a la intrusión de una parte del yo que padece esta condición física de forma crónica. Normalmente, estas partes se desencadenan cuando las partes hiperactivadas no pueden ya ser eficaces o quedan exhaustas.

1. N.T. Biólogos que han estudiado este comportamiento opinan que, en realidad, el animal no está fingiendo, sino que llega a un estado de miedo extremo, que le hace caer en un estado de coma involuntario, lo que explica el que disminuyan sus signos vitales y pierdan toda sensibilidad

TID y TDNE como trastornos complejos por estrés postraumático

El TID y el TDNE se consideran trastornos complejos traumáticos en el mismo espectro que el TEPT. De hecho, la mayoría de las personas que padecen un trastorno disociativo complejo presentan algún grado de síntomas de estrés postraumático crónico. Así pues, la mayoría de las personas con un trastorno disociativo complejo presenta un cierto grado de síntomas de estrés postraumático crónico. Por ejemplo, algunas partes que están estancadas en recuerdos traumáticos se encuentran hiperactivadas de forma crónica, mientras que otras están extremadamente desconectadas (hipoactivadas). Algunas partes, habitualmente las que funcionan en la vida diaria, son evitativas y están emocionalmente constreñidas o, a veces, están irritables e impacientes, deprimidas, tienen pesadillas y presentan otros síntomas intrusivos. El trabajo que realice con este manual le ayudará a desarrollar una fuerte base para resolver estos síntomas de estrés postraumático.

Reducción del estrés y ejercicio de curación

Cuando padece usted síntomas de estrés postraumático, es importante que aprenda cómo reducir su estrés y a sentirse más en calma y más presente. El siguiente ejercicio, o una variante creada por usted, puede serle de utilidad.

Necesitará una *pelota contra el estrés*, llamada también a veces *pelota para estrujar*, una pelota blanda que quepa en la palma de su mano y que pueda presionar una y otra vez. Son muy baratas y se encuentran en muchos comercios o se pueden adquirir *online*. También necesitará un pequeño objeto para tener en la mano, que represente para usted curación y calma. Tal vez pueda ser uno de sus objetos de anclaje, con los que trabajó anteriormente, un peluche, un libro..., cualquier cosa que pueda tener en la mano y con la que se sienta cómodo.

> Encuentre una posición que le resulte confortable, preferiblemente sentado o de pie con los dos pies en el suelo. Si está de pie, separe ligeramente los pies para que queden en línea con los hombros y mantenga las rodillas ligeramente dobladas, no las bloquee. Empiece el ejercicio agarrando una pelota contra el estrés en la

mano que no sea la dominante (si es diestro, con la mano izquierda y, si es zurdo, con la derecha). Concentre su atención en la mano no dominante.

Estruje la pelota todo lo que pueda, imaginando al mismo tiempo que toda la tensión y los sentimientos desagradables convergen de todas las partes del cuerpo y empiezan a fluir hacia su brazo, a descender por él hasta la mano y que después fluyen a través de ella hasta introducirse en la pelota. Puede visualizar la pelota como si fuese un imán que atrae toda la tensión desde su hombro y a través del brazo, la mano y los dedos. Mirar la pelota y observar sus movimientos al estrujar la pelota puede ayudarle a centrarse en el presente. Cuando la pelota se encuentre como una esponja saturada con su tensión y sus sentimientos desagradables, puede abrir la mano y dejar que la pelota se vaya lejos de usted, permitiéndole cargar con su tensión. En cuanto suelte la pelota, la tensión le abandona y se disipa en el aire, desapareciendo de la habitación. Puede practicar este ejercicio varias veces hasta que sienta que su cuerpo ha liberado toda la tensión negativa. Puede recordar a todas las partes de usted que también son bienvenidas a utilizar la pelota para liberar igualmente su tensión.

Cuando se sienta más calmado y menos estresado, deje partir la pelota una vez más y vuelva su atención a su mano dominante (la mano que utilice con más frecuencia; para la mayoría de las personas será la mano derecha) y siga las sugerencias que se encuentran a continuación.

Elija un objeto que pueda mantener fácilmente en la mano y que simbolice una sensación de bienestar o de curación para usted, tal vez uno de sus anclajes al presente. Mantenga ese objeto en la mano dominante. Imagine que dicho objeto contiene todo el bienestar y curación que usted necesita: una sensación de seguridad y satisfacción, de paz y calma, de claridad mental y emocional, libre de tensión y de conflictos. Permita a continuación que estos sentimientos de bienestar y curación irradien cálida y suavemente del objeto a su mano, su brazo, su hombro y recorra todo el cuerpo. Deje que fluya suavemente a través de su cuerpo, su mente y su corazón. Todas las partes de usted pueden participar en este bienestar y en esta curación a su manera, de una forma que les sea útil. Con cada inspiración, deje que más bienestar u curación fluya a través de usted. Con cada expiración, deje partir cualquier tensión que pueda quedar.

Cada vez que quiera recordar esta sensación de bienestar, su mano dominante automáticamente puede acudir a la sensación del objeto, su forma y textura, su temperatura y color, y puede experimentar plenamente una vez más esos sentimientos y esas sensaciones positivas de bienestar y curación. A medida que vaya practicando más, su mano dominante puede casi automáticamente cerrarse como si tuviera, el objeto de su curación, de forma que en cualquier momento que quiera o lo necesite puede de nuevo experimentar esa sensación de bienestar y sanación.

Hoja de tareas 4.1
Identificar los síntomas del TEPT

Compruebe o subraye cualquier síntoma TEPT que haya podido percibir recientemente. Si actualmente no está manifestando ningún síntoma, señale con un círculo los que padeció en el pasado.

Síntomas de intrusión

- *Flashbacks*, es decir, volver a vivir todos o algunos de los acontecimientos traumáticos como si estuvieran sucediendo en el presente. Los *flashbacks* pueden abarcar imágenes, olores, sonidos, sabores, emociones, pensamientos y sensaciones físicas.
- Pesadillas.
- Alucinaciones, delirios o espejismos que provienen de los acontecimientos traumáticos.
- Reacciones agudas y recurrentes de ansiedad o pánico
- Parálisis emocional acompañada de miedo o deseo de escapar

Síntomas de evitación

- Esfuerzos intensos para evitar cualquier pensamiento, sentimiento o situación que pueda evocar recuerdos traumáticos; por ejemplo, centrándose demasiado en el trabajo, la limpieza excesiva, permaneciendo muy ocupado, consumiendo drogas o alcohol.
- Amnesia o incapacidad para recordar algunos todos los aspectos significativos de los sucesos traumáticos.
- Entumecimiento emocional.
- Incapacidad para disfrutar de la vida o sentir amor.
- Tener la sensación de actuar con el piloto automático.
- Aislamiento.
- Nula disposición para hablar de su experiencia, cerrándose a los demás.

Síntomas de hiperactividad

- Síntomas físicos persistentes de tensión: nerviosismo, agitación, inquietud, falta de paciencia y sentirse constantemente en estado de alerta.
- Sacudidas, sobresaltos por cualquier motivo e hipersensibilidad a todo lo que ocurre a su alrededor.
- Irritabilidad, episodios de rabia o llanto.
- Dificultad para quedarse dormido o desvelos frecuentes.
- Problemas de concentración y atención.

Síntomas de hipoactividad

- Entumecimiento físico, incapacidad para sentir dolor
- Mente en blanco, incapaz de pensar o hablar.
- Desapego profundo
- Incapacidad para moverse o responder.
- Somnolencia extrema e incluso pérdida temporal de conciencia.

Hoja de tareas 4.2
Mis habilidades para afrontar los síntomas del TEPT

Probablemente usted haya estado viviendo con síntomas traumáticos durante una gran parte de su vida y es posible que ya haya descubierto algunos recursos que pueden serle de utilidad. Por ejemplo, tal vez pueda llamar a un amigo, escribir o practicar algún arte, dar un paseo, ir de compras, meditar o hacer ejercicio. Haga una lista con algunas de los medios útiles que ha aprendido para afrontar estos síntomas. Con el tiempo, puede ir añadiendo estrategias a medida que las vaya descubriendo.

1.

2.

3.

4.

5.

Hoja de tareas 4.3
Práctica de repetición: aprender a identificar y afrontar sus partes disociadas

Esta hoja de tareas tiene por objeto ayudarle a practicar más lo que aprendió en los capítulos 2 y 3.

1. Describa una experiencia de darse cuenta de una parte de su personalidad (puede ser una experiencia interna, como oír una voz, o una situación en la que otra parte actuaba en el mundo externo).

2. ¿Cuál fue su reacción a esta parte de usted? (por ejemplo, ¿qué pensó, sintió o hizo?).

3. ¿Qué le puede ayudar a aceptar cada vez más esta parte? (Por ejemplo, podría intentar entender por qué esta parte suya se siente de una determinada manera, o saber que puede obtener ayuda de su terapeuta trabajando con esta parte).

Lectura opcional: el complejo TEPT y la disociación

Algunos profesionales que han trabajado ampliamente con el TEPT han descubierto que muchos supervivientes que vivieron una traumatización interpersonal crónica tienden a tener más problemas y síntomas que aquellos que solo padecen el TEPT y que han vivido un solo trauma. Por ello, propusieron una nueva categoría de diagnóstico, que a veces se remite al TEPT complejo o trastornos de estrés extremo no especificados (DESNOS; Herman, 1992; Pelcovitz y otros, 1997). Este diagnóstico todavía no está incluido en el DSM ni en el CIE. Las personas con trastornos disociativos complejos suelen padecer al menos algunos de los síntomas del TEPT complejo descrito en la siguiente sección. Como señalamos anteriormente, este diagnóstico propuesto puede incluirse en alguna parte del espectro de trastornos traumáticos, a medio camino entre el TEPT y los trastornos disociativos normalmente reconocidos en el DSM-IV. Para las personas con un trastorno disociativo, algunas de sus partes pueden padecer estos síntomas y también puede haberlos usted sufrido en la totalidad de su persona.

Síntomas del TEPT complejo

El TEPT complejo consiste en seis conjuntos de síntomas, que también se han descrito en términos de disociación de la personalidad (Dorrepaal, Thomaes, & Draijer, 2008; Van der Hart y otros, 2005). Por supuesto, las personas con este diagnóstico suelen tener también otros problemas y, como ya dijimos anteriormente, las diferentes categorías de diagnósticos pueden solaparse de un modo significativo. Describimos a continuación el conjunto de síntomas.

Alteraciones en la regulación del afecto (emoción) y de los impulsos

Casi todas las personas que han sufrido un trauma grave tienen problemas para tolerar y regular sus emociones, deseos e impulsos. Sin embargo, quienes padecen el TEPT complejo y trastornos disociativos tienden a tener más dificultades que quienes padecen únicamente el TEPT, porque las perturbaciones en su desarrollo temprano han inhibido su capacidad para regularse a sí mismos. El hecho de que usted tenga una organización disociativa de su personalidad le hace extremadamente vulnerable a cambios rápidos e inesperados de las emociones y de los impulsos repentinos. Diversas partes de la personalidad se entrometen recíprocamente mediante la influencia pasiva o el cambio (véase el capítulo 3), cuando se halla usted sometido a estrés y la consecuencia es la desregulación. El simple hecho de tener una emoción como el enfado, por ejemplo, puede evocar en otras partes suyas miedo o vergüenza, e iniciar conductas impulsivas para detener o evitar dichos sentimientos.

Cambios de atención y de conciencia

Las personas con un TEPT complejo padecen síntomas disociativos más severos y frecuentes, al igual que problemas de atención y de memoria, que las que solo tienen un TEPT simple. Además de la amnesia debida a la actividad de diversas partes del yo, pueden tener dificultades de concentración, atención, otros problemas de memoria y, en general, de quedarse en blanco. Estos síntomas suelen acompañar la disociación de la personalidad, pero también son comunes en personas que no padecen trastornos disociativos. Por ejemplo, casi todo el mundo puede quedarse en blanco, absorto en una actividad o pasarse una salida en la autopista. Cuando están activas diversas partes de la personalidad, por definición la persona vive una especie de cambio abrupto de la atención y de la conciencia.

Cambios en la percepción del yo

Las personas que sufrieron un trauma en su infancia suelen ser aquejadas por la culpabilidad, la vergüenza y sentimientos negativos sobre sí mismas, como la creencia de que no pueden ser apreciadas, queridas, de que son estúpidas, ineptas, sucias, sin valor, perezosas, etc. En los trastornos disociativos complejos es típico que existan partes que abrigan estos sentimientos negativos sobre el yo, mientras que otras partes tienen evaluaciones totalmente diferentes. Así pues, el alterne entre estas partes puede tener como consecuencia cambios rápidos y distintos en la percepción de sí. (Van der Hart y otros autores, 2005).

Cambios en las relaciones con los demás

Es especialmente difícil confiar en otras personas si se ha sufrido abusos repetidos o se ha sido abandonado o traicionado en la infancia. La desconfianza hace que sea muy dificultoso hacer amigos y ser capaz de distinguir entre las buenas y las malas intenciones de los demás. Algunas partes parecen no confiar en nadie, mientras que otras pueden ser tan vulnerables y estar tan necesitadas que no prestan atención a las pistas para determinar si se puede confiar en alguien o no. A algunas partes les gusta estar cerca de otros o sienten una necesidad desesperada de estar en cercanía y de ser cuidadas, mientras que otras temen la proximidad o son misántropas. Algunas partes tienen miedo de entablar relaciones, mientras que otras lo tienen de ser rechazadas o criticadas. Este hecho sienta naturalmente las bases de los principales conflictos internos y relacionales.

Síntomas somáticos (físicos)

Las personas con un TEPT complejo padecen a menudo síntomas físicos sin explicación médica, como dolores abdominales, migrañas, dolores articulares y musculares, problemas de estómago y de evacuación. Estas personas suelen ser etiquetadas muy desafortunadamente como hipocondriacas o calificadas de exagerar sus problemas físicos. Pero éstos son reales, a pesar de que no puedan relacionarse con un diagnóstico físico concreto. Algunas partes disociadas que están bloqueadas en experiencias dolorosas del pasado pueden producir el que una persona padezca un dolor "sin explicación" u otros síntomas físicos. Y aún es más generalizado el que el estrés crónico afecte el cuerpo de múltiples formas, lo mismo que afecta a la mente. Por desgracia, la conexión entre los actuales síntomas físicos y los acontecimientos traumáticos del pasado no es siempre tan clara para la persona ni para el médico, al menos al principio. Al mismo tiempo, sabemos que las personas que han sufrido un trauma crónico tienen muchas más probabilidades que la media de padecer graves problemas médicos. Por ello es muy importante que haga un reconocimiento médico de los síntomas, para asegurarse de que no padece una enfermedad que necesite asistencia médica.

Cambios de significado

Por último, las personas que padecen un trauma crónico pierden la confianza en que puedan suceder acontecimientos positivos y en que los demás puedan ser buenas personas de las que puedan fiarse. Se sienten desalentadas y suelen creer que el futuro será tan negativo como el pasado, o que no vivirán lo suficiente para lograr un buen futuro. Quienes padecen un trastorno disociativo pueden tener diferentes conjuntos de significados en diversas partes disociadas. Algunas de estas partes pueden ser relativamente ecuánimes en su visión del mundo, otras pueden ser desesperantes en su creencia de que el mundo es un lugar completamente negativo y peligroso, mientras que otras pueden mantener una visión de la vida con un optimismo irrealista.

Primera parte
Repaso de habilidades

En esta parte del manual ha aprendido una serie de habilidades. A continuación encontrará una revisión de las mismas o una oportunidad de seguir desarrollándolas. A medida que las revise, le animamos a volver sobre los capítulos anteriores, leerlos de nuevo y volver a practicar las tareas un poco cada vez. Recuerde que la práctica diaria regular es fundamental para aprender nuevas habilidades.

Para cada una de las habilidades enumeradas a continuación, responda las siguientes preguntas:

1. ¿En qué situación practicó esta habilidad?
2. ¿Cómo le ayudó esta habilidad?
3. ¿Cuáles fueron las dificultades que encontró al practicarla, si es que encontró alguna?
4. ¿Qué ayuda o recursos adicionales podría necesitar para sentir que ha dominado con más éxito esta habilidad?

Capítulo 1, Ejercicio de aprender a estar presente

1.

2.

3.

4.

Capítulo 2, Desarrollar y utilizar anclajes en el presente

1.

2.

3.

4.

Capítulo 4, Ejercicio de reducción del estrés y relajación (con la pelota contra el estrés)

1.

2.

3.

4.

II Habilidades iniciales para afrontar la disociación

5 Cómo superar la fobia a la experiencia interna

PROGRAMA

- Bienvenida y reflexiones sobre la sesión anterior.
- Coloquio sobre las tareas.
- Descanso.
- Tema: Superar la fobia a la experiencia interna.
  - Introducción.
  - Comprender la fobia a la experiencia interna.
  - Porqué las personas desarrollan la fobia a la experiencia interna.
  - La necesidad de superar la fobia a la experiencia interna.
- Tareas:
  - Releer el capítulo.
  - Completar la hoja de tareas 5.1, darse cuenta de cómo se evita la experiencia interna.

Introducción

Nuestra experiencia interna consiste en lo que pensamos, sentimos, recordamos, percibimos, las sensaciones, lo que decidimos, planificamos y predecimos. Estas experiencias son en realidad *acciones mentales*, o actividad mental (Van der Hart y otros, 2006). La actividad mental, en la que nos hallamos inmersos continuamente, puede estar acompañada o no de determinadas conductas. Es fundamental que se dé cuenta de ella, aprenda a tolerarla y regularla, e incluso a modificar las principales acciones mentales que afectan su vida ordinaria, como las creencias, sentimientos o reacciones negativas respecto al pasado que interfieren con el presente. Sin embargo, es imposible cambiar las experiencias internas si las está evitando, porque está disgustado, atemorizado o avergonzado de ellas. A la evitación grave de sus experiencias internas se le llama *evitación experiencial* (Hayes, Wilson, Gifford, y Follette, 1996), o la *fobia a la experiencia interna* (Sttele, Van der Hart, y Nijenhuis, 2005; Van der Hart y otros, 2006). En este capítulo aprenderá sobre la fobia a la experiencia interna y creará una base de habilidades para superarla.

Comprender la fobia a la experiencia interna

La mayoría de las personas piensan que las fobias consisten en miedos o evitaciones de algo externo, como arañas, pesos o alturas. Pero algunas personas pueden igualmente estar aterrorizadas de sentimientos como la rabia o la tristeza, de un pensamiento o un deseo, de una predicción de de que si intentan algo nuevo fracasarán, o incluso de sensaciones físicas como el latido rápido del corazón y la dificultad de respirar que acompaña al pánico. Dicha fobia a la experiencia interna puede conllevar vergüenza o disgusto, además del miedo. (Hayes, Follette, y Linehan, 2004; Van der Hart y otros, 2006). La fobia a la experiencia interior constituye un serio problema, que contribuye al consiguiente estrés e inhibición de actividades espontáneas o placenteras (Kashdana, Barrios, Forsyth y Steger, 2006).

Por ejemplo, hay personas que pueden sentirse muy avergonzadas de sentir rabia, porque creen que esa emoción sólo pueden sentirla las "malas" personas, o porque tienen miedo de las consecuencias de expresarla. Sienten cólera y, en lugar de ser capaces de afrontarla, aumentan su sufrimiento poniéndose etiquetas negativas. De este modo su sufrimiento queda agravado. En consecuencia, evitan el enfado y situaciones que puedan suscitarlo; en cualquier momento en que empiezan a sentirse enfadadas, se repliegan en la vergüenza y en el disgusto. Otras personas pueden tener intensas fantasías de ser cuidadas, pero sienten miedo, vergüenza y disgusto de estos deseos, porque tienen creencias negativas de que estar "necesitados" o ser "dependientes" no es normal o constituye una debilidad, creando de nuevo más desazón interna e impidiéndose aceptar importantes necesidades.

Muchas personas con un trastorno de disociación tienen miedo de sus voces internas que proceden de partes de sí mismas. Se etiquetan de "locas" y se avergüenzan de dichas voces y las temen. Estos sentimientos son se intensifican a veces si han sido etiquetadas como psicóticas o "locas" por profesionales de la salud mental o por otros que no entienden la naturaleza disociadora de las voces.

Algunas experiencias internas pueden vivirse como algo tan amenazador que se utiliza casi cualquier modo de evitarlas o escapar de ellas con independencia de lo destructivo que esto pueda ser. Tal vez evite usted su experiencia interna trabajando tanto que no tenga que prestarse atención a sí mismo, como señaló Marilyn Van Derbur, una supervisora maltrato infantil: "Ese fue mi *mecanismo de supervivencia*: estar tan ocupada que no había tiempo para que emergieran recuerdos impensables" (2004, p. 45). Otros mecanismos de evitación pueden abarcar el consumo de drogas o alcohol y otras conductas adictivas, la creciente autocrítica, el apartarse de los demás o el culparles de los propios problemas internos. Por supuesto, cada una de sus partes disociadoras forma parte de su experiencia interna que probablemente usted evita, incluso hasta el punto de no sentir o saber que es "su" experiencia.

La evitación puede ser consciente o inconsciente. Empezaremos por ayudarle a ser más consciente de las formas en las que usted evita conscientemente la experiencia interna. Una vez que se siente más cómodo dándose cuenta de cómo conscientemente la evita, poco a poco puede empezar a sentirse más seguro para centrarse en algunas experiencias internas de las que todavía no es consciente. Por ejemplo, puede tomar más conciencia de que retrocede y siente miedo cuando oye una voz interna, pero puede que todavía no sepa demasiado el porqué existe o qué parte de usted la vive.

¿Por qué desarrollan las personas una fobia a la experiencia interna?

Generalmente la fobia a la experiencia interna se desarrolla por tres diferentes razones. En primer lugar, muchas personas que fueron traumatizadas en su temprana infancia no obtuvieron mucha ayuda para aprender a entender y afrontar intensas experiencias internas típicas como las emociones abrumadoras. Recibieron muy poca ayuda y seguridad tranquilizadora de las personas a su cargo. En consecuencia, se sienten fácilmente abrumadas, simplemente porque no entienden estas experiencias y las viven como incontrolables.

En segundo lugar, las personas tienden a valorar su experiencia interna como "buena" o "mala". A continuación se etiquetan del mismo modo: "La cólera es mala y peligrosa; por tanto, si siento cólera, es que soy una mala persona y soy peligrosa". "Solo las personas que no merecen ser queridas y carecen de valor sienten vergüenza, por tanto, si siento vergüenza, soy un fracaso y no soy digno de ser querido". Por supuesto, todos queremos lo que es bueno y agradable y queremos evitar lo que es doloroso, del mismo modo que queremos ser buenas y no malas personas. Pero nuestras experiencias internas no es lo que nos hace buenos o malos; simplemente constituyen una parte natural del mundo interno de todo el mundo.

Por último, determinadas experiencias internas nos sirven de recordatorios de experiencias traumáticas del pasado o como señales de que algo terrible está a punto de suceder. Por ejemplo, cuando algunas personas, o partes disociadas de ellas, sienten ansiedad, la emoción y las sensaciones físicas pueden recordarles inmediatamente, aunque sea únicamente en un nivel inconsciente, el miedo que sintieron cuando fueron heridas en el pasado. De este modo, intentan evitar sentir ansiedad para que no les vuelvan los recuerdos traumáticos no resueltos. Otras pueden percibir la experiencia interna como una señal de que algo va a salir mal. Por ejemplo, una persona que siente tristeza puede creer o simplemente tener la sensación de que esta emoción precede a una experiencia abrumadora de desesperación, falta de bienestar y sentimiento de soledad. En consecuencia, se evita la tristeza para impedir que sobrevenga la otra experiencia esperada y realmente difícil de sobrellevar. La paradoja dolorosa es que lo que con tanto sufrimiento se anticipa y se evita probablemente no tendría lugar si se aceptase y se viviese con tranquilidad el sentimiento de tristeza del momento.

La necesidad de superar la fobia a la experiencia interna

Es totalmente comprensible que pueda querer evitar determinadas experiencias internas, que se hallan relacionadas con acontecimientos traumáticos del pasado. Sin embargo, la sanación requiere que trabaje usted estas experiencias internas con el objeto de entenderlas y cambiarlas. Y no puede usted cambiar lo que evita o desconoce. Aunque pueda ser difícil, es fundamental que aprenda a aceptar, comprender, regular y vivir sus experiencias internas.

Las experiencias internas tienen una buena razón de existir y no deben ser valoradas como "buenas" o "malas". Todo el mundo las tiene; algunas son más coherentes con lo que usted quiere ser y otras menos. Algunas son más cómodas y otras no. Algunas se hallan en mayor medida bajo su control y otras suceden espontáneamente. Todos los seres humanos tienen este amplio abanico de experiencias internas. Todo el mundo se enfada, tiene miedo, se siente a veces avergonzado o incompetente. Si puede usted tolerar estos sentimientos y los pensamientos y sensaciones que les acompañan, puede empezar a aprender a observarlos con distancia y entenderlos un poco más y, de este modo, saber qué hacer con todo ello. En caso contrario, permanecerá cautivo de su experiencia interna y *ésta le* controlará.

El trabajo que haga en su terapia y con este manual puede ayudarle a aprender a aceptar sus experiencias internas sin juicio, incluidas sus partes disociadas. De hecho, todo este manual está articulado con el objeto de ayudarle a empezar a superar su fobia a diversos aspectos de su experiencia y sentirse menos vulnerable y más cómodo como una persona entera. Aprenderá mucho más a abordar su experiencia interna en el próximo capítulo.

Hoja de tarea 5.1
Tomar conciencia de evitar la experiencia interior

Intente cada día de esta semana ser consciente de un momento en el que conscientemente evita algún tipo de experiencia interna. No tiene por qué dejar de evitarla, sino simplemente percatarse de qué está evitando y bajo qué circunstancias lo está evitando. Por ejemplo, tal vez quiera evitar un sentimiento de cólera, un pensamiento de que las cosas no tienen solución o el eco de una parte disociada que llora o le critica.

Nombre una experiencia interna (emoción, pensamiento, sensación, recuerdo, fantasía, etc.) de la que siente algo de miedo o de vergüenza. Imagine que sitúa su miedo o su vergüenza en una escala de 1 a 10, siendo 1 muy poco y 10 mucho. Escoja una experiencia cercana al 1 o al 2 para no sentirse abrumado.

Responda a las siguientes preguntas para cada día de la semana:

1. ¿Qué experiencia evitó o quiere evitar?

2. ¿Cuáles son sus creencias o preocupaciones sobre lo que pudiera suceder si se permitiera aceptar dicha experiencia interna?

3. ¿Qué hizo para evitarla?

4. ¿Qué tipo de ayuda o recursos imagina que podría necesitar con el objeto de ser menos evitativo de dicha experiencia interna?

Ejemplo

1. Evité sentimientos de tristeza, no me gusta llorar y no puedo pensar mientras lloro. Hay una parte dentro de mí que llora continuamente. Odio oírla. Simplemente quiero apartarme de ese sonido y de ese sentimiento.
2. Si me permito estar triste, temo deprimirme tanto que no pueda trabajar. Me gustaría liberarme de esa parte mía llorona. A nadie le gusta un bebé llorón.
3. Simplemente trabajé y trabajé y me mantuve ocupado toda la semana para no tener tiempo de pensar sobre ello ni sentir nada.
4. Necesito ayuda para sentirme más seguro para estar triste. Estoy tan asustado que nunca dejaré de llorar.

Domingo

Lunes

Martes

Miércoles

Jueves

Viernes

Sábado

6 Aprender a reflexionar

PROGRAMA

- Bienvenida y reflexiones sobre la sesión anterior.
- Coloquio sobre las tareas.
- Descanso.
- Tema: Aprender a reflexionar.
    - Introducción.
    - Reflexión: la comprensión empática de sí mismo y de los demás.
    - Ejemplo de funcionamiento reflexivo.
    - Problemas con la reflexión para personas con trastorno disociativo complejo.
    - Reflexión retrospectiva.
    - Sugerencias para desarrollar habilidades de reflexión.
- Tareas:
    - Releer el capítulo.
    - Completar la hoja de tareas 6,1, aprender a reflexionar.
    - Completar la hoja de tareas 6,2, reflexionar sobre su experiencia interna en el presente.
    - Continuar practicando el aprendizaje de estar presente y desarrollar sus ejercicios de anclaje de los capítulos 1 y 2.

Introducción

La comprensión empática de sí mismo y de los demás implica la capacidad de reflexionar, lo que se conoce también como *funcionamiento reflexivo*. Generalmente se define esta habilidad como la capacidad de considerar nuestra experiencia interna y darle un sentido. Un tipo específico de funcionamiento reflexivo, llamado *mentalizar*, es la capacidad de descubrir con precisión nuestras propias motivaciones e intenciones, así como las de los demás (Fonagy y Target, 1997). La reflexión es una habilidad esencial en el aprendizaje para superar la fobia de la experiencia interna. En este capítulo aprenderá a reflexionar sobre su propia experiencia, así como a reflexionar con precisión sobre las intenciones de los demás respecto a usted.

La reflexión: comprensión empática de sí mismo y de los demás

La reflexión nos ayuda a entender nuestras propias reacciones en lugar de estar simplemente en medio de ellas y, además, nos ayuda a cambiar las reacciones automáticas a respuestas escogidas. Por otro lado, nos ayuda a predecir con más precisión lo que otras personas puedan estar sintiendo o pensando y qué es lo más probable que pueda hacer respecto a la relación. Cuando podemos entendernos y predecirnos y entender y predecir a los demás, nos sentimos de modo natural más seguros y más en sintonía con aquellas personas que nos importan. En otras palabras, las habilidades de reflexión implican la capacidad de dar sentido a nuestra mente y a la mente de los demás (Allen Fonagy y Bateman, 2008: Fonagy, Gergely, Jurist, y Target, 2002).

La mayoría de los animales reaccionan a emociones e impulsos. Sus emociones dirigen su comportamiento: la cólera provoca la lucha o el ataque; el hambre incita a buscar alimentos; el miedo induce la parálisis o la huida, etc. Salvo raras excepciones –como algunos primates, los elefantes y los delfines–, los animales ni parecen tener conciencia de sí. Sin embargo, como humanos con mente consciente de sí, tenemos la oportunidad de enriquecer nuestra experiencia mediante la comprensión del significado de nuestra actividad mental, desafiando creencias estrechas y cambiando las respuestas que tenemos en mente y lo que creemos que los demás piensan, sienten o perciben. Consideramos lo que percibimos y le damos sentido, en base a la acumulación de nuestras experiencias, conocimientos y creencias, así como a nuestras necesidades y objetivos.

La reflexión nos ayuda a entender la naturaleza de los sentimientos, nuestros patrones de pensamiento, nuestras reacciones emocionales y nuestros movimientos habituales, de modo que podemos cambiarlos y actuar de forma más eficaz. La reflexión también nos ayuda a darnos cuenta de que otras personas también tienen su propia mente y sus propias necesidades y metas, lo cual puede implicar percepciones, pensamientos, sentimientos, motivaciones e intenciones completamente diferentes de las nuestras. Por supuesto que no podemos "leer" la mente de las personas, presuponiendo lo que hay dentro, pero podemos hacer predicciones bastante precisas en base a nuestra experiencia respecto a personas específicas. Podemos entonces valorar diferentes alternativas y puntos de vista.

Ejemplo de funcionamiento reflexivo

Imagine que se sobresalta por la entrada inesperada de alguien en su habitación y que usted reacciona aterrorizado y lleno de pánico, convencido de que va a ser herido. Esta reacción no es reflexiva, sino automática, es decir, *prereflexia* (Van der Hart y otros, 2006). Si puede reflexionar, no queda atrapado por este terror en las garras de sus emociones comportándose con temor. Por el contrario, es capaz de distanciarse un poco de la situación y observar que su miedo no es proporcional o ni siquiera apropiado a lo que está sucediendo. En lugar de sentir o pensar simplemente sin toma de conciencia, se percata de lo que siente y piensa, de cómo vive esos sentimientos y pensamientos en su cuerpo y, quizá, de por qué piensa y se siente de un determinado modo. Este es funcionamiento reflexivo. Puede aprender a reconocer y a aceptar su forma de sentir y tener algo de empatía por sí mismo: "*Me estoy sintiendo ahora mismo muy asustado. Me permito hacer unas respiraciones y calmarme. Está bien sentirme así a pesar de que sé que estoy a salvo*". Puede aprender a observar que la persona que entró en la habitación no tiene expresión de maldad y que, de hecho, ni siquiera está centrada en usted. Se recuerda a sí mismo que dicha persona es conocida y no le va a hacer daño. Puede conscientemente relajar el cuerpo. Puede darse tiempo para averiguar por qué podría estar sintiéndose tan aterrorizado. ¿Es algo del pasado? ¿Existe una parte disociada de usted que está reaccionando sin mucha conciencia del presente? Puede trabajar en calmarse y utilizar esta experiencia de miedo para aprender más sobre sus patrones de emoción, pensamiento y conducta.

Problemas con la reflexión para personas con un trastorno disociativo complejo

El funcionamiento reflexivo constituye una habilidad aprendida. Los niños lo aprenden a lo largo del tiempo cuando las personas a su cargo están en suficiente sintonía con sus sentimientos y necesidades, y pueden ayudarlos a suscitar su curiosidad sobre su mente y cómo funciona. Desafortunadamente, estas habilidades reflexivas suelen estar ausentes en gran medida en familias disfuncionales y maltratadoras, en las que las personas a cargo de los niños carecen de estas habilidades para transmitirlas a sus hijos. Por tanto, puede que usted no haya tenido mucha experiencia de reflexionar sobre sí o sobre los demás. Sin embargo, como cualquier otra habilidad, la reflexión puede aprenderse. No obstante, no siempre es fácil: la reflexión requiere más energía y trabajo mental que las reacciones automáticas, sobre todo cuando está empezando a aprenderla. Pero sea paciente y persistente y se convertirá en un elemento natural de su forma de vivir con este trastorno.

El funcionamiento reflexivo puede ser obstaculizado por la disociación

Como explicamos en capítulos anteriores (capítulos 2 y 3), las personas con un trastorno disociativo complejo viven una división en su yo o personalidad y, como consecuencia, tienen experiencias y percepciones conflictivas e intercaladas de sí mismas y de los demás.

Pueden ser influenciadas por deseos, necesidades, emociones, pensamientos, etc., que emergen de otras partes del yo, y tal vez sean inconscientes de dichas partes. Por ello, su experiencia interna parece arbitraria, incoherente y confusa, haciendo que el proceso de reflexión sea más difícil de lo habitual. Como explicamos anteriormente, las personas pueden ser muy fóbicas respecto a sus experiencias internas, incluidas las partes disociadas del yo. Esta reacción fóbica puede impedir gravemente su capacidad de reflexión.

Vuelva sobre el ejemplo previo de ser sobresaltado por alguien que entra inesperadamente en la habitación. Imagine que estuviera usted tan aterrorizado que produjera una disociación y perdiera la noción del tiempo en cuanto alguien entrara en la habitación, y que solo recobrara la conciencia de sí cuando la persona se fuera. Seguramente no tendría idea de lo que sucedió y, tal vez, tuviera miedo de que algo malo hubiera sucedido. El mismo hecho de no recordar le aterroriza, aumentando su reacción de miedo. Quizá se encontrara acurrucado en un rincón y no pueda recordar cómo llegó allí, o tenga una necesidad urgente de salir corriendo y esconderse, algo que no tiene sentido para usted como adulto. Puede que algunas de sus partes hayan sido activadas; tal vez oiga llantos en su cabeza o gritos llamándole cobarde, o una voz que le apremia a volver al trabajo y no pensar más en ello. Quizá tenga "flashbacks" de experiencias traumáticas del pasado. Tal vez tenga sentimientos, impulsos y pensamientos contradictorios, y tanto caos en su cabeza que se le hace muy difícil pensar y mucho más reflexionar sobre lo que está ocurriendo y cuál es el mejor modo de responder a ello. Estas son algunas de las cargas añadidas de la disociación cuando se está aprendiendo a reflexionar.

El material contenido en este manual empieza a ayudarle a superar su disociación mediante la reflexión habitual. En este capítulo empezará a aprender a reflexionar sobre sus propias experiencias internas, incluidas las diversas formas que tiene de interactuar (o evitar interactuar) con sus partes disociadas. También aprenderá más sobre cómo reflexionar sobre otras personas, para poder "leer" sus intenciones de forma más ajustada a la realidad. De hecho, usted utilizará las habilidades de reflexión en cada capítulo de este libro y en su terapia, ¡y así tendrá mucha práctica! Al principio, aprenderá a reflexionar en retrospectiva, es decir, solo podrá reflexionar sobre una situación después de que haya sucedido. Paulatinamente, se convertirá en una habilidad más natural que podrá emplear en cualquier momento.

Lo mismo que todo el mundo, será capaz de reflexionar con más facilidad cuando se sienta relativamente seguro, relajado, en calma y libre de distracciones. Igualmente debe aprender a tener más curiosidad sobre sí mismo, por ejemplo, por qué siempre responde a la crítica bloqueándose, y explorar la posibilidad de responder físicamente de otra forma. Nunca puede conocerse totalmente, ya que nadie puede. El primer paso consiste simplemente en aceptar su experiencia tal como es, sin juicio o necesidad urgente de cambiar o evitarla. No necesita conocer todo sobre usted de una vez y, de hecho, la incertidumbre es una parte muy normal de la experiencia de todo el mundo.

La reflexión retrospectiva

Como dijimos anteriormente, primero aprende la reflexión considerando la experiencia pasada. En la siguiente sección, encontrará algunos ejemplos de reflexión retrospectiva que le ayudará a entender más cómo utilizarla sobre sí mismo, incluidas todas sus partes, y sobre los demás.

Ejemplo 1: Utilizar la reflexión con una reacción crónica a una emoción

Todos nosotros desarrollamos reacciones automáticas (condicionadas) basadas en experiencias del pasado. Por ejemplo, usted o partes de usted puede haber aprendido a aislarse automáticamente de los demás cuando se siente triste, porque cree que puede ser ridiculizado o herido cuando se muestra vulnerable (esto probablemente involucra creencias nucleares; véase el capítulo 21). Puede que se dé cuenta o no de que está triste; simplemente se retira. Y quizá pueda no darse cuenta especialmente de haberse aislado más. Simplemente deja de estar con los demás. Puede ser que ni siquiera se percate de sentirse triste, pero oye un llanto o un rumor persistente en su cabeza que le perturba enormemente o simplemente tener una sensación desagradable de que algo no marcha bien.

La reflexión le ayuda a darse cuenta de que se siente triste, a reconocer la sensación física de la tristeza y a percatarse de los pensamientos que acompañan este sentimiento. Tal vez se dé cuenta o no de por qué usted (o partes de usted) está triste, pero puede aceptar que es esto lo que siente en ese momento. Si oye una voz triste o llorosa, no lo evite, sino intente entender y ayudar esa parte suya, o quizá pedir ayuda a otras partes. Su parte triste puede entonces sentirse consolada y entendida, la voz se tranquiliza y usted se siente con más calma. Se da cuenta de que está aislándose, y de que esta tal vez no sea la mejor solución. Usted aprende pronto a identificar signos de su tendencia a retirarse y de este modo puede hacer algo diferente. Llama a un amigo para cenar, aunque esto requiere gastar cierta energía. Así recuerda usted que la conexión con los demás alivia la tristeza. Puede trabajar con partes aisladas suyas para ayudarlas a sentirse más seguras con la gente. Está ahora aprendiendo a responsabilizarse de sus experiencias al comprender mejor todas sus partes y tomar en consideración todas sus necesidades y puntos de vista. Está aprendiendo a reflexionar sobre su propia experiencia, darle sentido y a utilizarla para sentirse mejor.

Ejemplo 2: Utilizar la reflexión con una parte disociada suya

Con frecuencia oye usted la voz de una parte interna suya que hace comentarios negativos sobre lo que está haciendo o dice que usted es tonto. Usted reacciona asustándose de esa parte, e incluso de oír la voz, avergonzándose porque cree que lo que dice es cierto, al menos en cierto grado. A veces, su reacción a la voz es tan dolorosa que inicia un comportamiento destructivo para detenerla, como entregarse al alcohol o a las drogas, herirse o sobrereaccionar. Este ciclo puede repetirse una y otra vez. Puede que se etiquete a sí mismo de loco por oír esa voz y se sienta muy avergonzado (véase el capítulo 24).

Las habilidades reflexivas pueden ayudarle a observar el proceso de lo que sucede cuando oye esta voz y a cambiar su reacción; también, eventualmente a cambiar todo el intercambio que efectúa entre usted y esa parte crítica suya. Puede empezar a percatarse de lo que siente mientras oye esa voz: tal vez locura, miedo, vergüenza o frustración. Se da cuenta cuando oye dicha voz que deja de hablar en la sesión de terapia y tal vez padezca un ataque de pánico. Cada vez que oye esa crítica interna, se da cuenta de que se encoge, su cuerpo se tensa, su cabeza queda colgando hacia abajo y no quiere moverse. Cuando puede advertir su tendencia a reaccionar sin hacerlo inmediatamente, puede entonces empezar a responder de un modo diferente. Puede que sienta curiosidad sobre porqué está ahí esa voz (quizá siempre ha asumido que está ahí para decirle la "verdad" sobre usted, pero probablemente existen otras razones). Podría empezar a dialogar con la parte cuya voz está escuchando. Podría pedirle ayuda y empezar a desarrollar una cierta empatía y cooperación internas a medida que vaya aprendiendo con este manual. Puede sentir empatía consigo mismo respecto a lo doloroso que es sentirse siempre criticado, asustado, menos que los demás, impotente. Puede sentir simpatía por lo duro que trabaja esa parte de usted y sin embargo nunca parece obtener resultados satisfactorios. Puede hacer unas respiraciones profundas, levantar la cabeza y echar los hombros hacia atrás. Tiene opciones para responder a la voz que antes no tenía.

Del mismo modo que nos servimos de nuestra capacidad para reflexionar con el objetivo de entendernos mejor, también podemos utilizar la reflexión para entender la mente de los demás, es decir, para dar sentido a sus motivaciones e intenciones.

Ejemplo 3: Utilizar la reflexión para entender a los demás

Llama usted a una amiga para invitarla a salir a cenar. Ella no devuelve la llamada. Usted da por hecho que no ha respondido porque ya no quiere ser su amiga o que usted no le importa. Entonces decide usted que no quiere saber más de ella.

Estas creencias pre reflexivas sobre por qué su amiga no le devolvió la llamada se basan generalmente en sus experiencias del pasado y en sus miedos continuos de ser rechazado mucho antes de que ni siquiera haya podido pensar en las muchas múltiples causas posibles por las que ella pudo no haberle devuelto la llamada. Existe una especie de reflexión implícita e inexacta, una reacción basada en una reacción, sus propias reacciones del pasado en lugar de una reflexión basada en comprender realmente a su amiga. Y puede que tenga usted pensamientos y sentimientos contradictorios sobre su amiga, que proceden de partes internas; unas que desean continuar la relación, otras que sienten que no vale la pena como amiga e incluso otras que creen que es peligrosa; todo ello el confunde aún más. Sin embargo, resulta que el teléfono de su amiga se estropeó y ella no recibió el mensaje.

Tiene usted una tendencia a reacciona del mismo modo cada vez que se siente rechazado: se retira, se siente herido y presupone que usted no gusta a los demás o que ellos no quieren estar con usted. Pero las habilidades de reflexión le permiten explorar muchas otras posibilidades de las intenciones de sus amistades respecto a usted. Empezaremos con aquella que usted dio por hecha y, a continuación, pasaremos a examinar otras posibilidades que permiten volver a conectar y rehacer la relación.

- A su amiga usted no le gusta o ella no se preocupa suficientemente de usted e intencionalmente decidió no devolverle la llamada (actitud intencional de herir: la razón que usted presupuso).
- Estaba enferma o fuera de la ciudad (por tanto, no podía responderle y no fue algo intencional).
- No esperaba una llamada suya y no verificó los mensajes (no fue algo intencional).
- Intentó devolverle la llamada, pero olvidó responder, porque se había producido una crisis en su trabajo o en su familia (no fue a propósito; no porque no sea usted importante para ella o porque no se preocupe de usted, aunque siga siendo algo doloroso).
- Olvidó telefonearle, porque acostumbra a estar dispersa, es olvidadiza y no demasiado confiable (en este caso, su propia forma de ser creó el problema, pero sigue siendo algo no hecho a propósito, aunque siga siendo doloroso para usted).

- Ella *sí* le devolvió la llamada, pero cuando usted no respondió al teléfono, no dejó ningún mensaje (algo hecho sin intención, ¡aunque sea un hecho irritante!).

Las habilidades de reflexión pueden también ayudarle clarificar su propia experiencia y las de otras partes suyas. Podría decirse algo así: *"Por supuesto que estoy decepcionado porque ella no me respondió. Es normal que al principio presupusiera que yo no le gustaba o que estuviera furiosa conmigo. Pero puedo entender que tal vez puedan existir otras razones por las que no me devolviera la llamada, que no tienen nada que ver conmigo. Me siento triste por el hecho de que me sea tan difícil confiar en los demás y por dar siempre por sentado que no gusto a la gente. Es un sentimiento de mucha soledad y vergüenza el considerarme una persona no agradable. Tal vez la próxima vez si alguien no responde a mi primera llamada, me arriesgaré a llamar de nuevo"*. Quizá mantenga usted un diálogo interno con pares suyas que hayan podido tener diferentes interpretaciones y sentimientos sobre la situación, pueda comprender cada una de ellas, pero también recordarles que existen múltiples posibles motivos e intenciones detrás del comportamiento de los demás. Siempre ayuda el obtener más información antes de precipitarse a sacar conclusiones.

Trucos para desarrollar habilidades de reflexión

Para ser una persona reflexiva, aprenderá a tener gradualmente más conciencia del presente, de todas sus partes y de los demás.

Estar en el presente

Es imposible reflexionar sobre su experiencia interna si la evita o no es consciente de ella. Igualmente es difícil reflexionar sobre su situación actual si no se siente presente. La reflexión empieza estando tan presente en el momento como le sea posible, lo cual exige una práctica continua y concentrada. Utilice sus anclajes al presente (practique los ejercicios sobre los anclajes de los capítulos 1 y 2).

Dese cuenta de su experiencia interna sin ningún juicio

Tome un tiempo para volver su atención internamente hacia sus pensamientos, sentimientos, sensaciones y otras partes de sí. Si no entiende aquello de lo que se da cuenta, no se juzgue; limítese a hacer lo mejor que sepa y siga adelante. Si no se percata de nada, no se juzgue; simplemente advierta que no se percata de nada y siga adelante. Le será de ayuda sentir curiosidad sobre sí mismo, sobre lo que está ocurriendo dentro de usted y sobre por qué piensa, siente o se comporta de de ciertas maneras.

Aunque quiera intentar entender su mente y la de los demás, algunas de sus percepciones, presupuestos básicos o creencias pueden ser falsas (aprenderá más sobre pensamientos y creencias erróneas en los capítulos 21, 22 y 23). Puede que su experiencia se halle limitada por sus pasadas experiencias que ya no son relevantes para la situación actual (por ejemplo, tener una creencia pre reflexiva que su terapeuta le va a gritar enfadado, porque sus padres le gritaron, a pesar de que su terapeuta nunca grita) o por creencias y predicciones erróneas (por ejemplo, creer que usted está loco y que "será apartado" por oír voces internas. De hecho, cada parte suya probablemente tiene una serie particular de reacciones hacia los demás, muchas de ellas inadecuadas. Percátese de estas creencias y pensamientos, así como de los sentimientos y tendencias conductuales que les acompañan. Escríbalos para poder reflexionar más fácilmente sobre ellos.

Dese cuenta de las similitudes y las diferencias

Para usted y todas sus partes le será de ayuda darse cuenta de las similitudes y las diferencias en su experiencia interna, en lo demás y en las situaciones en general. Es decir, puede empezar a separar el pasado del presente, sus miedos o creencias internas de las realidades externas. Puede darse cuenta de que reacciona de forma similar cada vez que se siente solo, rechazado, triste o enfadado. Puede percatarse de que tiene patrones de reacciones que se remontan a su historia pasada y que se han hecho automáticas. Puede empezar a notar lo que es diferente en las circunstancias presentes que podrían requerir una respuesta diferente de usted (por ejemplo, su amiga nunca le va a lastimar y, por tanto, tiene que empezar a no esperar ese comportamiento por parte de ella).

Empatice consigo mismo

Debe empatizar consigo mismo, incluidas todas sus partes y estas entre sí, e igualmente ser empático con las debilidades y dificultades ajenas. Puede desarrollar la capacidad de "ponerse en los zapatos" del otro y de las diferentes partes de usted (por ejemplo, percibir su empatía cuando se siente enfadado, incompetente o avergonzado). Con el tiempo, podrá reconocer a todas sus partes como propias. Y aprenderá mucho más sobre cómo desarrollar y mantener relaciones seguras y a salvo con los demás.

Hoja de tareas 6.1
Aprender a reflexionar

Reflexione en retrospectiva sobre una situación sin importancia en la que las habilidades de reflexión hayan podido ser de utilidad. Utilice como guía los ejemplos expuestos a continuación.

- Describa brevemente la situación tal como la percibió en el momento.

- ¿Cuáles eran sus pensamientos, sentimientos, sensaciones y predicciones?

- ¿Qué hizo usted en dicha situación?

- Si es usted consciente de que otras partes de usted estuvieron implicadas en la situación en cuestión, sea directamente o mediante una reacción privada interna, describa dichas reacciones.

- Describa las formas, si las hubo, en que sus partes disociadas afectaron su conducta y sus decisiones en dicha situación.

- ¿Siguió su reacción (por ejemplo sus sentimientos, pensamientos, sensaciones o conducta), o la de otras partes suyas, un patrón conocido? En este caso, describa ese patrón.

- Note en retrospectiva formas en las que usted u otras partes suyas puedan haber reaccionado no solo a la situación sino también a sus propios sentimientos, pensamientos o conducta. Por ejemplo, sentirse avergonzado o celoso y criticarse por ello.

Hoja de tareas 6.2
Reflexionar sobre su experiencia interna en el presente

1. Tome conciencia de su experiencia interna del momento, incluyendo pensamientos, sentimientos, sensaciones u otras partes de usted. Intente reconocer y aceptar esas experiencias con interés y sin enjuiciarlas. Advierta cualquier posible reacción negativa que pueda surgir durante este ejercicio, por ejemplo, pensar que es un ejercicio tonto o estar convencido de que no puede lograr aprender las habilidades de este manual. Puede escribir aquello que de lo que se haya dado cuenta.

2. Reflexionar sobre las intenciones y motivaciones de otra persona. Elija a una persona a la que conozca pero no muy de cerca y cuyos comportamientos le hayan molestado en algún momento determinado. Describa el comportamiento y de qué formas le ha molestado o a otras partes de usted.
   a. Describa lo que pensó y sintió sobre sí mismo y la otra persona.

   b. Describa lo que imagina que la otra persona pensó y sintió.

   c. Imagine diversas posibilidades y haga una lista de ellas, aunque no esté de acuerdo con ellas respecto a que la persona en cuestión haya actuado de ese modo.

   d. ¿Puede sentir empatía por esa persona y por usted mismo? En caso afirmativo, describa su experiencia de ese sentimiento de empatía (por ejemplo, sus pensamientos y sentimientos). En caso negativo, describa lo que usted pensó y sintió (sin juzgarlo).

7 Empezar el trabajo con las partes disociadas

PROGRAMA

- Bienvenida y reflexiones sobre la sesión anterior.
- Coloquio sobre las tareas.
- Descanso.
- Tema: Empezar el trabajo con las partes disociadas.
  - Introducción.
  - Primeros dilemas al trabajar con las partes disociadas del yo.
  - Primeros pasos al trabajar con las partes disociadas del yo.
  - Formas de percatación y comunicación internas.
  - Técnicas para la comunicación interna.
- Descanso.
- Tareas:
  - Releer el capítulo.
  - Completar la hoja de tareas 7.1, fases de percatación y aceptación de la disociación.
  - Completar la hoja de tareas 7.2, reconocer las partes disociadas de sí mismo.
  - Completar la hoja de tareas 7.3, practicar la comunicación interna.
  - Consultar a su terapeuta cuando necesite ayuda al trabajar con partes de sí.
  - Continuar practicando le aprendizaje del ejercicio de estar presente y practicar sus habilidades de reflexión.

Introducción

Conectar consigo mismo y reflexionar sobre sus experiencias son tareas esenciales en las que debe comprometerse cada día para funcionar al máximo. Cuanto más conozca y comprenda de sí mismo –en todos sus aspectos– mejores decisiones pude tomar para mejorar su vida. Cada día tiene que tomar múltiples decisiones y compromisos. Todas las personas tienen a veces pensamientos, deseos, necesidades y sentimientos conflictivos. Eso no es diferente para personas con trastornos disociativos, excepto que su experiencia interna está organizada de un modo relativamente compartimentalizado o es vivida por partes divididas de la personalidad que poseen su propia "mente", así que es más trabajoso para usted ser consciente de los conflictos internos o resolverlos. Debe aprender a tomar en cuenta las diversas necesidades y sentimientos de las partes disociadas, aunque no parezca que le pertenecen. En este capítulo aprenderá algunos enfoque básicos para entender más a las partes de sí mismo y cómo trabajar con ellas.

Primeros dilemas al trabajar con partes disociadas del yo

Cooperar con diversas pates de sí mismo es a veces más fácil de decir que de hacer, porque hay mucha evitación y conflicto que mantienen separadas a las partes disociadas. Anteriormente mencionamos que a muchas personas se les hace difícil al principio aceptar su diagnóstico, en parte porque tienen una fuerte evitación, es decir, una *fobia hacia las partes disociadas de la personalidad* (Van der Hart y otros, 2006). Otros encuentran un gran alivio al ser finalmente entendidos. Las personas con trastornos disociativos frecuentemente hacen comentarios del tipo: "*¡Eso (esa parte) no soy yo!* o "*¡no quiero saber nada de esas voces o de esas partes!* Estas actitudes son muy comprensibles y son la consecuencia de la confusión, el miedo o la vergüenza respecto a las experiencias de esas otras partes.

También se teme perder el control de las partes, ya que algunas de ellas pueden presentar emociones y conductas muy diferentes. Por ejemplo, algunas partes pueden desear acudir a terapia, mientras que otras querrían por el contrario evitarla o creen no necesitarlo. Algunas quieren centrarse en el trabajo, mientras que otras encuentran el trabajo aburrido y preferirían divertirse o quedarse en la cama. Algunas quieren tener una relación íntima, mientras que otras tienen terror de la intimidad. Algunas están centradas en la vida cotidiana, mientras que otras se encuentran estancadas en el pasado. Cuanto más tiende usted a evitar estos conflictos y esas partes disociadas, más probable será que encuentre usted dificultades en su vida cotidiana. Cuanto menos colaboren las partes entre sí, más conflicto interno tendrá.

Primeros pasos al trabajar con las partes disociadas del yo

Cuando padece un trastorno disociativo, existen diversas fases de percatación sobre cómo se organizan u funcionan su personalidad y su yo. En sus tareas de este capítulo encontrará una descripción de estas fases, que abarcan desde la falta total de conciencia del asunto o su evitación hasta la plena aceptación. En primer lugar, tiene que aprender a reconocer las partes disociadas y a aceptar la sensación y el sentimiento de estar fragmentado. Es normal que necesite apoyo para superar su miedo o su vergüenza de sus otras partes. Después, puede decidir cómo podría ser capaz de hacer esfuerzos consientes para comunica internamente con dichas partes.

Los primeros diálogos entre ellas deberían centrarse en construir una comunicación y una cooperación internas enfocadas únicamente hacia mejorar la calidad de la vida cotidiana. Estos diálogos internos incluyen las siguientes actividades:

- Aprender a tratar con los desencadenantes, es decir, los estímulos que evocan aspectos de los recuerdos traumáticos (véanse los capítulos 15 y 16).
- Aumentar la seguridad interna y externa.
- Trabajar conjuntamente en la terapia.
- Cooperar para completar las tareas de la vida cotidiana.

Los recuerdos, emociones o sensaciones traumáticas no deberían normalmente ser compartidas en esta fase. Este trabajo se hace más adelante, cuando se sienta más tranquilo y estable, y las partes tengan más empatía entre sí, estén trabajando bien juntas y sean capaces de afrontar mejor las emociones.

Por último, es importante darse cuenta de que esas diversas partes han estado cooperando a menudo durante años para su mutua ayuda y protección sin que usted haya tenido conciencia de ello. A veces esto sucede casi automáticamente (por ejemplo, una parte domina sobre otra automáticamente en una situación concreta, o algunas partes que están muy agitadas se hallan inactivas mientras usted trabaja). En otras ocasiones, existe una decisión consciente y voluntaria.

Cuando partes suyas no están colaborando entre sí, cuando no funcionan de una forma coordinada y eficaz y cada una de ellas pone el énfasis en prioridades diferentes, es posible que surja la confusión, el conflicto y el caos internos. El primer paso hacia su resolución consiste en ayudar a sus otras partes a centrarse en lo que está haciendo usted en el presente, especialmente en relación con la terapia y las tareas de la vida diaria.

Formas de percatación y comunicación internas

La cooperación entre sus partes requiere que aprenda usted a aceptar y después a comunicar con todo su yo. Nos centraremos ahora en la comunicación interna básica.

Reconocer y aceptar paulatinamente partes de usted

Cuando no está usted siendo muy reflexivo en su vida, no está acostumbrado a poner atención a su interior. Hacerse consciente de sus partes es una de las primeras tareas hacia el final de la fase de reconocer y aceptar la totalidad de su persona, con todos sus pensamientos, emociones, su cuerpo y sus formas de actuar. Ya hemos expuesto algunas formas en las que puede empezar a advertir partes de sí en la hoja de tareas 2,3. Reconocerse y aceptarse no siempre es fácil, incluso para las personas que no padece un trastorno disociativo. Puede ser complicado y a veces abrumador al principio. Pero cada vez que sea consciente de una parte suya, puede también empezar a ser consciente de cómo piensa y siente sobre esa parte suya. Esos pensamientos y sentimientos son extremadamente importantes para su trabajo de terapia.

Una vez que advierta partes de usted, puede empezar a aceptarlas sin juicio. Cuando enjuicia menos, se siente menos asustado o avergonzado; menos amenazado. Y cuando siente menos ansiedad, puede tener más curiosidad sobre partes suyas, cómo funcionan y cómo puede trabajar usted con todas ellas juntas más eficazmente.

Escuchar y comunicar con partes suyas

Una vez que es capaz de reconocer y aceptar partes suyas, puede aprender a comunicar; eso implica escuchar y compartir. Muchas personas con un trastorno disociativo escuchan voces internas que representan diversas partes disociadas. Son capaces de llevar a cabo conversaciones internas. Otras pueden vivirlo de un modo más indirecto, teniendo una "sensación" o una especie de extraño "conocimiento" sobre qué partes están intentando comunicar, al aprender a comunicar con otra parte, otras personas encuentra que es útil imaginar que hablan a una persona real, aunque, por supuesto, las partes de usted *no* son otra persona. Este ejercicio imaginario es simplemente una forma de desarrollar un sentido sobre la existencia de otras partes suyas. Es importante que encuentre su propia forma de comunicar que le sea cómoda. Escuchar y hablar con las voces en su cabeza, en lugar de intentar que se vayan, será en definitiva la forma más rápida y eficaz de curación.

Pero al principio puede que encuentre difícil la comunicación interna. No dude en pedir ayuda a su terapeuta durante estos intentos iniciales. Todo el mundo encuentra útil reservarse un momento concreto, tranquilo y silencioso al día para la comunicación interna.

Al principio, probablemente esté naturalmente muy asustado o avergonzado de partes de usted, y puede que evite tener comunicación con ellas. Y algunas partes pueden también querer evitar comunicar con usted. En ocasiones, puede parecer como si todas sus partes estuviesen hablando a la vez. Muchas personas describen esto como un ruido caótico o un murmullo incesante en su cabeza, que es abrumador y produce tal confusión que es imposible pensar. Generalmente, esta experiencia sucede cuando usted (o partes suyas) se siente especialmente ansioso, amenazado o avergonzado.

Una dificultad común al principio es la aparición de amenazas internas cuando trata de comunicar con partes suyas. Habitualmente proceden de una parte muy dominante y crítica. Dichas partes, como se expuso en capítulos anteriores, solo están intentando protegerle reaccionando con los patrones rígidos y limitados de respuesta que conocen. Estas partes necesitan ayuda para aprender formas más eficientes y empáticas de proteger y tratar con el miedo, la cólera y la vergüenza. Lo más fácil es empezar, si es posible a dialogar con una parte con la que se sienta más cómodo.

Una forma de comunicación es encontrar un terreno común sobre el que todas las partes puedan estar de acuerdo. Por ejemplo, es altamente probable que todas sus partes quieran sentirse mejor, con independencia de cómo se sientan o actúen. Normalmente cada parte puede estar de acuerdo con esta meta, aunque no es probablemente que se pongan de acuerdo en cómo logarlo al principio. Pero es un buen punto para empezar.

Cuando la vida diaria se desarrolla con más facilidad, todas tienden a sentirse mejor. Uno de sus primeros objetivos consiste en centrarse en aprender a ayudar a todas sus partes a volverse más cooperativas y comunicativas sobre la vida cotidiana. Puede tener conversaciones internas, por ejemplo, sobre cómo trabajar juntas para tener encuentros a tiempo o para completar tareas con más eficacia, o cómo utilizar mejor el tiempo de ocio. Puede que no sea capaz de comunicar con cada parte inmediatamente. Esto es algo normal y previsible. Puede tomar algún tiempo para que todas sus partes se sientan cómodas y suficientemente seguras para permitir más comunicación.

Técnicas de comunicación interna

A continuación exponemos algunas alternativas al "diálogo interno" que podrían serle de utilidad intentar.

Formas escritas de comunicación

Intente escribir a partes suyas, introduciendo su terapia como un buen recurso de sanación y compartiendo sus buenas intenciones. Destaque el hecho de que, a pesar de estar aterrorizado o avergonzado, sigue queriendo hacer el esfuerzo de conseguir conocer todas sus partes paulatinamente. Quiere intentarlo. Destaque también que los recuerdos traumáticos deben ser contenidos de momento, hasta que las partes se sientan más seguras y cómodas entre sí y sean capaces de colaborar con más eficacia en la vida diaria. A muchas personas les gusta escribir en el ordenador. Es más rápido y el archivo puede ser borrado rápidamente si está preocupado de que alguien pudiera leer lo que ha escrito. Lo más importante es que ha aprendido a tolerar el conocer un poco más de sus partes en el presente.

Hablar para sí

Otra forma de comunicar o de establecer contacto es "hablar para sí", en otras palabras, mantener una conversación unilateral con partes de la personalidad, incluso aunque no esté todavía listo para que ellas respondan. Puede servirse de esta técnica si empieza a estar agitado, ansioso, confuso o asustado interiormente. No siempre necesita saber inmediatamente la razón de su borrasca interior ni qué parte o partes están teniendo dificultades para ser capaces de ayudar. Simplemente hable con tranquilidad internamente a todas sus partes, calmando y volviendo a dar seguridad a esas partes suyas de que está usted a salvo, de que está deseoso de aprender a cuidar de sí mismo más eficientemente y de que está obteniendo ayuda. Recuerde a todas sus partes el presente mirando alrededor y dándose cuenta de su entorno. Sírvase de sus puntos de anclaje en el presente seguro expuestos en los primeros dos capítulos. La finalidad consiste en conectar con partes de sí y dejarlas saber que está dispuesto a prestarles atención y ayuda.

Encuentros internos

Algunas personas pueden estar listas para facilitar "encuentros internos", en el que las partes se reúnen internamente con el objeto de debatir los temas. Algunas pueden encontrar esto demasiado abrumador o que no les encaja. Describimos los detalles de esta técnica en el capítulo 27, por si se siente preparado para practicarla a su debido tiempo. Es importante que se tome su tiempo y vaya a su propio ritmo.

Hoja de tareas 7.1
Fases de percatación y aceptación de la disociación

A continuación encontrará una lista de pasos que conducen al reconocimiento y la aceptación de sus partes, así como a la comunicación y cooperación con ellas. Debe trabajar a su propio ritmo y no tener la expectativa de ser capaz de llevar a cabo todas estas fases de una sola vez. Señale todas las afirmaciones con las que está de acuerdo en este momento. Más adelante a lo largo de la terapia podrá volver a revisar estas fases para verificar sus progresos.

- No quiero aceptar que tengo partes disociadas.
- Soy consciente de que existen algunas partes con las que no comunico.
- Soy consciente, pero evitativo de mis partes (o algunas de ellas).
- Acepto la existencia de mis partes (o algunas de ellas).
- Empiezo a comunicar con mis partes (o algunas de ellas).
- Puedo negociar y colaborar sobre algunas cuestiones en la vida diaria con mis partes (o algunas de ellas).
- Tomo en cuenta las necesidades de mis partes (o algunas de ellas).
- Entiendo y acepto las funciones de mis partes (o algunas de ellas).
- Siento empatía por mis partes (o algunas de ellas).
- Soy capaz de ayudar a mis partes (o a algunas de ellas) a sentirse más seguras y a gusto.
- Mantengo comunicación regular con mis partes (o algunas de ellas) para tratar cuestiones de la vida cotidiana.

Hoja de tareas 7.2
Reconocer sus partes disociadas

Existen diversas formas de percibir la presencia de otra parte de usted. Lea los siguientes ejemplos y compruebe si se ajustan a su experiencia. Debajo de cada ejemplo, describa una experiencia de darse cuenta de una parte suya.

- Ha perdido tiempo y descubre que ha hecho algo que no recuerda, pero sabe que con seguridad lo ha hecho.

- Se oye a sí mismo hablando, pero es como si las palabras que oye no fuesen "suyas".

- Se vive fuera de su cuerpo, como si viera a alguien distinto a distancia y no puede controlar sus acciones.

- Tiene pensamientos, emociones, sensaciones, recuerdos que vive como si no le pertenecieran.

- Oye voces en su cabeza que le hablan o que hablan entre sí.

- Se encuentra de repente en un lugar y no tiene ni idea de cómo ha llegado allí.

- Siente que su cuerpo sus movimientos o sus acciones están fuera de su control.

Hoja de tareas 7.3
Practicar la comunicación interna

Registre cada día sus intentos de comunicación interna durante esta semana.

Responda las siguientes preguntas cada día de la semana.

1. Describa lo que dijo o hizo para entablar una comunicación empática con una parte suya.

2. Describa la respuesta de dicha parte.

3. ¿Cuál fue la dificultad, si la hubo?

4. Si hubo algo que le ayudó a comunicar, ¿qué fue lo que le ayudó?

Domingo

1.

2.

3.

4.

Lunes

1.

2.

3.

4.

Martes

1.

2.

3.

4.

Miércoles

1.

2.

3.

4.

Jueves

1.

2.

3.

4.

Viernes

1.

2.

3.

4.

Sábado

1.

2.

3.

4.

8 Desarrollar una sensación interna de seguridad

PROGRAMA

- Bienvenida y reflexiones sobre la sesión anterior.
- Coloquio sobre las tareas.
- Introducción.
- Desarrollar una sensación interna de seguridad.
- Descanso.
- Ejercicio: Experimentar una sensación interna de seguridad.
- Tareas:
  - Releer el capítulo.
  - Practicar cada día el ejercicio Experimentar un sentido interno de seguridad.
  - Completar la hoja de tareas 8.1, desarrollar una sensación interna de seguridad y lugares seguros.

Introducción

En la terapia, estar a salvo en el entorno externo constituye una primera meta fundamental para personas traumatizadas que todavía son amenazadas en su vida. En los capítulos 28 a 31 abordaremos el tema de escoger personas seguras en su vida y de establecer límites cuando usted no se siente a gusto con alguien. Si no está a salvo en su entorno externo habitual, es imprescindible tratar este grave problema con su terapeuta para poder obtener ayuda. Sin embargo, aunque muchas personas traumatizadas se encuentran (relativamente) seguras en su entorno, siguen no obstante sin sentirse a salvo. Por tanto, un objetivo fundamental en terapia consiste en establecer una sensación interna de seguridad, de estar a salvo consigo mismo, con todas sus partes, en relación con sus experiencias internas. Una sensación interna de seguridad, a la que también se denomina un *estado seguro* (O'Shea, 2009), es la conciencia de sentirse relajado y tranquilo en el presente cuando no existen una amenaza ni un peligro reales.

Desarrollar una sensación interna de seguridad

La seguridad interna está íntimamente ligada a la capacidad de estar presente en el aquí y ahora y a la sensación de seguridad, al menos con dos o tres relaciones de confianza con otras personas. Cuando los niños crecen en un contexto de relaciones seguras y de confianza que les proporcionan un entorno de seguridad, desarrollan de forma natural una sensación de sentirse a salvo. Muchas personas con un historial de traumatización temprana no han tenido demasiadas oportunidades de vivir en un entorno de relaciones seguras y, por ello, han sido incapaces de desarrollar una sensación de seguridad y de confianza internas. En consecuencia, puede que les sea arduo imaginar siquiera cómo es sentirse a salvo. Pueden conocer cognitivamente que su entorno actual es seguro y, no obstante, no sentirse con seguridad o cómodas en absoluto, como si algo terrible fuera a suceder en cada minuto. E incluso cuando su situación presente es segura, algunas partes de ellas permanecen estancadas en el periodo del trauma, incapaces de vivir un presente seguro. Además, los individuos traumatizados a menudo no se sienten a salvo con sus propias experiencias internas, es decir, con algunas de sus propias emociones, pensamientos, sensaciones y otras acciones de partes disociadas. La evitación subsiguiente de la experiencia interna les obstaculiza el permanecer presente y desencadena un circuito interior de miedo, crítica y vergüenza, lo que agudiza la sensación de inseguridad interna.

Incluso si no puede imaginarse totalmente a salvo, probablemente habrá habido periodos en los que se haya sentido menos inseguro que en otros y podrá empezar a aprender sobre la sensación de seguridad a partir de ese punto. Si el concepto de "seguridad" le parece demasiado ajeno, puede pensar en un lugar agradable y tranquilo, un lugar en que se siente entendido y aceptado o quizá en un lugar en que el que esté solo y sepa que no será molestado.

A continuación describimos modos de crear una sensación de seguridad interna, incluyendo lugares en los que usted o partes suyas puede encontrar un refugio tranquilo y seguro al margen del estrés de la vida diaria y del pasado doloroso hasta que consiga estar más sanado.

Permanecer en el presente

En primer lugar nos centraremos en desarrollar una sensación interna de seguridad en el presente. Es fundamental ayudar a todas sus partes a sentirse tranquilas y relajadas una vez que ha podido comprobar que el *momento presente* es realmente seguro en el exterior. Puede entrenarse conscientemente en dejar partir la tensión interna, para permitir que todas sus partes tomen conciencia de ese momento de seguridad y bienestar, de relajación y tranquilidad internas, a pesar de que al principio dichos momentos puedan ser pocos y distantes en el tiempo. A algunas de sus partes les podría ser más fácil que a otras sentir la sensación interna de seguridad. Algunas de ellas descubrirán que es más fácil cuando usted se halla en compañía de alguien en quien confía. Para otras podría ser cuando se encuentra usted solo, cuando está con una mascota a la que quiere, escucha su música favorita o se halla fuera en un lugar especial y tranquilo en la naturaleza.

Lo más probable es que la sensación interna de seguridad pueda solo ser experimentada cuando su entorno es realmente seguro. Pero incluso si existen situaciones que vive como amenazadoras en el presente, siempre habrá momentos en los que realmente se encuentre a salvo. Es en esos momentos en los que puede empezar a centrarse para desarrollar una sensación interna de seguridad.

Esta sensación puede sobrevenir cuando todas sus partes son capaces de estar de acuerdo, al menos temporalmente, en dejar partir los conflictos internos y la crítica y en centrarse en el momento presente. Puede que sea difícil de conseguir al principio, pero descubrirá que todas sus partes aprecian este estado y que cuanto más practique más fácil será.

Desarrollar lugares internos e imaginarios de seguridad

Los espacios internos de seguridad son imágenes de lugares en los que puede estar a salvo, relajado y cuidado. Estas imágenes han demostrado ser útiles para muchas personas y no forzosamente con trastornos disociativos. Es bien conocido que este tipo de actividad imaginaria produce un sentimiento de relajación y bienestar en quienes la efectúan con regularidad. Si su experiencia interna se manifiesta tan discordante, insegura y atemorizadora como suele suceder en individuos con trastornos disociativos, la capacidad de imaginar estos espacios se convierte en algo especialmente importante y de utilidad.

Cuando padece usted un trastorno disociativo, algunas partes suyas permanecen estancadas en el periodo del trauma y, de este modo, no viven con una sensación de seguridad. Pueden mantenerse en estado de alerta temiendo posibles peligros, sin ser capaces por tanto de relajarse suficientemente como para sentirse a salvo. Los individuos con un trastorno disociativo suelen caer en un círculo vicioso de rabia, vergüenza, miedo e indefensión internas que contribuye a que carezcan de seguridad interior. Algunas partes están enojadas y son crítica, mientras que otras son hirientes, están asustadas o se avergüenzan. Con frecuencia se producen intensos conflictos entre estas diferentes partes. Cuantas más partes expresan su dolor, más enojadas o hirientes se vuelven otras partes, porque no pueden tolerar lo que consideran como "debilidad". Cuanto más críticas y enfadadas se muestran unas partes respecto a otras, más sufren estas últimas. Esto crea un bucle interminable de infelicidad interna y de falta de seguridad.

Cuando es usted capaz de crear uno o más lugares imaginarios seguros para partes suyas que sufren o están asustadas, se abre la puerta a la posibilidad de aligerar este bucle negativo. Las partes enojadas sienten algo de alivio una vez que aprenden que las partes aterrorizadas o hirientes están más tranquilas cuando se sienten más seguras. De este modo, es usted capaz de reducir el conflicto, ayudando simultáneamente a ambos tipos de partes. Una vez que puede desarrollar un espacio interno y seguro imaginario, todas sus partes pueden experimentarlo y tenerlo a disposición cada vez que usted lo necesite o desee. Por ejemplo, cuando algunas partes de la personalidad están abrumadas y usted necesita llevar a cabo una tarea importante, estas partes pueden acudir a ese lugar de seguridad a descansar mientras usted termina su tarea. Esas partes pueden sentirse más tranquilas e un lugar seguro imaginario hasta el momento en que puedan concentrarse en su curación durante la terapia. O pueden mantenerse imperturbables en algunas situaciones que podrían desencadenar dolorosas experiencias del pasado, como ir al médico o asistir a una reunión laboral conflictiva.

A algunas personas les basta un lugar imaginario para todas sus partes, mientras que otras sienten la necesidad de diferentes lugares que se adecuen a las diferentes necesidades de las partes. Y por supuesto, los lugares internos seguros siempre deben estar a la altura de los esfuerzos para asegurar su seguridad con otras personas y en el mundo en general. ¿No puede tener una sensación interna de seguridad sin estar realmente a salvo?

Ejemplo de lugares internos imaginarios de seguridad

- Lugares agradables al aire libre, como lagos, prados, corrientes de agua, estanques, islas, bosques, montañas, océanos.
- Estructuras: Casas en los árboles, cabañas, porches, refugios de montaña o playa, hogares seguros.
- Habitaciones especialmente adaptadas a las necesidades de cada parte.
- Cueva o gruta seguras.
- Cohete espacial.
- Su propio planeta especial.
- Casa submarina o subacuática.
- Globo aerostático.
- Aunque no sean técnicamente espacios, algunas personas prefieren la imagen de una cubierta protectora: traje espacial, armadura de hierro, campo de fuerza invisible, manto invisible (para ampliar este tipo de imágenes, véase el ejercicio de "la tienda" del capítulo 14).

Puede que usted quiera un lugar seguro (o tranquilo) para todas sus partes en su conjunto o que algunas partes prefieran su propio lugar. Preste mucha atención a lo que diversas partes suyas quieran o necesiten. Recuerde que la imaginación es ilimitada y puede adaptarse continuamente a medida que cambian sus necesidades.

Si no puede imaginar un lugar, no dude en pedir a su terapeuta que le ayude. A veces ayuda el dibujarlo o el encontrar una imagen de un lugar que le guste. Y como hemos señalado anteriormente, empiece con una sensación de estar menos en peligro que en otras ocasiones. Puede hacer una lista de todas las medidas de bienestar que le gustaría tener en su lugar de seguridad. Recuerde también que una primera regla consiste en no criticar ni juzgar a ninguna parte por lo que imagina y por lo que necesita o quiere, aunque no esté de acuerdo. Tal vez no todas sus partes puedan todavía participar; está bien. Empiece simplemente por donde pueda.

Un lugar seguro debe ser un lugar que solo usted conoce y que nadie más puede encontrar y en el que nadie puede entrar sin su permiso. Si se siente especialmente en peligro, puede imaginar que su lugar está rodeado por una alambrada, un muro, un campo invisible especial o un sistema de alarma. Está usted a cargo de permitir o no que otras personas estén en él. Puede negociar con todas las partes que respeten los lugares de cada una de ellas y que no entren en ellos ni los "visiten" sin permiso.

Su lugar de seguridad puede protegerle a usted y a determinadas partes suyas de cualquier estímulo que le abrume en el presente y debe ser cómodo y agradable. Es un lugar en el que siente satisfechas sus necesidades de seguridad, confort, descanso, etc. Siéntase libre para añadir cualquier cosa que quiera en ese lugar, para aumentar su sensación de comodidad, bienestar y seguridad. Puede imaginar camas confortables, sus alimentos, películas y juegos preferidos y los animales que le gusten. Su lugar puede estar lleno de animales o de otras personas, o estar usted solo consigo mismo. Puede tener gente en los alrededores, pero no demasiado cerca. Este lugar es para que usted lo construya a su gusto y es solo suyo.

Cualquier parte de usted puede acudir a un lugar seguro en cualquier momento. Algunas partes pueden ir voluntariamente a un lugar seguro cuando ha existido algo de colaboración y acuerdo interno en que puede proporcionar un alivio o contención temporal. Sin embargo, ¡no intente nunca recluirse o esconder a partes para liberarse de ellas! Las cárceles no son lugares de seguridad, e intentar evitar a algunas partes en ellas solo aumentará su sensación interna de no estar a salvo. Es importante para todas sus partes que vean el valor de tener una sensación de seguridad y la utilidad de estos lugares seguros, y que hagan lo posible para cooperar juntas con el objetivo de crear esta imagen sanadora.

Tener un lugar literal de seguridad en casa es también importante para muchas personas. Puede crear una habitación o un rincón especial que represente para usted seguridad y calma. Escoja colores y texturas que sean agradables o tranquilizadores, objetos que tengan un significado positivo para usted, fotografías de personas que se preocupan por usted, o de lugares que encuentra agradables.

Ejercicio: experimentar una sensación interna de seguridad

Utilizando la sección anterior y la hoja de tareas 8.1 como guías, puede practicar ahora cómo desarrollar una sensación interna de seguridad y un espacio seguro. Cuando está en un grupo, pueden ayudarse mutuamente como deseen y puede también servirse usted de su grupo de entrenadores como un recurso más.

Hoja de tareas 8.1
Desarrollar una sensación interna de seguridad y lugares seguros

1. Practique el sentir una sensación de seguridad o calma.

   a. En primer lugar, describa una situación en la que puede experimentar un momento de seguridad y/o calma interna. ¿Sería en casa solo, con otra persona, afuera en la naturaleza, escuchando música?

   b. A continuación, permítase y permita a todas sus partes experimentar esa sensación interna de seguridad. Describa su experiencia de la misma, es decir, sus pensamientos, emociones y sensaciones.

   c. Dese cuenta, si es el caso, de qué perturba su sensación interna de seguridad y descríbala a continuación. ¿Es un pensamiento, un sentimiento, una sensación, una evitación de estar presente? ¿Es una parte suya que todavía no puede relacionarse en esta sensación de seguridad en el momento actual?

   d. Imagine esa experiencia de seguridad interna ahora y advierta de nuevo cómo se siente.

   e. Intente crear momentos de seguridad interna cada día. La práctica regular aumenta su capacidad de crear su sensación interna de seguridad.

2. Describa, si se siente cómodo, su lugar de seguridad. Si no quiere compartirlo, trate de describir cómo se siente cuando se encuentra en ese lugar. Describa que le ayuda en ese lugar o qué ayuda a otras partes suyas.

3. Si otras partes suyas necesitan su propio lugar singular de seguridad, trabaje en crear esas imágenes. Preste mucha atención a lo que dichas partes quieren o necesitan en términos de seguridad y confort. Si se siente cómodo haciéndolo, describa aquí dichos lugares.

4. Si tiene dificultades al desarrollar un sentido de seguridad interno o lugares seguros, describa por favor a continuación qué es lo que interfirió. Le animamos a obtener ayuda de su terapeuta con estas dificultades temporales.

Segunda parte
Repaso de habilidades

En esta sección ha aprendido usted cierto número de habilidades del manual. En esta otra encontrará una revisión de dichas habilidades y una oportunidad de seguirlas desarrollando. A medida que vaya haciendo la revisión, le animamos a volver sobre los capítulos para que los lea de nuevo y vuelva a practicar paulatinamente las hojas de tareas. Recuerde que una práctica diaria regular es fundamental para aprender nuevas habilidades.

Para cada una de las habilidades expuestas a continuación, responda a las siguientes preguntas:

1. ¿En qué situación o situaciones practicó esta habilidad?
2. ¿Cómo le ayudó dicha habilidad?
3. ¿Qué dificultades encontró, si es el caso, al practicar esta habilidad?
4. ¿Qué ayuda o recursos adicionales podrá necesitar para sentirse más exitoso en el dominio de esta habilidad?

Capítulo 5, Superar la fobia a la experiencia interna (pensamiento, sensación, emoción, etc.)

1.

2.

3.

4.

Capítulo 6, Reflexionar sobre una experiencia interna

1.

2.

3.

4.

Capítulo 7, Comunicación interna con partes suyas sobre temas actuales de la vida diaria (no la historia de su pasado)

1.

2.

3.

4.

Capítulo 7, Desarrollar empatía hacia una de sus partes

1.

2.

3.

4.

Capítulo 7, Cooperación entre partes suyas para realizar una tarea o un objetivo común en su vida cotidiana

1.

2.

3.

4.

Capítulo 8, Desarrollar una sensación interna de seguridad y lugares seguros

1.

2.

3.

4.

III Mejorar la vida diaria

9 Mejorar el sueño

PROGRAMA

- Bienvenida y reflexiones sobre la sesión anterior.
- Coloquio sobre las tareas.
- Ejercicio.
- Descanso.
- Tema: Mejorar el sueño.
  - Introducción.
  - Tipos de problemas del sueño.
  - Factores que contribuyen a los problemas del sueño.
  - Mejorar la calidad del sueño.
  - Recursos para afrontar problemas del sueño específicos.
- Tareas:
  - Releer el capítulo.
  - Completar la hoja de tareas 9.1, registro del sueño.
  - Completar la hoja de tareas 9.2, hacer de su habitación un lugar agradable para dormir.
  - Completar la hoja de tareas 9.3, crear un kit del sueño.
  - Completar la hoja de tareas 9.4, desarrollar una rutina para irse a dormir.

Introducción

Las personas con un trastorno disociativo casi siempre sufren períodos con alteraciones del sueño por razones muy diversas. Alguna de ellas pueden ser fisiológicas; otras están relacionadas con la actividad de varias partes disociadas. Incluso pueden tener un trastorno del sueño subyacente. Por tanto, es importante que hable de sus problemas de sueño con su médico de atención primaria. Cuanto menos duerma, más cansado estará. Esto aumenta la probabilidad de tener problemas en la vida diaria porque tiene menos energía y es más proclive a volverse emocionalmente vulnerable y a tener dificultades para pensar. En este capítulo hablaremos de los tipos de problemas del sueño y de cómo mejorarlo, incluyendo cómo afrontar los *flashbacks* nocturnos, las pesadillas y las partes de usted mismo que pueden ser disruptivas durante la noche.

Tipos de problemas del sueño

Es importante que usted, su terapeuta y su médico conozcan los tipos de problemas del sueño que experimenta en la actualidad y a los que se ha enfrentado en el pasado. Naturalmente, a lo largo del tiempo los problemas del sueño pueden variar y deberse a diferentes causas. Lo siguiente es una lista de problemas comunes del sueño que se pueden dar en las personas con trastornos disociativos. Revise los que le afectan en la actualidad.

- Dificultad para quedarse dormido.
- Dificultad para permanecer dormido.
- Despertarse frecuentemente.
- Despertarse muy temprano por las mañanas.
- Sueño excesivo (por ejemplo, quedarse dormido durante el día).
- Patrones alterados de sueño-vigilia (por ejemplo, dormir durante el día y estar despierto por la noche).
- Pesadillas.

- Terrores nocturnos.
- Sonambulismo.
- Bruxismo.
- Incontinencia nocturna.
- Piernas inquietas.
- Pánico durante la noche.
- Apnea del sueño (episodios cortos durante el sueño en los que se deja de respirar; a menudo asociado con la obesidad).
- Sensación de no haber dormido bien o profundamente y sentirse por tanto cansado.
- Actividad de las partes disociadas durante la noche.
- Posponer la hora de ir a la cama porque tiene miedo de ir a dormir o de meterse en la cama.
- *Flashbacks* cuando se queda dormido o se despierta.
- Ilusiones y alucinaciones cuando se queda dormido o se despierta.
- Dificultad grave para despertarse o de que alguien le despierte.
- Narcolepsia (episodios repentinos e incontrolables de quedarse profundamente dormido en horas de vigilia). Debe distinguirse la narcolepsia de los episodios en los que se sufre un colapso, como se describieron previamente en este manual, y debe diagnosticarse mediante un estudio del sueño.

Factores que contribuyen a los problemas del sueño

Hay numerosas causas o factores coadyuvantes de los problemas del sueño en personas con trastornos disociativos. Normalmente está involucrado más de un factor, por eso es importante pasar por una evaluación completa de las dificultades del sueño graves.

Trauma

Es difícil dormir bien cuando se está traumatizado. Algunas veces, cuando oscurece y llega la calma, su mente empieza a trabajar horas extras. Si tiende a evitar los recuerdos traumáticos, será más vulnerable a su aparición una vez que no está preocupado por el trabajo u otras actividades. Muchas personas tienen miedo a la oscuridad o a irse a la cama porque algunos sucesos traumáticos pueden haber ocurrido durante la noche, en la oscuridad o en la cama. Estos miedos son prominentes en las partes que viven en el momento del trauma. Usted o ciertas partes suyas también pueden sentirse más solos, vulnerables o desprotegidos en la oscuridad o cuando está durmiendo. Usted o partes suyas pueden volverse más nerviosos, miedosos y estar en estado de hiperalerta; por tanto su sueño es más ligero y se despierta durante la noche con mayor frecuencia.

A menudo, las personas con un trastorno disociativo sufren pesadillas relacionadas con el trauma, terrores nocturnos, *flashbacks* o ataques de pánico por la noche. Por tanto, tienden a evitar irse a la cama o solo se duermen una vez que hay luz en el exterior. El sonambulismo, llorar, lamentarse, gritar o luchar en sueños es bastante común. En ocasiones, unos pocos sufren incontinencia en la cama. Aunque esto puede ser embarazoso, es importante entender que algunas partes disociadas pueden experimentarse muy jóvenes y aterrorizadas. Tales partes pueden tener miedo de levantarse de la cama para ir al cuarto de baño o pueden estar tan aterrorizadas que hacen que usted se orine involuntariamente. Si sucede esto, no sea duro consigo mismo. Simplemente cambie las sábanas y continúe trabajando con el enraizamiento, la empatía interna y tranquilice a esas partes de usted mismo sobre la seguridad actual. Cuánto más pueda tranquilizar y consolar a todas sus partes, menos problemas tendrá por las noches.

Lucha por el tiempo entre las partes disociadas

Las personas con un trastorno disociativo complejo, especialmente con TID, pueden tener una lucha interna por el control de las partes de sí mismos. Las partes pueden querer o demandar un tiempo específico para sí mismas, al sentir que no tienen el suficiente para sus propias actividades. Esto puede llegar a ser un gran problema, interrumpiendo no solo durante las actividades del día sino también durante el sueño. A veces, las partes disociadas pueden estar más activas por las noches cuando la parte principal de la personalidad está más fatigada y menos "en guardia". Algunas partes disociadas pueden ser activas solo por las noches. A la mañana siguiente puede sentirse exhausto y no entender por qué. Quizá encuentre pruebas de actividades que ha estado haciendo como utilizar el ordenador, comer, limpiar o dibujar. Algunas partes pueden mantenerse ocupadas porque temen irse a dormir o temen cerrar los ojos. Pueden tener pavor a perder el control o tener pesadillas.

Otros problemas emocionales

Las perturbaciones del sueño son comunes en aquellos que sufren ansiedad o depresión de moderada a severa. Muchos individuos traumatizados experimentan ambas. Esta contribución biológica adicional a los problemas del sueño puede abordarse mejor con una combinación de medicamentos, terapia y cambios hacia un estilo de vida sano.

Estimulación excesiva

Beber demasiada cafeína o alcohol, o consumir drogas o tabaco puede tener un efecto adverso en su sueño. Hacer ejercicio fuerte, comer, leer libros estimulantes o ver películas emocionantes o inquietantes antes de irse a la cama puede afectar también al sueño. Algunas personas pueden no ser conscientes de que otras partes se involucran en esos comportamientos. Si pierde tiempo en el presente y sospecha de esa posibilidad, por favor, háblelo con su terapeuta.

Ausencia de estimulación

Por otro lado, dormir o descansar demasiado durante el día, ser demasiado sedentario y no hacer ejercicio suficiente también puede conducir a no dormir bien.

Mejorar la calidad del sueño

Con unos cuantos ajustes en su estilo de vida y algo de empatía, comunicación y cooperación interna, puede mejorar su sueño.

Hacer de su habitación un lugar agradable para dormir

Haga de su habitación, o del lugar donde duerme, un lugar seguro y cómodo para todas sus partes. Establezca una temperatura agradable en su habitación: un poco fresca normalmente es preferible. Asegúrese de tener suficiente luz para ser capaz de orientarse si se levanta por la noche, por ejemplo, una lamparilla de noche o que dé una luz tenue. Es útil que su habitación esté relativamente despejada y que su ropa de cama sea nueva. Si lo desea, pulverice una fragancia agradable en su habitación antes de dormir. Utilice los anclajes que desarrolló en los ejercicios de los capítulos 1 y 2 y póngalos a la vista en su habitación, para recordarle que esté presente. Asegúrese que todas sus partes tienen anclajes que son de ayuda para ellas. Hágase también un "kit del sueño" (véase la hoja de tareas 9.3). Elimine elementos de su habitación que puedan ser desencadenantes. Estos pueden ser objetos o colores que le recuerdan el pasado pero podrían ser también ciertos sonidos u olores. Algunas personas encuentran útil sacar de su habitación todo lo que pueda suponer una distracción para el sueño inclusive televisiones, radios y video juegos. Otros encuentran que tener un sonido de fondo, como una música suave o la televisión les ayuda a dormir. Sin embargo, si usted necesita ruido, es preferible para dormir un sonido constante y de zumbido eléctrico, como el de un ventilador.

Si usted, o partes suyas, sienten miedo durante la noche, asegúrese de que su casa es todo lo segura posible, por ejemplo, cierre con llave las puertas e instale un sistema de seguridad si lo cree necesario. Algunas personas se sienten seguras con una mascota en casa. Programe el número de emergencias local en la memoria de su teléfono y déjelo al lado de su cama. Estas son precauciones de sentido común pero también proporcionan un sentido de seguridad extra a partes de usted.

Preparar a todas sus partes para dormir

Disponga de tiempo para comunicarse con todas las partes de usted mismo de forma que tenga la máxima consciencia de sus preocupaciones y necesidades sobre el sueño. Es esencial llegar a un acuerdo interno sobre una hora regular para que usted (todas sus partes) se vaya a dormir por la noche. Algunas partes pueden estar activas durante la noche porque perciben que es "su momento", cuando no están agobiadas con las responsabilidades de la vida diaria. Esta actividad es una señal de que no se está dando suficiente tiempo durante el día. Si puede comunicarse y negociar con estas partes y permitirse algo de tiempo personal regular durante el día, podrá ver un descenso drástico de la actividad por la noche.

Algunas partes pueden tener preferencias para dormir que otras partes no comparten. Por favor, sea respetuoso con todas las partes y preste atención a todo lo que proceda de su mente respecto a cómo mejorar su descanso. Por ejemplo, puede tener un fuerte deseo de dejar un animal de peluche sobre la cama pero, como adulto, esto le hace sentir incómodo. Si hay partes de usted que se experimentan como más jóvenes, puede necesitar satisfacer sus necesidades con compasión y encontrar compromisos que sean aceptables para todas las partes. Recuerde que las partes pueden estar estancadas en el pasado y sentirse más jóvenes, su trabajo como adulto es ayudar a esas partes a sentirse seguras y cómodas en el presente.

Establecer rutinas para dormir

Todo el mundo encuentra útil tener unas horas habituales para irse a la cama y levantarse. Establezca un horario que sea razonable para irse a dormir y conseguir ir a la cama alrededor de la misma hora todas las noches. Es útil practicar antes actividades sosegadas y relajantes, ver un programa de televisión divertido, escuchar su música favorita, tomar un baño o ducha relajantes o consumir una bebida sin cafeína o pequeño tentempié saludable. Lleve a cabo una rutina regular de actividades que le lleven poco a poco a dormir.

A algunas personas les gusta imaginar a sus partes jóvenes reuniéndose para escuchar una historia, o metiéndolas en la cama. A una persona la gustaba abrazarse a una almohada como si estuviera abrazando a un niño, cuando hablaba a su parte interna joven: *"No olvides que estoy cuidando de ti y que estás a salvo"*. Asegúrese de que, a su manera, se comunica con todas las partes de usted mismo para recordarse que está seguro y de que está bien irse a dormir.

Muchas personas prefieren llevar puesto algo cuando están durmiendo –los pijamas pueden proporcionar una sensación de seguridad y protección. Evite dormir con ropa de vestir, porque no sería cómodo y ponerse un pijama es un ritual agradable que le recuerda que es hora de irse a la cama.

Si en su cuarto tiene una televisión y necesita el sonido para ayudarle a dormir, asegúrese de que no ve programas que pueden disgustarle, a usted o a otras partes suyas. Se trata de determinar qué le ayuda a dormirse y a permanecer dormido de manera regular. Algunas personas prefieren música, en la medida en que sea relajante y calmante. Otros disfrutan con los sonidos grabados de la naturaleza, como el del océano o el del viento en los árboles. Si le gusta leer y le ayuda a irse a dormir, hágalo con tranquilidad en la cama un rato pero asegúrese de que su lectura es agradable y no demasiado estimulante. Si lee para evitar irse a dormir, entonces intente no llevarse un libro a la cama. Pruebe con un ejercicio corto de relajación o meditación antes de irse a dormir. Una agradable meditación consiste en reflexionar sobre tres o cuatro cosas por las cuales se siente especialmente agradecido en su vida.

Recursos para afrontar problemas del sueño específicos

Si no puede frenar sus pensamientos

- Haga una revisión con todas las partes internas. Pregunte si alguna parte de usted necesita comunicarse por dentro. Si es así, pregunte si puede esperar hasta el día siguiente. Es importante ser capaz de retrasar la preocupación y los pensamientos que interfieren con el descanso necesario. Averigüe si sus partes necesitan que algo sea diferente para conseguir dormir. Esté atento a y sea respetuoso con todas sus partes.

- Distráigase.
  - Cuente ovejas (o su animal favorito) o cuente al revés despacio empezando desde 100 y permanezca atento a la actividad mental, aunque pueda parecer una tontería. Mantiene su mente fuera de áreas de problemas que podrían no dejarle dormir. Cada vez que pierda la cuenta, vuelva y comience desde el principio.
  - Imagine una señal grande de STOP cada vez que empiece a pensar en algo. Después de ver la señal de stop, vuelva a centrar su atención en respirar despacio hacia dentro y fuera. Respire contando hasta tres, contenga la respiración tres tiempos y suelte el aire contando tres. Repítalo varias veces, céntrese solo en la respiración.
  - Cuando no puede apartar su mente de los problemas cuando está tumbado, imagine que sus pensamientos pasan por su lado fluyendo en la corriente y, uno por uno, fluyen pasándole y bajan por la corriente. Usted sabe que están ahí pero no tiene necesidad de hacer otra cosa que no sea observarlos fluir a través de su mente.
  - A algunas personas les resulta útil levantarse y escribir lo que les está molestando, con la promesa interna de que lo afrontarán al día siguiente.
  - Imagínese poniendo sus problemas en un contenedor seguro (archivo de ordenador, caja fuerte, caja, etc.) por la noche. Puede volver a ellos al día siguiente en el momento adecuado.
  - Imagine algo de lo siguiente:
    - Una luz cálida y blanca que le envuelve de tal forma que se siente completamente relajado y seguro.
    - Un hermoso globo que ha hinchado usted. A medida que va soplando aire en el globo, imagínese soplando todas sus tensiones y problemas en el globo. Cuando se sienta más relajado, haga un nudo al globo y deje que flote hacia el cielo. Si lo desea, puede atarlo en una cuerda.

- Recostado sobre una persona de confianza y muy cariñosa.
- Utilice uno de los ejercicios relajantes adicionales de imaginación del capítulo 11.

Si no puede dormir después de una cantidad de tiempo razonable

- Aparte el reloj para que no pueda comprobar la hora. Solo se obsesionará con la hora si no puede conciliar el sueño, lo que hace que el problema empeore.
- Recuérdese que habrá momentos en los que no podrá dormir. Siempre ha sido capaz de funcionar al día siguiente. Si no puede dormir esta noche, entonces podrá hacer algo que le ayude a dormir la noche siguiente. Al final el cuerpo conseguirá dormirse.
- Pare de intentar obligarse a dormir. Levántese y vaya a otra habitación (o a otra parte del dormitorio), haga algo tranquilo para distraerse (por ejemplo, leer un libro o ver un programa de televisión que no sea demasiado emocionante, escuche música apacible, haga algunos ejercicios de estiramiento) y vuelva a la cama cuando se sienta somnoliento. Haga esto tantas veces como lo necesite durante la noche.

Si se despierta después de una pesadilla

- Si se despierta por la noche tras un sueño perturbador o pesadilla o se siente ansioso y lleno de pánico, es importante ser capaz de calmarse y consolarse, a usted y otras partes que estén inquietas.
- El primer paso siempre es traer sus conexiones al presente. Utilice todos los anclajes al presente que haya puesto en su habitación. Hable con usted mismo tranquilamente y dígase en alto dónde está.
- Encienda la luz y salga de la cama. Quizá tenga algo para beber y encontrar algo para distraerse.
- Moje su cara, manos y su nuca con agua fresca o fría. Le ayudará a estar más presente y despierto.
- Respire más despacio de forma consciente. Pruebe con algunos ejercicios de respiración.

- Haga algunos ejercicios de estiramiento suaves para ayudar a su cuerpo a reorientarse al presente.
- Si tiene una mascota, pase un tiempo acariciándola o abrazándola.
- Si tiene síntomas físicos, como mal sabor de boca, dolor o molestias, sea consciente hablando consigo mismo internamente cuando haga cosas para aliviarse (por ejemplo, cepillarse los dientes, consumir una bebida descafeinada, chupar un caramelo de menta o de sabor fuerte, hacerse un masaje en los músculos doloridos): *"Ahora estoy en el presente. Lo que sea que me haya ocurrido ya ha pasado. Estoy a salvo. Mi boca, mis piernas, mi cuerpo, etc. están en el presente. Estoy haciendo todo lo que puedo para ayudar a todas las partes de mí mismo"*. Intente ser consciente de cualquier sensación interna que pudiera ayudarle.
- Algunas personas descubren que les ayuda escribir el sueño angustioso o imagen y después apartarlo, romperlo o llevarlo a su terapia. La idea es no ir más lejos en la experiencia sino contenerla plasmándola en papel y dejándola para un momento más apropiado.
- Podría tratar de "cambiar" su pesadilla. Añada una persona que le dé apoyo o que sea fuerte, invente una salida de la situación o dese poderes especiales para superar cualquier situación de impotencia o miedo en el sueño. Su terapeuta puede ayudarle con este tipo de técnica.
- Algunas personas se despiertan de una pesadilla y encuentran que son incapaces de moverse. Aunque esto es extremadamente incómodo e incluso atemorizante, no durará mucho. Simplemente es el estado de encontrarse paralizado por el miedo. Si esto le pasa a usted, asegúrese de tener algunos anclajes al presente. Esta percepción ayudará a su cuerpo a cambiar esa modalidad de parálisis. Trate de empezar con un movimiento pequeño, por ejemplo, parpadear y solo levemente contraiga su dedo del pie o dedo pequeño de la mano. Después haga un ligero movimiento con su mano o pie, posteriormente con sus brazos o piernas. Continúe despacio y pacientemente hasta que su cuerpo entero sea capaz de moverse más.

Utilizar apropiadamente la medicación para dormir

Si a pesar de intentar estas soluciones sigue teniendo dificultades persistentes para dormir, cerciórese de que su médico le hace una revisión. Pueden existir razones médicas para sus problemas de sueño. A menudo, los trastornos del sueño acompañan a los trastornos relacionados con el trauma. Pregunte a su médico si podría necesitar una medicación para el sueño. Consulte con él antes de tomar cualquier medicación que no se le haya recetado o plantas porque podrían interferir con la medicación que se le ha prescrito. No se pueden mezclar con otro tipo de sedantes, alcohol o drogas. A menudo, es suficiente con utilizar la medicación durante un par de noches para alcanzar una rutina y después parar de tomarla hasta la próxima vez que tenga problemas.

Hoja de tareas 9.1. Registro del sueño

Utilice la tabla que hay a continuación para registrar sus dificultades para dormir durante la próxima semana.

	¿A qué hora se va a la cama?	¿A qué hora se levanta?	¿Qué dificultades, si fue el caso, tuvo con su sueño durante la noche?	¿Cómo intentó ayudarse si tuvo problemas para dormir?	¿Qué número de horas en total durmió?
Lunes					
Martes					
Miércoles					
Jueves					

Viernes					
Sábado					
Domingo					

Hoja de tareas 9.2.
Hacer de su habitación un lugar agradable para dormir

1. Revise su habitación para asegurarse que todas las partes de usted se sienten cómodas. Describa sus pensamientos, emociones y sensaciones cuando mira alrededor de la habitación.

2. Haga una lista con cualquier cosa que pueda y quiera cambiar de su habitación para hacerla más cómoda. ¿Qué le gustaría cambiar, a usted y a partes suyas?

3. Describa cualquier conflicto interno relacionado con su habitación.

4. Observe cualquier elemento que pueda provocarle. Quítelos o cámbielos si es capaz. Si no es posible quitarlos o cambiarlos, ponga una nota que diga algo como, *"Todo está bien aquí y ahora"*, para recordarle el presente. También de manera intencionada note la diferencia en el contexto para el elemento en el presente. Por ejemplo, *"Esta cama me recuerda a mi cama cuando era niño, pero está en mi habitación, con mis sábanas, en mi suelo. Es solo una cama y las camas no pueden herir ni asustar. Es sólo un objeto"*.

Hoja de tareas 9.3.
Crear un kit del sueño

Elabore un "kit del sueño", una caja real o imaginaria llena de elementos que puedan ayudarle a tranquilizar y calmar a todas sus partes y traerlas de nuevo al aquí y al ahora. Puede utilizar su kit del sueño antes de irse a la cama o si se despierta durante la noche sintiéndose ansioso o activado. Su kit puede incluir música o sonidos relajantes y suaves, elementos de anclaje, una almohada o manta especial, una lamparilla, un trozo de tela favorita, una muñeca o peluche, un libro maravilloso, fotografías de las personas que se preocupan por usted o de lugares seguros y relajantes, una lista de personas a las que puede llamar en caso necesario durante una emergencia, una lista de experiencias agradables o incluso una mascota que le ayude a sentirse seguro. Recuerde que es importante tener en cuenta las necesidades y preferencias de todas las partes en la elaboración de su kit del sueño. Enumere a continuación los elementos de su kit del sueño.

Hoja de tareas 9.4.
Desarrollar una rutina para irse a dormir

1. Describa lo que a usted y a todas sus partes les ayuda a relajarse y prepárese para ir a la cama.

2. Haga una lista de actividades que sepa debe *evitar* antes de la hora de dormir.

3. Describa una rutina que tenga o le gustaría tener una vez que esté en la cama (por ejemplo, una corta meditación, ejercicios de respiración, imaginación, leer una historia agradable).

4. Describa la mejor manera para usted de revisar y recordar con todas sus partes que está a salvo y que es hora de dormir, a salvo y cómodamente (por ejemplo, hablar y preguntar internamente, imaginar a todas las partes en un círculo o acurrucadas en camas agradables).

5. ¿Está dispuesto y es capaz de irse a la cama y levantarse más o menos a la misma hora todos los días? Apunte una hora aproximada para acostarse y levantarse. Si no está dispuesto o no es capaz, por favor describa las razones a continuación. Es importante abordar los obstáculos para alcanzar una rutina de sueño regular.

10 Establecer una estructura diaria sana

PROGRAMA

- Bienvenida y reflexiones sobre la sesión anterior.
- Coloquio sobre las tareas.
- Ejercicios.
- Descanso.
- Tema: Establecer una estructura diaria sana.
  - Introducción.
  - Problemas con la estructura diaria en personas con un trastorno disociativo complejo.
  - Reflexiones sobre el desarrollo de una estructura diaria sana.
  - Controlar el tiempo.
  - Recursos para controlar el tiempo.
  - Desarrollar hábitos de trabajo saludables.
  - Reflexiones sobre el desarrollo de una nueva estructura diaria sana.
- Tareas:
  - Releer el capítulo.
  - Continuar trabajando con su kit del sueño y sus rutinas de la hora de acostarse, si es necesario.
  - Completar la hoja de tareas 10.1, su estructura diaria actual.
  - Completar la hoja de tareas 10.2, desarrollar una estructura y rutina diarias realistas y sanas.

Introducción

Una estructura diaria y semanal, con una distribución equilibrada de trabajo, actividad y ocio, es de gran importancia para todo el mundo. Una vida satisfactoria incluye saber cómo divertirse trabajando pero también cómo entretenerse y aprovechar al máximo su tiempo libre y de ocio. Todo el mundo funciona mejor con una estructura diaria que sea estable, pero no demasiado rígida. La estructura ayuda a las personas a controlar el tiempo y lo que están haciendo, así que pueden estar más atentas, ser capaces de concentrarse y estar menos preocupadas y confundidas sobre lo que viene a continuación. La estructura también puede ayudar a reducir el riesgo de intromisión de, o cambio entre, las partes de la personalidad; también puede ayudar a reducir el riesgo de *flashbacks* prolongados o de hundirse en la depresión. Todo el mundo tiene la necesidad de empezar y completar ciertas tareas a su debido tiempo, atender la casa y tomar decisiones relativamente equilibradas sobre cómo pasar el tiempo libre.

Las estructuras diarias y semanales deberían incluir un tiempo fijo para levantarse y acostarse, comidas regulares y sanas, quehaceres necesarios (por ejemplo, hacer la compra, cocinar, pagar cuentas, limpiar), tiempo para las relaciones y el contacto social, tiempo personal ("para mí"), revisiones internas, ejercicio físico, diversión y otras actividades estimulantes y seguras, etc. En este capítulo nos centraremos en las herramientas para establecer una estructura diaria, incluyendo el control del tiempo, hábitos de trabajo saludables y utilización más óptima del tiempo libre.

Problemas con la estructura diaria en personas con un trastorno disociativo complejo

A menudo, el establecimiento de una estructura diaria es difícil para los individuos con un trastorno disociativo por varias de las siguientes razones:

- Sensación alterada del tiempo y, con frecuencia, un mundo interno caótico y conflictivo.
- Las partes disociadas podrían luchar por el tiempo y tener bastantes necesidades, preferencias y deseos conflictivos sobre cómo utilizar el tiempo.
- Como consecuencia, partes diferentes pueden empezar ciertas actividades, pero no pueden terminarlas porque otras partes interfieren o cambian a otra tarea.
- Dificultad para concentrarse y completar tareas.
- Problemas con el control del impulso y dificultad para terminar tareas que no captan con facilidad su atención, por ejemplo, limpiar, pagar las cuentas, estudiar.
- A menudo, la estructura y la rutina no eran algo que le fuera modelado cuando era niño, así que nunca aprendió cómo desarrollar y mantener una estructura sana y nunca ha experimentado sus beneficios.
- Puede haber creado una estructura excesiva y rígida, yendo incesantemente de una tarea a la siguiente, sin descansar nunca y agotándose (vea también el debate a continuación).

Encontrar equilibrio en su estructura diaria quizá suponga un gran reto. Demasiada estructura y ocupación puede ser una forma de evitar sentir o saber más sobre usted mismo y su mundo interno. Quizá sea un intento de sentirse competente haciendo "de todo" o de evitar que otras partes se hagan cargo de usted. Pero una excesiva ocupación puede agotarle más de lo que puede pensar.

Por otro lado, si tiene muy poca estructura, los síntomas problemáticos pueden aumentar drásticamente. Quizá sea difícil para usted decidir exactamente qué es lo que le gustaría hacer, o no tiene ni idea de lo que quiere o necesita hacer y, por tanto, no planifica nada para el día. Quizá note que tiene mayor dificultad en los días totalmente desestructurados, especialmente los fines de semana. Tal vez empiece y termine varias tareas diferentes sin finalizar ninguna. Este comportamiento de "empezar-parar", a menudo debido a la interferencia de algunas partes, deja a todas sus partes abrumadas por más asuntos sin acabar, consumiendo más su energía. Quizá no se sienta motivado para hacer nada, solo para sentarse, ver la televisión, jugar al ordenador o dormir.

Para personas con TID, algunas partes quizá puedan estar activas a costa de otras, así que pueden perder el tiempo y hacer cosas que no tenía intención de hacer, por ejemplo, pintar o ver la televisión en lugar de completar tareas que era necesario hacer, como limpiar la casa. Sin comunicación ni cooperación interna, las actividades y planes de algunas partes pueden superponerse e interferir con las de otras de sus partes. Entonces puede sentirse comprometido en exceso, añadiendo esta sensación a las de estar desbordado y en conflicto.

Reflexiones sobre el desarrollo de una estructura diaria sana

Haga una lista con sus tareas básicas diarias, por ejemplo, el tiempo de trabajo o como voluntario, cuidar de los niños, limpiar, hacer la compra y otros recados, cocinar, hacer la colada, pagar las cuentas, cuidar de las mascotas, trabajos de jardinería, etc. Si más de una parte de usted está comprometida en esas tareas, reserve algún momento de tranquilidad para comunicar y coordinar un horario razonable. Las siguientes preguntas pueden ser importantes como parte de su reflexión interna:

- ¿Hay tareas concretas que causen problemas internos entre las partes? Por ejemplo, ¿una parte se activa al tener que cuidar de los niños, o se ve desbordada por las numerosas opciones que se le presentan en la tienda de comestibles, o es demasiado impulsiva como para afrontar el gasto de dinero?
- Si hay problemas internos que se desatan ante determinadas tareas ¿cuál parece el más fácil de resolver? Empiece con ese problema y a medida que gane más confianza y practique con la comunicación y cooperación interna, quizá pueda pasar al siguiente problema. Recuerde ser paciente: no puede cambiar todo de una sola vez y nadie esperará eso de usted.
- ¿Usted o partes suyas tienen tendencia a tener demasiada estructura y a agotarse? Si es así, vea si puede reconocer el porqué, por ejemplo, evitar sentimientos o recuerdos, sentirse presionado por conseguir algo, miedo a parar, etc.

- ¿Cuáles podrían ser los beneficios para usted y otras partes suyas si fuese más flexible con su estructura diaria? Por ejemplo, mejor capacidad para tolerar las emociones, permiso para no trabajar tan duro y ventajas similares.
- ¿Qué actividades son importantes para usted como persona completa? Negociar con las partes internas para planificar un determinado número de actividades cada semana que son cómodas y razonables para usted y todas sus partes, ni demasiadas ni muy pocas. Si está demasiado activo y ocupado, asegúrese planificar un tiempo de descanso entre las obligaciones. Cerciórese de planificar el tiempo que tarda en llegar de un lugar a otro sin precipitación.
- ¿Usted o partes de usted tienen muy poca estructura? Si es así, mire si puede determinar el motivo. Por ejemplo, algunas personas están demasiado deprimidas o cansadas como para darse una estructura para hacer algo; otras pueden no saber dónde empezar o cómo utilizar una estructura, etc.
- ¿Qué podrían necesitar las partes de usted para desarrollar más estructura? Por ejemplo, más apoyo de otras personas o de partes internas, algunas sugerencias para la estructura, etc.
- ¿Estaría dispuesto a esforzarse solo un poco para hacer una o dos actividades cada día?
- Si decide desarrollar una nueva estructura o rutina, no se critique ni critique a otras partes si no es capaz de mantenerla todo el tiempo. Inténtelo de nuevo. No tiene que ser perfecto para tener éxito. A muchas personas les cuesta meses (y a veces incluso más) hacer que una rutina nueva se convierta en un hábito más automático.

Recursos adicionales

- Todo el mundo necesita tiempo para relajarse y para el placer. Reserve tiempo para usted y sus partes cada día, preferiblemente durante el día o por la noche temprano, no a la hora de acostarse (véase el capítulo 11).

- Todo el mundo necesita tiempo para la reflexión personal y la deliberación interna. Algunas personas con un trastorno disociativo encuentran útil tener una reunión interna con partes de sí mismos para hablar de las rutinas, planes diarios, etc. (véase el capítulo 27).
- Haga algún tipo de ejercicio físico todos los días (montar en bicicleta, pasear o alguna otra forma de actividad). Intente salir al sol 15 o 20 minutos todos los días.
- Intente tener contacto con otras personas por lo menos varias veces a la semana, especialmente si vive solo. Aislarse no suele ser un hábito útil. Sea consciente de cuándo quiere aislarse y haga planes con los amigos o, en su lugar, los conocidos o salga a caminar donde haya personas cerca, por ejemplo, a un parque o a un centro comercial.
- Si tiende a concentrarse mucho en una actividad, intente programar la alarma para ser consciente del tiempo. Todos los aparatos electrónicos personales disponen de un mecanismo de avisos que se pueden fijar.
- Si está viviendo con alguien más, ambos se beneficiarán de tener acuerdos claros y fijos sobre quién hace qué tareas. Los acuerdos confusos y la ausencia de claridad pueden ocasionar irritación y resentimiento. Quizá necesite ser asertivo para asegurar que tiene tiempo para usted mismo y sus partes y que las tareas se distribuyen equitativamente.
- Muchos libros y sitios webs se dedican a ofrecer consejos prácticos para la organización, las rutinas y la estructura. Utilícelas tanto como necesite. Los organizadores personales, individuos entrenados que le ayudan con su organización diaria, también están disponibles en muchas áreas.

Controlar el tiempo

El sentido del tiempo es esencial para mantener una estructura y unas rutinas, pero cuando se tiene un trastorno disociativo a menudo resultan problemáticos tanto el sentido preciso del tiempo como su gestión adecuada. Es como si algunas partes de usted no vivieran en el tiempo e incluso tuvieran problemas para entender el concepto de tiempo (Van der Hart y Steele, 1997). El tiempo puede parecer muy rápido o muy lento; brechas de momentos perdidos hacen difícil llevar el control del día, el tiempo puede no experimentarse en absoluto y la sensación de tiempo puede diferir entre varias partes disociadas. Todos estos problemas con la sensación del tiempo conducen a confusión. Además, muchas personas con un trastorno disociativo tienen problemas con la gestión del tiempo debido a los problemas con la función ejecutiva, es decir, con la planificación, organización, secuenciación y priorización de capacidades.

Recursos para controlar el tiempo

- Utilice un diario, calendario, panel de planificación o todos ellos (incluso si siente que existe conflicto interno sobre la planificación). Ponga el calendario en un lugar donde lo vea todos los días. Marque los días según vayan pasando para poder encontrar fácilmente el día y la fecha.
- Si padece un TID y pierde momentos, la comunicación escrita puede ayudar a todas sus partes a empezar a coordinar un programa sencillo. Invite a las partes a utilizar la misma herramienta de planificación. Cuanto más acuerdo interno tenga sobre un programa, más capaz será de mantenerlo. Intente planificar una semana cada vez.
- Ponga recordatorios importantes en su calendario, por ejemplo, fechas de vencimientos de facturas e impuestos, citas y recados para realizar durante la semana.
- Lleve puesto un reloj, así puede llevar un control de las horas. Preferiblemente utilice un reloj que tenga alarma para poder activarla como recordatorio de las citas o tareas. Algunas personas prefieren utilizar sus teléfonos móviles para llevar un control del tiempo en lugar de un reloj; está bien pero un reloj en su muñeca es un recordatorio visual para comprobar el tiempo, quizá más que su teléfono.

- Cuando tenga una cita, ponga una alarma que le avise 15 minutos antes de que deba salir para llegar a tiempo. Por ejemplo, si le lleva 30 minutos ir en coche hasta llegar donde su terapeuta, ponga la alarma para recordarle que su cita será dentro de 45 minutos. No se involucre en otra tarea antes de marcharse.
- Tenga una lista de cosas que hacer y citas puestas en su nevera o calendario, que vea todos los días.
- Póngase un lazo de color en la muñeca que le recuerde que tiene que hacer algo.
- Si tiene tendencia a perder las listas, guárdelas en un único cuaderno que utilice sólo para ese propósito y guárdelo en el mismo lugar todo el tiempo. Acuerde con todas las partes no esconderlo ni destruirlo.
- Antes de ir a la tienda de comestibles, haga una lista de lo que necesita con la que estén conformes todas sus partes, así no necesitará pasar horas comprando o gastar en exceso. Compre solo lo que esté en su lista y después márchese.
- Si tiene problemas para recordar si ha tomado su medicina y (en caso afirmativo) cuándo lo ha hecho, cómprese un pastillero con compartimentos para cada día de la semana, disponible en cualquier farmacia. Cada semana, ponga su medicación en la caja apropiada y podrá revisar la caja para ver si se la ha tomado. Ponga la alarma para tomarse su medicina si es necesario.
- Si padece un TID, puede encontrar alguna parte de usted que sea capaz de controlar el tiempo y recordarle cuándo debe hacer algo.

Desarrollar hábitos de trabajo saludables

Ya sean las personas que van a trabajar todos los días, o bien las que trabajan desde casa, crían a los niños o son voluntarios, todos ellos necesitan hábitos de trabajo saludables. Esto incluye la capacidad de concentrarse y enfocarse, organizar el propio trabajo, empezar y finalizar actividades a tiempo y equilibrar el trabajo con otras prioridades importantes de la vida. Las personas que trabajan demasiado establecen un estilo de vida de agotamiento, rigidez y desequilibrio crónico que los hace más vulnerables al cambio, a los *flashbacks* y a periodos de funcionamiento deficiente. Generalmente, las personas que son incapaces de trabajar no se sienten muy válidas y pueden ser incapaces de cuidar de sí mismas económicamente. El estrés resultante puede conducir a incrementar los síntomas y dificultades.

Con frecuencia las personas tienen partes disociadas particulares que se hacen cargo del trabajo mientras que otras quizá lo ignoren. Algunas partes pueden sabotear o interferir el trabajo o los proyectos, o prefieren jugar en lugar de trabajar. Distintas situaciones en el trabajo, como un jefe enfadado o irritado, pueden "disparar" a las partes que viven en el momento del trauma.

Con frecuencia, las partes disociadas que están centradas únicamente en el trabajo no son lo suficientemente conscientes de su cuerpo como para saber cuándo están cansadas o estresadas; por tanto, tienden a excederse. En términos generales, estas partes pueden no estar particularmente interesadas en la "cooperación" ni en ir más despacio sino que están centradas en la meta de trabajo que es necesario alcanzar. No es sorprendente porque dichas partes probablemente utilicen el trabajo como protección contra la intrusión de recuerdos dolorosos o la comprensión de un pasado doloroso, o contra otras partes disociadas que pueden no ser apropiadas en el trabajo.

Todas las personas necesitan sentir que tienen éxito en el trabajo, cualquiera que sea, porque ayuda a sentirse competente y bien con uno mismo. Por tanto, es comprensible que las personas con trastornos disociativos no quieran arriesgarse a perder ese área de competencia y, por ello, son reticentes a bajar las barreras que protegen a las partes que son capaces de trabajar. Sin embargo, como se señaló anteriormente, trabajar en exceso impide que tenga que vivir y afrontar su mundo interno. Así pues, "mantenerse ocupado" y forzarse a hacer más y más es una forma muy común de afrontamiento poco sano. Para sanar debe desarrollar la cooperación interna para equilibrarse en la vida y arreglárselas más eficazmente.

Reflexiones sobre el desarrollo de una nueva estructura diaria sana

- Reflexione sobre cómo le gustaría pasar su tiempo de forma ideal y realista. Por favor, observe si existen conflictos entre sus partes sobre cómo invertir el tiempo.
- ¿Cuáles son sus prioridades respecto a qué actividades le gustaría hacer en su tiempo (por ejemplo, trabajar, estar con amigos, jugar, leer)?
- ¿Cuándo necesita más o menos estructura? ¿Los fines de semana? ¿Por las noches? ¿Durante el día? ¿En vacaciones?
- ¿Hay momentos del día que sean especialmente difíciles para usted? Si es así, imagine qué cambios podría hacer en sus rutinas y estructura que le ayuden (véase el capítulo 16 sobre planificación para afrontar los momentos difíciles).
- Considere cuánto tiempo puede o debe dedicar a trabajar o a tareas en un día dado.
- Observe cómo está distribuido su tiempo entre trabajo / quehaceres, ocio / tiempo para actividades sociales, juego y descanso y ("mi") tiempo personal.
- Reflexione sobre cómo darse un tiempo valioso para atender a sus necesidades internas (las de otras partes de usted inclusive). Debe incluir tiempo para la reflexión interna y el contacto con partes de usted. ¿Cómo podría estructurar ese tiempo para que sea equitativo y con el que estén conformes todas sus partes?
- Considere qué actividades le dan energía o se la quitan. Intente cooperar con todas sus partes para establecer un ritmo diario realista, dado su nivel de energía y la cantidad de energía que sus actividades le dan o le exigen.
- Tenga en cuenta otras maneras de equilibrar su vida, por ejemplo, ejercicio, relacionarse, salir de casa y disfrutar de un hobby.

Hoja de tareas 10.1
Su estructura diaria actual

Describa su estructura y rutinas diarias actuales, así evalúa lo que funciona bien para usted y lo que podría necesitar que fuese diferente. Incluya la cantidad de tiempo aproximada que necesite para cada una de las cuatro categorías enumeradas a continuación. No tiene que entrar en detalles.

1. Trabajo / tareas / quehaceres / citas / comidas.
2. Ocio y tiempo para actividades sociales, por ejemplo, hobbies, estar con amigos y familia.
3. Tiempo personal para usted, incluyendo la reflexión interna y la comunicación con las partes.
4. No hacer nada; es decir, ver la televisión sin programa determinado, navegar por internet, jugar a videojuegos, quedarse mirando la pared, dormir, etc.

Lunes

Martes

Miércoles

Jueves

Viernes

Sábado

Domingo

Hoja de tareas 10.2
Desarrollar una estructura y una rutina diarias realistas y sanas

Ahora describa una estructura y rutina realistas y sanas que le gustaría desarrollar en los próximos meses. Antes de empezar, puede querer volver a referirse a la sección anterior sobre las reflexiones para ayudarle a desarrollar su nueva estructura y rutina. Recuerde cambiar solo una cosa cada vez, así no se abrumará ni se desalentará.

1. Trabajo / tareas / quehaceres / citas / comidas.
2. Ocio y tiempo para actividades sociales, por ejemplo, hobbies, estar con amigos o conocidos.
3. Tiempo personal para usted, incluyendo la reflexión interna y la comunicación con las partes.
4. No hacer nada; es decir, ver la televisión sin programa determinado, navegar por internet, jugar a videojuegos, quedarse mirando la pared, dormir, etc.

Lunes

Martes

Miércoles

Jueves

Viernes

Sábado

Domingo

11 Tiempo libre y relajación

PROGRAMA

- Bienvenida y reflexiones sobre la sesión anterior.
- Coloquio sobre las tareas.
- Tema: Tiempo libre y relajación.
  - Introducción.
  - Problemas con el tiempo libre y la relajación en personas con un trastorno disociativo complejo.
  - Recursos para resolver los conflictos internos sobre la relajación y el tiempo libre.
  - Recursos para gestionar el tiempo libre.
  - Aprender a relajarse con seguridad.
  - Ejercicios de relajación.
- Tareas:
  - Releer el capítulo.
  - Practicar los ejercicios de relajación.
  - Completar la hoja de tareas 11.1, desarrollar un kit de relajación.
  - Completar la hoja de tareas 11.2, explorar los obstáculos internos para el tiempo libre y la relajación.

Introducción

Todos necesitamos tiempo para relajarnos y hacer lo que queramos con seguridad. Una parte esencial de sanarse es aprender a utilizar el tiempo libre para relajarse, sentirse joven, pasarlo bien y disfrutar de las nuevas aficiones. Aprender, reírse, divertirse y ser curioso ayuda a mantener el equilibrio y la perspectiva en la vida diaria. Al igual que sucede con el equilibrio en el trabajo, las personas con trastornos disociativos necesitan encontrar la correcta distribución del tiempo libre, incluyendo el tiempo personal para comunicarse y trabajar con las partes internas. Sin embargo, varios factores pueden impedir que los individuos traumatizados disfruten de lo que debería ser un tiempo de relajación y ocio.

Problemas con el tiempo libre y la relajación en personas con un trastorno disociativo complejo

Quizá descubra que evita el tiempo libre, la relajación o las actividades de ocio, incluso aunque los demás las encuentren generalmente rejuvenecedoras y esenciales. Dichos periodos de tiempo no estructurados pueden suponer una oportunidad para ser consciente de la agitación interna y la angustia que lleva evitando. Quizá haya desarrollado creencias negativas y miedos sobre el tiempo libre y la relajación. Así pues, puede encontrarse con alguna de las siguientes dificultades:

- Si intenta relajarse, puede tener miedo de perder el control, abrumarse o de que otras partes suyas asuman el control.
- Diversas partes pueden tener diferentes necesidades y deseos respecto al tiempo libre dando lugar a conflictos sobre cómo debería utilizarlo. A veces, algunas partes pueden creer que una actividad concreta, como relajarse, es peligrosa inhibiendo así a otras partes de llevarla a cabo. Los conflictos actuales pueden estancarse a veces en "puntos muertos" en los que usted no hace nada en absoluto.
- El tiempo libre (por ejemplo los fines de semana, las vacaciones) pueden desencadenar recuerdos de experiencias pasadas

dolorosas, haciéndole más difícil disfrutar del momento actual (véase el capítulo 16).

- Puede tener sentimientos internos o voces que le prohíben el placer, el disfrute o el juego. Quizá esos mensajes se basen en la vergüenza al proceder de la creencia de que no merece sentirse bien o de que usted es perezoso. Pueden estar basados en el miedo de que "se meterá en problemas" o de que "las cosas malas suceden cuando usted se siente bien".
- Usted o partes de usted pueden tener miedo de "bajar la guardia". Es decir, siente una necesidad fuerte de estar en alerta todo el tiempo y, por tanto, le resulta imposible relajarse. De hecho, los intentos de relajarse pueden en realidad aumentar la sensación de ser vulnerable o estar poco seguro.

La forma más efectiva de afrontar los conflictos internos sobre cómo pasar su tiempo libre es reflexionar en las preocupaciones, las creencias y las necesidades internas de todas sus partes. Después, como con todos los demás conflictos internos, aprenda constantemente a empatizar, negociar y cooperar respecto a su tiempo libre. Naturalmente, es importante ser realista y razonable sobre lo que es capaz de hacer: el trabajo, el juego, las relaciones y la relajación deben estar en equilibrio y dentro de su capacidad como persona completa. Por ejemplo, no puede divertirse toda la noche y esperar ir a trabajar al día siguiente en las mejores condiciones. Tampoco puede trabajar largas horas todos los días y esperar tener tiempo de calidad para la reflexión interna y el cuidado de sus partes. Considere siempre sus obligaciones, su presupuesto y su nivel de energía a la hora de planificar su tiempo libre.

Recursos para resolver los conflictos internos sobre la relajación y el tiempo libre

Si experimenta alguno de los conflictos descritos anteriormente o en la Hoja de Tareas 11.2 (al final de este capítulo) sobre del tiempo libre y la relajación, pruebe con alguna de las sugerencias siguientes para ayudarle a resolverlos:

- Tómese tiempo para reflexionar sobre el porqué podría estar teniendo dificultades con el tiempo libre o la relajación y haga una lista con estos obstáculos.
- No se juzgue sobre estos conflictos; solo obsérvelos.
- Organice los conflictos de su lista de menor a mayor dificultad lo mejor que pueda. Empiece con el de menor dificultad y vaya trabajando sistemáticamente hasta llegar al más difícil. A medida que adquiera destreza en resolver los conflictos menos intensos, usted y sus partes tendrán más confianza unos en otros y estarán deseando dar el siguiente paso.
- Utilizando un espacio interno seguro, la sala de reuniones, o hablando interiormente, determine si todas sus partes podrían estar de acuerdo en que la relajación quizá fuera buena si fuese completamente segura y aceptada. Si es así, estupendo: puede dar el siguiente paso. Si no, deténgase y reflexione sobre el porqué sus partes creen que la relajación no resultaría útil ni siquiera siendo segura y aceptada.
- Permítase imaginar (y todas sus partes) una tierra extranjera donde la relajación y el tiempo libre son estimulados como parte normal del día. En esa tierra, todo el mundo trabaja duro, pero también juegan mucho. Nadie tiene prisa. Nadie es crítico con los demás. No se castiga a nadie. Imagínese viendo a las personas en esa tierra extranjera cuando se relajan, descansan, se ríen, juegan y se entretienen después del trabajo. Observe cómo esta imagen afecta a todas sus partes.
- Podría hablar internamente para recordar a todas sus partes que cuando (todo usted) se siente protegido y relajado en un entorno seguro, hay menos caos y ruido interior. Todas las partes se podrían beneficiar. Las partes críticas y enfadadas quizá descubran que tienen que utilizar menos energía para manejar a sus partes más jóvenes, si éstas se sienten seguras y más relajadas e incluso se están divirtiendo.
- Recuerde a todas las partes que disfrutar de la relajación y del tiempo libre no significa que sea perezoso o que no termine su trabajo. Se sabe que las personas que dedican tiempo a relajarse y descansar son más productivas y efectivas cuando trabajan.

- Recuerde a todas las partes que es posible estar alerta y relajado al mismo tiempo.
- Si las partes continúan sintiéndose inseguras en la relajación, pregunte si una parte quizá podría estar "de guardia" mientras otras descansan. Varias de sus partes podrían hacer turnos de "guardia" y así cada parte puede tener momentos de descanso.
- Cerciórese de que dedica tiempo a orientar a todas las partes hacia el presente y asegúrelas que el tiempo libre está permitido y es sano y que no se meterá en problemas por emplear algo de tiempo en usted.
- Si se desencadenan los recuerdos traumáticos o las emociones intensas cuando tiene tiempo libre, ayude a las partes vulnerables a permanecer en un lugar seguro durante ese tiempo, asegurándolas que serán atendidas en el futuro cercano y continúe orientándolas hacia el presente. Ponga atención en mantener estas promesas cuando todas las partes deban aprender a confiar entre sí.
- Participe en negociaciones y debates internos sobre qué hacer en su tiempo libre. Si existen conflictos, intente turnarse, llevando a cabo una actividad una vez y otra actividad la próxima vez; o trate de encontrar actividades que sean divertidas (o al menos satisfactorias) para todas sus partes. Negocie internamente acuerdos sanos. Por ejemplo, si una parte crítica le concede una hora de tiempo libre sin quejarse, acepte a cambio trabajar después en una tarea específica. Cerciórese de cumplir con el trato.
- Avance a pequeños pasos. Por ejemplo, practique la relajación durante 1 minuto si 10 minutos es demasiado o 30 segundos si 1 minuto es mucho. Vaya tan rápido como vaya su parte más lenta mientras ayuda a dichas partes proporcionándolas los recursos que necesitan para dar el siguiente paso. Sobre todo no sea crítico con usted ni otras partes suyas.

A continuación encontrará algunos recursos para relajarse con seguridad utilizando su tiempo libre eficazmente.

Recursos para gestionar el tiempo libre

- Programe algo de tiempo libre para usted todos los días. Empiece estructurando cortos periodos de tiempo libre, por ejemplo; 30 minutos o una hora (menos de este tiempo no es aceptable).
- Cobre más consciencia de qué actividades les podría gustar hacer o querrían aprender a hacer por entretenimiento a usted y a sus otras partes. No deseche ideas con argumentos sobre el porqué no puede realizarlas. Intente abrirse a nuevas posibilidades y ayude a otras partes a que también se abran a intentar cosas nuevas.
- Haga una lista de lo que le podría gustar hacer. Dejando de lado las diferencias, ¿existen actividades con las que todas las partes podrían disfrutar? Empiece primero con una de esas actividades.
- Si evita el tiempo libre y la relajación, reflexione y pregúntese (o a otras partes que podrían estar involucradas) de qué tiene miedo o vergüenza.
- Si tiene demasiado tiempo libre no estructurado, esté dispuesto a añadir más actividades y a emplear su tiempo en sanar, por ejemplo, atendiendo a las partes que necesitan su cuidado.
- Si no tiene idea de lo que quiere hacer, observe lo que otras personas hacen y vea si algo le atrae. Intente apuntarse a una clase de arte, actividades de voluntariado, senderismo o unirse a un coro. No espere hasta estar completamente seguro de una actividad. Inténtelo y si no le gusta, siempre puede dejarlo. Recuerde que intentar cosas nuevas es una forma excelente de aprender si le gustan o se divierte en el proceso.
- No tenga miedo de fallar. Lo importante es divertirse aprendiendo incluso aunque no haga algo bien.
- Sea perseverante y paciente consigo mismo.

Aprender a relajarse con seguridad

A las personas que han sido traumatizadas suele resultarles difícil relajarse, porque están casi siempre en estado de alerta máxima, o al menos algunas de sus partes. Pueden sentir que no es seguro relajarse, porque no sería posible detectar el peligro, aunque la relajación ocurre realmente en muchos niveles de conciencia y alerta. Una persona puede estar extremadamente relajada, presente y alerta o bien relajada de una forma somnolienta. Estar simultáneamente alerta y relajada es en realidad la forma más adaptativa y flexible de hallarse la mayor parte del tiempo. Sus distintas partes pueden ayudarse mutuamente a darse cuenta de este estado mental. En el capítulo 8 aprendió a empezar a desarrollar un sentido interno de seguridad. Ese sentido de seguridad constituye la base que le permitirá aprender a relajarse más eficaz y fácilmente.

Para practicar la relajación intente con uno de los siguientes ejercicios cuando no esté bajo la presión de hacer algo o ir a algún sitio, y cuando su mente esté relativamente tranquila.

Una vez que se ha acostumbrado a practicar un ejercicio y es capaz de relajarse, empiece a utilizarlo cuando esté cansado, estresado o con bajo estado de ánimo. Cuanto antes se ayude a sentirse más calmado, más eficaz será el ejercicio. La finalidad de los siguientes ejercicios de imaginación es ayudarle a usted y a todas sus partes a sentirse mejor, más fuerte y a recuperar más equilibrio emocional.

Intente crear un archivo de audio con uno de estos ejercicios, para poder escucharlo cuando usted decida. Puede hacerlo usted o quizá pedir a su terapeuta, amigo o pareja que se lo hagan. Juegue con el texto primero, de modo que le encaje perfectamente bien y también a todas sus partes.

Intente con uno o más de los ejercicios siguientes. Primero léalos para ver si hay uno que le atrae especialmente. Si lo desea, puede cambiar el escenario (es decir, imagine una montaña en vez de un árbol seguro; un bosque en lugar de un estanque terapéutico).

EJERCICIOS DE RELAJACIÓN

El árbol

Siéntese o túmbese en algún lugar tranquilo y agradable y respire sosegadamente, cerrando los ojos con seguridad. Recuerde a todas sus partes que está a salvo y que está trabajando para ayudar a cada una a sentirse mejor. Invite a todas las partes a participar. Si algunas partes no lo desean hacer, pueden mirar a distancia o ir a su propio lugar seguro. Dirija gradualmente a todas las partes que quieran participar a una escena imaginaria. Es un lugar tranquilo y seguro al aire libre con un paisaje hermoso, con la temperatura ideal en su estación favorita del año. A su alrededor ve árboles magníficos y espléndidos con un verde resplandeciente. Busque despacio en ese entorno un árbol que le atraiga, uno que parezca invitarle a conocerle. Quizá sea un árbol solitario, alto y orgulloso, o quizá sea un árbol en medio de un bosque, uno de muchos en una comunidad de árboles sabios y fuertes. Su árbol puede ser pequeño o grande, de tronco grueso o delgado, joven o viejo, firme o frágil. Tómese tiempo para elegir su árbol y recuerde que puede siempre cambiar a otro si lo desea y cuando quiera. Algunas de sus partes pueden querer elegir diferentes árboles, cada una querer el suyo propio y, por supuesto, es maravilloso. Una vez que usted y todas sus partes tengan una imagen clara de su árbol especial, dediquen tiempo a examinarlo cuidadosamente. Observe su forma y textura, el olor cálido de la madera y su gama de colores. Dese cuenta de que las ramas se extienden para resguardarle; el verde frondoso, calmante, le ofrece una invitación para relajarse y descansar. Guarde el árbol en su interior hasta que se convierta en un recuerdo natural, indeleble en su mente.

Trepe a su árbol y familiarícese con él. Comience explorando el tronco y todos sus rincones y grietas. Pásele su mano sobre la corteza. Observe cualquier nudo o agujero. Abrácese a él; observe si puede conseguir poner sus brazos a su alrededor o si no puede rodearlo porque es muy ancho. Respáldese en él. Sienta su fuerza, solidez, firmeza, protección y enraizamiento. Si lo desea, puede sentarse bajo su árbol, con la espalda apoyada confortablemente contra él, con la seguridad de que le sostendrá aunque deje caer todo su peso. Ahora observe que su árbol no permanece erguido por sí mismo. Tiene poderosas raíces que se introducen cada vez con más profundidad en el interior de la tierra, sujetándolo al terreno y extrayendo su sustento que envía hacia arriba, a través de todo el árbol, hasta la copa. El árbol está siempre enraizado y viviendo en el presente, su rica historia está inscrita en sus anillos y sus ramas están preparadas para los vientos que soplen. No teme que haga bueno o malo, doblarse con la tormenta, balancearse con la brisa, descansar bajo el cielo cuando todo está calmado y apacible. Con lluvia, viento, sol, nieve, tormenta y chubascos: siempre sereno y enraizado. Sienta esta presencia incondicional y leal en su mente, en su cuerpo y en su corazón. Permítase y a todas sus partes sentirse enraizados a la tierra con su árbol; sentir el poder y la fuerza, el enraizamiento y la buena disposición a conocer lo que es y lo que vendrá, inquebrantable y constante. Permítase sentir el poder de su árbol con su sistema enorme de raíces, conectadas a la tierra.

Ahora dirija su atención hacia arriba, a las ramas y tallos, a los pecíolos y hojas. Cada rama es única, cada una moviéndose con la otra para crear un hermoso follaje que nunca es exactamente igual, ni de un día a otro ni de un año al siguiente. Las hojas absorben la luz y crean energía. Le proporcionan cobijo y sombra, seguridad y calma, y su crujir suave un sonido agradable para sus oídos. El juego de sombras y luces cuando las ramas se mueven resulta grato para sus ojos, proporcionándole una sensación de que todo está bien en el mundo. Es posible que quiera trepar a su árbol y sentarse en una de esas ramas, balanceando sus piernas alegremente o supervisando con cuidado su mundo desde ahí arriba. Quizá se duerma una siesta en el refugio sombreado de su árbol. Estar con su árbol es un buen enraizamiento y aporta sensación de seguridad.

Su árbol es un refugio donde los pájaros pueden anidar con seguridad, los animales pequeños quizá se refugien de los elementos, se podría construir una casita o colgar un columpio de sus ramas. Es un escondite que nadie puede ver, solo es para usted, donde puede huir cuando desee. La fuerza, belleza y tranquilidad de su magnífico árbol le proporciona un sentimiento de protección y robustez. Usted, y cualquier parte suya, puede acudir a él cuando quiera, puede pintarlo en su mente y mirarlo, apoyarse o esconderse en él cuando lo desee o necesite.

El estanque terapéutico

Imagínese un bonito estanque de agua en un entorno perfecto. Quizá lo descubra en un bosque tranquilo, resguardado en las montañas o en medio de un prado. El aire de alrededor es fresco, limpio y justo con la temperatura correcta para usted. La estación del año es su favorita. Quizá sea primavera, con todos los seres vivos surgiendo y creciendo. Tal vez sea verano, perezoso y lánguido, o quizá sea otoño, fresco y tonificante. Acaso sea invierno, un manto suave de blancura sobre el suelo. El agua es hermosa, tentadora. Quizá sea tranquila y esté alimentada suavemente por manantiales profundos, ofreciéndole el reflejo del cielo o de los árboles. Tal vez fluya y burbujee al fondo de una cascada o reciba el agua de ríos o arroyos. Puede ser poco o muy profunda o tener ambas características a la vez. Es agradable de mirar, su frescor huele alegre y limpio. Resulta tan grato que se siente casi arrastrado a su seguridad y tranquilidad. Está encantado con los sonidos del entorno: el susurro de los árboles y de la hierba del prado, el burbujear y el borbotear del agua, los sonidos de pequeños animales alegres y la llamada gozosa de los pájaros. Observe qué es adecuado para usted. Fíjese en el estanque con toda tranquilidad, su forma, sus alrededores, su profundidad, dónde hay peces pequeños o solo agua clara y fresca. Quizá es de un azul brillante o de un verde chispeante, o transparente como el cristal. La luz baila y salta a lo largo del agua y vuelve de nuevo a usted invitándole a aceptar todo sin reservas. Esta agua le invita a relajarse para sentir plenitud y completa satisfacción y seguridad. Es un agua sanadora del tipo que alivia el cuerpo dolorido y sacia el alma sedienta. Refresca la mente agotada, un bálsamo para las heridas del corazón. Cuando esté preparado, permita a todas sus partes explorar su estanque y recibir su energía curativa. Quizá a alguna de sus partes le gustaría sentarse cuidadosamente cerca del estanque, mientras otras podrían meter sus pies en el agua mojándose los dedos. Algunas podrían bañarse y sentarse o incluso flotar. De hecho, se da cuenta de que jamás ha encontrado un agua tan especial como la de este estanque. Le mantiene a flote y no se puede hundir. Le proporciona respaldo al sentarse, como si se estuviera recostando sobre unos brazos amorosos. Nutre y tranquiliza, calma y restablece, llenándole de una paz y liviandad tan dulces y espléndidas que las recibe muy profundamente, llevándolas a cada parte de usted, a cada rincón y grieta de dolor, estrés y pena. Permita que el agua arrastre y se lleve lejos su tensión, miedo, vergüenza angustiosa y preocupaciones. Permita que el agua le envuelva, fluya a su alrededor. Sienta cómo calma su cuerpo, mente y corazón. Puede permanecer así tanto como desee, hasta que cada parte suya pueda sentir el suave poder sanador de esta agua. Este es su estanque, donde todas sus partes pueden venir cuando quieran. Este es su lugar especial de sanación, esperanza, calma, seguridad, alivio y liberación. Una fuente de bienestar en su interior, suya y solo suya.

Si le resulta difícil utilizar la imaginación, intente este ejercicio:

Relajación física

Siéntese o túmbese cómodamente. Inspire profundamente por la nariz contando despacio hasta tres, contenga la respiración mientras cuenta de nuevo hasta tres y suelte el aire despacio por los labios en forma de trompa. Repítalo tres veces. A continuación inspire profundamente y tense todos los músculos mientras cuenta hasta cinco, abandone la tensión y relájese; repita las tres respiraciones profundas. Continúe hasta que se sienta físicamente relajado

Técnica de relajación muscular progresiva

El ejercicio siguiente es una técnica muy conocida que podría ayudarle a relajar gradualmente todo el cuerpo (Jacobson, 1974). Cuando está ansioso o asustado su cuerpo se pone tenso y quizá padezca síntomas como: dolor en el cuello, hombros o espalda, cefaleas debidas a la tensión, opresión en las mandíbulas, tensión en los músculos de piernas o brazos; a veces todo su cuerpo puede agarrotarse. Para entrenarse en la relajación progresiva, empezará tensando grupos específicos de músculos para después liberar la tensión; céntrese en las diferencias entre las sensaciones de tensión y relajación de cada grupo muscular. Practicará con un área de su cuerpo cada vez: cabeza y cara, cuello, hombros, espalda, pelvis, brazos y manos, piernas y pies. Si tiene alguna lesión, sáltese esa zona de su cuerpo si fuese necesario. Sus partes pueden querer participar o no. Como siempre, márquese un ritmo y no fuerce a ninguna de sus partes. Dedique tiempo a colaborar internamente para alcanzar un acuerdo que sea aceptable para todas sus partes.

Siéntese o túmbese cómodamente en un lugar tranquilo y seguro donde no vaya a ser interrumpido. Tense y relaje cada grupo de músculos dos veces, tomándose un corto descanso de 30 segundos entre cada ciclo y después pase a la siguiente zona. Cuando tense un grupo de músculos, mantenga la tensión durante 5 segundos más o menos, después libérela y descanse durante unos 10 segundos. Si lo desea, puede combinar este ejercicio con uno de los descritos anteriormente o con su espacio interno seguro.

- Empiece centrándose en sus manos. Apriete los puños, sienta la tensión de sus músculos durante 5 segundos y después libérela 10 segundos. Concéntrese en las diferencias entre tensar y soltar. Repítalo una vez más.
- Ahora céntrese en sus brazos, doble los brazos hacia sus hombros, sienta la tensión en sus bíceps (5 segundos) y después suéltelos y relájese (10 segundos). Concéntrese en las diferencias entre tensar y soltar. Repítalo una vez más.
- Apriete sus tríceps (los músculos inferiores de la parte superior de los brazos) estirando al máximo los brazos y codos. Sienta la tensión en sus tríceps y después déjelos sueltos, relajando sus brazos. Repítalo una vez más. Cuando sus brazos se relajen, déjelos estirados a su lado o descansando sobre la silla.
- A continuación, concéntrese en su cara. Tense los músculos de su frente elevando las cejas todo lo que pueda, sienta la tensión en su cara y cejas, manténgala y después relájese. Concéntrese de nuevo en las diferencias entre tensar y soltar. Repítalo una segunda vez.
- Tense los músculos alrededor de los ojos apretándolos firmemente cerrados y después relájese. Observe las diferentes sensaciones cuando tensa y relaja sus ojos. Repítalo.
- Apriete sus mandíbulas abriendo la boca todo lo que pueda, manténgase así y después relájese. Repítalo.
- Céntrese en los músculos del cuello, incline la cabeza, la barbilla sobre su pecho, después gire despacio la cabeza hacia la izquierda, vuelva sobre la línea media y lleve la cabeza hacia atrás tanto como sea posible, después lleve la cabeza a su posición habitual. Repítalo despacio y con cuidado hasta que note bastante tensión en su cuello. Concéntrese de nuevo en las diferencias entre tensar y soltar.

- Céntrese en sus hombros. Elévelos como si fuera a tocarse las orejas, manténgase así, sienta la tensión y después relájese. Concéntrese en las diferentes sensaciones entre la tensión y la relajación de sus hombros. Repítalo.
- Después preste atención a sus omóplatos, llévelos hacia atrás como si quisiese que se tocaran entre ellos. Tense y suelte. Note la diferencia entre tensar y soltar. Repítalo.
- Estire su espalda sentándose muy erguido, tense y suelte, después relájese. Repítalo y céntrese en las diferentes sensaciones entre tensión y relajación.
- Apriete los glúteos comprimiéndolos a la vez, mantenga la tensión y después relájese. Repítalo.
- Contenga la respiración, contraiga el abdomen hacia dentro, ténselo y relájelo. Repita y sienta la diferencia en su abdomen y en su estómago.
- Ahora céntrese en sus piernas. Estírelas y sienta la tensión en los músculos de los muslos, manténgase así y después relaje las piernas. Observe la diferencia entre tensar y soltar. Repítalo.
- Ahora extienda las piernas y apunte los dedos de los pies hacia usted. Sienta la tensión en las pantorrillas y sienta la relajación después de soltar. Repítalo.
- Por último céntrese en sus pies. Apunte con los dedos de los pies hacia abajo tanto como pueda y sienta la tensión en los músculos de sus pies; apriételos y luego relájelos. Observe las diferentes sensaciones cuando tensa y cuando relaja los músculos de los pies.
- Ahora examine su cuerpo entero mentalmente y busque cualquier tensión residual. Si un grupo muscular concreto todavía está tenso, vuelva a esa zona una vez más.
- Ahora imagine que la relajación se está propagando a través de todo su cuerpo; puede sentir el cuerpo caliente, un poco pesado y muy seguro y relajado.

Hoja de tareas 11.1
Desarrollar un kit de relajación

Al igual que desarrolló un kit de sueño en el capítulo 9, puede diseñar su propio "kit de relajación".

1. Empiece haciendo a continuación una lista de actividades y ejercicios, de música u otros elementos o actividades que sean entretenidos o divertidos. Enumere elementos que imagina podrían ser amenos y relajantes, incluso aunque no los haya probado todavía. Asegúrese de tener en cuenta las distintas necesidades y deseos de todas sus partes. Destaque cualquier actividad que todas ellas puedan aceptar, es decir, que usted pueda disfrutar como persona integrada.

    1.

    2.

    3.

    4.

    5.

    6.

    7.

    8.

    9.

    10.

2. Exactamente como hizo con su kit de sueño, puede crear una caja o cesta especial con varios elementos para su relajación y comodidad; por ejemplo, CDs de música, vídeos relajantes, sales especiales de baño, lociones agradables, un chal o suéter cómodo, un par de viejas pantuflas, calcetines calentitos, velas, infusiones o cafés especiales, tentempiés sanos, un buen libro, fotos favoritas o recuerdos.

3. Haga una lista con una o dos actividades nuevas que estaría dispuesto a intentar para relajarse o divertirse.

4. Describa cualquier obstáculo interno que surja para probar estas actividades.

Hoja de tareas 11.2
Explorar los obstáculos internos para el tiempo libre y la relajación

Podría descubrir que le resulta difícil disfrutar de su tiempo libre o relajarse. A continuación encontrará razones habituales por las que podría ser así. Marque o rodee cualquiera que pueda ser suya y complete la lista al final.

Usted (o partes de usted):

- No se siente cómodo "jugando" ni sabe cómo hacerlo.
- No le gusta moverse, así que evita actividades de ocio que requieran esfuerzo físico.
- ¿Tiene miedo o vergüenza de la sensación de nerviosismo?
- ¿Tiene miedo o vergüenza de la sensación de disfrute?
- Cree que el placer es peligroso o malo.
- Cree que no se merece el relax o sentirse bien.
- Siente que pierde el control cuando está excitado o divirtiéndose.
- Tiene miedo de fracasar en cualquier actividad de ocio.
- Teme que las personas le ridiculicen.
- Teme que alguien le critique lo que está haciendo.
- Siente que las personas no le toman en serio.
- Tiene la creencia de que tener tiempo libre significa que es perezoso o no trabaja suficiente.
- Temor a ser castigado si disfruta de un buen momento.
- Miedo a que algo malo ocurra si disfruta.
- Temor a no darse cuenta del peligro si se relaja.
- Descubre que ciertas palabras como "relajarse", "disfrutar", "placer" o "jugar" son desencadenantes que "le disparan" o activan.
- Sufre *flashbacks* tan pronto como empieza a relajarse.
- Tiene pánico o ansiedad grave tan pronto como empieza a relajarse.
- Se deprime en cuanto trata de relajarse.
- Siente mucha presión para trabajar y se siente culpable o preocupado si trata de relajarse.

- Existe un conflicto interno entre las partes sobre la relajación y el tiempo libre.
- Tiene problemas para estar solo y en consecuencia la relajación le resulta más difícil.
- ¿Otras? Si es así, por favor descríbalas.

1. Utilizando la lista anterior y reflexionando sobre otras posibles razones, describa dos o tres miedos, preocupaciones o creencias que usted o sus partes tengan que obstaculice su capacidad de relajarse y disfrutar del tiempo libre. También puede volver a hacer referencia a la tarea 4 anterior en la que hacía una lista de obstáculos para probar nuevas actividades de ocio.

2. Utilizando la sección de este capítulo "Recursos para resolver los conflictos internos sobre la relajación y el tiempo libre", dedique tiempo a identificar puntos comunes internos para la relajación y el tiempo libre (por ejemplo, todas las partes podrían acceder a practicar ejercicios de relajación durante 15 minutos cada día esta semana y comprobar si es útil. Si es así, puede negociar el siguiente paso. Si no, las partes pueden hablar sobre lo que no es aceptable, por qué y volver a negociar). Describa a continuación su comunicación y negociación interna, así como lo que funcionó y no funcionó para usted.

12 Autocuidado físico

PROGRAMA

- Bienvenida y reflexiones sobre la sesión anterior.
- Debate sobre las tareas.
- Descanso.
- Tema: Autocuidado físico.
  - Introducción.
  - Factores que afectan su conciencia corporal y su autocuidado físico.
  - Controlar el alcohol, las drogas ilegales y los medicamentos con receta.
  - Regular su energía física.
  - Recursos para resolver los conflictos internos sobre el autocuidado físico.
  - Recursos para mejorar su autocuidado físico.
- Tareas:
  - Releer el capítulo.
  - Completar la hoja de tareas 12.1, cuestionario sobre el autocuidado físico.
  - Completar la hoja de tareas 12.2, hacer un cambio sano en el autocuidado físico.

Introducción

Cuidar su cuerpo y mantener su salud física son aspectos importantes de la sanación y de vivir bien. Su cuerpo no está separado de usted, incluso aunque pueda parecer como una "cosa" de la que usted algunas veces no quiere preocuparse. Pero su cuerpo es suyo y usted es su cuerpo. Las emociones implican cambios fisiológicos en su cuerpo que producen sensaciones y movimientos físicos; las creencias y percepciones se reflejan en su postura, movimientos y nivel de activación física. Su salud física afecta a su salud mental y viceversa. Muchas personas que han sufrido abuso infantil y negligencia evitan cuidarse físicamente o incluso lo encuentran desagradable o aterrador. La sanación viene a través de una aceptación más compasiva de la mente y el cuerpo como uno solo. Esta aceptación no siempre es fácil o rápida de conseguir pero es una meta importante para usted y todas sus partes. En este capítulo hablaremos de algunas formas básicas de cuidarse físicamente y de superar algunas de las reticencias para ocuparse de su cuerpo.

Factores que afectan su conciencia corporal y su autocuidado físico

Las personas con un trastorno disociativo pueden tener muchas razones para evitar su cuerpo y ser negligentes en cuidarse físicamente. En las secciones siguientes hablaremos de alguno de los factores más importantes que tal vez reconozca útiles para usted.

El autocuidado físico básico nunca se aprendió

Algunas familias nunca practican o enseñan a sus hijos autocuidados físicos básicos. A estos niños nunca se les ha enseñado a cuidar su cuerpo, prevenir enfermedades, comer sanamente y hacer ejercicio, a ir a revisiones médicas y dentales o a reconocer los síntomas que requieren una visita al médico. Estas habilidades pueden adquirirse con práctica, atención y persistencia y es fácil encontrar múltiples recursos sobre cuidarse físicamente.

El cuerpo se percibe como un objeto de temor, odio, asco o vergüenza

Muchas personas con un trastorno disociativo, o al menos algunas partes de ellas, encuentran su cuerpo repulsivo. No disfrutan de su ser físico y su cuerpo lo sienten ajeno; es una carga y una razón para que otros no las encuentren deseables. Tienden a evitar ciertas sensaciones físicas, movimientos o posturas. A menudo perciben su cuerpo como un objeto no como una parte integral de la existencia. Además, pueden surgir cuestiones de control si las personas no se sienten bien y no pueden funcionar de la forma que quisieran o encuentran que son débiles físicamente o menos atractivas de lo que quisieran. Su cuerpo puede parecer un enemigo cuando se espera que sea perfecto y funcione como una máquina.

Cuando las personas han sufrido abuso por parte de otros, a menudo experimentan dolor en su cuerpo, así como sufrimiento emocional y, por supuesto, el dolor emocional puede experimentarse intensamente en el plano físico del cuerpo. Por tanto, los supervivientes a veces se condicionan para evitar su cuerpo con el fin de evitar el dolor y el sufrimiento.

Otros tienden a culpabilizar a su cuerpo como si fuera la causa del abuso, sintiendo por consiguiente terrible vergüenza. Por ejemplo, algunas personas pueden creer que con que tan solo su cuerpo hubiera sido más fuerte, habrían podido impedir el abuso. Echan la culpa a su cuerpo de lo que ocurrió, en lugar de aceptar que eran demasiado jóvenes como para poder impedir lo que ocurrió. A veces, ciertas partes de la personalidad puede mantener esta creencia mientras que otras quizá no.

A algunas personas que sufrieron abuso sexual se les pudo haber dicho que su cuerpo era bonito; en consecuencia se culpan a sí mismas de lo que ocurrió: *"¡Si no hubiera tenido un cuerpo tan hermoso!"*. Pueden desarrollar vergüenza y odio por su cuerpo. Por ejemplo, algunas mujeres (o partes de ellas) llegan a odiar cualquier aspecto femenino de su cuerpo. Han asociado ser mujer con sufrir abuso: *"Las niñas sufren abusos; por tanto, odio ser una niña. Mi cuerpo es malo porque es de mujer"*.

La disociación implica sensaciones físicas alteradas

La disociación no solo conlleva síntomas mentales, sino también físicos, alguno de los cuales son intensos e incómodos. Por otro lado, la disociación puede implicar entumecimiento físico o sensibilidad disminuida al dolor. Quizá quiera revisar alguno de estos síntomas en el capítulo 2. Las partes disociadas de la personalidad que están estancadas en el pasado pueden volver a experimentar en el presente algunas sensaciones físicas relacionadas con el trauma del pasado, como dolor o frío. Tales sensaciones aparentemente "inexplicables" e intrusivas pueden ser aterradoras y confusas y, por tanto, las personas pueden volverse cada vez más evitativas e inconscientes de su cuerpo. Algunas personas tienen dificultades en distinguir entre el dolor físico como resultado de una herida o enfermedad en el presente y el dolor que es consecuencia de volver a experimentar el pasado. Si no está seguro de si un cierto síntoma proviene de una experiencia traumática o está asociado con un problema físico actual, no dude en hablarlo con su terapeuta y su médico de atención primaria.

Muchas personas con un trastorno disociativo informan de algún grado de entumecimiento físico y por tanto pueden no experimentar niveles normales de sensación y dolor. Tienen dificultad, por ejemplo, para determinar si el agua de la bañera está demasiado fría o caliente o no notan cuando se han herido. También tienden a ignorar la fatiga, el hambre, la sed y otras necesidades corporales en detrimento del bienestar físico. De esta forma, su cuerpo sufre un trato negligente.

Mientras que algunas partes están muy adormecidas, otras pueden estar sumamente sensibles al más leve cambio físico y encontrar la incomodidad o el dolor intolerables. En el mejor de los casos es como si experimentaran su cuerpo como una irritación permanente, en el mejor de los casos. Pueden volverse cada vez más reactivas y fóbicas a las sensaciones corporales.

Por supuesto, cada emoción que usted experimenta está acompañada de su propio conjunto de sensaciones físicas, tensión muscular, postura y tendencias a moverse. Si tiene miedo o está avergonzado de una emoción (o de un pensamiento particular), probablemente también habrá aprendido a evitar las experiencias físicas que conllevan.

En resumen, usted, o partes de usted, pueden haber aprendido a lo largo del tiempo que el dolor físico podría ser intolerable (durante el abuso); quizá haya asociado su cuerpo con ese abuso; las consiguientes experiencias intrusivas disociadas en su cuerpo fueron dolorosas y aterradoras y puede haber sentido la experiencia física de las emociones (o pensamientos) como algo desbordante. Por todas estas razones, quizá haya aprendido a despreciar, temer o estar avergonzado de su cuerpo, lo que dificulta que cuide de usted mismo.

Fallo de las partes para aceptar el cuerpo como propio

En el TID algunas partes disociadas que se experimentan a sí mismas como relativamente separadas del individuo pueden sentir que el cuerpo no les pertenece. Tales partes pueden creer que tienen un cuerpo diferente y pueden no experimentar sensaciones corporales que otras partes tienen y querer incluso "deshacerse de ellas" o hacer daño al cuerpo, como si fuera un objeto extraño o perteneciera a otra persona. Si el individuo tiene un problema físico, estas partes pueden negar que exista porque no sienten el cuerpo. Pueden incluso "ver" su cuerpo como si fuera completamente diferente de lo que es en realidad. Ocasionalmente estas partes pueden herir el cuerpo impunemente porque insisten en que no es suyo o pueden tener comportamientos arriesgados, porque no creen que afecten al individuo.

El autocuidado físico puede desencadenar una fobia a las experiencias internas

El autocuidado físico implica al menos cierto grado de conciencia corporal. A menudo, las personas con un trastorno disociativo han aprendido a evitar sus cuerpos con el fin de evitar una experiencia interna concreta como recuerdos traumáticos, pensamientos perturbadores o emociones dolorosas. La imagen de sus cuerpos o la conciencia de sus sensaciones o movimientos pueden evocar repentinamente recuerdos traumáticos. Por ejemplo, algunas personas encuentran que prestar atención a su cuerpo cuando están tratando de practicar ejercicios de respiración o mientras se lavan puede despertar recuerdos, sentimientos y sensaciones difíciles de asimilar. Para algunos, mirarse en el espejo quizá provoque un sentimiento inmediato de vergüenza u odio hacia sí mismos.

Miedo a los médicos o al reconocimiento físico

A muchas personas con un trastorno disociativo ir al médico y pasar por una exploración física les produce mucha ansiedad y por ello no buscan atención médica cuando la necesitan. A algunas partes les puede asustar que las toquen o que el ser "examinadas" es un desencadenante. Quizá no confíen ni en médicos ni en enfermeros por distintos motivos, o pueden tener miedo de estar fuera de control o atrapadas. A veces tienen miedo de exagerar y hacer el ridículo, de no ser tomadas en serio o de que se les diga que algo va mal y sientan que no pueden manejar las "malas noticias".

Puesto que las personas con un trastorno disociativo a menudo padecen muchos síntomas físicos que no tienen una causa obvia, se les puede haber dicho que sus síntomas están "en su cabeza"; esto hace que se sientan avergonzadas y menospreciadas. En realidad, sus síntomas físicos están en su mente y también en su cuerpo, como ocurre con todos los síntomas para todo el mundo. La mente y el cuerpo son inseparables. Esas personas no están imaginando sus síntomas; por el contrario, esos síntomas pueden ser una combinación de intrusiones físicas de partes disociadas y la respuesta de estrés crónico del cuerpo; este suele producir con el tiempo problemas físicos más serios.

Nota: Asegúrese de encontrar un médico de atención primaria competente y comprensivo. Haga una lista de cualidades que le gustaría tuviese un médico y entrevístese con varios para encontrar el que mejor se adapte a usted. Pida a sus amigos direcciones de médicos. Si siente que puede ser de ayuda, pida a su terapeuta y médico que se pongan en contacto entre sí para asegurar que tiene un equipo de salud integrado.

Controlar el alcohol, las drogas ilegales y los medicamentos con receta

Muchas personas traumatizadas tienden a automedicarse porque padecen un caos interno crónico, depresión, ansiedad, *flashbacks*, soledad u otro dolor emocional. Pueden abusar de drogas, del alcohol o de prescripciones médicas para relajarse, adormecerse o sentirse mejor a corto plazo. En algunos casos, partes disociadas concretas de una persona usan indebidamente sustancias y puede producirse un conflicto interno sobre su uso. En algunos casos, una persona con TID puede tener poca a ninguna conciencia (amnesia) de que una parte está utilizando drogas o alcohol. La automedicación puede conducir fácilmente con el tiempo a la adicción.

Aunque no es el objetivo de este manual tratar la adicción, si usted tiene una dependencia de sustancias o está abusando de ellas, es imprescindible que comparta este problema con su terapeuta y lo convierta en el foco principal de su tratamiento actual. Cualquier adicción complica seriamente los efectos de estar traumatizado e interfiere con el tratamiento. Si no está seguro de si se está automedicando o es adicto, por favor háblelo con su terapeuta. Lleve un registro de lo que utiliza, cuánto, con qué frecuencia y lo que le impulsó a utilizarlo. Puede inspirarse en las habilidades de este manual para ayudarse usted mismo a aprender a manejar sus problemas de manera más eficaz que utilizando sustancias.

Se supone que muchas medicaciones psiquiátricas deben tomarse de manera regular todos los días, a menos que se prescriban de otra forma. Debería entender lo que usted está tomando, por qué lo está tomando y tener una comprensión básica de cómo funciona. Quizá existan conflictos internos entre las partes sobre el consumo de medicamentos. Algunas partes pueden creer que tomar medicamentos es un signo de "debilidad" o una "muleta". Nada más lejos de la realidad. La medicación psiquiátrica a menudo ayuda a su cerebro a funcionar más eficazmente, exactamente lo mismo que la medicación para el corazón consigue que este funcione mejor si tiene problemas cardiacos o como la insulina que aumenta lo que su páncreas no es capaz de producir si tiene diabetes. Asegúrese de tomar la medicación como se le ha prescrito. Algunos medicamentos (por ejemplo, los antidepresivos) necesitan días o incluso semanas para hacer efecto; no pueden tomarse solo durante los momentos en los que usted se siente mal. Otros que actúan rápidamente y tienen efectos de corta duración no deben tomarse muy frecuentemente; estos normalmente se prescriben para tomar "según las necesidades". Por ejemplo, puede que se le haya prescrito algo para la ansiedad que solo toma cuando se siente especialmente ansioso. Utilice también, ya sea antes o mientras está tomando este tipo de medicación, las habilidades para calmarse a usted mismo y a todas sus partes. Por ejemplo, hábleles internamente para orientarlas y calmarlas; escuche lo que pueden necesitar, retroceda y reflexione sobre su experiencia interna, practique la relajación o los ejercicios de espacio seguro, vaya a dar un paseo o llame a un amigo. Por último, siéntase libre de cuestionar de su medicación con su médico y comparta los conflictos internos sobre esta con su terapeuta (y su médico si procede).

Regular su energía física

El autocuidado físico implica regular su nivel de energía. Casi todas las personas con un trastorno disociativo tienen alguna dificultad regulando su energía. Algunas van más allá de lo razonable, por ejemplo, trabajando demasiado o utilizando demasiado tiempo en hacer cosas por los demás; de este modo, están constantemente exhaustas y agotadas. Otras están demasiado inactivas, lo que contribuye aún más a su letargo, depresión y desinterés en la vida. Es esencial que aprenda a prestar atención a las señales del cuerpo de hambre, sed, fatiga y enfermedad. Su cuerpo necesita reponerse y descansar por un lado y actividad por otro. Es esencial alcanzar un grado de cooperación entre sus partes para asegurar que tiene la proporción adecuada de descanso y actividad para su sanación (véase los capítulos 10 y 11).

Recursos para resolver los conflictos internos sobre el autocuidado físico

- Tómese tiempo para reflexionar sobre por qué puede estar teniendo dificultades con el autocuidado físico y/o la conciencia corporal y haga una lista.
- No se juzgue acerca de estos conflictos; sólo obsérvelos.
- Priorice lo mejor que pueda los conflictos de su lista desde los menos a los más difíciles. Empiece con los de menor dificultad y trabaje gradual y sistemáticamente hasta el más difícil. A medida que gana dominio resolviendo los conflictos menos intensos, usted y todas sus partes se vuelven más seguras y confían más unas en otras; así estará más dispuesto a seguir con los siguientes pasos.
- La utilización de un espacio interno seguro, como una sala de reuniones o el hablarse internamente determina el que todas sus partes puedan estar de acuerdo en que el autocuidado físico sería bueno si fuese completamente seguro y aceptado. Si es así, bien: puede seguir con el siguiente paso. Si no, pare y reflexione sobre por qué sus partes creen que cuidar de usted mismo no sería de ayuda aun cuando fuese seguro y aceptado.
- Puede hablar internamente para recordar a todas sus partes que cuando usted (todo usted) cuide de sí mismo se sentirá mejor físicamente, lo que le ayudará a sentirse mejor emocionalmente. Todas las partes se pueden beneficiar.
- Recuerde a todas sus partes que su cuerpo está seguro en el presente y que las sensaciones corporales son mensajes normales para ayudarle a cuidarse.
- Si partes de usted creen que no merece cuidarse, recuérdeles que el autocuidado no tiene nada que ver con ser digno de él. Esas partes pueden preferir por el momento pensar en el autocuidado como algo equivalente al mantenimiento del coche. Su vehículo requiere combustible para llevarle donde tenga que ir; necesita reparaciones para funcionar. No puede descuidarlo. Usted tiene necesidad de descansar y reponerse para hacer lo que tenga que hacer y mantener la salud para poder continuar haciendo lo que hace.

- Asegúrese de tomarse tiempo para orientar a todas las partes hacia el presente y asegúrelas que no se va a meter en problemas por cuidar de usted mismo.
- Si se desencadenan los recuerdos traumáticos o las emociones intensas cuando toma conciencia de su cuerpo, ayude a las partes vulnerables a permanecer en un lugar seguro durante ese tiempo (por ejemplo, cuando se está duchando o bañando), asegurándolas que se las atenderá en el futuro inmediato y continúe orientándolas hacia el presente. No deje de cumplir dichas promesas.
- Participe en discusiones internas y negociaciones sobre las formas en que puede comprometerse a cuidarse físicamente. Si se producen conflictos, esté abierto a escuchar con respeto otros puntos de vista e intente encontrar bases comunes, es decir, aquellas actividades de autocuidado sobre las que todas sus partes pueden estar de acuerdo.

Recursos para mejorar su autocuidado físico

- Aprenda a entender los mensajes que su cuerpo le da. ¿Es capaz de reconocerlos cuando está cansado, hambriento, sediento, con frío, con calor, con dolor o enfermo?
- ¿Es capaz de distinguir –por lo menos alguna vez– entre una sensación o síntoma que es parte de un *flashback* y los que son indicadores de una enfermedad o lesión actual? Si siente dolor u otra molestia física, puede comprobar internamente si alguna parte puede ayudarle a entender mejor.
- Cuando se levante todas las mañanas hágase un chequeo no sólo emocional sino también físico. ¿Cómo se siente corporalmente? ¿Cansado? ¿Enfermo? ¿Energético? ¿Con los músculos doloridos? ¿Con las articulaciones entumecidas? ¿Con dolor de estómago o de cabeza? ¿Relajado? Estas sensaciones físicas son mensajes sobre sus necesidades físicas y emocionales.
- Practique la relajación física cada día, como se señaló en capítulos anteriores. Alcance un acuerdo interno sobre estas actividades y

sobre los momentos en los que debería practicarlas. La tensión física crónica añade estrés mental y emocional y causa estragos en su organismo.

- Haga ejercicio con regularidad, aunque sólo sea un poco.
- Asegúrese de que está descansando suficientemente. Muchas personas necesitan 7 u 8 horas de sueño cada noche; algunas necesitan un poco más o un poco menos. Las personas con un trastorno disociativo normalmente duermen mucho menos, pero si dormir resulta un problema cerciórese de hacer descansos cortos durante el día. Todas sus partes necesitan estar de acuerdo en reservar un tiempo para dormir (véase el capítulo 9).
- Si las citas con el médico o el dentista suponen un problema, trate de que le acompañe una persona que le proporcione apoyo, hable de su ansiedad con el médico o dentista, ponga en práctica las técnicas de relajación e imagine a partes de usted en un lugar seguro durante la cita o quizá pruebe a dormirse durante la misma (véase el capítulo 8 sobre lugares internos seguros). Si fuera necesario, tómese una pastilla recetada para la ansiedad antes de ir, si la tiene. También le ayudará escribir sus miedos, incluyendo los de otras partes y cuestionarlos o pensar cómo puede ayudarse a sí mismo a pedir citas de forma menos temerosa o vergonzosa.
- Imagine que cuida de sus partes jóvenes internamente, si eso es útil para usted. Por ejemplo, imagine que les da un baño caliente, mimándolas físicamente, la sensación de que le importan y se preocupa por ellas. O imagínese que todas sus partes están experimentando el autocuidado que se da a usted mismo. Es necesario recordar a todas las partes que el autocuidado es una parte de la vida diaria y necesaria para sanar.

Hoja de tareas 12.1
Cuestionario sobre el autocuidado físico

Las siguientes preguntas se han diseñado para ayudarle a aprender más sobre sus puntos fuertes y la necesidad de crecimiento en el autocuidado físico. Esto no es un test: No hay aprobados ni suspensos. Varias partes de usted pueden dar diferentes respuestas a la misma pregunta. Si es así, tome nota para entender y ayudar a esas partes. Completar este cuestionario le ayudará a elegir una o dos áreas en las que le gustaría trabajar para empezar un mejor autocuidado (véase Hoja de tareas 12.3).

Para cada pregunta rodee el número que mejor concuerde con usted en el momento presente:

0 No concuerda conmigo.
1 Rara vez concuerda conmigo.
2 Algunas veces concuerda conmigo.
3 A menudo concuerda conmigo.
4 Casi siempre concuerda conmigo.

1. Presto muy poca atención a mi salud física.	0	1	2	3	4
2. Tengo poca salud física.	0	1	2	3	4
3. Tengo miedo de ir al médico.	0	1	2	3	4
4. No tengo médico de atención primaria.	0	1	2	3	4
5. Nunca voy al médico ni siquiera cuando tengo problemas serios.	0	1	2	3	4
6. Tengo dificultad para sentir dolor, frío y calor en mi cuerpo.	0	1	2	3	4
7. Tengo miedo de ir al dentista.	0	1	2	3	4
8. Nunca voy al dentista.	0	1	2	3	4
9. No consumo comidas sanas.	0	1	2	3	4
10. A menudo olvido comer.	0	1	2	3	4
11. Como en horarios irregulares.	0	1	2	3	4
12. Tengo un peso insuficiente.	0	1	2	3	4
13. Mi peso fluctúa a menudo.	0	1	2	3	4
14. Normalmente me doy atracones de comer.	0	1	2	3	4

15. Vomito frecuentemente después de comer. 0 1 2 3 4
16. Tomo laxantes regularmente. 0 1 2 3 4
17. Tengo inclinación a comer en exceso. 0 1 2 3 4
18. Tengo sobrepeso. 0 1 2 3 4
19. Hago más de 2 horas de ejercicio al día. 0 1 2 3 4
20. Hago ejercicio regularmente. 0 1 2 3 4
21. No hago suficiente ejercicio. 0 1 2 3 4
22. Tengo problemas físicos de los que me da vergüenza hablar. 0 1 2 3 4
23. No hago caso de las recomendaciones médicas. 0 1 2 3 4
24. Tengo miedo de tomar medicamentos recetados. 0 1 2 3 4
25. Tomo medicamentos para todos mis dolores y molestias. 0 1 2 3 4
26. Tengo dolores y molestias diarios que me preocupan realmente. 0 1 2 3 4
27. La gente me dice algunas veces que bebo mucho. 0 1 2 3 4
28. Bebo alcohol cuando me siento disgustado. 0 1 2 3 4
29. Bebo hasta desmayarme. 0 1 2 3 4
30. Consumo drogas ilegales cuando estoy en grupo. 0 1 2 3 4
31. Consumo drogas ilegales cuando estoy disgustado. 0 1 2 3 4
32. No me doy cuenta de cuándo tengo hambre o sed. 0 1 2 3 4
33. No me doy cuenta de cuándo estoy cansado. 0 1 2 3 4
34. Tengo problemas físicos, pero un doctor me ha dicho que no tengo nada, que todo está en mi cabeza. 0 1 2 3 4
35. No descanso lo suficiente. 0 1 2 3 4
36. Estoy ocupado todo el tiempo. 0 1 2 3 4
37. No tengo suficiente energía. 0 1 2 3 4
38. Duermo demasiado. 0 1 2 3 4
39. Tengo problemas para dormir. 0 1 2 3 4
40. No puedo decir si estoy físicamente enfermo o no. 0 1 2 3 4

Hoja de tareas 12.2
Hacer un cambio sano en el autocuidado físico

Eche un vistazo al cuestionario previo. Elija una o dos áreas sobre las que le gustaría trabajar. Complete la sección que viene a continuación. Recuerde dar pequeños pasos para cambiar sus comportamientos y hábitos. Se requiere varios meses para que un cambio se convierta en un hábito. Consiga el apoyo de su terapeuta y de otros que puedan ayudarle.

Ejemplo

Elija un número (del cuestionario): 22. Tengo problemas físicos sobre los que me da vergüenza hablar.

Describa sus problemas en esta área: Me da vergüenza hablar sobre mi cuerpo. Me siento como si hubiera hecho algo malo, como si algo en mi cuerpo estuviera mal. Oigo una voz enfadada que me dice que no diga nada. Algunas veces no puedo decir si estoy exagerando un síntoma o si es real.

Mis objetivos (lo que quiero hacer de forma diferente respecto al problema): Hablar a mi terapeuta de al menos un problema físico, para poder trabajar con todas mis partes con objeto de solucionar el miedo y la vergüenza al respecto.

Conflictos internos o preocupaciones sobre el hecho de cambiar mi comportamiento: Una parte de mí piensa que soy débil y lloriquea si menciono algo físico. Si empiezo a decir a mi doctor todos los síntomas físicos que tengo, me temo que pensará que soy un hipocondriaco.

Pasos para lograr mis objetivos:

1. Elegiré un problema físico pequeño: dolor de espalda por levantar algo pesado que no me deja dormir en toda la noche.
2. Preguntaré internamente si todas las partes son conscientes del dolor y en qué medida interrumpe el sueño.
3. Preguntaré internamente si cualquier parte tiene alguna sugerencia que me permita cuidar de mi espalda ayudándome a ser más consciente de cómo muevo y levanto objetos.
4. No haré esfuerzos con la espalda durante dos días más. Si no mejora, iré al médico.
5. Mientras tanto, hablaré con mi terapeuta de la vergüenza y del miedo que siento cuando algo está mal físicamente, así como de la reacción de cerrarme y sufrir en silencio.

Siguiendo el ejemplo anterior, complete el cambio que se propone respecto al autocuidado.

Elija un número del cuestionario:

Describa su problema:

Sus objetivos (lo que quiere hacer de forma diferente respecto al problema):

Conflictos internos o preocupaciones sobre el hecho de cambiar su comportamiento:

Pasos para lograr sus objetivos:

13 Desarrollar hábitos de alimentación saludables

PROGRAMA

- Bienvenida y reflexiones sobre la sesión anterior.
- Coloquio sobre las tareas.
- Descanso.
- Tema: Desarrollar hábitos de alimentación saludables.
  - Introducción.
  - Los diversos significados de la comida y la alimentación.
  - Problemas de alimentación en personas con un trastorno disociativo complejo.
  - Recursos para resolver conflictos internos sobre alimentación saludable.
- Tareas:
  - Releer el capítulo.
  - Completar la hoja de tareas 13.1, registro de sus patrones de alimentación.
  - Completar la hoja de tareas 13.2, un plan para mejorar un problema de alimentación.

Introducción

Este capítulo se centra en ayudarle a resolver los problemas de alimentación relacionados con el trauma y la disociación. La alimentación es una parte integral de la vida sana y una compañera a menudo ignorada en la curación del trauma. Una alimentación razonable y equilibrada nutre su cuerpo y ayuda a sanarlo, ya que padece un estrés crónico cuando se tiene un trastorno disociativo. Cuando su cuerpo se siente mejor, usted en general se siente mejor. Pero si creció en un hogar en el que comer estaba asociado con tensión y estrés a las horas de las comidas, los alimentos no eran sanos o fáciles de conseguir o se utilizaban como recompensa o castigo excesivos, diferentes aspectos de la alimentación pueden resultar difíciles para usted. Empezamos comprendiendo los distintos significados de la comida y de la alimentación y después trataremos de las formas en las que podría afrontar los problemas de alimentación que quizá estén relacionados con su trastorno disociativo.

Los diversos significados de la comida y la alimentación

La comida y la alimentación están a menudo asociadas con pensamientos y sentimientos positivos para la mayoría de las personas. Ser alimentado como bebé es una de las primeras formas de experimentar una relación. La alimentación es una de las formas en que cuidamos de nosotros mismos y recibimos cuidados de otros. Por tanto, está conectado con el dar y el recibir, con la nutrición y el cuidado, es decir, con las personas y las relaciones. En las reuniones sociales la comida siempre es un elemento central. Vivimos la comida de muchas maneras: a través de la visión, del olfato, el gusto, el tacto e incluso del sonido (el crepitar y el pequeño chasquido de algunos platos), así que esa conciencia de los alimentos puede afectar a todos nuestros sentidos. Ciertos alimentos también despiertan emociones porque se han asociado con recuerdos concretos.

La alimentación también es imprescindible pues nos aporta la energía y nutrientes que necesitamos para vivir. Hábitos pobres de alimentación pueden causar tanto síntomas físicos como psicológicos. Comer muy poco puede conducirnos a llegar a tener un peso muy inferior al normal, déficits en vitaminas y minerales, huesos frágiles, problemas dentales, anemia, mala memoria y dificultades para pensar clara y racionalmente. Comer en exceso puede dar lugar a obesidad, incremento del riesgo de padecer enfermedad cardíaca, diabetes, asma, problemas de articulaciones y huesos e, incluso, ciertos tipos de cáncer. Además de los síntomas físicos, los problemas de alimentación pueden ocasionar numerosos síntomas psicológicos, como vergüenza y repugnancia hacia sí mismo, depresión y ansiedad, una imagen corporal desequilibrada y una tendencia a aislarse de los otros.

El conocimiento sobre los hábitos de alimentación saludable y prestarle atención varía de una persona a otra, de una familia a otra y de una cultura a otra. Si necesita consejos básicos de nutrición, habilidades para cocinar, ayuda para hacer compras eficientes de alimentos o consejos para una planificación sana de las comidas, existen multitud de sitios web y libros fácilmente disponibles sobre que tratan de todos estos temas. Si necesita un consejo más personalizado, le sugerimos que consulte a un nutricionista, que su terapeuta o médico de atención primaria puede ayudar a localizar.

Problemas de alimentación en personas con un trastorno disociativo complejo

La mayoría de las personas con trastornos disociativos tienen por lo menos algunas dificultades con la alimentación (por ejemplo, Boon y Draijer, 1993; Goodwin y Attias, 1993; Vanderlinden y Vandereycken, 1997). Diferentes partes de usted pueden tener diferentes preferencias o problemas alimenticios que dan lugar a patrones de alimentación inestables y caóticos. Algunas partes de usted pueden tener razones para evitar la comida tanto como sea posible, mientras que otras pueden tener la tendencia a comer en exceso o de forma compulsiva.

Si todavía no es muy consciente de partes disociadas de usted mismo, le puede ser difícil comprender ciertos problemas de alimentación que ocurren debido a la actividad de esas partes. Por ejemplo, quizá encuentre pruebas de que ha estado comiendo durante la noche sin ser consciente, descubra ciertos alimentos en la cocina que no le gustan pero debe haber comprado, sienta una urgencia intensa de comer compulsivamente o purgarse, o limitar su comida sin razón alguna. Puede tener preferencias por alimentos o antojos repentinos que empiezan y acaban sin previo aviso. Puede ser incómodo o incluso atemorizante darse cuenta de que otras partes suyas realmente han comprado, preparado o comido alimentos sin que usted fuera consciente. Pero a medida que esté más cómodo con las partes de usted mismo, sentirá menos temor y será más capaz de negociar y coordinar la actividad esencial de comer.

Lo que sigue es una lista de problemas de alimentación que son experimentados a menudo por personas que tienen un trastorno disociativo. Revise o marque las que puedan aplicarse a usted o a otras partes suyas.

- Atracones (comer cantidades excesivas de comida de una sentada, más allá de lo que es sano, hasta el punto de sentirse hinchado y enfermo).
- Purgas (vómitos provocados, utilización de diuréticos o laxantes para deshacerse del alimento y perder peso).
- Restricción de alimentos (comer muy poco o una variedad muy limitada de alimentos en comparación con lo que consume una persona promedio).
- Ser provocado por alimentos concretos o por la alimentación en general y asociar la comida a sentimientos y creencias o recuerdos negativos.
- Carencia de conocimientos sobre nutrición básica.
- Dificultades para comprar alimentos.
- Dificultades para tomar decisiones relacionadas con los alimentos.
- Dificultades para preparar los alimentos (por ejemplo, preparar la comida se percibe muy complicado o desbordante).

- Repentina pérdida de conocimiento sobre cómo preparar la comida o repentina carencia de familiaridad sobre cómo utilizar los aparatos de la cocina.
- Problemas para establecer rutinas de alimentación sanas y regulares.
- Olvidar comer por problemas con la gestión del tiempo y/o falta de atención.
- Incapacidad para sentir hambre o sed por insensibilización física y evitación de las sensaciones físicas.
- Deseo de mantener una imagen corporal que no está dentro de los márgenes saludables, porque lo vive como una protección (por ejemplo, tener sobrepeso ayuda a sentirse aislado; tener un peso por debajo de lo normal ayuda a sentirse menos como objeto de deseo o le aporta la convicción de que no se podrá quedar embarazada).
- Conflictos entre sus diversas partes sobre qué y cuándo comer.
- La comida y el comer los asocia con la vergüenza y la repugnancia hacia sí mismo.
- Dificultad de estar con otros mientras come.
- Comer "emocional", es decir, utilizar la comida para afrontar las emociones.
- Restricción o retención de los alimentos como castigo.

Recursos para resolver conflictos internos sobre alimentación saludable

- Aprenda a reconocer y entender sus dificultades con la comida y el comer. Reflexione sobre cualquier conflicto interno en relación con la alimentación (por ejemplo, con respecto a la compra, permanecer dentro del presupuesto, preparación, tipos de alimentos). Elabore una lista corta de todos los problemas y revise aquellos con los que quiera empezar. Recuerde comenzar con los problemas más sencillos antes de trabajar con los más complejos.
- Reconozca que algunas partes de usted pueden haberse quedado estancadas en el momento del trauma, y que en el pasado

pudieron haber encontrado soluciones para regular las emociones intensas a través de sus hábitos alimenticios (comiendo poco o en exceso), y otras partes pueden desencadenarse a través de ciertos alimentos u horarios de comidas. Empiece por reconocer el propósito y la intención de estos problemas de alimentación en lugar de acusar a partes suyas.

- Los problemas de alimentación, como muchos otros problemas, pueden requerir un tiempo para resolverse. Sea paciente y empático con todas sus partes. Permítase estar satisfecho con los pasos pequeños que dé cada vez.
- Empiece eligiendo una área pequeña de problemas relacionados con la comida y la alimentación, por ejemplo, comprar, cocinar, o los horarios irregulares de las comidas. Usted o algunas partes llevan a cabo normalmente estas tareas que tienen una función en la vida diaria. Haga una lista de pequeños pasos muy concretos que necesite dar. Pase tiempo comunicándose internamente para hacerse una idea de cómo diferentes partes de usted mismo deberían estar implicadas en un plan.
- Si la comida provoca a alguna de sus partes hasta el punto de volverle incapaz de comer, intente que esta parte se encuentre en un lugar interno de seguridad durante la preparación de la comida y las horas de comer, como si fuera un confinamiento temporal. Más tarde, cuando esté preparado, puede ayudar a esa parte a superar lo que se haya desencadenado.
- Debe dedicar tiempo a considerar qué comida aprecia y disfruta y si existen preferencias distintas entre sus partes. Si le sirve, utilice un diario o su ordenador para crear un archivo en el que todas las partes puedan hacer una lista de sus preferencias alimentarias. Puede aprender a tener en cuenta los deseos de otras partes de manera razonable en lugar de ignorarlos o criticarlos.
- Observe qué ocurre cuando piensa sobre su problema de alimentación, por ejemplo, comprar o comer de forma irregular. ¿De qué creencias es consciente? ¿De qué emociones y sensaciones? ¿Se da cuenta de que cualquiera de sus partes puede tener una experiencia diferente al comer de la que usted tiene? Sea compasivo consigo mismo a medida que se vuelva más consciente.

- Haga el esfuerzo de comer al menos tres veces al día con el fin de conseguir una rutina sana. Alcance un acuerdo interno con otras partes para conseguirlo. Elabore un plan para recordarse comer utilizando un temporizador o una alarma si lo necesita. Establezca algunas fechas para salir con los amigos a comer. Haga una lista de comidas en la nevera y táchelas cuando las haya comido.
- Si mantiene una lucha diaria interna sobre cocinar o tiene poco tiempo para guisar debido al trabajo o a otras obligaciones, haga grandes cantidades de comida cada vez, divídalas en raciones individuales y congélelas o almacénelas en la nevera, de forma que tenga algo sano que sacar y comer rápidamente cuando no le apetezca cocinar o no tenga tiempo.
- Si partes concretas de usted tienen intensas preferencias o aversiones, intente responderlas permitiendo algo de flexibilidad. Quizá pueda evitar temporalmente una comida si provoca a una parte suya o podría proporcionarle la comida preferida, con moderación.
- Es importante establecer límites sanos sobre la comida que varias partes quieren comer. No le ayudará dar a una parte solo lo que quiere comer, por ejemplo, helado o galletas. A fin y al cabo, su trabajo es proporcionarse (y también a todas sus partes) un estilo de vida sano.
- Los patrones de alimentación tienen una finalidad emocional subyacente: quizá come cuando está cansado, aburrido, enfadado, deprimido, etc. Cuando tenga ganas de comer, pero no lo necesite, observe qué emociones o pensamientos está teniendo. ¿Existen emociones o situaciones que quiere evitar comiendo? Preste también atención a si una parte suya necesita algo de usted, como consuelo o atención.
- Cuando ha comido bien y una parte de usted todavía siente la necesidad de comer, determine si esta parte está orientada al presente. Si no, trate de dirigirla hacia el presente de forma que pueda compartir sus sensaciones físicas de estar saciado. También puede imaginar un espacio interno seguro donde hay comida abundante para las partes de usted que se puedan sentir crónicamente necesitadas.

- Comer compulsivamente es una forma de regular los sentimientos insoportables. Si sufre ataques (nocturnos) de atracarse a comer (con amnesia), la comunicación y cooperación internas con las partes pueden ayudar a frenar este comportamiento. Por ejemplo, quizá las partes acuerden que la noche es sólo para dormir (véase el capítulo 9 sobre el sueño) y no para comer. Un lugar interno seguro con comida abundante puede ser suficiente para contener a las partes que comen durante la noche. Con la ayuda de su terapeuta puede empezar a entender más a las partes suyas que participan en tales comportamientos y después tratar de ayudarlas a hacer cambios positivos, incluido el encontrar alternativas apropiadas que sacien sus necesidades adecuadamente.
- Trate de establecer más contactos sociales que impliquen salir o invitar a comer. Si tiene problemas con las comidas regulares, llegue a un acuerdo con sus amigos o colegas para que cada persona cocine una comida abundante para compartir con todos cada semana (por ejemplo, una cazuela grande de sopa, estofado, pasta, chile con carne, etc.), así usted no tendrá que cocinar tan a menudo. Esta actividad y el compartir también le ayudarán a acostumbrarse a socializar mientras come.
- Si a usted o a partes suyas les resulta difícil comer, combine la comida con algo entretenido en lo que todas estén de acuerdo; por ejemplo, llevar un picnic a una caminata agradable; sentarse fuera y disfrutar de la brisa mientras come; disponer la comida en el plato con buen gusto y añadir flores, velas, música, etc.
- Si un día realmente no puede comer, utilice líquidos nutritivos suplementarios.
- Si tiene problemas de alimentación graves, sea honesto con su médico, dietista y terapeuta y permítales ayudarle a diseñar un plan gradual que le funcione.

Hoja de tareas 13.1
Registro de sus patrones de alimentación

1. Haga una lista con los hábitos de alimentación sanos que usted o sus partes ya emplean y desean mantener.

2. Enumere sus éxitos y dificultades de alimentación en la siguiente tabla. Entre los éxitos se podrían incluir comer a horas regulares, comer alimentos sanos y preparar una comida. Entre las dificultades podría introducirse el olvidarse de comer o negarse a comer, darse atracones, consumir comida basura y la compra o preparación de la comida. Utilice este cuadro para llevar un seguimiento de su alimentación.

	Desayuno	Comida	Cena	Tentempiés	Noches
Lunes					
Martes					
Miércoles					
Jueves					
Viernes					
Sábado					
Domingo					

Hoja de tareas 13.2
Un plan para mejorar un problema de alimentación

Basándose en el ejemplo anterior, enumere un problema de alimentación, los objetivos para lo que quiere cambiar, cualquier conflicto interno entre sus partes y los pasos concretos para ayudarse. Los objetivos deben siempre ser medibles, definidos, específicos e incluir pasos simples.

Ejemplo

Problema de alimentación	***Describa su problema***
Comer alimentos poco sanos.	Comer mucha comida rápida basura; insuficientes verduras; Beber muchas bebidas gaseosas; odiar cocinar.
Comer a horas irregulares.	Olvidar comer; comer deprisa; picotear todo el día; encontrar pruebas de que he estado comiendo por la noche.

Mis objetivos (lo que quiero hacer de forma diferente):

Comer platos sanos (incluyendo fruta fresca y verduras o ensalada) *al menos* una vez al día en horario regular: comida (entre el mediodía y la 1 p.m.) o cena (entre las 6:30 y las 7:30)[1]

Conflictos internos o preocupaciones acerca de cambiar mi comportamiento:

1. A algunas partes de mí les gusta la comida basura y es cómodo para ellas y para mí.
    - Solución posible: comprar un tipo de comida basura y tenerla, pero en cantidades limitadas, es decir, comer una ración. Masticarla despacio y ser consciente de que se está dando un premio.
2. No me gusta el cambio y me dan miedo las luchas internas adicionales.
    - Solución posible: trataré de comunicarme (quizá con ayuda de mi terapeuta) con partes de mí, de forma que pueda entender más sobre el miedo al cambio. Me encontraré y hablaré con todas mis parte. Empezaré cambiando cosas pequeñas una por

1. N.T.: Los autores se refieren al horario holandés de comidas.

una. Introduciré una comida sana cada vez y empezaré con una comida regular que incluya algún alimento sano.

Pasos para conseguir mis objetivos:

1. Dedicar tiempo a la comunicación, cooperación y negociación interna, así como a decidir de forma conjunta sobre cada paso de mi plan.
2. Adquirir una mejor comprensión de qué alimentos son saludables y cuáles no.
3. Establecer unos tiempos concretos para cada día y poner la alarma como recordatorio.
4. Elegir un par de recetas sanas y sencillas o encontrar lugares donde pueda comprar platos sanos preparados que estén dentro de mi presupuesto.
5. Hacer una lista antes de ir a la tienda de ultramarinos; tener en cuenta las diferentes preferencias de todas mis partes.
6. Pedir a un amigo que vaya de compras conmigo, así me atendré a la lista.
7. Ir a la tienda de ultramarinos solo una vez a la semana.

Problema de alimentación (describirlo detalladamente):

Mis objetivos (lo que quiero hacer de forma diferente):

Conflictos internos o preocupaciones acerca de cambiar mi comportamiento:

Pasos para conseguir mis objetivos (empiece con cambios pequeños y manejables; sea concreto):

Tercera parte
Repaso de habilidades

Ha aprendido varias habilidades en esta sección del manual. A continuación encontrará un repaso de dichas habilidades y una oportunidad para continuar desarrollándolas. A medida que las repase, le recomendamos revisar los capítulos leyéndolos de nuevo y volver a practicar las tareas poco a poco. Recuerde que la práctica diaria regular es esencial para aprender nuevas habilidades.

Para cada habilidad indicada a continuación, responda a las siguientes preguntas:

1. ¿En qué situación o situaciones puso en práctica esta habilidad?
2. ¿Cómo le ayudó esta habilidad?
3. ¿Qué dificultades, si es que existe alguna, ha tenido practicando esta habilidad?
4. ¿Qué ayuda adicional o recurso podría necesitar para sentirse más satisfecho en el dominio de esta habilidad?

Capítulo 9, Desarrollar una rutina de irse a dormir; desarrollar y utilizar un "kit de sueño"

1.

2.

3.

4.

Capítulo 10, Desarrollar una estructura y una rutina diaria realista y sana

1.

2.

3.

4.

Capítulo 11, Ejercicios de relajación (el árbol, el estanque terapéutico y la relajación muscular)

1.

2.

3.

4.

Capítulo 11, Desarrollar un kit de relajación

1.

2.

3.

4.

Capítulo 12, Realizar un cambio sano en el autocuidado físico

1.

2.

3.

4.

Capítulo 13, Un plan para mejorar el problema de alimentación

1.

2.

3.

4.

IV Afrontar los recuerdos y los desencadenantes traumáticos

14 Entender los recuerdos y los desencadenantes traumáticos

PROGRAMA

- Bienvenida y reflexiones sobre la sesión anterior.
- Coloquio sobre las tareas.
- Descanso.
- Tema: Entender los recuerdos y desencadenantes traumáticos.
  - Introducción.
  - Memoria autobiográfica y memoria traumática.
  - Entender los desencadenantes.
  - Reconocer los desencadenantes.
  - Tipos de desencadenantes.
  - Desencadenantes de experiencias positivas.
- La tienda: un ejercicio para el respaldo, la fuerza y la protección.
- Tareas:
  - Releer el capítulo.
  - Utilizar el ejercicio para aprender a estar presente del capítulo 1 según las necesidades.
  - Completar la hoja de tareas 14.1, identificar los desencadenantes.
  - Completar la hoja de tareas 14.2, reflexionar sobre las reacciones a los desencadenantes.
  - Completar la hoja de tareas 14.3, identificar los desencadenantes positivos.

Introducción

La inestabilidad experimentada por las personas con un trastorno disociativo complejo está a menudo relacionada con volver a vivir los sucesos traumáticos, a lo que también se denomina *flashbacks* o *reactivación de recuerdos traumáticos* (Boon, 2003, Van der Hart otros, 1992). En este capítulo aprenderá más sobre los recuerdos traumáticos y en qué difieren de los recuerdos normales de cada día; por qué son tan sobrecogedores y cómo están relacionados con sus partes disociadas. Los recuerdos traumáticos son evocados o desencadenados por un estímulo (desencadenante) en el presente que recuerda algunos aspectos del suceso traumático original. Aprenderá más sobre los desencadenantes y cómo reconocerlos. En el próximo capítulo aprenderá a reducir y afrontar los desencadenantes.

Memoria autobiográfica y memoria traumática

Por lo general, las personas son capaces de recordar sucesos importantes que experimentaron en el pasado. Se dan cuenta de que el suceso les ocurrió a ellos, pero también de que no les está sucediendo en el momento actual. La memoria es, por decirlo así, una parte de su "autobiografía", pero como usted puede experimentar dolorosamente en ocasiones, este no es el caso de los recuerdos traumáticos. Cuando usted (o sus partes disociadas) vuelve a experimentar una memoria traumática, siente como si estuviera ocurriendo en el presente o al menos una parte de la misma.

Los recuerdos traumáticos pueden incluir sentimientos intensos o sobrecogedores, como pánico, rabia, vergüenza, pérdida, culpa y desesperación; creencias y pensamientos conflictivos; sensaciones físicas como dolor; imágenes visuales, sonidos y olores; y también comportamientos como huida, lucha, parálisis o desconexión. Cada uno de estos aspectos de la memoria traumática puede ocurrir de manera simultánea, sucesiva o separada en diferentes momentos. Normalmente, estas reacciones no son apropiadas para la situación actual o son bastante más intensas de lo que la situación exige. Quizá quiera volver sobre el capítulo 4 para una revisión de los recuerdos traumáticos (*flashbacks*).

Entender los desencadenantes

Un desencadenante (o estímulo señal) es algo que guarda una similitud literal o simbólica con un aspecto de una experiencia traumática no resuelta. Puede ser una situación actual, una interacción con otra persona, un objeto o incluso una experiencia interna, como un sentimiento o sensación particular, un olor o una posición del cuerpo. En estos casos, partes de usted pueden reaccionar automáticamente de una forma similar a la de la situación traumática original, es decir, partes de usted tienen reacciones condicionadas que usted no puede controlar conscientemente.

Ser capaz de aceptar las experiencias traumáticas como propias no es fácil y puede requerir algo de tiempo y de trabajo antes de estar preparado. Este manual tiene la finalidad de ofrecerle oportunidades de aprender y practicar las habilidades que necesita para ser capaz de alcanzar la tarea de percatarse plenamente de lo que le ha ocurrido. Mientras tanto, puede darse cuenta de que sigue teniendo problemas con ser provocado de vez en cuando, porque algunas de sus partes disociadas permanecen estancadas en el momento del trauma, siendo vulnerables a revivir las experiencias del pasado. Por consiguiente, le será útil ser capaz de reconocer los desencadenantes y cómo reacciona a ellos, para poder cambiar esas respuestas condicionadas.

Reconocer los desencadenantes

Debe ser difícil identificar cuándo se le provoca a menos que tenga una reacción extrema. Pero ayuda reconocer algunas posibilidades en las que usted puede ser provocado:

- Su reacción a una situación parece más intensa de lo esperado o es significativamente diferente a su reacción habitual.
- No es capaz de retroceder y reflexionar sobre la situación, pero parece estancado en su reacción.
- Sus partes internas se activan hasta el punto de ser consciente de ellas.

- Tiene una reacción de defensa, como lucha, huida, parálisis o colapso.
- Parece ver su reacción desplegarse, no siente que la controle, como si otra parte de usted la estuviera teniendo.
- Cambia a otra parte de usted mismo y pierde tiempo.
- Tiene *flashbacks* repentinos; casi siempre los desencadena algo en el presente.

Algunas veces puede ser capaz de identificar la conexión entre un desencadenante y el suceso traumático original. Por ejemplo, una persona puede ser consciente de que el olor de la gasolina provoca miedo y pánico, porque la gasolina formaba parte de una experiencia traumática del pasado. Sin embargo, en otras ocasiones, puede no ser consciente de lo que le ha activado. Quizá no tenga recuerdo del suceso y por ello puede conectarlo con un desencadenante o, incluso si lo conoce, puede no ser (muy) consciente de la parte suya que ha sido provocada o puede simplemente no entender la relación entre sí. Como hemos señalado, las partes de usted que funcionan en la vida diaria son expertas en evitar a las partes estancadas en el momento del trauma, así como los recuerdos traumáticos que contienen, por lo que puede encontrarse con que no quiere saber por qué se activa usted. Por desgracia, esta evitación tiene desventajas graves. Cuando no puede entender ni aceptar sus experiencias internas, se vuelven confusas y aterradoras, aparentemente arbitrarias y fuera de control. Esto solo aumenta su miedo a las experiencias internas y vuelve incluso su vida más pequeña para evitar lidiar con usted mismo (véase el capítulo 5 sobre la fobia a la experiencia interna). Así pues, necesita aprender a reflexionar sobre los desencadenantes y las reacciones que estos provocan en usted y otras partes de usted.

Aunque algunas veces parece como si "la vida misma" fuera un desencadenante, puede ser de gran ayuda distinguir desencadenantes concretos. Entonces puede observar que no todas las situaciones le son igualmente perturbadoras y que ya ha aprendido a afrontar con éxito ciertos desencadenantes.

Puede estar perplejo por el hecho de que un estímulo pueda provocarle en algunas ocasiones y en otras no. Su vulnerabilidad a los desencadenantes está determinada en gran medida por su condición física y mental en ese momento. Si está más cansado, fuera de sí, enfermo, gravemente estresado o afrontando nuevos retos o problemas que parecen desbordantes, es más probable que usted "se dispare". Si partes de usted están en un conflicto o caos interno, es más propenso a "dispararse" fácilmente y, como trabaja sobre aspectos particulares de su historia, los desencadenantes relacionados con ese momento pueden estar más activos durante un tiempo.

Los desencadenantes pueden conllevar una variedad infinita de experiencias u objetos, dependiendo de lo que se haya asociado con un episodio traumático concreto. Aunque es importante identificar los desencadenantes, en este momento no es imprescindible conocer la historia del desencadenante con el fin de afrontar la situación de manera diferente. En las primeras etapas del tratamiento quizá no esté preparado todavía para afrontar los recuerdos dolorosos con los que están relacionados.

Por ejemplo, si siente pánico en centros comerciales abarrotados de gente con independencia de saber o no el porqué, puede empezar a ayudarse con soluciones prácticas. Quizá podría elegir hacer la compra en los momentos en los que los almacenes están menos concurridos. Podría hacer una lista antes de ir para reducir el tiempo pasado en el centro comercial. Puede ayudar a partes de usted a permanecer en un lugar interno seguro mientras usted compra. Puede ir con un compañero o amigo. Trataremos de estrategias como estas para afrontar los desencadenantes en el capítulo siguiente, pero su primera tarea es reconocer que usted está activado y observar sus reacciones condicionadas, es decir, sus pensamientos, sentimientos, impulsos, sensaciones, movimientos, etcétera. Para ello, describiremos varios tipos de desencadenantes que pueden ayudarle a volverse más consciente de los suyos propios.

Tipos de desencadenantes

A continuación encontrará una explicación de diferentes tipos de desencadenantes.

Desencadenantes relacionados con el tiempo. Quizá haya oído hablar de las "reacciones de aniversario", en las que una persona tiene una reacción predecible e involuntaria en el aniversario del suceso traumático o en su cercanía. Esta experiencia es muy conocida en los casos de personas que sufren reacciones de dolor intenso cada año en torno a la fecha en la que perdieron a un ser querido. Pero las reacciones del aniversario pueden evocarse por una amplia variedad de sucesos diferentes. Al principio quizá que no reconozca una reacción de aniversario, pero usted o su terapeuta pueden empezar a notar que, por ejemplo, se vuelve depresivo, muy ansioso o siente deseos de suicidarse alrededor de la misma fecha cada año, una y otra vez.

Los desencadenantes relacionados con el tiempo también pueden involucrar un momento del día o un período concreto, como fines de semana o vacaciones (véase también el capítulo 16). Por ejemplo, algunas personas traumatizadas pueden volverse cada vez más temerosas y ansiosas a medida que oscurece, lo que se relaciona con experiencias que pueden haber ocurrido cerca de ese momento del día.

Desencadenantes relacionados con el lugar. A muchas personas les cuesta volver a lugares donde sufrieron abuso o tuvieron otras experiencias angustiosas. Esta evitación puede generalizarse a otros lugares que les recuerda a la situación original, incitándoles a eludir más lugares y experiencias para prevenir el desencadenante. Por ejemplo, si una persona ha sufrido un robo o asalto en un autobús, tenderá a evitar todos los autobuses y, al final, puede llegar a evitar cualquier tipo de transporte público incluidos trenes, tranvías y aviones.

Muchas personas traumatizadas informan con regularidad de que les disgustan o abruman los espacios abarrotados, como los centros comerciales, las largas colas para las cajas o las salas de espera concurridas. A menudo, su aversión no tiene que ver con un recuerdo traumático, sino más bien con sentirse sobreestimulados y atrapados, porque puede asemejarse a experiencias internas que tuvieron durante los acontecimientos traumáticos del pasado.

Aún cuando algunas partes puedan ser provocadas por ciertos lugares, quizá otras no lo sean; incluso puede que disfruten, por ejemplo, cuando montan en tren, vuelan o están en el centro comercial. Estas experiencias contradictorias pueden crear conflictos internos, porque algunas partes pueden ignorar o incluso ser inconscientes de que un desencadenante es problemático para otras.

Desencadenantes relacionales. Las relaciones son en sí mismas desencadenantes. Las relaciones y cualquier amenaza percibida sobre ellas suscitan en todas las personas los sentimientos más intensos, para bien o para mal. Cuando otros le han maltratado, los pequeños altibajos que forman parte natural de incluso las mejores relaciones suelen desencadenar fácilmente sentimientos intensos de abandono, rechazo, humillación, vergüenza, pánico, anhelo y rabia. Y cuando se produce un trastorno relacional serio, puede vivirse como algo catastrófico. Algunas partes de usted pueden estar siempre en guardia, alerta ante cualquier indicio de que le están rechazando o criticando; por ello puede estar pasando por alto señales importantes de que esté ocurriendo lo contrario. Otras personas pueden estar buscando desesperadamente relaciones, sin atender a si son sanas (véase los capítulos 28 y 29 para más información sobre las relaciones).

Muchos pacientes con trastornos disociativos complejos se sintieron con razón criticados, solos e incomprendidos siendo niños. Las observaciones que un compañero o amigo hacen en el presente con enfado o crítica, pueden rápidamente ocasionar que se revivan parcialmente viejas experiencias, como el miedo intenso a ser abandonado o incomprendido, o el miedo a las terribles consecuencias por decir lo que piensa.

Desencadenantes internos. Las personas que padecen un trastorno disociativo habitualmente aprenden a evitar gran parte de su experiencia interna con el fin de eludir los recuerdos traumáticos (véase el capítulo 5). Cualquier experiencia interna, como el sonido de una parte hablando o gritando, puede estar desencadenando ciertas emociones (ansiedad, enfado o vergüenza, etc.), sensaciones (como dolor, sudor), necesidades (como deseos de ser consolado) o pensamientos (como *"desearía estar muerto"* o *"no soy feliz en esta relación"*).

Algunas partes pueden incluso provocar a otras partes una vivencia recurrente de antiguas experiencias. Por ejemplo, una parte altamente crítica podría gritarle que es estúpido cuando está intentando hacer todo lo que puede para afrontar un problema difícil en el trabajo. Esta experiencia quizá sea similar a alguna que puede haber tenido de niño. Trataremos más a fondo las formas de afrontar este tipo de desencadenante interno de sus partes disociadas en el capítulo 22 sobre la ira y en el capítulo 24 sobre la vergüenza y la culpa.

Desencadenantes sensoriales. Las sensaciones corporales son un tipo especial de desencadenantes internos. Pueden parecerse a sensaciones similares que ocurrieron aproximadamente en la época de un suceso traumático. Los olores son desencadenantes especialmente potentes. Otras sensaciones incluyen dolor, aceleración cardíaca y dificultad para respirar por ansiedad, sentir mucho calor o frío, náusea, sed, hambre, dolor de estómago, necesidad de eliminar o incluso ciertas posturas corporales. Algunas mujeres pueden ser activadas por las sensaciones que acompañan a la menstruación. La sensación que produce ser tocado por otra persona puede ser especialmente desencadenante para algunos individuos.

Desencadenantes de experiencias positivas

Normalmente se tiene la idea de los desencadenantes como algo negativo, pero algunos suscitan sentimientos y recuerdos positivos. Por ejemplo, ver las fotos de unas vacaciones agradables que disfrutó, el olor o gusto de una comida concreta o una música especial puede evocar recuerdos y emociones positivas de satisfacción y calidez. Los desencadenantes positivos son importantes porque pueden facilitar el encontrar placer y calma en el presente. De hecho, sus anclajes personales son desencadenantes positivos que le ayudan a permanecer en el presente.

La tienda: Un ejercicio de apoyo, fuerza y protección

Este ejercicio de imaginación pretende ayudarle a afrontar los desencadenantes, procurándole recursos que puedan auxiliarle cuando se sienta desbordado. Practique este ejercicio a menudo, u otro similar que se adapte mejor a usted, cuando se sienta calmado. Una vez que esté familiarizado con el ejercicio, puede empezar a utilizarlo cuando se sienta estresado.

> Imagine una tienda en la que puede encontrarse y adquirirse gratis cualquier cosa que quiera o necesite como un recurso para sanar. No es una tienda corriente con mercancía y pasillos normales. Es un lugar mágico, especial, bonito y cómodo. Quizá la vea como una tienda pintoresca de pueblo, una vieja librería con sillas cómodas y teteras humeantes o como una tienda elegante de alta tecnología con los últimos artilugios, donde puede tomar café expreso con leche mientras echa una ojeada. Puede imaginarlo como mejor le convenga. Es su tienda, la que usted inventa. En su tienda se siente completamente a gusto, caminando arriba y abajo por los pasillos, donde la luz y la temperatura son perfectas, donde todo está bien exactamente como debería ser. Quizá esté silencioso o su música favorita esté sonando de fondo. Quizá incluso haya un pequeño escenario donde sus músicos favoritos están actuando sólo para usted. Es una tienda donde realmente disfruta deteniéndose, eligiendo los artículos apropiados para su fuerza y protección. Por supuesto, hay una interminable selección de artículos: escudos; pantallas; burbujas transparentes; piedras mágicas; libros de gran sabiduría; ampollas de líquidos con propiedades curativas; espíritus protectores de animales guías; capas mágicas de muchos colores y algunas invisibles para todos excepto para usted; armaduras ajustables y ligeras; un Kevlar[1] emocional, etc. Cada uno de ellos es una protección igualmente fuerte y efectiva para las espinas y flechas de la vida, para la vulnerabilidad de ser provocado. Puede elegir tantos artículos como quiera e intercambiarlos como desee. Y cuando deambule o se siente cómodamente en una silla, permita a todas sus partes disponer de su tiempo en esta tienda, porque es para todas ellas y para usted.

---

1. N. del T.: Compuesto químico sintetizado por Stephanie Kwolek, que soporta altas temperaturas y con el que se construyen equipos ligeros, resistentes y anticorrosivos y chalecos antibalas entre otras aplicaciones. "Kevlar emocional" sería aquí una especie de aislante emocional.

Solo por practicar, pruébese uno de los trajes o escudos especiales protectores. Lo mismo que un impermeable o traje resistente al agua impide que esta penetre, permitiéndola que resbale, o como una cazadora que le protege frente al viento helado, así también puede imaginarse que ha encontrado justo el traje de protección adecuado para usted en la tienda. Permita a cada parte que lo desee o necesite tener su propio traje, justo el adecuado para cada una de ellas. Se sorprenderá de lo flexible y ligero que es, al mismo tiempo que fuerte y cómodo. Se lo puede poner tan rápidamente, que nadie se dará cuenta. Puede llevarlo consigo dónde quiera que vaya y ponérselo cuando quiera. Su armadura o escudo tiene el peso exacto, está hecho con el material, tejido y color adecuados para ayudarle a sentirse completamente protegido, de la cabeza a los pies, de frente y por la espalda, arriba y abajo, alrededor; no hay ni una sola rendija, grieta o abertura que permita a las fuerzas negativas conseguir entrar; con él usted se encuentra instalado con comodidad, seguridad y tranquilidad. Se siente completamente protegido en cuerpo, mente y corazón. Está protegido de las emociones de otras personas que le ponen nervioso, de los desencadenantes que pueden provocarle y de los factores estresantes y tensiones de la vida y del vivir. Si lleva puesto el traje, incluso cuando más tranquilo y seguro se sienta, le ofrecerá una protección extra, añadiendo aún más serenidad, calma y seguridad.

Permita a continuación que venga a su mente una situación en la que se sienta intranquilo o inseguro. Imagine que lleva puesto su traje o escudo y que se está adentrando en la situación con un sentido de protección, confianza y relajación profundas. Es como si la situación no pudiera tocarle, el estrés de la misma no le afectara y se sintiese todavía muy presente, porque se encontrará seguro y protegido. Dedique un tiempo a imaginarse en la situación con este traje protector y sea consciente de que, en cualquier momento, puede hacer ajustes a su traje o volver a su tienda para encontrar otro. Cuando esté preparado puede regresar a su tienda. Eche un vistazo una vez más, invirtiendo todo el tiempo que necesite para familiarizarse con todos los detalles del mismo. Esta es su tienda. Puede volver cuando quiera o lo necesite. Está ahí para cada parte de usted para cuando sea necesario. Y cuando esté listo puede volver al presente, sentirse fuerte, sereno, apoyado y seguro.

Hoja de tareas 14.1
Identificar los desencadenantes

Elija un momento reciente en el que fue activado. Reflexione sobre la situación y responda en la medida de lo posible a las preguntas que vienen a continuación. Esta reflexión le ayudará a volverse más consciente de sí mismo y de lo que suscita en usted y en sus otras partes. *Si este ejercicio evoca demasiadas cosas, interrúmpalo y ponga en práctica un ejercicio de enraizamiento o relajación. Es esencial adaptarse a su propio ritmo*. Hable con su terapeuta sobre cómo puede aprender más sobre los desencadenantes sin abrumarse.

1. ¿Dónde estaba y qué estaba haciendo cuando fue activado?

2. Describa el desencadenante, si lo conoce.

3. ¿Cuál fue su experiencia interna cuando fue activado (por ejemplo, sensación de estar fuera del cuerpo, ansiedad o pánico, *flashbacks* visuales o auditivos, náuseas o hubiera pérdidas de momentos concretos)?

4. Si perdió momentos concretos ¿qué es lo último que puede recordar (por ejemplo, un sonido, un olor, una imagen, un pensamiento, un sentimiento)?

5. ¿Es consciente de cualquier parte concreta que pueda estar involucrada? Si es así, describa lo que comprenda sobre esa parte de sí mismo.

6. Si estaba con alguien, ¿qué podría si acaso haber salido a la luz en la relación (por ejemplo, que se sintió herido, enfadado, invisible)?

7. Anote la fecha, estación del año y hora del día en que fue activado, si tiene la sensación de que el desencadenante puede estar relacionado con el tiempo.

Hoja de tareas 14.2
Reflexionar sobre las reacciones a los desencadenantes

En la tabla de abajo, elija un momento de cada día de esta semana en el que ha sido activado (si lo fue). No se centre solo en los recuerdos traumáticos en ese momento, solo en sus reacciones. Cuando reflexione sobre la experiencia responda lo mejor que pueda a las preguntas que vienen a continuación. Si no fue activado, ¡estupendo! Entonces puede utilizar esta tabla para describir ejemplos previos de haber sido activado.

	¿Qué le activó, a usted o a alguna de sus partes?	¿Qué pensó y sintió?	¿Cuál fue su reacción física (lucha, huida, paralización, colapso)?	¿Qué recursos o ayuda necesitaría para responder de forma diferente en el futuro?
Lunes				
Martes				
Miércoles				
Jueves				
Viernes				
Sábado				
Domingo				

Hoja de tareas 14.3
Identificar los desencadenantes positivos

Haga una lista de desencadenantes positivos y lo que para usted evocan. Utilice estas experiencias en su vida diaria para ayudarle a sentirse mejor y más enraizado.

Ejemplos

1. ***Desencadenante positivo:*** nevada.
   Reacción: un sentimiento de agradable entusiasmo y recuerdos divertidos de jugar en la nieve.
2. ***Desencadenante positivo:*** el olor del pan recién horneado.
   Reacción: una sensación de confort, de tener cosas agradables y básicas en la vida.
3. ***Desencadenante positivo:*** una película o chiste divertido.
   Reacción: risa, sentirse enraizado, un sentimiento de sentirse ligero por un momento.

1. ***Desencadenante positivo:***

   Reacción:

2. ***Desencadenante positivo:***

   Reacción:

3. ***Desencadenante positivo:***

   Reacción:

15 Afrontar los desencadenantes

PROGRAMA

- Bienvenida y reflexiones sobre la sesión anterior.
- Coloquio sobre las tareas.
- Descanso.
- Tema: Afrontar los desencadenantes.
    - Introducción.
    - Reducir o eliminar los desencadenantes en la vida diaria.
- Tareas:
    - Releer el capítulo.
    - Completar la hoja de tareas 15.1, identificar los desencadenantes y las estrategias de afrontamiento.
    - Completar la hoja de tareas 15.2, habilidades para afrontar los desencadenantes.

Introducción

En el capítulo previo aprendió algo sobre los desencadenantes y que las partes de usted estancadas en el momento del trauma son más vulnerables a ser activadas e incapaces de distinguir entre el pasado y el presente. Quizá no sea completamente consciente de esas partes. Cuánto más reflexione sobre su mundo interno, más eficaz podrá ser al ayudar a todas sus partes a hacer frente a los desencadenantes. Aunque, por supuesto, manejarlos es difícil. Los primeros pasos son normalmente los más duros. No espere controlar todos sus desencadenantes de forma inmediata. Algunos son más fáciles de manejar que otros. Una situación completamente inesperada puede provocar a cualquier persona. Dedique el tiempo necesario y aprenda de sus experiencias a ser más reflexivo y tolerante.

En este capítulo nos centramos en formas concretas de afrontar eficazmente los desencadenantes.

Reducir o eliminar los desencadenantes en la vida diaria

Con independencia de si está preparado para afrontar directamente sus recuerdos traumáticos o no, lo que sí debe encarar son las formas en que usted "se dispara" y que interfieren en su vida diaria. En las siguientes secciones describimos métodos concretos de lidiar con los desencadenantes.

Eliminar o evitar desencadenantes

Cuando sea más consciente de sus desencadenantes, puede eliminar o evitar temporalmente ciertos objetos o situaciones y así "dispararse" con menor frecuencia. *Debe ser una medida temporal* hasta que sea capaz de resolver lo que se está desencadenando. De lo contrario, sentirá la necesidad de restringir cada vez más sus experiencias. Una vez que se activa con menor frecuencia, puede empezar a trabajar con sus habilidades y recursos de forma que pueda superar lo que le está causando incomodidad. Temporalmente guarde, regale o tire objetos de su casa que le provoquen; por ejemplo, fotografías, arte, una manta concreta, un cachivache, un libro. Es importante que recuerde, usted y sus otras partes, que el objeto o situación no tiene que sobrecogerle el resto de su vida. Podrá aprender a reaccionar menos en el presente cuando empiece a sentirse más seguro y calmado. Puede ayudarle el recordar a todas sus partes que la situación o el objeto es evocador o representativo de algo doloroso de su pasado, pero no es peligroso en sí mismo.

Cuando no sea capaz de eliminar un desencadenante, podría evitarlo de forma provisional. Por ejemplo, si le provoca ver a alguien borracho evite lugares donde es probable encontrar a tales personas (fiestas, bares, pubs, fines de semana por las noches en la ciudad). Si a una parte de usted le aterrorizan las áreas masificadas, puede elegir comprar a las horas en las que probablemente los almacenes estén menos concurridos, mientras está trabajando con esa parte para superar el miedo a las multitudes. Si una parte suya tiene miedo a la oscuridad pero quiere ver una película, puede decidir ver un DVD en casa en lugar de ir al cine. De nuevo, estas solo pretenden ser soluciones temporales, hasta que pueda acercarse y manejar más adaptativamente la causa que le hace reaccionar. También puede desarrollar empatía hacia esas partes suyas, en lugar de enfadarse o frustrarse con ellas, y asegurarlas que está teniendo en cuenta sus necesidades y las está ayudando a superar sus miedos o preocupaciones.

Anticipar los desencadenantes

Si anticipa que una determinada situación inevitable podría provocarle, puede prepararse por adelantado para afrontarla eficazmente. Por ejemplo, quizá necesite pedir cita para vacunarse de la gripe pero alguna parte de usted tiene terror a las inyecciones. Quizá le parezca intolerable la sala de espera abarrotada y se sienta expuesto y vulnerable cuando visita al médico. No obstante, necesita su vacuna contra la gripe por el bien de su salud, así que no es una situación que deba evitar.

Puede prepararse para reflexionar con todas sus partes con el fin de descubrir qué necesita afrontar. Puede calmar y tranquilizar a las partes internas de que está tomando la medicación que le mantiene en buen estado de salud: Usted como adulto se asegurará de que nada malo va a ocurrir. Debe dedicar tiempo antes de la cita a ayudar a partes suyas a ir a un lugar interno seguro, también puede permitirlas quedarse en casa y solo sus partes adultas, que pueden distinguir el pasado del presente, deben acudir a la cita. Algunas personas pueden tener partes internas colaboradoras que calman y tranquilizan pero es doblemente eficaz si puede unirse a esta parte útil para tranquilizar a todas sus partes. Puede recurrir a su propia imaginación para ayudar a las partes vulnerables de esta manera hasta que sean capaces de sanar.

Sobre todo, no ignore a partes suyas que se activan cuando se actúa de forma "severa" y se las menosprecia. Está corriendo un riesgo más grande de perder el control y cambiar que cuando anticipa lo que necesita.

Además para la preparación interna, podría también necesitar el apoyo de otros cuando está haciendo frente a situaciones que le provocan. En el ejemplo anteriormente citado, podría pedir a alguien que le acompañe al médico –alguien que hable con usted para ayudarle a mantenerse presente–. Puede pedir que le pongan la cita al comienzo o al final del día o inmediatamente después de comer así puede estar entrando y saliendo sin pasar demasiado tiempo en la sala de espera.

Ensayo imaginario

Con demasiada frecuencia, cuando las personas se imaginan una situación futura se ven fallando o desbordados. Es decir, se figuran un resultado negativo. El ensayo imaginario es lo opuesto: se imagina teniendo un éxito completo, atravesando la situación paso a paso (Bandler y Grinder, 1975). Para muchas personas es útil imaginar con antelación que están negociando con éxito en una situación compleja. Puede empezar imaginando que se está viendo, por ejemplo, se ve entrando en la consulta del médico sintiéndose en calma y como un adulto. Suponga que es capaz de tranquilizarse si empieza a sentirse ansioso. Visualícese envuelto en su traje protector o sus colores favoritos e incluso que no siente la inyección. Imagine que todas sus partes se sienten perfectamente seguras en el presente. Imagínese que tiene todo el apoyo que necesita. Figúrese que están con usted personas comprensivas que le animan y alientan. Después de haber "mirado" con éxito este escenario, imagínelo desde su propia perspectiva. El ensayo imaginario tiene mejores resultados cuando comparte su propósito con todas las partes de usted mismo, tantas como puedan participar.

Reconocer las opciones

A menudo cuando las personas son provocadas se sienten atrapadas e impotentes. Reconocer que tiene opciones es esencial para sentirse más en control y con alternativas. Podría sorprenderse de las opciones que tiene y de las que no se da cuenta y ¡solo le limita su propia creatividad! Por ejemplo, volviendo al ejemplo de la vacuna de la gripe, si se activa demasiado, dese la posibilidad de marcharse si sus partes se asustan mucho, de salir a caminar para calmarse o de dejar que la enfermera le ayude a tranquilizarse. Dese la opción de mirar o apartar la mirada cuando le vayan a poner la inyección: lo que más le ayude. Permítase ser asertivo y pedir a la enfermera o el doctor que le informen de cada paso del procedimiento con antelación así podrá saber qué esperar y podrá formar parte de la decisión sobre cómo y cuándo poner la inyección.

Neutralizar los efectos de los desencadenantes

Puede aprender a poner distancia de las experiencias emocionales y físicas que suponen ser provocado. Normalmente este método implica técnicas de imaginación que ya ha aprendido en este manual. Por ejemplo, puede utilizar un lugar interno seguro donde puede proteger a sus partes de las experiencias abrumadoras que supone el ser provocado. Voluntariamente sus partes pueden irse a dormir a su lugar seguro si anticipa el momento en el que puede ser provocado, de forma que solo las partes adultas conscientes del presente necesitan afrontar la situación. Puede utilizar el ejercicio del almacén del capítulo 14 e imaginar que tiene un traje o capa especial o un escudo que los desencadenantes no pueden traspasar. También puede intentar los ejercicios del árbol o del estanque terapéutico del capítulo 11 para calmar de inmediato a todas sus partes si se ha activado. En el capítulo 18 encontrará sugerencias para poner sus sentimientos en un recipiente, como una caja fuerte o una carpeta del ordenador.

Distinguir el pasado del presente

Es esencial para todas sus partes aprender a distinguir entre el aquí y el ahora del allí y el entonces. Por ejemplo, un cuchillo o tenedor concreto de la cocina o el color de la pared del salón en la actualidad pueden recordarle una experiencia dolorosa del pasado, pero no es el mismo tenedor o cuchillo o el mismo salón. Naturalmente, antes de que pueda distinguir entre el pasado y el presente, debe ser consciente de que está aquí y ahora. Continúe utilizando sus distintos anclajes al presente de los capítulos 1 y 2. Cuánto más rápidamente pueda enraizarse, más fácil le será afrontar los desencadenantes. Puede encontrar de utilidad llevar un pequeño objeto, por ejemplo una bonita piedrecita como recordatorio tangible de que está a salvo en el presente. Tan pronto como la toque puede sentirse más presente.

Una vez que está presente, encontrará de utilidad describir con detalle las diferencias entre una experiencia en el pasado y en la actualidad para decírselas en alto y recordárselas a todas las partes. Por ejemplo:

El color verde de la pared es el mismo que en el pasado pero la pared, la habitación, la casa, la ciudad, el año e incluso yo no somos los mismos que en el pasado. La única similitud es el verde, solo la pintura. No estoy allí, estoy aquí. Puedo ver que los cuadros en la pared son distintos que los que había en el pasado. La alfombra del suelo es diferente. Cuando miro fuera de la ventana, veo el paisaje del presente, que es diferente del pasado. El verde de la pared me recuerda algo que todavía no estoy preparado para manejar. Pondré ese recuerdo en un lugar seguro y lo contendré hasta que esté preparado.

Esta repetición ayuda gradualmente a todas las partes a observar estas diferencias en lugar de centrarse solamente en lo que es similar al pasado.

Es especialmente importante prestar atención a las diferencias cuando una persona del presente le recuerda a alguien del pasado con quien usted se sintió incómodo e inseguro. Por ejemplo, si un amigo se irrita con usted en el presente, usted u otras partes suyas puede reaccionar automáticamente con miedo porque una persona enfadada fue peligrosa en el pasado. Sin embargo, observa que la voz de su amigo no es elevada y no está gritando ni insultando. Le está hablando con respeto y sabe que las intenciones que tiene hacia usted son buenas, en general. Su lenguaje corporal no ofrece indicaciones de que podría ser violento físicamente. Hay señales que le dicen que esta interacción es diferente de la del pasado. Dirija la atención de todas sus partes a estos indicadores y vuelva una y otra vez a estas señales en el presente. De esta forma todas sus partes pueden aprender que aunque un aspecto del presente puede ser similar al pasado (irritación o ira), muchos otros aspectos son lo suficientemente diferentes para que pueda saber cuándo está a salvo. Está enseñando a sus partes los inicios de la reflexión sobre las motivaciones e intenciones de los otros en el presente.

También es útil observar lo que es diferente en *usted*, es decir, es un adulto no un niño. Es más fuerte, tiene más sabiduría y experiencia, y tiene apoyos y recursos que no tenía cuando era pequeño.

Orientación, cooperación y apoyo internos

Ha empezado a experimentar momentos en los que fue capaz de orientar sus partes hacia el presente, de ayudar a las partes a cooperar para su bienestar como una persona completa y a compartir el apoyo interno mutuo. Estas habilidades son esenciales para ayudarle a sobreponerse a los efectos de los desencadenantes. Cuando las partes confíen más entre ellas para ocuparse, cuidarse y respetarse unas a otras, se sentirán más calmadas y menos temerosas y caóticas. Cuando se las ayuda a estar más orientadas hacia el presente, pueden reflexionar más sobre sus experiencias internas. Además, cuando las partes pueden cooperar, por ejemplo, para ayudar a otras partes a permanecer en un lugar interno seguro sin ser molestadas o para evitar situaciones en las cuales usted puede ser provocado, todas sus partes se sentirán mejor. Cierto grado de cooperación interna ya se da cuando habla internamente con todas las partes, les recuerda que el presente es seguro, crea unos espacios internos protegidos, practica ejercicios de relajación y cuando todas sus partes prestan atención no solo a lo que es parecido al pasado sino, más importante aún, a lo que es diferente.

Esta cooperación y apoyo internos pueden crecer exponencialmente con el tiempo. A menudo, las personas con un trastorno disociativo saben, a cierto nivel o en alguna parte de sí mismos, qué situaciones se evitan mejor y cómo una situación desencadenante puede manejarse mejor. La reflexión y el diálogo interno entre las partes sobre la mejor forma de enfocar las situaciones son útiles y deben ir más allá de decir a las partes "limítate a hacerlo". Usted es un equipo y debe trabajar como tal. Sea compasivo consigo mismo y con todas sus partes internas; ayúdelas a comprometerse cooperativamente con usted tan a menudo como sean capaces. Naturalmente, somos conscientes de que la cooperación, comunicación y respaldo internos requieren un tiempo para desarrollarse y no siempre son fáciles de conseguir. Quizá no todo el tiempo parezca claro y obvio cómo poder alcanzar esas habilidades. Sea paciente consigo mismo y todas sus partes. En el capítulo 27 volveremos al tema de la cooperación interna, así como a un trabajo más avanzado de distinguir entre el pasado y el presente.

Hoja de tareas 15.1
Identificar los desencadenantes y las estrategias de afrontamiento

Como en la tarea del capítulo anterior, elija un momento reciente en el que haya sido provocado. Reflexione sobre la situación y conteste a las preguntas de abajo, en la medida de lo posible. Esta reflexión le ayudará de nuevo a practicar la identificación de los desencadenantes pero también a ser más consciente de qué estrategias de afrontamiento podría estar usando ya. *Si este ejercicio le suscita demasiadas cosas, simplemente pare y ponga en práctica un ejercicio de enraizamiento o de relajación.*

1. ¿Dónde estaba y qué estaba haciendo?

2. Describa qué fue lo que le provocó, si lo sabe.

3. ¿Cuál fue su experiencia interna al ser provocado (por ejemplo, sintió como si estuviera fuera de su cuerpo, tuviera ansiedad, pánico, *flashbacks* visuales o auditivos o nausea o hubiera perdido momentos concretos)?

4. Si perdió momentos concretos ¿cuál es la última cosa que puede recordar (por ejemplo, un sonido, olor, imagen, pensamiento, sentimiento)?

5. Si es consciente de las partes concretas que fueron activadas, describa su experiencia lo mejor que pueda.

6. Si estaba con alguien ¿qué podría haber salido a la luz, si fuera el caso, en la relación (por ejemplo, que se sintió herido, enfadado, invisible)?

7. Describa lo que hizo en el momento para afrontar el ser provocado y lo que hizo después. Quizá utilizó algunas de las habilidades de afrontamiento descritas en este capítulo u otros. Incluso puede haberlo hecho de formas poco sanas. No se juzgue, simplemente describa lo que hizo.

Hoja de tareas 15.2
Habilidades para afrontar los desencadenantes

Elija un momento reciente en el que fue provocado. Reflexione sobre la situación y responda en la medida de lo posible a las siguientes preguntas. Esta reflexión le ayudará a ser más consciente de cómo puede emplear alguna de las habilidades que ha leído en este capítulo. *Si este ejercicio le evoca demasiadas cosas, simplemente pare y practique el enraizamiento y la relajación*. Vuelva sobre este capítulo tanto como necesite. Estará utilizando una o más de las habilidades siguientes:

- Eliminar o evitar desencadenantes.
- Anticipar desencadenantes.
- Ensayo imaginario.
- Reconocer opciones.
- Neutralizar desencadenantes.
- Distinguir el pasado del presente.
- Orientación, cooperación y respaldo internos.

1. Describa un objeto o situación actual que recientemente le haya provocado.

2. Describa sus reacciones, o las de otras partes suyas, al desencadenante (por ejemplo, sentir como si estuviera fuera de su cuerpo, tuviera ansiedad o pánico, *flashbacks* visuales o auditivos, nausea, hubiera perdido momentos o estuviera paralizado o derrumbado).

3. Si este desencadenante puede ser eliminado o evitado, describa cómo podría lograr eso en el futuro (por ejemplo, evitando películas violentas, guardando una fotografía o libro; decidiendo no visitar un lugar determinado).

4. Si tuviera que anticipar este desencadenante en el futuro ¿cómo podría preparase para ello? Por ejemplo, ayudando a las partes a estar en un lugar interno seguro, utilizando imágenes de protección o practicando el ensayo imaginario.

5. Describa retrospectivamente cualquier opción que tuviera pero que en el momento de ser provocado no se dio cuenta que tenía (por ejemplo, se podría haber marchado de la situación, llamado a un amigo que le ayudase, orientado a sus partes hacia el presente o calmarlas y tranquilizarlas, pero no pensó en ello).

6. Visualice imágenes protectoras (por ejemplo del ejercicio del almacén) y ponga en práctica estrategias de contención para los sentimientos, sensaciones y recuerdos que se evocan cuando es provocado.

7. Describa las diferencias entre el desencadenante en el pasado y en su contexto actual, por ejemplo, la cama es similar pero la habitación es diferente; la barba del hombre es parecida al pasado pero no es el mismo hombre.

8. Describa cualquier orientación, comunicación, cooperación y respaldo interno que fue capaz de conseguir cuando algo le provocaba. Si no fue capaz, describa qué le detuvo y cómo podría apoyar a sus partes internas en el futuro.

16 Hacer planes para los momentos difíciles

PROGRAMA

- Bienvenida y reflexiones sobre la sesión anterior.
- Coloquio sobre las tareas.
- Descanso.
- Tema: Hacer planes para los momentos difíciles.
  - Introducción.
  - Cuestiones de planificación en las personas con un trastorno disociativo complejo.
  - Vacaciones difíciles y otros momentos especiales.
  - Cómo hacer planes en momentos difíciles.
  - Reflexiones para facilitar la planificación de momentos difíciles.
  - Recursos para una planificación eficaz.
  - Cuando las obligaciones hacia los demás chocan con sus necesidades.
- Tareas:
  - Releer el capítulo.
  - Completar la hoja de tareas 16.1, prepararse para los momentos difíciles.

Introducción

Las personas con un trastorno disociativo complejo sufren frecuentemente períodos de dificultad concretos con depresión, ansiedad, miedo, vergüenza, estrés postraumático u otros síntomas problemáticos. Muchos de estos momentos difíciles pueden predecirse basándose en cómo las personas reaccionaron en el pasado ante situaciones similares. Entre estos momentos se podrían incluir los fines de semana, periodos prolongados de tiempo en los que se está solo, vacaciones, momentos en que los que necesariamente se va a producir un contacto con las personas que fueron abusivas en el pasado, o aniversarios dolorosos de sucesos pasados (que a menudo no son reconocidos como tales). Siempre es necesario planificar en los momentos en los que es probable que vaya usted a encontrar una cantidad insólita de desencadenantes. Cuando sea capaz de predecir que podría vivir momentos difíciles, puede hacer planes por adelantado para afrontar la situación eficazmente, en lugar de dejarse coger por sorpresa. Estas importantes habilidades de afrontamiento de pensar y planificar anticipadamente, la habilidad de "hacer frente a las cosas antes de que ocurran", son esenciales en la vida diaria y también son vitales para aprender a ayudar a sus partes disociadas. Este capítulo le ayudará a aprender a planificar los momentos difíciles de forma que sean más fáciles de manejar.

Cuestiones de planificación en las personas con un trastorno disociativo complejo

Planificar anticipadamente puede ser difícil y un reto enorme para los individuos con un trastorno disociativo, especialmente cuando implica la necesidad de autocuidado y el establecimiento de límites. Estas personas, o al menos algunas partes de ellas, generalmente evitan hacer frente a las situaciones y sentimientos dolorosos y conflictivos. Como consecuencia, a menudo evitan pensar o planificar por adelantado para ayudarse a manejar mejor un momento potencialmente difícil. En las siguientes secciones encontrará alguna de las principales razones por las que planificar es difícil cuando implica a sus partes disociadas. También puede tener su propia y única razón que no aparece en esta lista.

Sensación general de sentirse desbordado en el presente

Cuando las personas están desbordadas y agotadas, pensar en el futuro puede parecer una tarea colosal, por no hablar de planificarlo. Por tanto, es esencial hacer todo lo que pueda para cuidarse, gestionar su tiempo, descansar lo suficiente y utilizar sus habilidades de relajación.

Caos y confusión internos

La confusión y embotamiento cognitivos, quedarse en blanco y el caos interno entre las partes pueden dificultar el pensar y el planificar. Esto se suele deberse a sentirse desbordado en el presente y/o a los conflictos entre las partes.

Conflictos internos sin suficiente capacidad para la negociación

Varias partes disociadas pueden tener necesidades o deseos conflictivos sobre un momento próximo en el tiempo. Estos conflictos pueden hacer el momento más difícil de lo que es. Las personas pueden no conocer estas partes, ignorarlas o empequeñecerlas. Por ejemplo, mientras una parte puede disfrutar de un fin de semana libre, otra puede considerarlo una pérdida de tiempo e incluso otra puede encontrarlo solitario y desbordante. Una puede sentir pavor a las vacaciones, mientras que otra comenta lo ridículo que es tener temor simplemente de otro día. Puede llevar un tiempo aprender cómo ser más consciente de los conflictos internos entre las partes y cómo negociar soluciones satisfactorias. Puede empezar reconociendo los conflictos y tomándolos en serio e intentar ayudar a esas partes lo mejor que pueda. Negociar se volverá gradualmente más sencillo.

Dificultades con el tiempo, la gestión del tiempo y los momentos perdidos

Muchas personas con un trastorno disociativo complejo tienen algunas dificultades con el tiempo (véase el capítulo 10; Van der Hart y Steele, 1997). Algunas son olvidadizas y pueden no recordar haber concertado una cita o pueden comprometerse en la misma actividad dos veces y no recordar que ya la habían hecho. Algunas pueden estar tan abrumadas o deprimidas que se sientan y no hacen nada o duermen todo el día, incapaces de centrarse ni en el presente ni en el futuro. Algunas personas con TID informan de problemas recurrentes con dobles citas que distintas partes de sí mismos realizaron dos veces o con cancelaciones de las mismas que otras partes hicieron.

Dificultades para establecer prioridades

A algunas personas les resulta difícil establecer prioridades de lo que es más importante; y para las personas con un trastorno disociativo esto puede implicar conflictos internos entre varias partes sobre lo que es importante (por ejemplo, sentirse seguro es una prioridad que puede entrar en conflicto con permanecer en una relación especial, que es una prioridad diferente).

Problemas con la función ejecutiva

Las funciones ejecutivas son habilidades cognitivas implicadas en nuestra capacidad para organizar pensamientos y actividades, priorizar tareas, gestionar el tiempo eficazmente y tomar decisiones. Estas habilidades pueden ser limitadas o estar ausentes en algunas personas traumatizadas, porque el estrés traumático afecta negativamente a las áreas del cerebro que son clave para utilizar estas funciones. En gran medida, estos problemas pueden superarse y existen muchos recursos fácilmente asequibles en internet o impresos para afrontar los problemas con la función ejecutiva; en concreto, material que aborda los trastornos por déficit de atención en adultos.

Vacaciones difíciles y otros momentos especiales

Momentos concretos del día, del año, estaciones, vacaciones, fines de semana y fechas de aniversario significativas pueden desencadenar sentimientos o recuerdos traumáticos dolorosos (véanse los capítulos 14 y 15 sobre los desencadenantes). Además, días y momentos libres como fines de semana, tardes y vacaciones pueden ser estresantes porque no tienen suficiente estructura para las personas que no saben todavía cómo gestionar su tiempo libre (véase el capítulo 11 sobre relajación y tiempo libre). Durante tales días, las personas pueden tener más tiempo para sentir y pensar en asuntos o recuerdos dolorosos que preferirían evitar. Y si están evitando hacer frente a las partes internas, esos momentos constituyen un terreno abonado para que emerjan espontáneamente. Por consiguiente, la comunicación interna empática y la planificación colaboradora son inestimables para prepararse para esos momentos.

A continuación trataremos de las vacaciones como ejemplo de una época estresante para la que puede ser útil planificar por adelantado.

Gestionar las vacaciones

Las vacaciones son desagradables para muchas personas, no solamente para quienes padecen un trastorno disociativo. Algún grado de depresión, ansiedad, soledad, dolor y estrés general son bastante comunes para las personas en general. Todo el mundo ha oído hablar de la "depresión navideña" y, en algún nivel, muchos de nosotros nos damos cuenta de que las expectativas sobre las vacaciones ideales raramente encajan con la realidad. Aún incluso cuando las personas saben que sus expectativas son irreales, pueden seguir estando afectadas emocionalmente. Además hay que añadir las complejidades para las personas que deben tomar decisiones difíciles para estar en familia; que podría haber sido abusiva en el pasado o continúa siéndolo en el presente; por otra parte, algunas personas tienen que hacer frente a la posibilidad de estar solas en una época tan importante. Por último, puede haber presión por parte de su entorno o partes internas para actuar como si todo estuviese bien, cuando en realidad usted no se encuentra bien en absoluto. Estas demandas comprenden sentimientos de soledad y de ser incomprendido e incluso vergüenza y desesperación.

Muchas personas con un trastorno disociativo no tuvieron en la infancia experiencias positivas durante las vacaciones, por lo que se pueden desencadenar estos recuerdos que producen ansiedad, depresión, conflictos internos, caos y *flashbacks*. La reflexión interna, incluyendo la comunicación con sus partes disociadas, puede ayudarle a identificar los desencadenantes y a elaborar planes para afrontarlos. Por el momento, podría decidir evitar conscientemente el desencadenante o ayudar a sus partes a afrontarlo de diferente manera. Por ejemplo, puede decidir utilizar diferentes motivos decorativos navideños, si los habituales le recuerdan momentos dolorosos. Puede observar las similitudes y diferencias entre el aquí y el ahora y el entonces y el allí; por ejemplo, las vacaciones son las mismas, pero lo que ocurre durante las actuales es bastante diferente de lo que ocurría entonces y ahora usted es un adulto. El problema no son las vacaciones (el desencadenante) en sí mismas, sino lo que representan para usted. Puede planificar el encontrar formas de contener los recuerdos dolorosos para poder disfrutar de las vacaciones actuales y afrontar esos recuerdos más adelante, por ejemplo, guardándolos en una cámara acorazada, caja o carpeta imaginarias del ordenador. A menudo resulta útil planificar cómo quiere pasar unas vacaciones en lugar de esperar a averiguar lo que sus amigos y familia harán y si le invitarán a unirse a ellos. ¡Aprenda a ser proactivo y a afrontarlo antes de que ocurra!

Momentos del día, aniversarios y estaciones

Muchas personas con un trastorno disociativo luchan en otro tipo de situaciones que son recordatorios de sucesos dolorosos del pasado. Quizá las noches son duras porque es cuando alguien les hizo daño o cuando se sienten más solas. Algunas veces la fecha de una experiencia abrumadora trae de nuevo todo el dolor. Para otras, una estación puede ser difícil; por ejemplo, el verano trae recuerdos dolorosos de sucesos que ocurrieron durante ese periodo o, a la inversa, pueden suscitar un triste anhelo de los veranos maravillosos pasados con los cariñosos abuelos cuando la vida en casa era dura.

Otros momentos difíciles

Hay muchos momentos de la vida diaria que pueden ser especialmente estresantes, como una reunión muy concurrida en el trabajo, un conflicto constante con alguien, una visita al médico, una intervención dental o médica, una separación o divorcio, estar solo cuando necesita el apoyo de otros, tener un encuentro con miembros de su familia a los que encuentra difíciles de trato o incluso amenazadores, y otros muchos. Alguna de estas situaciones puede suponer un desafío en sí mismas, mientras que otras son difíciles porque actúan provocándole a usted o a partes suyas. Hemos tratado muchas de estas cuestiones en otros capítulos; por ejemplo, afrontar el miedo a los médicos en el capítulo 13 sobre el autocuidado, hacer frente a los desencadenantes, en los capítulos 15 y 16, y regular las emociones desbordantes, en los capítulos 17 y 18.

Afrontar el estar solo en momentos difíciles

Puede haber momentos importantes en los que desearía estar con otros, pero se encuentra solo. A casi todas las personas nos sucede esto de vez en cuando. Quizá ocurre durante un fin de semana o unas vacaciones, su cumpleaños o un aniversario difícil para usted. La soledad que se evoca puede ser muy profunda y dolorosa.

Esfuércese en hacer planes para esos momentos. Aun cuando esté solo, no tiene por qué sentirse solo. Utilice su kit de relajación (capítulo 11) y planifique actividades sanas en las que ocuparse. Haga una lista de actividades que a usted o a algunas de sus partes le gustaría hacer con o sin otras personas. Intente elegir un par de actividades que sean agradables para todo su ser. Si no puede estar con alguien durante un momento difícil para usted, planifique reunirse con alguien un poco después. Siempre puede pasar las vacaciones o los cumpleaños en un día diferente si es flexible. Al fin y al cabo, disfrutar del día, y no la fecha en sí misma, es lo importante. Si está solo durante las vacaciones u otro momento importante, hágase voluntario en algún lugar o planifique otro tipo de actividad en lugar de quedarse sentado en casa sin hacer nada y sentirse solo. Podrá encontrar más ayuda para afrontar la soledad en el capítulo 30.

Con independencia del tipo de situación, si piensa que puede pasar por un momento difícil, el proceso de planificación es similar con ciertos pasos predecibles, que expondremos a continuación.

Cómo hacer planes en momentos difíciles

Si sabe que se acerca un periodo de tiempo que probablemente vaya a ser de algún modo difícil para usted, empiece cuanto antes con la reflexión y comunicación interna entre sus partes. Reflexione sobre lo que le ocurre en esos momentos, observando lo que siente y piensa, cómo responde su cuerpo al estrés (por ejemplo, se paraliza o agita) y cómo reaccionan distintas partes. La conciencia que gana con la reflexión le permite adoptar distintas decisiones en lugar de sentirse completamente cautivo de su experiencia.

Por ejemplo, si es consciente de una parte de usted que siempre le critica durante estos momentos, quizá sea capaz de comunicarse más con esta parte para entender el porqué. Puede ser que esta parte crea que usted fallará y le critica con la esperanza de que lo intente con más ahínco o es posible que utilice la ira para evitar la vergüenza o el miedo a la situación. Si sabe que siempre se paraliza, quizá sea capaz de observar y cambiar esa reacción física en lugar de estar atascado en ella. Si puede ser consciente de que está sintiendo desesperanza, podría ser capaz de proporcionarse consuelo, contacto significativo con otros y apoyo interno para partes de usted.

Puede dialogar con partes suyas, escriba en un diario o en el ordenador o imagine una reunión interna. Si encuentra que estas tareas son difíciles, pida a su terapeuta que le ayude. No espere hasta el día anterior para comunicarse internamente acerca de los momentos difíciles. Dese suficiente espacio para pensar, reflexionar y crear un plan que le ayude, de forma que pueda "hacerle frente antes de que ocurra". Incluso si no tiene una comunicación "directa" con las partes, quizá ya sea consciente de ciertas actividades, personas, comidas etc. que le pueden provocar, así como algunas formas de ayudarse a estar más cómodo y seguro.

En la siguiente sección encontrará algunas preguntas que le ayudarán, incluidas todas sus partes, a reflexionar sobre cómo puede planificar mejor los momentos difíciles. Encuentre un momento tranquilo en casa para reflexionar sobre esas cuestiones. Trate de tener en cuenta los pensamientos e ideas de tantas partes como le sea posible, porque distintas partes de usted pueden percibir la situación de forma diferente unas de otras.

Reflexiones para facilitar la planificación de momentos difíciles

- ¿Qué momentos suelen ser los más difíciles para usted?
- Cuando pasa por un momento difícil, ¿qué ocurre? Por ejemplo, ¿qué siente y piensa, cómo reacciona su cuerpo?
- ¿Cómo hace planes normalmente? Por ejemplo, ¿piensa en ellos, los evita, prefiere ser completamente espontáneo, habla sobre ello con otros?
- ¿Con qué obstáculos se encuentra cuando está planificando? Por ejemplo, empezar un plan, identificar los pasos necesarios para completar un plan, perderse con demasiadas opciones o detalles, crítica interna o conflictos entre las partes, problemas completando un plan.
- ¿Qué técnicas y habilidades utiliza ya para ayudarse en la planificación? También puede consultar y mirar en internet, libros sobre la planificación (y el funcionamiento ejecutivo) o pedir ayuda a su terapeuta o a otras personas que le apoyen.
- ¿Qué le ayudó en el pasado con los momentos difíciles?
- Haga una lista con los desencadenantes para los que sabe que necesita prepararse.

- ¿Cuáles son los miedos y preocupaciones de distintas partes suyas sobre un momento concreto?
- ¿Cómo puede garantizar su seguridad emocional y física durante ese momento?
- ¿Qué obligaciones podría tener con otros durante ese momento? ¿Estas obligaciones entran en conflicto con su propio autocuidado?
- ¿Son estos límites relacionales los que usted necesita establecer? Si es así, ¿qué ayuda necesitaría para establecerlos?
- ¿Partes concretas de usted son especialmente vulnerables durante este tiempo? Si es así, ¿qué necesitan para sentirse a salvo, apoyadas y cuidadas por usted?
- Observe si prefiere actividades con otras personas durante los momentos difíciles o si le es de más ayuda estar solo.

Recursos para una planificación eficaz

- Ponga su plan en perspectiva. Normalmente, la necesidad de planificar no es una emergencia, así que no tiene que hacerlo con urgencia. Dese tiempo para pensar y revisarlo.
- Intente abandonar la creencia de que solo existe una única solución o elección "correcta". Casi siempre hay muchos itinerarios "buenos" y si comete un error, puede afrontarlo. Muchos planes suponen una combinación de pros y contras; muy a menudo no hay una solución "perfecta" sino más bien una que requiere algunos compromisos.
- Lo más importante es incluir a todas sus partes en la planificación. Preste atención a sus preocupaciones, necesidades y deseos sin juzgarlos.
- Escuche tanto a su cabeza como a su corazón, es decir, reflexione. Algunas veces, su lógica y sus emociones (o "tripas") le dicen algo enteramente diferente. Es típico que varias partes disociadas basen una decisión o bien en demasiado sentimiento o en evitar sentimientos y necesidades; a menudo no saben mucho sobre el presente. Si todas sus partes pueden trabajar

juntas para aprender más sobre el presente, reconocer sentimientos, necesidades y deseos, y ofrecer empatía interna y apoyo, hacer planes puede ser mucho más fácil y claro.

- Piense antes de actuar. Tómese su tiempo, aun cuando sienta "urgencia". Imagínese que está en su espacio seguro o utilice un ejercicio de relajación para situarse en un espacio tranquilo pero en el que está alerta. Haga saber a todas sus partes que se las reconocerá y considerará cuando haga planes.
- Imagine cómo su plan le afectará a *usted* y a sus partes. Está aprendiendo a cuidar de usted mismo, lo que significa que necesita tenerse en cuenta, lo mismo que a los demás. No se trata de egoísmo, sino más bien de un buen autocuidado. Después de anticipar cómo le afectará a usted y a otras partes suyas el plan, puede tener en consideración a otros.
- Pida opinión a otras personas en quién confíe, pero haga sus propios planes, teniendo en cuenta su consejo.
- Esté dispuesto a modificar sus planes si no funcionan. A menudo, hacer pequeños cambios a lo largo del camino facilita el poder completar su plan final más que estar rígidamente apegado a él.

Cuando las obligaciones hacia los demás chocan con sus necesidades

Durante los momentos difíciles pueden producirse conflictos entre sus propias necesidades y las de los demás. Por ejemplo, puede tener la obligación de asistir a un acto familiar que sabe será muy estresante para usted. Prefiere no ir, pero debe hacerlo. Esto puede provocar intensos conflictos internos entre las partes. A continuación encontrará algunas sugerencias para afrontar estos conflictos para ser capaz de cuidar de usted mismo. Debe aprender a establecer límites sanos y a negociar compromisos que le funcionen a usted y a todas sus partes (véanse los capítulos 30 y 31 sobre asertividad y límites personales).

- Negociar para limitar las visitas a personas con las que tiene dificultad. Por ejemplo, hacer visitas de una hora en vez de una tarde entera, o de un día en vez de todo un fin de semana. Avise por adelantado su límite de tiempo al principio de la visita. Si es necesario, ponga la alarma de su reloj o teléfono a la hora que quiere que le avise, así no lo olvidará, o quede con una persona de confianza para que le llame a esa hora.
- Quédese en un hotel en lugar de pernoctar en la casa de la persona con la que pasa un momento difícil.
- Invite a un amigo a estar con usted para que le proporcione respaldo.
- Haga planes para marcharse temprano si es necesario.
- Vaya en su propio medio de transporte; así no tiene que depender de nadie más.
- Utilice los ensayos imaginarios, los trajes protectores y los lugares internos seguros.
- Resérvese momentos de tranquilidad durante las visitas difíciles, dando paseos, recluyéndose en su habitación para leer o descansar, yendo a ver películas o saliendo para otra actividad.
- Dedique tiempo a la reflexión interna y las comprobaciones con todas sus partes. Trate con seriedad y compasión sus necesidades.

Hoja de tareas 16.1
Prepararse para los momentos difíciles

Elija un momento difícil que usted anticipe que es probable que le ocurra (no el más difícil pero uno que se sienta preparado para abordar). Guarde a continuación sus reflexiones respecto a ese momento difícil (quizá vuelva a hacer referencia a las reflexiones para facilitar su plan). Si es posible, permita que sus partes participen sin hacer juicios sobre ellas. Trate de desarrollar un plan que aborde su momento difícil. Está bien empezar con pasos muy pequeños. Si fue capaz de probar el plan tras elaborarlo, describa lo que ocurrió. Si no fue capaz de intentarlo (o proponer un plan), por favor describa lo que resultó difícil.

1. Describa el momento difícil sobre el que ha elegido trabajar en este ejercicio.

2. Describa qué es lo que más le preocupa de ese momento (por ejemplo, tener *flashbacks*, estar desbordado, tener miedo, estar paralizado y quedarse en blanco).

3. Si es consciente de cualquier parte que sea especialmente vulnerable durante ese momento, describa lo que podría sucederle (por ejemplo, una parte puede querer hacerse daño o sentir deseos de suicidarse; puede querer estar con alguien que le ha hecho daño o puede estar aterrorizada, sentir vergüenza o enfurecerse).

4. Comience su plan encontrando un momento tranquilo, libre de distracciones y caos. Utilice alguno de los ejercicios de relajación del capítulo 11 para ayudarse a estar en calma y lúcido. Utilice también su lugar/es interno/s seguro/s para ayudar a todas sus partes a sentirse a salvo y seguras. Es esencial permanecer centrado en el presente, no en un futuro imaginado catastrófico.

5. A continuación, revise y estudie con todas sus partes, sus necesidades y deseos para este momento y descríbalos. Nada tiene de malo que varias partes tengan conflictos: no las juzgue ni se preocupe por el conflicto, mejor escriba simplemente lo que cada parte quiere o necesita durante ese momento difícil. Por ejemplo, una parte puede querer autolesionarse, mientras que otra quiere esconderse, otra quiere explotar de ira y otra desea ser muy buena y así alguien podría quererla.

6. Puede ser capaz de encontrar algunos intereses comunes entre las partes en esos conflictos que ha compartido antes en el punto 5. Por ejemplo, si una parte quiere autolesionarse, probablemente se sienta desbordado con alguna emoción y la autolesión es una forma de reducir esa sensación de estar abrumado. Con seguridad todas las partes pueden estar de acuerdo que estar menos abrumado es una meta común hacia la que pueden trabajar cada uno de ustedes. Asimismo, si una parte está aterrorizada y otra está furiosa con este "bebé llorón", es posible que ambas partes necesiten y quieran seguridad. Una está expresando miedo mientras que la otra está actuando de forma "severa" para proteger la vulnerabilidad: ambas son simplemente formas distintas de responder a la amenaza. Todas las partes podrían estar de acuerdo en que sentirse seguro es una meta común que merece la pena.

7. Describa uno o dos conflictos internos (si tiene alguno) sobre su momento difícil, utilizando los ejemplos anteriores como guía. Después de describir el conflicto, intente determinar la meta común subyacente entre las partes. Si necesita ayuda, asegúrese de dedicar tiempo en las sesiones de terapia a entender esos conflictos y cualquier otra meta común subyacente.

7. Describa el plan para estar física y emocionalmente seguro durante sus momentos de dificultad, utilizando la consulta interna y, si es necesario, la ayuda de personas en las que confíe.

8. Describa los recursos que usted y sus partes puedan necesitar para afrontar el momento de dificultad. Por ejemplo, las partes que necesiten sentirse seguras y reconfortadas, pueden necesitar permanecer en un lugar interno seguro, saber que su parte adulta es capaz de manejar la situación o, si es necesario, que una persona de confianza está disponible para hablar.

9. Finalmente, describa lo que hará si se siente abrumado. Por ejemplo, puede marcharse, tomarse un tiempo fuera e irse a pasear, llamar a un amigo, ir a un espacio interno seguro, poner en práctica los ejercicios de relajación o tomarse el fármaco recetado para calmarse.

Cuarta parte
Repaso de habilidades

En esta parte del manual ha aprendido una serie de habilidades. A continuación encontrará una revisión de las mismas o una oportunidad de seguir desarrollándolas. A medida que las revise, le animamos a volver sobre los capítulos anteriores, leerlos de nuevo y volver a practicar las tareas un poco cada vez. Recuerde que la práctica diaria regular es fundamental para aprender nuevas habilidades.

Para cada una de las habilidades enumeradas a continuación, responda las siguientes preguntas:

1. ¿En qué situación practicó esta habilidad?
2. ¿Cómo le ayudó esta habilidad?
3. ¿Cuáles fueron las dificultades que encontró al practicarla, si es que encontró alguna?
4. ¿Qué ayuda o recursos adicionales podría necesitar para sentir que ha dominado con más éxito esta habilidad?

Capítulo 14, El ejercicio de la tienda

1.

2.

3.

4.

Capítulo 15, Identificar y afrontar desencadenantes

1.

2.

3.

4.

Capítulo 16, Estrategias para elaborar planes eficaces para momentos difíciles.

1.

2.

3.

4.

V Entender las emociones y las cogniciones

17 Entender las emociones

PROGRAMA

- Bienvenida y reflexiones sobre la sesión anterior.
- Debate sobre las tareas.
- Tema: Entender las emociones.
  - Introducción.
  - Emociones básicas y sus funciones.
  - Problemas con las emociones que tienen las personas con trastornos disociativos complejos.
- Ejercicio de *mindfulness* 1.
- Tareas:
  - Releer el capítulo.
  - Practicar el ejercicio de *mindfulness* en casa.
  - Completar la hoja de tareas 17.1, identificar y entender las emociones.
  - Completar la hoja de tareas 17.2, experiencia sensorial de una emoción.

Introducción

Las emociones forman parte de nuestro funcionamiento básico como seres humanos. Están presentes en todos y están ahí para guiarnos y ayudarnos a tomar decisiones. Las emociones se sienten en el cuerpo; conllevan sensaciones somáticas, posturas o movimientos específicos y tendencias hacia ciertas acciones. También se entienden como señales para comportarse de determinadas maneras durante circunstancias concretas. Generalmente, las emociones no son voluntarias, es decir, usted no puede "hacerse" sentir una emoción particular. Son como un clima interno, que va y viene cambiando de vez en cuando, fluyendo de una a otra, algunas veces tormentosas y otras en calma. Este clima interno es tan normal y previsible como el externo. Como ocurre con el tiempo, varios estímulos ambientales influyen sobre las emociones, con efectos internos o externos. Las emociones son reacciones espontáneas (involuntarias) a sucesos externos e internos a nosotros mismos. Son guías primarias que nos ayudan a adaptar mejor nuestro comportamiento a lo que está ocurriendo en el presente. Por ejemplo, el amor nos ayuda a estar más cerca de alguien por quien nos preocupamos; el miedo nos ayuda a evitar situaciones peligrosas; la alegría nos ayuda a buscar experiencias placenteras.

Puesto que las emociones son básicas para nuestro funcionamiento, es esencial comprenderlas y aprender a "leerlas". El primer paso es ser capaz de nombrar y reconocer las emociones básicas y después entender sus funciones y cómo responder a ellas.

Emociones básicas y sus funciones

Hay muchos listados de emociones básicas. Hemos elegido describir ocho que se basan en nuestra evolución desde las emociones animales y que se encuentran universalmente en todas las personas del mundo. Estas emociones están emparejadas en un rango que abarca desde las ligeras hasta las intensas.

1. Interés – Excitación
2. Disfrute – Alegría
3. Sorpresa – Sobresalto
4. Aflicción – Angustia
5. Ira – Furia
6. Miedo – Terror
7. Vergüenza – Humillación
8. Repugnancia

Emociones de juicio

Aunque tendemos a ver las emociones como buenas o malas, este no es un juicio útil. Las emociones no son ni buenas ni malas; son simplemente parte de nuestro funcionamiento como humanos. Es verdad que reconocemos algunas emociones como agradables y otras como desagradables o dolorosas, pero encontrará más útil enfocarse en los propósitos y significados de una emoción en lugar de juzgarla. Este es un paso para aceptarlas como parte de usted mismo y de la vida.

Las emociones nos ayudan a satisfacer nuestras necesidades

Una función importante de la emoción es motivar e iniciar el comportamiento que está directamente dirigido hacia metas específicas, es decir, el comportamiento que puede satisfacer nuestras necesidades. Por ejemplo, la ira nos dirige hacia la lucha cuando se nos provoca, esperando que nos mantenga a salvo; el miedo nos incita a correr o evitar algo aterrador o amenazador; el amor nos dirige a comportarnos de ciertas formas que nos acercan más a los que queremos porque necesitamos relaciones seguras.

En realidad, las emociones no separan "cosas"; son parte de experiencias conjuntas que incluyen no solo emociones, sensaciones, pensamientos y acciones físicas, sino también nuestras percepciones de lo que está ocurriendo en el presente y nuestras predicciones de lo que ocurrirá si actuamos de una cierta forma. Las emociones son tan esenciales para sobrevivir como pensar y actuar. Sin embargo, cuando la capacidad de regular y tolerar emociones está alterada o es inadecuada, esta experiencia tomada en su totalidad se vuelve difícil de manejar.

Dos tipos de experiencias emocionales

Algunos sentimientos o emociones son reacciones involuntarias a eventos que ocurren a su alrededor (por ejemplo, sentir alegría porque alguien es especialmente agradable con usted; ira porque alguien le critica u olvida una cita que usted dio; miedo porque algo le asusta). Otras emociones constituyen una reacción primaria a nuestros propios pensamientos, acciones y sentimientos (por ejemplo, sentir vergüenza de su cuerpo porque una voz interna le dice que usted es feo; sentirse desconcertado porque está triste; sentirse culpable o temeroso porque se ha enfadado con alguien). Estos "sentimientos sobre los sentimientos", es decir, emociones sobre nuestra experiencia interna, particularmente aquellos que implican variaciones de la vergüenza al orgullo, se denominan emociones *autoconscientes* (Tracy, Robins y Tangney, 2007). A menudo pueden ser problemáticas, porque se asocian con juicios negativos internos sobre lo que experimentamos.

Bucles de feedback de las percepciones, los pensamientos, los sentimientos y los comportamientos

Como se ha señalado anteriormente, nuestras emociones están íntimamente conectadas con nuestros pensamientos, comportamientos, sensaciones y las formas cómo percibimos el mundo. Estas experiencias no están en realidad separadas, sino más bien unidas en bucles de *feedback* continuos entre sí. Por ejemplo, cuando las personas sienten miedo, tienden a ver el mundo a través de las gafas del miedo, perciben muchas cosas como amenazantes, cuando la vida diaria quizá no sea peligrosa en realidad. Estas percepciones están relacionadas con creencias y pensamientos vinculados al miedo, por ejemplo: *"Ese hombre tiene el ceño fruncido; debe estar enfadado conmigo; el enfado es peligroso; debo alejarme"*. Estos pensamientos y creencias agravan los sentimientos de miedo, que hacen aumentar los pensamientos de peligro y así sucesivamente; y las percepciones, las emociones y los pensamientos provocan decisiones para actuar de una determinada manera. Al final, las personas pueden volverse tan sensiblemente condicionadas a una emoción como el miedo, que una mera sensación física de miedo, como un nudo en el estómago, puede provocar la creencia de que el peligro está cerca y que se actúe de un modo temeroso.

Problemas con las emociones que tienen las personas con trastornos disociativos complejos

Las personas con un trastorno disociativo complejo a menudo se enfrentan como niños a las situaciones que producen emociones extremas y abrumadoras. Por lo general, los niños pequeños aprenden de sus cuidadores cómo entender y regular las emociones. Las personas con un trastorno disociativo crecieron frecuentemente en familias en las que no era aceptable mostrar o hablar de ciertas emociones. En algunos casos, era realmente peligroso expresar los sentimientos, porque la consecuencia era el castigo, la burla o la más completa indiferencia. Los padres o cuidadores de las personas con un trastorno disociativo complejo por regla general tenían ellos mismos un problema con las emociones, así que eran incapaces de enseñar a sus hijos habilidades adaptativas y sanas para afrontarlas. Estos niños aprendieron a evitar o hacer caso omiso de sus propios sentimientos. También tienen dificultades para reflexionar, es decir, para leer con exactitud las emociones e intenciones de otras personas en el presente, generalmente asumiendo algo negativo antes que positivo.

Las emociones intensas están a menudo disociadas

Las personas con un trastorno disociativo tienen emociones compartimentadas, intolerables e intensas en varias partes de su personalidad. Algunas veces las partes que funcionan en la vida diaria no experimentan mucha emoción y han aprendido a evitar sentir. Pueden experimentar los sentimientos como "todo o nada", es decir, demasiado intensos o nada en absoluto. Algunas partes disociadas de la personalidad, que viven en el momento del trauma, pueden experimentar la misma emoción con independencia de la situación, como por ejemplo, miedo, ira, vergüenza, tristeza, anhelo e incluso alguna positiva como la alegría. Otras partes tienen una gama más amplia de sentimientos. Como las emociones suelen estar guardadas en ciertas partes de la personalidad, diferentes partes pueden tener percepciones, emociones y reacciones altamente contradictorias de la misma situación. Como ejemplo, usted puede estar en el despacho de su terapeuta y oír una puerta al cerrarse de golpe en el pasillo. Salta y está asustado pero la parte adulta que hay en usted es capaz de pensar: *"No pasa nada. Es sólo una puerta que se ha cerrado"*. Todavía una parte muy asustada de usted se disgusta cada vez más y se bloquea o quiere salir corriendo fuera de la habitación, porque esa parte aún no está orientada hacia el presente y todavía se siente en grave peligro, como si el pasado fuera el presente. El miedo intenso continúa estando disociado en esa parte de usted, al tiempo que quizá no lo sienta en absoluto. Usted u otras partes suyas pueden ser altamente críticas hacia su parte asustada.

Quizá tenga tanto miedo o vergüenza de tantas emociones, así como de las sensaciones físicas que forman parte natural de ellas, que ha aprendido a evitar (algunas de) sus experiencias internas a toda costa (véase el capítulo 5 sobre la fobia a la experiencia interna).

Juicios negativos sobre las emociones entre las partes disociadas

Las partes disociadas de un individuo a menudo realizan juicios emocionales negativos entre sí. Por ejemplo, una parte puede sentirse indignada porque otra parte se siente necesitada o dependiente; o una parte se siente enfadada porque otra parte tiene miedo de intentar cosas nuevas. Algunas partes evitan sentir absolutamente todo y creen que las emociones son una pérdida de tiempo. Algunas personas escuchan esos comentarios en sus cabezas o los "sienten" como fondo. Estos "sentimientos sobre los sentimientos" son a menudo muy problemáticos, porque generalmente incluyen juicios duros y negativos sobre las emociones básicas que, de hecho, constituyen solo una parte inevitable del ser humano.

Miedo a perder el control

La mayoría de las partes de usted que funcionan en la vida diaria ignoran por qué surge un sentimiento dado, como si viniera "de la nada". Así que las personas con un trastorno disociativo pueden experimentar ansiedad o miedo a perder el control de su comportamiento o de sus sentimientos hacia otras partes de sí mismos. Además, las emociones pueden experimentarse tan abrumadoras que algunas personas las describen como "caerse en pedazos", "explotar", "desmoronarse" u otras metáforas para la pérdida de control intensa.

Dificultad para prestar atención a las señales emocionales en el presente

Todos debemos prestar atención a las señales que las emociones nos dan. De otra manera es probable que las emociones se intensifiquen o evolucionen hacia algo más difícil de manejar. Muchas personas encuentran fácil ignorar sus sentimientos pero un sentimiento de poca importancia puede aumentar vertiginosamente hasta convertirse en un intenso sentimiento; por ejemplo, la irritación hacia alguien que le está molestando puede convertirse en un enfado rotundo si no lo aborda. Después quizá explote de ira con su amigo o pareja y la otra persona no tendrá idea alguna del porqué, puesto que usted nunca manifestó que estaba irritado. Si ha sido capaz de prestar atención a la señal de irritación, quizá haya sido capaz de hacerse oír respetuosamente, establecer límites claros y no llegar nunca al punto de enfado.

Muchas personas con un trastorno disociativo no ha aprendido a leer sus señales emocionales, solo a reconocer que se sienten globalmente abrumadas, espantadas, mal o tensas. Todavía no son capaces de distinguir los signos físicos o mentales asociados con emociones específicas, ni cómo pueden diferenciarlas de las señales de otras emociones. Primero deben aprender a leer e interpretar sus signos emocionales y unirlos con una emoción particular. Leer emociones puede complicarse por el hecho de que algunas partes tienen una emoción, mientras que otras pueden no experimentarla. La parte que no experimenta la emoción puede solo ser consciente de un vago malestar o inquietud. Esta es una de las razones por la que es vital desarrollar una mayor conciencia interna sobre sus emociones y partes disociadas de usted mismo.

Los desencadenantes pueden suscitar emociones abrumadoras

Como señalábamos anteriormente en los capítulos sobre los desencadenantes, estos pueden suscitar instantáneamente emociones poderosas y abrumadoras. Varias partes disociadas suelen tener su propio y particular conjunto de emociones relacionadas con los sucesos traumáticos de forma que se dispararán para experimentar aquellas emociones sin tener en cuenta la situación actual. De hecho, tales partes incluso no experimentan mucho del presente. Por tanto, mientras que una parte más orientada hacia el presente puede sentirse bien, otra parte estancada en el pasado puede tener mucho miedo o enfado. Las emociones de las partes disociadas pueden inmiscuirse en la experiencia presente de forma que la persona empieza a sentir miedo, ira o vergüenza, no relacionadas con el aquí y el ahora. Estos sentimientos, procedentes de las partes disociadas, pueden ser confusos y aterradores y conducir al sujeto en cuestión a intentar evitar las emociones, así como las situaciones en las que dichas emociones se activan.

EJERCICIO DE *MINDFULNESS*

Se puede entender y afrontar mejor las emociones cuando está usted completamente comprometido con el momento presente y es capaz de prestar atención a su experiencia interna mientras está aquí y ahora. Se ha diseñado el siguiente ejercicio para ayudarle a practicar el estar presente y consciente. Será de gran ayuda el que todas sus partes puedan participar; de otro modo su atención estará dividida, en lugar de estar concentrada en el presente.

Necesitará un poco de comida con la que disfrute, como una uva pasa u otra pieza de fruta, un caramelo, una galleta, queso, frutos secos o verdura.

> Coja el alimento y póngalo en la palma de su mano entre su dedo índice y pulgar. Mírelo cuidadosamente. Préstele toda su atención y examínelo como si nunca antes hubiera visto nada igual. Deslícelo suavemente entre su dedo pulgar e índice. Explórelo con sus dedos. Mire cuidadosamente las partes que pueden atrapar la luz y los pequeños surcos y protuberancias o irregularidades. Explore cada simple rincón y grieta.
>
> Y si mientras está haciendo este ejercicio, invaden su mente pensamientos como "¡esto es una tontería!" o "¿qué utilidad tiene este ejercicio?" u otro tipo de pensamientos sobre otros temas, simplemente reconózcalos y dirija de nuevo su atención a la comida. Ahora huélalo, sosteniéndolo justo debajo de su nariz, y con cada inspiración note el olor. Despacio muévalo hacia su boca. Puede sentir que su boca empieza a salivar. Póngalo en su boca y observe qué siente esta con el alimento en ella. Déjelo reposar un poco en su lengua. Después, muérdalo deliberadamente, notando el sabor que libera. Mastíquelo despacio, notando si más saliva entra en su boca y si empieza a sentir gradualmente ese alimento de modo diferente. Mastique lentamente, saboreando cada pedazo. Cuando esté listo para tragar el alimento, sea consciente de cómo desciende por su garganta y se introduce en su estómago. Observe en su boca los últimos restos del sabor del alimento que quizá todavía queden.

Cada día de esta semana practique comer algo con plena atención: una porción de queso, una manzana, un trozo de dulce. Practique con la comida que a usted le guste.

Puede ampliar este ejercicio para incluir otras acciones rutinarias, como cepillarse los dientes, ir de compras, conducir, vestirse, etc. Lo importante es estar completamente centrado en la experiencia presente, aun cuando parezca que no tiene ningún significado importante. Tales ejercicios están destinados a ayudarle a aprender a estar presente y atento a usted mismo y al ambiente en el instante, una habilidad necesaria para reflexionar y mantenerse enraizado.

Hoja de tareas 17.1
Identificar y entender las emociones

1. Asegúrese de que puede identificar en usted mismo o en otras personas las ocho emociones básicas enumeradas al principio del capítulo. Nombre abajo una o dos emociones con las que se sienta a gusto.

2. Nombre una o dos emociones que nunca o rara vez experimenta, o con las que siente miedo o vergüenza.

3. Describa un deseo urgente de actuar (hacer algo) que puede surgirle cuando se enfrenta a una emoción. Por ejemplo, cuando se siente solo, siente la necesidad de hacer que desaparezca dicho sentimiento por todos los medios, incluso aunque sepa que el comportamiento no es bueno para usted a la larga, como beber, autolesionarse, comer (compulsivamente).

4. Enumere una o dos formas sanas de hacer frente al sentimiento que ha descrito en el punto 3, incluso si usted no ha sido capaz de utilizarlas todavía.

5. Nombre cualesquiera emociones que quizá juzgue como "malas" en usted mismo o en otros y diga por qué piensa que son negativas.

6. ¿Encuentra que las emociones agradables como la felicidad, el orgullo, la diversión o la alegría son negativas para usted? Si es así, describa qué es negativo para usted de esos sentimientos.

7. Mencione cualquier emoción que algunas partes de usted puedan experimentar y otras partes no. Describa su reacción a esas emociones. Describa la reacción de otras partes de usted a las mismas.

8. Por favor, describa como mejor pueda lo que le preocupa o asusta si experimenta una cierta emoción que en estos momentos evita.

Hoja de tareas 17.2
Experiencia sensorial de una emoción

Elija una emoción y describa lo más tan detalladamente que pueda cómo la vive. Siéntase libre de utilizar metáforas, imágenes y descripciones de las experiencias sensoriales. Utilice como guía las sugerencias que se proporcionan a continuación. No hay formas correctas o equivocadas de describir su emoción.

- Sensaciones que acompañan a la emoción: hormigueo, tensión, calor, estar destemplado, sudoroso, mareado, quemándose.
- Colores como azul-hielo, rojo-cálido, amarillo solar, gris apagado, negro azabache.
- Sensaciones como amargo, dulce, agrio, áspero, suave, fuerte, agradable.
- Metáforas del tipo: "como una tormenta", "como un gran agujero negro en mi espalda", "como un tornado".
- Artes creativas: pintura, dibujo, hacer garabatos, mandalas, colajes.
- Escribir: llevar un diario sobre sus sentimientos o escribir una historia o poesía.
- Música: hacer una colección de músicas que expresen su emoción.
- Movimiento: explorar hasta encontrar una postura o movimiento concreto que simbolice su emoción.

Mientras reflexiona sobre las experiencias sensoriales que acabamos de exponer, explore cómo podría cambiarlas para sentirse mejor. Por ejemplo, si experimenta una emoción como una dura bola negra en la boca del estómago, pregúntese qué quiere hacer o qué necesita esa bola. ¿Quiere ser lanzada? ¿Cambiar su color? ¿Quiere calor? ¿Qué la tenga en sus manos? ¿Disolverse en luz? ¿Tiene algo que decir? ¿Quiere desenroscarse y estirarse? ¿Quiere provocar un movimiento en su cuerpo, un cambio de postura? Sea creativo, confíe en sí mismo y consiga ayuda si se siente estancado en su exploración. Asegúrese también de que permanece dentro de lo que es tolerable mientras está explorando todas estas posibilidades. Si tiene problemas al realizar estos ejercicios, no siga adelante y pida ayuda a su terapeuta.

18 La ventana de tolerancia: Aprender a autorregularse

PROGRAMA

- Bienvenida y reflexiones sobre la sesión anterior.
- Coloquio sobre las tareas.
- Tema: La ventana de tolerancia: aprender a autorregularse.
  - Introducción.
  - La ventana de tolerancia para la activación.
  - Experimentar demasiado: hiperactivación.
  - Recursos para afrontar el experimentar demasiado.
  - Experimentar muy poco: hipoactivación.
  - Recursos para afrontar el experimentar muy poco.
- Tareas:
  - Releer el capítulo.
  - Completar la hoja de tareas 18.1, aprender sobre su ventana de tolerancia.
  - Completar la hoja de tareas 18.2, sus propios recursos para afrontar el experimentar demasiado o muy poco.

Introducción

Como señalábamos en el capítulo anterior, la regulación emocional es una parte esencial de la sanación. Sin embargo, muchas personas con un trastorno disociativo tienden a experimentar demasiado o muy poco en diferentes áreas de la vida, y no solo con las emociones. Pueden sentir cada pequeño dolor o cambio en su cuerpo (demasiado) o pueden no sentir dolor cuando se han herido, o se sienten físicamente adormecidos por todas partes (muy poco). Quizá busquen experiencias que pueden ser arriesgadas (buscar emociones fuertes) o evitar completamente las experiencias nuevas de la vida. Pueden pensar demasiado y ser incapaces de detener sus pensamientos, mientras que otras pueden no ser capaces de pensar en absoluto y se sienten en blanco. Algunas son tremendamente sensibles a los cambios a su alrededor, notando cualquier minucia, de forma que concentrarse se vuelve muy difícil, mientras que otras no prestan nada de atención a su entorno. Por supuesto, las partes disociadas se inmiscuyen en el presente con experiencias incontroladas, contribuyendo a que se sienta demasiado o muy poco.

Sentir demasiado o muy poco son en realidad las dos caras de la misma moneda: ambas indican dificultades con la regulación de la activación fisiológica. Su nivel de activación solo indica lo física y emocionalmente receptivo o incluso reactivo que usted, o determinadas partes de usted, son ante ciertos estímulos. En particular, puede dejar de estar regulado cuando reacciona a estímulos que son especialmente emocionales o estresantes, como aprender una nueva habilidad difícil, mantener una discusión con su pareja o un amigo, conducir en atascos, tener un sentimiento desagradable o recordar algo doloroso. Con el fin de funcionar lo mejor posible, todos necesitamos un nivel de activación óptima, ni demasiado alta ni demasiado baja, dependiendo del nivel que se necesite para la circunstancia actual. En este capítulo empezará a aprender cómo regular o modular su activación a niveles manejables.

La ventana de tolerancia para la activación

Una meta importante en terapia es apoyarle, así como a todas las partes de usted mismo, para aprender cómo experimentar lo "suficiente" en lugar de demasiado o muy poco. A este rango de activación óptima se le denomina *ventana de tolerancia* (Ogden y otros, 2006; Siegel, 1999; Van der Hart y otros autores, 2006) (véase figura 18.1). Es el rango de intensidad experiencial que es tolerable para cada parte suya dentro de los cuales puede aprender, tener una sensación interna de seguridad y estar comprometido con la vida. Usted debe saber por experiencia que aprende más eficazmente y se siente más cómodo cuando no está demasiado agitado o ansioso, ni cansado, dormido o bloqueado emocionalmente. Esto es cierto para todas las partes que lo forman.

Cuando usted, u otras partes de usted está fuera, de su ventana de tolerancia experimenta demasiada activación, denominado *hiperactivación*, o no la suficiente, denominado *hipoactivación*. Algunas veces su ventana de tolerancia puede ser demasiado pequeña, lo mismo que una ventana que a duras penas está abierta. Entonces usted, o

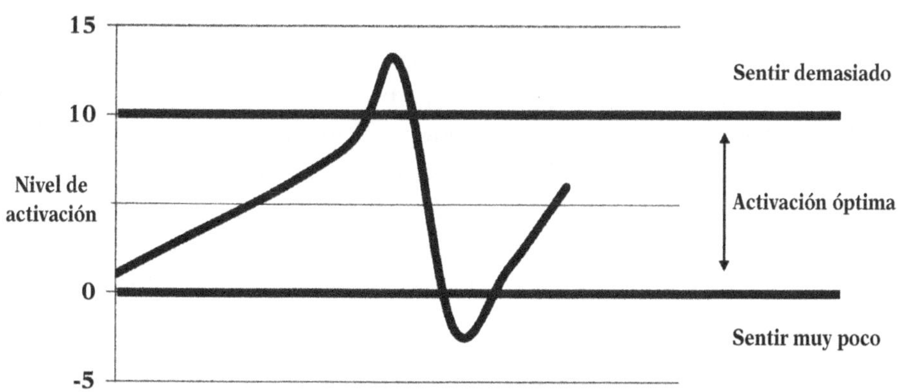

Figura 18.1. Ventana de Tolerancia. Adaptado de Ogden y otros autores, 2006; Siegel, 1999; y Van der Hart y otros, 2006.

alguna de sus partes, puede agobiarse rápidamente y sentirse fuera de control o incluso completamente abatido. En este caso, su tarea es ampliar su ventana de tolerancia un poco cada vez hasta que sea suficiente para afrontar la vida diaria.

Cada uno de nosotros tenemos nuestro propio umbral singular de lo que podemos soportar; nuestra ventana de tolerancia se haya conformado de algún modo por nuestro temperamento innato y nivel natural de reactividad fisiológica, pero también por las experiencias que hemos vivido. Cuando usted ha estado crónicamente abrumado, al final, su habilidad para regular la activación fisiológica queda finalmente alterada.

Autorregulación y regulación relacional

Las personas se regulan a sí mismas utilizando una combinación de regulación relacional y de regulación interna. A la primera se hace referencia como *regulación interactiva* y a la segunda como *autorregulación* (Schore, 2001). En la primera infancia, los cuidadores ayudan a calmar y controlar a los bebés o a los niños pequeños alimentándolos, alentándolos, atendiendo sus necesidades emocionales y físicas y consolándoles. Esto sienta las bases tanto para que los individuos sean capaces de regularse a sí mismos, como para crecer y desarrollarse. Como adultos, pedimos a los demás que nos apoyen cuando estamos disgustados, porque puede ser reconfortante tener otra persona presente que nos ayude a ver nuestros problemas desde otras perspectivas útiles. Otras veces, los demás no están disponibles o no son necesarios. Después, somos capaces de regularnos a nosotros mismos tranquilizándonos, frenándonos para reflexionar, practicar ejercicios para calmarnos o hacer cosas que nos permiten sentirnos mejor.

La capacidad de emplear un balance entre autorregulación y regulación relacional es importante. Sin embargo, a algunas personas les es difícil confiar en otros para cualquier tipo de ayuda, es decir, no utilizan una regulación relacional, mientras que a otras les es difícil confiar en sí mismas, es decir, no utilizan la autorregulación. Ambos grupos tienen una desventaja significativa, puesto que todos encontramos situaciones en las que una de las formas de regularse no es suficiente o apropiada. Nos extenderemos algo más sobre la autorregulación y la regulación emocional en el capítulo 29, que trata de los conflictos en las relaciones.

Ausencia de reflexión

Un problema importante de la falta de regulación emocional es que, a veces, usted es incapaz de reflexionar sobre lo que siente; sin embargo, se haya totalmente inmerso en el sentimiento, actúa ciegamente y no es capaz de pensar claramente. Quizá encuentre que las emociones de las partes disociadas se entrometen en su consciencia. Puede que no siempre sepa de dónde vienen esas emociones, como si "viniesen de la nada" y esto se añade a lo abrumadoras o atemorizantes que pueden sentirse.

Evitación de la emoción

Muchas personas con un trastorno disociativo complejo son expertas en evitar emociones. Sin duda, hay ocasiones en las que es importante centrarse en la tarea que se tiene entre manos y esperar a afrontar sus emociones más adelante. Aunque evitar los sentimientos desbordantes o intensos puede ayudarle a funcionar en la vida diaria a corto plazo, también le deja a usted y a otras partes de usted desprovisto de conexiones ricas y significativas consigo mismo, con otros que le proporcionan seguridad y con experiencias que dan sentido a la vida. Además, usted también tiene una pequeña capacidad para resolver las experiencias dolorosas y traumáticas.

Quizá solo ciertas experiencias, como sufrir *flashbacks* o la amenaza de perder una relación, le empujen a usted o a algunas de sus partes fuera de su nivel óptimo de activación. Pero cuánto más miedo o vergüenza tenga de sus experiencias internas, más evitará a sus partes internas, menos capacidad de reflexionar y más conflictos no resueltos o recuerdos traumáticos tendrá y más difícil le será permanecer en su ventana de tolerancia. Por tanto, ser capaz de reflexionar es de gran importancia para ayudarse a usted mismo a aprender a afrontar sus emociones (revísese el capítulo 6 sobre aprender a reflexionar).

Como primer paso, necesita encontrar su ventana de tolerancia y aprender a estar dentro de ella de forma más continua; después, gradualmente ha de aprender a aumentar su nivel de tolerancia, como abrir una ventana que antes solo había estado entreabierta. Cada parte de usted necesitará aprender a llegar a estar más regulada. Una vez que su nivel de tolerancia como persona completa sea más amplio, podrá disponer de un rango más ancho de experiencias, sin que le sobrecarguen. Sus partes abrumadas podrán sentirse más calmadas y enfocadas, mientras que las partes adormecidas o evitativas se sentirán más capaces de tolerar las emociones y otras experiencias internas. Por tanto, todas sus partes aprenderán gradualmente cómo regular las emociones y los niveles de activación, y cada una de ellas podrá aprender a ayudar a otras partes; de ese modo, usted como persona completa aprende a afrontar las emociones y todas las otras experiencias para que sean más constructivas y adaptativas. Si aprende a no juzgar sus emociones y otras experiencias internas y es capaz de reflexionar sobre ellas sin tanta evitación, encontrará que su ventana de tolerancia aumentará, es decir, que tendrá más tolerancia para una gama más amplia de intensidad experiencial.

Varios ejercicios de sesiones previas se han diseñado realmente para ayudar con la regulación emocional y con la formación de una ventana de tolerancia saludable, como por ejemplo aprender a reflexionar (capítulo 6) y crear una sensación interna de seguridad para todas sus partes (capítulo 8). El dedicado al sueño (capítulo 9) contiene métodos para calmarle cuando se despierta ansioso o asustado durante la noche. El equipo de relajación (capítulo 11) le proporciona una lista de actividades y formas que le ayudan a usted y a todas sus partes a sentirse más cómodo y relajado.

A continuación exploraremos alguno de los problemas y soluciones para cuando se experimenta demasiado o muy poco.

Experimentar demasiado: hiperactivación

Normalmente, algunas de sus partes disociadas experimentan demasiado, es decir, están hiperactivadas porque están estancadas en las experiencias traumáticas y se sienten desbordadas por el miedo, el dolor, la vergüenza, etc. O quizá usted, como persona completa, generalmente se siente tan sensible y crispado que es muy fácil llegar a estar abrumado y disgustado en la vida cotidiana, incluso cuando los recuerdos traumáticos no le preocupan. Usted, o algunas partes de usted, pueden estar disgustados por situaciones que generalmente para otros tienen mínimas consecuencias, en particular pequeños disgustos o conflictos relacionales o un cambio de planes de último momento. Una vez disgustado –agitado, ansioso, asustado o enfadado– le puede resultar muy difícil calmarse. El tiempo parece pasar más lento, como si fuera a estar disgustado siempre y no pudiera recordar cómo es estar en calma. Esto le aumenta el disgusto y le apremia a paralizar lo que está sintiendo.

Cuando se siente abrumado, su juicio no es el mejor y puede usted u otras partes tratar impulsivamente de frenar la intensidad del sentimiento actuando de formas que pueden no serle beneficiosas a largo plazo. Por ejemplo, las personas pueden beber, consumir drogas, autolesionarse físicamente, meterse en peleas, decir cosas de las que luego se arrepienten o aislarse de los demás. Puede estar perplejo por sentirse disgustado y puede parecer que no entiende lo que ha sucedido: esto ocurre a veces cuando se ha desencadenado una parte disociada sin su conocimiento.

Recursos para hacer frente al experimentar demasiado

Hay varias maneras de ayudarse a usted mismo cuando se sienta abrumado. Puede distraerse temporalmente, usted y todas sus. Puede temporalmente contener en un lugar seguro emociones o recuerdos particulares, o también partes de usted. Puede expresar sus emociones apropiadamente. Puede tranquilizar y calmar a partes suyas y puede practicar los ejercicios de enraizamiento que le ayudan a mantenerse en el presente.

Aprovechará al máximo los siguientes recursos cuando sea capaz de reflexionar sobre lo que suscita su hiperactivación y empezará a desarrollar conciencia de las luchas de varias de sus partes que contribuyen a que sienta demasiado. El entendimiento empático de sus luchas internas y una buena disposición para buscar estrategias sanas de afrontamiento para ayudar a todas las partes son esenciales para su sanación. Sin conciencia interna y empatía muchas estrategias de afrontamiento no son muy efectivas.

Distracción

Las distracciones temporales ayudan de vez en cuando a todo el mundo que se siente desbordado. Pero es importante para todas sus partes entender que la distracción consciente y voluntaria como una estrategia de afrontamiento temporal *no* es lo mismo que la evitación persistente de las necesidades de partes de usted. La distracción temporal es sólo una forma de hacer más lenta su hiperactivación, lo mismo que cuando se utiliza la tecla de "resetear". Le proporciona algo de tiempo durante el cual respirar profundamente y descansar, de forma que pueda sentirse más capaz y preparado para afrontar sus sentimientos. Una analogía apropiada es mantener la mente ocupada para distraerla de un esguince, mientras continúa haciendo lo correcto para su curación, puesto que centrarse en el dolor no lo aliviará, sino que a menudo lo hace parecer peor. No ignora la necesidad de atender su lesión, pero puede distraerse una vez que ha hecho todo lo que ha podido.

Distráigase con actividades sanas y apoye a todas sus partes para volver a enfocarse en otra cosa que no sea lo que está sintiendo. No obstante, evite trabajar mucho o iniciar otras distracciones compulsivas que le estresarán más. Cuando se entretenga, comprométase siempre a revisar en cuanto pueda aquello que le desbordaba.

Lo que funciona como distracción puede variar en función de la emoción que le desborda. Por ejemplo, si se siente abrumado por la ira puede que le sea útil una actividad física como caminar, correr o trabajar en el jardín. Pero si usted o algunas partes se sienten intensamente tristes, puede elegir una actividad tranquilizadora, como ver una película agradable, leer un libro de niños, escuchar música tranquila o ir a su lugar interior de seguridad. Intente elegir actividades que encajen con lo que está sintiendo y que sean atractivas para todas las partes. Lo que sigue a continuación son sugerencias adicionales para actividades de distracción.

- Ejercicio o caminata rápida; cambiar su fisiología puede cambiar cómo se siente. Anime a todas sus partes a experimentar la caminata.
- Escuche música mientras tararea la letra.
- Haga algo agradable o divertido para que todas las partes de usted puedan disfrutar.
- Llame a un amigo y queden juntos. Hablar con otra persona (no sobre el problema que le está abrumando) puede distraer su mente durante un rato.
- Implíquese en una actividad que requiera concentración, por ejemplo, un hobby, un crucigrama o un juego de ordenador. Intente animar a todas sus partes a concentrarse en la misma cosa al mismo tiempo.
- Lea un libro interesante o agradable que no sea molesto para ninguna parte de usted.
- Vea una comedia o lea un libro divertido. De nuevo, anime a todas sus partes a centrarse en la misma actividad al mismo tiempo. La risa es un gran recurso de distracción y además ayuda a sentirse mejor.

Contención

Contener, que no ignorar, sentimientos y partes de usted mismo. La contención es completamente diferente de "deshacerse" de sus sentimientos. Cuando contiene una emoción o recuerdo y, por tanto, a menudo una parte de usted mismo, se está diciendo *"Ahora no, pero retomaré esto más tarde"*. Está haciendo la promesa a todas sus partes de conseguir el tiempo y energía necesarios para hacerles frente en el lugar y momento adecuados. Asegúrese de tomarse el tiempo necesario para comprobar si hay acuerdo interno entre las partes para contener la experiencia temporalmente.

Puede utilizar una gran cantidad de imágenes: una cámara blindada, flotar en un globo que vuela alto en el aire, un submarino, un fichero informático, un vídeo, etc. Utilice la imagen que mejor le encaje a usted o a partes suyas.

Una forma diferente de contener es escribir o utilizar el arte para expresar lo que está experimentando. Si esto le produce demasiadas evocaciones, existen otras formas de contener, pero a algunas personas les ayuda plasmar sus experiencias sobre el papel o el lienzo y después dejarlas para más tarde. Puede permitir a algunas de sus partes utilizar este método si les sirve, mientras que otras necesitan no estar presentes, por ejemplo, permaneciendo en un lugar interno seguro. Puede ocultar estos escritos o dibujos o llevarlos a sus citas terapéuticas para avanzar en su sanación.

Calmarse y tranquilizarse a usted mismo

Cuando se calma y tranquiliza a usted mismo no se está diciendo que deje de tener sentimientos negativos. Por ejemplo, *"Cállate y no llores. Pon buena cara"*. Esta actitud crítica realmente no hace sentir bien a ninguna parte de usted, aunque sea un hábito arraigado. Consolar y tranquilizar es mucho más efectivo para calmar a todas sus partes. Calmar incluye un reconocimiento empático del sentimiento, por ejemplo:

Me siento triste y enfadado y sentir esto a la vez es muy duro. Estoy haciendo todo lo que puedo para afrontar estos sentimientos incómodos. Es beneficioso para todas las partes que me centre en lo que estoy haciendo ahora; ya los afrontaré después cuando vaya a terapia. De este modo me siento bien sobre cómo funciono en la vida y también tengo apoyo para trabajar esos sentimientos.

Esta aceptación empática también incluye apoyo para todas sus partes; por ejemplo:

Puesto que me siento mal, haré algo agradable para mí mismo que todas las partes puedan disfrutar. Está bien que todas mis partes tengan sentimientos, pero no quiero que desborden a ninguna de ellas.

A continuación. He aquí algunos recursos que le ayudarán a calmar y tranquilizar a todas sus partes:

- Escuche a todas sus partes y trate de tranquilizar y consolar a cualquiera de ellas que pueda estar ansiosa o disgustada; un poco de comunicación interna y de empatía pueden llegar lejos.
- Ponga en práctica ejercicios de calma y respiración profunda. Imagine que todas sus partes están respirando juntas en perfecta sincronización en su lugar seguro.
- Invite a sus partes disgustadas a ir a un lugar seguro, tranquilo y sin interrupciones, donde se las pueda calmar y ayudar, al tiempo que promete que volverá sobre aquello que les estaba molestando tan pronto como sea capaz.
- También puede ser de ayuda para usted tomarse un "tiempo fuera" para descansar.
- Pida a una parte interna útil que apoye a las partes que están ansiosas o disgustadas.
- Trate de reducir el ritmo sus pensamientos y cambie sus pensamientos a otro asunto cada vez que note que está pensando sobre el problema. Ayude a sus partes a compartir pensamientos a un ritmo razonable.
- Consiga algo de descanso. Anime a todas sus partes a descansar. Por ejemplo, si las partes son críticas ("eres un vago y necesitas hacer más"), intente negociar con ellas una tregua de descanso para ver si realmente le ayuda a calmarse.
- Escuche música tranquila y tenga en cuenta qué les resulta calmante a todas las partes.

Enraizar y tranquilizar

- Utilice los cinco sentidos para enraizarse y ser consciente del momento presente. Dígase a sí mismo en voz alta lo que capta con sus sentidos.
- Intente únicamente observar la experiencia de estar desbordado, ralentice su respiración y cada vez que sienta el impulso de

hacer algo respecto a dicha vivencia, permita que ese sentimiento o pensamiento pase por su mente lo mismo que un tren que no para en la estación.

- Recuerde a todas sus partes que los sentimientos son normales, que son una parte de la vida y que no existe riesgo alguno en sentir intensamente el presente.
- Recuerde a todas sus partes que todas las experiencias, por desagradables o intensas que sean, tienen un principio, un desarrollo y un final.
- Observe qué estaba ocurriendo cuando empezó a sentirse desbordado. Esto puede ayudarle a determinar qué le provocó (véase los capítulos 14 y 15 sobre los desencadenantes). Esto también puede recordarle que el sentimiento tuvo un principio y que antes de estaba usted sintiendo algo distinto.
- Recuerde momentos del pasado en los que el sentimiento terminó desapareciendo, es decir, recuerde su final, como un recordatorio de que lo que está sintiendo también acabará a su debido tiempo.
- Pida a su terapeuta que le ayude con otras maneras adicionales de afrontamiento.
- Hable con las personas que conoce y pregúnteles cómo manejan sus emociones intensas y qué es lo que hacen para tranquilizarse. Puede aprender de sus experiencias.

Experimentar muy poco: hipoactivación

Para sortear el sentir el tipo de hiperactivación intensa descrita con anterioridad, usted o algunas de sus partes pueden hacerlo a través de la evitación y la insensibilización; así, en ocasiones experimenta bastante poco. A esto se le llama hipoactivación. Usted o sus partes evitativas pueden evadirse de situaciones que suscitarían demasiado sentimiento, lo que a menudo significa estar demasiado cerca de las personas, puesto que las relaciones provocan algunas de las emociones más intensas, tanto positivas como negativas. En ocasiones, una parte de usted puede estar completamente bloqueada durante periodos breves cuando se va a dormir o es incapaz de pensar. Algunas personas pueden incluso volverse irresponsables, siendo incapaces de oír o responder a quienes están hablando con ellas. Quizá tienda usted a evitar pensar sobre algo doloroso o desagradable, lo que significa que no es capaz de resolver asuntos que implican dolor y conflicto.

Sus partes disociadas que se sienten entumecidas e indiferentes pueden tener poca o ninguna empatía, o conciencia, por otras partes que necesitan mucho apoyo y ayuda con el sentir demasiado. Se vuelve fácil para esas partes etiquetar ciertos sentimientos o experiencias como "malos" y de ese modo evitarlos (véase los capítulos 16 y 17). Dicha evitación mantiene con fuerza la disociación e impide la sanación.

Recursos para afrontar el experimentar muy poco

- Puesto que bloquearse es frecuentemente el resultado de sentirse abrumado, son también apropiadas muchas de las intervenciones utilizadas para el sentir demasiado.
- Usted o partes suyas pueden tender a la hipoactivación cuando se estresan. Una solución importante es en primer lugar activarse física y mentalmente. Si usted o partes se sienten con sueño cuando se están enfrentando a algo abrumador, trate de levantarse y de moverse. Debe resistir la propensión a quedarse cada vez más quieto.
- Ayude a las partes internas a sentirse seguras en el presente tranquilizándolas, calmándolas y orientándolas.
- Intente una actividad breve y vigorosa para conseguir que aumenten su ritmo cardiaco y su nivel de energía; por ejemplo, el ejercicio de abrir y cerrar las piernas, flexiones o correr en el sitio.
- No permita que sus ojos se centren en un solo lugar o entrará en trance. Observe su entorno. Utilice los cinco sentidos y nombre en voz alta las cosas que observe, con el fin de enraizarse en el presente. Si una parte de usted tiene tendencia a entrar en trance, puede intentar poner un poco de distancia temporal entre usted y esa parte; por ejemplo, imaginando la distancia física que existe de hecho entre usted y esa parte o permitiéndola que se vaya a un espacio seguro.

- Utilice la estimulación mental para conseguir que su cerebro esté más comprometido y activo, por ejemplo, cuente hacia atrás desde 100 de tres en tres o de siete en siete o salga afuera y cuente árboles o coches.
- Si tiene la sensación de estar paralizado, pida internamente si una parte puede ayudarle a moverse. Puede empezar con un movimiento muy pequeño, como mover un dedo pequeño solo un poquito, guiñar los ojos o mover la nariz. A continuación trate de realizar otros movimientos pequeños en otras partes de su cuerpo. Céntrese en el movimiento todo lo que le sea posible. Piense en alguien en quien confiar –un amigo, su terapeuta, su pareja– e imagine a esa persona ayudándole. En ocasiones, una parte concreta de usted está inmovilizada y otras partes pueden ayudarla mediante la atención respetuosa y empática, el ofrecimiento de información orientadora, consuelo y seguridad.
- Si siente frío o como si estuviera congelándose (una experiencia común en la hipoactivación), pruebe con un baño o ducha caliente (no demasiado caliente) o envuélvase en una manta y ponga una botella de agua caliente o almohadilla térmica en su estómago para calentar su centro. Después imagínese calmando a las partes internas mientras se calienta, utilizando alguno de los otros recursos disponibles.
- Si usted o algunas partes sienten entumecimiento físico, observe en qué lugar de su cuerpo empieza y termina o si todo el cuerpo está entumecido. Muchas personas tienen al menos áreas pequeñas de su cuerpo donde pueden sentir. Si es usted una de ellas, por ejemplo, puede sentir su antebrazo, tóquelo suave e intencionalmente diciéndose a usted mismo: *"Estoy tocando mi antebrazo"*. Rasque su espalda con un cepillo largo y suave; frótela contra el marco de la puerta como hacen los osos contra los árboles o envuélvase en una manta para sentir su piel.
- Si está emocionalmente entumecido, observe si puede sentir solo una pequeña parte de la emoción, quizá de 1 a 2 en una escala hasta el 10. Concéntrese en el sentimiento, nómbrelo en voz alta y dirija hacia él la atención de todas sus partes. Recuérdese s sí mismo que las emociones pueden ser seguras; son meras señales.

- Puede pedir a cualquiera de sus partes si puede "compartir" una pequeña emoción con usted, no más de lo que crea que puede tolerar; por ejemplo, el contenido de una cucharilla, de una taza o el simple 5%. Establezca también un límite de tiempo, para poder sentir un poco de emoción sólo por un momento; por ejemplo, hasta contar 5, 10 o 30 segundos. Cuando se sienta más capacitado puede aumentar tanto la intensidad como el tiempo en que experimenta una emoción. Observe todo lo posible su experiencia interna durante ese momento: lo que piensa, siente, percibe y predice.
- Si es consciente de ciertas partes de usted mismo que están seriamente bloqueadas, compruebe si puede interesarse más en lo que pueden necesitar, con el fin de que estén menos bloqueadas, y qué puede proporcionar para satisfacer alguna de esas necesidades. Algunas veces el mero hecho de asegurar que usted realmente está interesado en atenderlas es suficiente para ayudar a esas partes a estar más presentes y alertas.

Hoja de tareas 18.1
Aprender sobre su ventana de tolerancia

1. Sitúe su nivel de activación en una escala del 1 al 10; el 1 representa el nivel más extremo de hipoactivación (sentir muy poco) y el 10 es el nivel más extremo de hiperactivación (sentir demasiado). Marque en la escala que se encuentra a continuación el rango de su nivel óptimo de activación (ni demasiado ni demasiado poco), es decir, el rango que es tolerable y relativamente cómodo. Esto es completamente subjetivo. No hay una respuesta "correcta". Por ejemplo, debe marcar un área entre 3 y 7 o 4 y 6. A continuación haga un círculo en los puntos con los que debe empezar a trabajar o con los que evitan que suba muy alto o descienda muy bajo en la escala. Por ejemplo, si su rango es de 3-7, quizá esos puntos pueden ser 2 y 6. ¿En qué punto de la escala necesitaría detener lo que estaba haciendo para encontrar una forma de volver a su nivel óptimo de activación?

   Observe también si cualquier parte de usted pudiera tener una ventana de tolerancia diferente.

   Muy poco   Demasiado

   1 2 3 4 5 6 7 8 9 10

2. A continuación, describa cómo sabe que está dentro de su zona óptima de activación. Por ejemplo, quizá se sienta calmado, alerta, relajado, a gusto o con energía. Quizá sienta calor o frío en su cuerpo, una sensación de competencia, una mente tranquila o activada. La experiencia interna cuando está dentro de su ventana de tolerancia es como un marcapáginas. Puede memorizarla, casi como si estuviera haciendo una foto con su cuerpo, para volver a ella tan a menudo como necesite.

3. Por último, reflexione sobre qué es lo que le ayuda a saber que está a punto de salir, o ya lo ha hecho, de su ventana de tolerancia. Por ejemplo, siente todo su cuerpo en tensión, los pensamientos llegan desorganizados, su mente se queda en blanco, se hiperventila, las partes se vuelven ruidosas, siente caos interno o le entra somnolencia. Si puede reconocer estas señales en el momento que ocurren, podrá detener lo que está haciendo y conseguir estar más enraizado.

Hoja de tareas 18.2
Sus propios recursos para afrontar el experimentar demasiado o muy poco

Haga su propia lista de consejos para afrontar el sentir muy poco y el sentir demasiado. Trate de incluir a todas sus partes en este ejercicio. Quizá tenga una sorpresa agradable al descubrir que ya está utilizando algunas habilidades o que algunas partes de usted pueden tener ideas útiles.

Recursos útiles para cuando estoy sintiendo demasiado.

1.

2.

3.

4.

5.

Recursos útiles para cuando estoy sintiendo muy poco.

1.

2.

3.

4.

5.

19 Entender las creencias básicas

PROGRAMA

- Bienvenida y reflexiones sobre la sesión anterior.
- Coloquio sobre las tareas.
- Tema: Entender las creencias básicas.
  - Introducción.
  - Los orígenes de las creencias básicas.
  - Creencias básicas negativas en personas con un trastorno disociativo complejo.
  - Creencias básicas realistas y sanas.
- Tareas:
  - Releer el capítulo.
  - Completar la hoja de tareas 19.1, identificar las creencias básicas negativas.
  - Completar la hoja de tareas 19.2, desarrollar creencias básicas realistas y sanas.

Introducción

En el capítulo 17 aprendió que los pensamientos y creencias excesivamente negativos pueden jugar un papel importante en el mantenimiento de emociones abrumadoras y disfuncionales. Los pensamientos y creencias positivos que son realistas pueden reforzar la autopercepción positiva y el agrado, la satisfacción, la felicidad, la curiosidad y la conexión con los demás. Los pensamientos persistentes negativos pueden evocar o reforzar sentimientos de depresión, ansiedad, dolor, ira, culpa, vergüenza o miedo y, a su vez, estos sentimientos refuerzan pensamientos y creencias más negativos todavía. Cuando estamos de mal humor, nuestros pensamientos son más negativos y es más probable por tanto que veamos las cosas bajo un prisma negativo. Esta interconexión entre pensamientos, emociones, percepciones, predicciones y decisiones relacionadas crea un ciclo que refuerza nuestra experiencia única de nosotros mismo, los demás y el mundo, ya sea en gran parte negativa o positiva. Una vez que comienza un ciclo negativo y es reforzado por situaciones negativas se vuelve más difícil equilibrar nuestra perspectiva. Además, en el caso de las personas con un trastorno disociativo, las diferentes partes tendrán distintas perspectivas y creencias.

En este capítulo trabajará para conseguir un buen entendimiento de alguno de sus pensamientos básicos y sistema de creencias, que tuvieron su origen en el pasado traumático pero que en su vida actual no son útiles. Explorar y cambiar estos pensamientos y creencias puede ser un punto eficaz de partida para el cambio positivo.

Los orígenes de las creencias básicas

Nuestras *creencias* más *básicas* o nucleares son las que proporcionan los fundamentos de cómo nos vemos a nosotros mismos, a los demás y al mundo en general. Habitualmente definen qué creemos sobre la seguridad, la confianza, la pertenencia, la autoestima, la competencia, la vulnerabilidad, las necesidades y la asunción de riesgos (Janoff-Bulman, 1992). Por ejemplo, una creencia básica positiva realista podría ser: *"La mayoría de las personas son buenas y bien intencionadas, aunque no sean perfectas; no obstante, unas pocas personas son realmente peligrosas y se deben evitar"*. Una creencia básica negativa podría ser: *"No se puede confiar en nadie plenamente, porque todos están pensando únicamente en sí mismos; debo evitar acercarme a cualquiera sin excepción"*.

Todos desarrollamos ciertas creencias básicas, tanto negativas como positivas. Para aquellos que tienen un trastorno disociativo, diferentes partes disociadas pueden tener distintas creencias básicas y pueden crear numerosos conflictos internos (Fine, 1988, 1996). Nos extenderemos más ampliamente sobre estos conflictos en la siguiente sección.

Las creencias básicas tienen su origen en la infancia y algunas pueden desarrollarse después a lo largo de la vida basándose en sucesos impactantes. Pueden modificarse, pero no se suele ser consciente de ellas. Sin embargo, pueden contener pensamientos automáticos que parecen verdad pero que no se examinan de cerca. Por ejemplo, muchos individuos traumatizados tienen pensamientos automáticos como: *"Nadie me quiere. No merezco la pena y soy estúpido. Siempre fracaso en lo que quiera que intente. Soy feo. Es ridículo que necesite ayuda, pues lo único que me pasa es que soy débil y quejumbroso"*. El cambio positivo requiere ser capaz de ser consciente y reflexionar sobre las creencias básicas.

Varios factores desempeñan un papel en el desarrollo de las creencias básicas. Su temperamento innato afecta a la forma habitual en que usted ve el mundo. Una persona que es naturalmente introvertida y a la que le gusta la rutina es probable que tenga unas creencias bastante diferentes de una que es extrovertida y a la que le gusta asumir bastantes riesgos. Algunas personas son por naturaleza más sensibles, mientras que otras parecen menos vulnerables al dolor y a los cambios abruptos. Algunas personas parecen naturalmente intensas, mientras que otras tienen una gama más reducida de sentimientos. Estas diferencias pueden influir sobre un amplio rango de creencias básicas.

Además, cada familia tiene creencias colectivas que se transmiten al niño, ya sea explícita o inconscientemente. Por ejemplo, si el mensaje implícito en una familia es que uno nunca debe cometer errores, un niño desarrollará la convicción de que siempre debe ser perfecto. Gradualmente desarrollará miedos a cometer cualquier tipo de fallo, se volverá miedoso a intentar cosas nuevas y no estará satisfecho fácilmente con cualquier cosa que logre. Si la creencia básica familiar es que los niños son importantes, competentes y adorables, un niño crecerá con confianza y se sentirá seguro en las relaciones. Las creencias básicas también se pueden desarrollar en base a si las relaciones tempranas son seguras y duraderas. Por ejemplo, perder un padre de repente a una edad temprana puede dar lugar a sentimientos de abandono y a la creencia de que algo desastroso puede ocurrir de repente y que puede perderse a las personas que se ama en cualquier momento. Asimismo, haber sufrido abuso por parte de un cuidador a una edad temprana deriva en creencias arraigadas de que no se puede confiar jamás en nadie.

Creencias básicas negativas en personas con un trastorno disociativo complejo

Las personas crónicamente traumatizadas a menudo padecen el síntoma de tener creencias básicas negativas persistentes. Son convicciones profundamente arraigadas que habitualmente implican pensamientos de todo o nada, sin equilibrio o matiz alguno: *"Las cosas nunca marchan bien para mí". "Las personas siempre me hacen daño". "Soy completamente estúpido y no merezco ser querido"* o *"no existe un lugar seguro"*. Estas creencias contienen frecuentemente palabras como *siempre, nunca* o *ninguno.* Tales pensamientos y creencias pueden influir, reforzar e intensificar profundamente las emociones negativas. Las creencias básicas negativas se refuerzan con el tiempo a través de las emociones, percepciones y predicciones negativas y de las experiencias vitales negativas adicionales. Lo mismo ocurre con las creencias básicas positivas y las percepciones, emociones y experiencias concomitantes.

Las personas con un trastorno disociativo pueden descubrir que sus creencias, pensamientos y convicciones pueden cambiar repentinamente o estar en conflicto, puesto que diferentes partes disociadas tienen distintas creencias básicas (Fine, 1988, 1996). Algunos pensamientos y convicciones son tan fundamentales para la experiencia de vida del individuo que todas las partes disociadas las comparten; por ejemplo, *"no puedo confiar en nadie"* o *"nunca estaré a salvo"*.

Las diferencias individuales en las creencias entre las partes disociadas pueden deberse al hecho de que cada una tenga experiencias de vida bastante diferentes. Las partes de usted que afrontan tareas y funciones en la vida diaria son algunas veces más capaces de observar e interpretar la realidad del momento presente, sin estar muy influidas por muchos pensamientos o convicciones antiguos. Estas partes están más distanciadas del pasado, en gran medida porque lo evitan. Muchas partes disociadas están estancadas en el sufrimiento del momento del trauma, a partir de pensamientos y convicciones negativas y perjudiciales, porque solo ven el mundo a través de sus experiencias pasadas, sin considerar que el presente puede ser bastante diferente. Como consecuencia, la realidad del momento actual puede distorsionarse fácilmente y volver a vivirse de forma similar al pasado como partes que se entrometen en la vida diaria. Esto es lo que hemos denominado vivir en el momento del trauma. Incluso cuando existe un reconocimiento del trauma, estas creencias básicas suelen ser tan irresistibles que ahogan la realidad actual. Hablar internamente con esas partes y ayudarlas desafiando respetuosamente sus convicciones más profundas es un buen comienzo, empezando por orientarlas a la realidad del momento. Corregir las creencias básicas no es fácil y requerirá algo de trabajo constante, pero puede tener éxito a lo largo del tiempo.

Las creencias básicas afectan su capacidad de reflexionar sobre sus experiencias. Por ejemplo, suponga que está caminando por la calle y ve a una amiga de frente caminando en su dirección. Espera para saludarla, pero ella continúa caminando sin reconocerle en absoluto. Podría considerar muchas posibilidades diferentes sobre lo que ella estaba pensando y no únicamente asumir que a ella le daba igual o estaba enfadada con usted. Dependiendo de sus creencias básicas y de sus percepciones, usted o diferentes partes de usted pueden tener alguno de los siguientes pensamientos: (a) Esta persona está tan preocupada que incluso ni me ve. (b) Me está ignorando deliberadamente. (c) Parece enfadada (conmigo). (d) Está caminando rápido para evitar tener que hablar conmigo. (e) Se siente herida porque no la he saludado.

Es importante que usted considere las posibles intenciones de los demás en lugar de saltar automáticamente a las mismas conclusiones basadas en ciertas creencias básicas, como *"la gente nunca me quiere"*. ¿Le permiten asumir sus creencias básicas que las personas generalmente no tienen una razón para que usted no les guste o para ignorarle, y que la mayoría de las personas tienen buenas intenciones? O ¿cree que la mayoría de las personas no se preocupan por usted y que solo están ahí para conseguir lo que quieran de usted? Es posible que diferentes partes de usted puedan tener diferentes creencias. Respecto al ejemplo anterior, algunas partes de usted pueden pensar: *"¡Mira! Me ha ignorado. Nadie me quiere. No merezco la pena y siempre estaré solo"*. Sin embargo, otra parte de usted tiene una percepción totalmente diferente: *"No se trata de mí en absoluto. Probablemente ni me ha visto"*. Estas dos series muy diferentes de pensamientos, creencias y percepciones tiene diferentes tonos emocionales: uno es altamente negativo y el otro positivo o, por lo menos, neutral. La primera afirmación refuerza creencias negativas antiguas, mientras que la segunda refuerza una visión del mundo más positiva y realista.

Creencias básicas realistas y sanas

Existen varias creencias básicas saludables y generalmente aceptadas que proporcionan una visión más equilibrada de sí mismo, de los demás y del mundo. Son más flexibles y realistas. Una creencia básica sana se basa tanto en aspectos positivos como negativos de la realidad. Por ejemplo: *"Prefiero no cometer errores, pero sé que los cometeré, porque nadie es perfecto. Cuando los cometa, trabajaré para corregirlos y no seré muy severo conmigo mismo"*. O *"Puedo permitirme relajarme y pasar un buen rato, exactamente como cuando me permito trabajar duro cuando lo necesito"*.

Desde luego, no todo el mundo puede vivir siempre de acuerdo con sus creencias o ponerlas en práctica en todo momento. Quizá esté bastante convencido de que algo es sano y bueno, pero esto no significa que usted pueda siempre "poner en práctica lo que predica". Pero cuánto más practique, más creencias sanas podrán formar parte de su vida. En la Hoja de Tareas 19.2 encontrará una lista de algunas creencias básicas sanas que podrían ser de utilidad para formular las suyas propias.

Hoja de tareas 19.1
Identificar las creencias básicas negativas

A continuación encontrará una lista de creencias básicas sobre sí, sobre los demás y sobre el mundo. Lea cada lista y marque o haga un círculo en las cinco creencias que le afectan más a menudo, a usted y a partes de usted.

Creencias básicas negativas sobre usted mismo

- Soy un fracaso; nunca tendré éxito en nada.
- Soy un marginal y no pertenezco a ningún sitio.
- No puedo conectar con otras personas.
- Soy totalmente despreciable.
- Soy una mala persona, me avergüenzo de quién soy.
- Soy una persona débil, siempre dependiendo de los demás.
- No debería haber nacido.

Creencias básicas negativas sobre los demás

- Los demás me traicionarán o harán daño.
- Las personas son peligrosas.
- Aunque alguien sea agradable, solo espera el momento oportuno para engañarme.
- Nadie me entiende.
- Nunca nadie me querrá.
- La gente siempre se está aprovechándose de los demás.
- Todo el mundo siempre abandona o rechaza a otros.
- Cada uno va a lo suyo.

Creencias básicas negativas sobre el mundo

- El mundo es un lugar peligroso.
- En cualquier momento algo terrible puede ocurrir.
- El mundo siempre es impredecible.
- No existe un lugar para mí en el mundo.
- El mundo está lleno de de dolor, miseria y nada más.

Haga una lista con cualesquiera otras creencias básicas negativas que no se hayan recogido en los puntos anteriores y que le afecten a usted o a otras partes suyas.

1.

2.

3.

4.

5.

Observe si todas sus partes comparten las creencias básicas que revisó o escribió anteriormente o si sólo algunas partes lo hacen. Elija una de las creencias y tómese tiempo para establecer un diálogo interno sobre si es siempre adecuada en el presente. Describa su experiencia durante esta discusión interna. Si no es capaz de mantener dicho diálogo, por favor, describa lo que impidió tenerlo.

Hoja de tareas 19.2
Desarrollar creencias básicas realistas y sanas

A continuación encontrará una lista de creencias básicas sobre sí mismo, los demás y el mundo. Lea la lista y después complete la hoja de tareas.

Creencias básicas sanas sobre sí mismo

- El placer y la relajación son normales y aceptables y constituyen experiencias vitales esenciales.
- Me acepto tal y como soy. Tengo puntos fuertes y puntos débiles, exactamente como todo el mundo, así como la posibilidad de mejorar y crecer en la vida.
- Puedo establecer límites sanos con otras personas.
- En general soy competente a la hora de resolver los problemas cotidianos por mí mismo.
- Está bien pedir ayuda cuando se necesita y puedo manejarme cuando no encuentro ayuda.
- Puedo encargarme de mi propia vida. No siempre tengo que someterme a lo que otros quieren si no es bueno para mí.
- Siento que pertenezco al mundo junto a los demás.
- Está bien que no sepa todo.
- No necesito ser perfecto, solo humano.
- Soy un ser humano decente.

Creencias básicas sanas sobre los demás

- Muchas personas son decentes y dignas de confianza; algunas no lo son.
- Otras están dispuestas y disponibles para ayudar si necesito apoyo o asistencia.
- Por lo general las personas se preocupan por mí y me entienden.
- Las relaciones importantes pueden ser estables y buenas, aunque no perfectas. Los conflictos se pueden resolver.
- Puedo elegir estar con personas que me dan seguridad y evitar aquellas que no me la dan.

Creencias básicas sanas sobre el mundo

- Existe un lugar para mí en este mundo.
- Cosas impredecibles pueden ocurrir en el mundo, pero tengo recursos y apoyo para hacerlas frente.
- El mundo puede ser relativamente estable y predecible la mayor parte del tiempo.
- El mundo puede ser peligroso, pero normalmente estoy a salvo.
- Hay dolor y sufrimiento en el mundo y también alegría y amor.

1. Marque o haga un círculo en cualquiera de estas creencias sanas que usted, o al menos alguna parte de usted, tiene ya. Describa cualquier conflicto o desacuerdo interno sobre estas creencias.

2. Marque una creencia en cada categoría (sobre sí mismo, los demás y el mundo) que le gustaría desarrollar. Asegúrese de compartir estas creencias con su terapeuta y las personas que le rodean, a quienes usted quiere y en quienes confía. Podría ser útil preguntar a otros sobre lo que les ayudó a desarrollar sus creencias sanas.

3. Observe cualquiera de sus creencias negativas que incluyan las palabras *siempre, todo, nada* o *nunca*. Trate de cambiar las creencias a una posición más moderada utilizando palabras como *algunas veces, algunas personas* u *ocasionalmente*. Por ejemplo, si una de sus creencias es *"nunca tendré éxito"*, enfréntense usted y sus distintas partes al reto de nombrar las pocas veces en las que haya tenido éxito en algo, aunque haya sido un éxito modesto. Como mínimo, ha tenido éxito en estar vivo, ir a terapia en busca de ayuda e intentar lo mejor para estar más sano. Compruebe si puede cambiar la creencia *"nunca tendré éxito"* por *"a veces tengo éxito y otras veces no. Estoy haciendo lo máximo que puedo y acepto que no puedo ser perfecto"*.

20 Identificar los errores cognitivos

PROGRAMA

- Bienvenida y reflexiones sobre la sesión anterior.
- Coloquio sobre las tareas.
- Descanso.
- Tema: Identificar los errores cognitivos.
  - Introducción.
  - Errores cognitivos comunes.
  - Reflexiones para identificar y explorar las distorsiones cognitivas.
- Ejercicio: El collar de experiencias positivas.
- Tareas:
  - Releer el capítulo.
  - Completar la hoja de tareas 20.1, identificar sus errores cognitivos.
  - Completar la hoja de tareas 20.2, identificar tipos de errores cognitivos.
  - Practicar el ejercicio El collar de experiencias positivas, o una variante del mismo.

Introducción

En el capítulo anterior hablábamos de las creencias básicas negativas, de las que se derivan los pensamientos disfuncionales. Señalábamos que cuando usted padece un trastorno disociativo, quizá experimente pensamientos conflictivos de otras de sus partes, que pueden influir actualmente en sus emociones y acciones. Las creencias básicas son influenciadas y reforzadas por los errores cognitivos, que son patrones de pensamientos exagerados e irracionales (Beck, 1975; Burns, 2011). Esos errores cognitivos dificultan más aún afrontar los problemas y al final cambian las creencias básicas disfuncionales que tiene sobre usted mismo, los demás y su entorno. Los errores cognitivos se basan en una atención insuficiente y altamente selectiva, es decir, no tienen en cuenta el cuadro completo y complejo de la situación dada y por ello desembocan en pensamientos inexactos. Como hemos ya explicado, varias partes disociadas suelen dirigir la atención solo a ciertos aspectos de una experiencia; por ejemplo, a si existe un peligro, a si las personas están con el ceño fruncido o parecen enfadadas o a si existe la forma de conseguir satisfacer ciertas necesidades. Dichas partes excluyen de la conciencia muchas señales esenciales que podrían ayudarle, como persona completa, a responder apropiadamente. En este capítulo explicaremos varios de los errores cognitivos más comunes y le ayudaremos a aprender a identificar esas formas de pensar. En el próximo capítulo empezará a aprender cómo cuestionar y cambiar los patrones de pensamiento rígido y los errores cognitivos.

Errores cognitivos comunes

Todo el mundo tiene errores cognitivos de vez en cuando. Esto es normal, pero cuando dominan su pensamiento y hacen difícil la vida, necesitan una atención especial. Una dificultad importante para las personas con un trastorno disociativo es que muchas partes tienen graves distorsiones cognitivas (Ross, 1989, 1997). Normalmente, las partes de usted que viven en el momento del trauma tienen errores cognitivos graves que influyen en su vida de forma confusa, porque no todas sus partes pueden pensar de la misma manera. Los siguientes son errores cognitivos comunes identificados (Beck, 1975; Burns, 2011).

- *Pensamiento de todo o nada*. Usted o partes de usted perciben todo como blanco o negro, sí o no, una cosa o la otra. Las cosas son buenas o malas; no hay término medio. Cualquier cosa que no llegue a ser perfecta es un desastre. Las personas le quieren o le odian; son amables o crueles; honestos o completamente deshonestos. Si alguna vez le dicen "no", siempre le están rechazando. Este patrón no deja espacio para el equilibrio, el matiz o las flaquezas humanas.
- *Sobregeneralización*. Usted o partes de usted asumen que una experiencia se generaliza a todas las demás, así que una vez que ha sufrido una mala experiencia, cree que todas las situaciones similares que se presenten también serán negativas. Por ejemplo, invita a una persona a salir para ver una película, pero esta no puede a la hora que le sugiere. Usted decide, u otra parte de usted le influye, para que nunca vuelva a invitar a esa persona porque cree que nunca saldrá bien. Tampoco invita a nadie más, porque ha llegado a la conclusión de que nadie querrá nunca estar con usted.
- *Filtro mental*. Usted o partes de usted se centran en un detalle singular negativo de un suceso y no pueden pensar en nada más. Las experiencias positivas son rechazadas porque cree que no son reales, no durarán, no cuentan o son sólo consecuencia de la suerte. Pierde perspectiva. Por ejemplo, preparó una cena rica, salvo el aliño de la ensalada que quedó un poco agrio. Continúa teniendo pensamientos negativos sobre el aliño, que las personas habrán pensado en lo incompetente y mal cocinero que es, y está convencido de que toda la cena fue un completo fracaso.
- *Inferencias prematuras (arbitrarias)*. Usted o partes de usted llegan a una conclusión sin evidencia suficiente. Por ejemplo, concluye que no puede volver al colegio o cambiar de trabajo;

no puede tener un nuevo *hobby* porque le llevaría mucho tiempo; no puede cocinar porque no lo hace bien; la terapia no funcionará con usted; o su jefe nunca le dará un aumento de sueldo. Semejantes conclusiones no se basan en hechos sino en asunciones subyacentes a menudo inconscientes.

- *Lectura de la mente*. Usted o partes de usted asumen que saben lo que otra persona está pensando. No comprueba si sus suposiciones son correctas. En otras palabras, no utiliza capacidades reflexivas. Por ejemplo, su jefe le pide que vaya a su despacho un momento. Inmediatamente supone que está enfadado con usted y le va a despedir porque no le gusta.
- *Predicciones catastrofistas*. Usted o partes de usted asumen que algo horrible va a pasar, que las cosas van a terminar mal y da igual lo que haga. Considera que este es un hecho que no se puede cambiar, como si ya hubiera pasado. Por ejemplo, "*¿Por qué voy a estudiar este examen si en cualquier caso lo voy a suspender?*".
- *Magnificación*. Usted o partes de usted magnifican fallos o errores personales y aumentan las situaciones de manera desproporcionada. Por ejemplo, olvida una cita con su terapeuta y piensa: "*Soy una persona terrible e irresponsable. Mi terapeuta me va a echar. Soy tan estúpido. Esto es imperdonable*". O quizá otra parte crítica de usted empieza a regañarle por ser tan "irresponsable y estúpido".
- *Razonamiento emocional*. Usted o partes de usted asumen, porque todos sus sentimientos son poderosos, que solo lo que está sintiendo determina la realidad, con independencia de otros hechos y experiencias en contra. Por ejemplo, "*Me siento una mala persona; por tanto, soy mala*". "*Me siento ansioso e inseguro en presencia de esa persona; por tanto, no es segura*". "*Tengo la sensación de que algo terrible va a suceder; por tanto, debo escapar antes de que la catástrofe golpee*". Si todo lo demás permanece igual, debería ser capaz de confiar más en sus sentimientos, pero si se derivan de partes disociadas de usted que viven en el momento del trauma, es decir, que no están orientadas al presente o están muy centradas solo en aspectos espe-

cíficos de una experiencia con la exclusión de otros, es más probable que estos pensamientos sean inexactos y no encajen con la realidad actual externa.

- *Explicaciones y declaraciones de tipo "debería".* Usted, o partes de usted, se bombardean con declaraciones tipo *"Debería... Tengo que... Podría tener..."*. A menudo estas declaraciones se viven como una voz interna que regaña, es decir, una parte crítica que trata continuamente de corregir sus acciones. Ejemplos, *"Deberías estar más disponible después de las horas de trabajo: No seas tan vago"; "Deberías haber sido capaz de hacer que la terapia funcionara más rápidamente; no lo estas intentando suficientemente"; "A estas alturas, deberías haber sido capaz de dejar de pensar en el pasado".* Esta crítica interna constante no lleva a ningún cambio sano, sino a más vergüenza, culpa, enfado, resentimiento y sentimiento de fracaso.

Reflexiones para identificar y explorar las distorsiones cognitivas

Para corregir los errores cognitivos, debe estar presente y utilizar habilidades reflexivas (capítulo 6). Con el tiempo, es fundamental empezar a aprender a conectarse, comunicarse y colaborar con todas sus partes, para poder entender lo que piensan. A continuación encontrará varias preguntas sobre las que usted y todas sus partes pueden reflexionar para ayudar a identificar y explorar los errores cognitivos. Cuando tenga un pensamiento negativo repentino sobre una situación, es buena idea examinar ese pensamiento con más atención de la normal, porque es tan automático que puede implicar una distorsión cognitiva. Necesitará algo de comunicación y colaboración con partes de usted mismo. Generalmente es bastante útil comprobar con todas las partes si existen pensamientos conflictivos sobre una experiencia. Puede ser útil escribir las respuestas a esas preguntas y entender que las diferentes partes quizá tengan respuestas distintas. Si es así, la reflexión empática debe empezar por los conflictos: "Me pregunto ¿por qué esa parte de mí tiene una experiencia tan diferente a la que tengo yo? ¿Qué puedo aprender sobre esa parte de mí mismo y cómo puedo ayudarla?".

- ¿Hay pruebas de que una mala experiencia del pasado deba siempre ocurrir en el futuro?
- ¿He tenido en cuenta el contexto total de la situación? ¿Pueden mis partes ayudarme a hacerlo?
- ¿Sufro pérdidas de memoria sobre una situación y por ello hago suposiciones que pueden ser incorrectas? ¿Tienen otras partes de mí diferentes perspectivas sobre lo que pasó?
- ¿Existen además aspectos positivos de una experiencia que yo (u otras partes) estoy ignorando o no haya advertido?
- ¿Comprobé con todas mis partes si había acuerdo interno sobre cierta conclusión, especialmente si parece que encaja con una de las categorías de los errores cognitivos (véase lo expuesto anteriormente)?
- Si sucediera lo peor, ¿es realmente cierto que no podría manejar la situación? ¿Tengo otras alternativas sobre cómo manejar una mala situación?
- ¿Se basa mi decisión o conclusión solo en sentimientos? Si es así, ¿cuáles son esos sentimientos?
- ¿Proporcionan los sentimientos un sentido lógico a la situación?
- ¿Existen pruebas de que mis sentimientos estén influidos por partes de mí estancadas en el pasado?
- ¿Me están ayudando estos pensamientos a funcionar y sentirme mejor conmigo mismo y con los demás?
- ¿Están de acuerdo todas las partes con estos pensamientos?
- ¿Yo (u otras partes de mí) puedo ofrecer contraargumentos razonables o estos pensamientos?

Ejercicio de imaginación: El Collar de Experiencias Positivas

El siguiente es un ejercicio que puede ayudarle a experimentar más aspectos positivos de la vida. Este tipo de experiencia no pretende negar o minimizar los momentos dolorosos o difíciles, sino que es una de las muchas formas de aliviarse, calmarse y tranquilizarse para sentirse más fuerte y capaz de seguir adelante.

Este ejercicio utiliza la imagen de un collar o de un brazalete hecho con varias cuentas. Si esta imagen no es adecuada para usted, intente con otra, como tejer un tapiz con hilos de experiencias positivas, o imaginar un jardín de flores, un mosaico hermoso o un libro con bellas páginas. Puede encontrar la imagen correcta para usted. Puede hacer un álbum de recortes o también una obra de arte si prefiere algo más tangible.

> Imagine que usted, y todas sus partes, están haciéndose un collar bonito o un brazalete. Está hecho de cuentas hermosas de madera, de cristal, de cerámica, de metal, de luz, de agua, de piedra; puede utilizar cualquier material que le atraiga. Pero además, estas cuentas tienen una cualidad especial: cada una representa una experiencia actual buena, positiva y agradable. No es necesario que sean grandes experiencias, solo cosas simples que han aportado un momento de satisfacción, felicidad o calma a su vida. Por ejemplo, podría ser una taza de té placentera con los pies en alto, un paseo en el bosque, una buena noche de sueño, una cena con un amigo, el sentimiento de ser aceptado y entendido por su terapeuta, la sensación de avance en su sanación, la satisfacción de terminar un proyecto. Permita a cada parte añadir cuentas. Debe añadir cuentas orgullosas, conmovedoras, esperanzadoras, felices, tontas, juguetonas, seguras, cariñosas, divertidas o amistosas. También cuentas de fuerza y serenidad, perseverancia y paz, valentía y amabilidad, entereza y calma. Está haciendo una creación propia exactamente de la forma que quiere. ¡Puede transformarla en un chaleco, un abrigo o una manta que le cubra! Puede observar su creación, llevarla puesta, sostenerla, mirar la luz que reflejan las distintas cuentas. Sentir su peso, ya sean ligeras o algo pesadas y sentir su textura, ya sean suaves o rugosas. Puede incluso haber cuentas que produzcan sonidos como pequeños y alegres tintineos de campanillas o suaves chasquidos y golpeteos. Tiene completa libertad en el diseño de su creación y, si le sirve, puede también imaginar que tiene una caja muy especial en la que puede guardarlas. Si tiene tal caja, o elige hacer una, también puede guardar notas de otros recuerdos, sucesos especiales o momentos de su vida. De este modo, puede volver una y otra vez a experiencias que son buenas y agradables. Después de todo, sus recuerdos no son solo experiencias dolorosas sino también buenas y positivas.

Hoja de tareas 20.1
Identificar sus errores cognitivos

1. Revise la lista de errores cognitivos expuestos anteriormente. Enumere a continuación los patrones de pensamientos que reconoce como suyos o de alguna de sus partes. Ponga ejemplos, si es posible.

2. Describa cualquier ejemplo en el que una parte de usted no comparte el o los errores cognitivos con otra de sus partes.

3. Describa una situación reciente en la que usted tuviera que competir con uno de esos patrones de pensamiento. Describa el pensamiento y el nombre del o de los errores cognitivos concretos implicados y un posible desafío al pensamiento.

Ejemplo

Error cognitivo: *Las personas me ignoran en una fiesta y siento que nadie se preocupa por mí.*

Efectos del error cognitivo: *Durante la fiesta me siento avergonzado y como si fuera un extraterrestre. Una parte de mí estaba gritando vamos a casa y otra parte me estaba diciendo lo imbécil que era. En definitiva, me sentía realmente solo y quería lastimarme y alejarme del mundo.*

Posible desafío: *Todavía no estoy cómodo en las fiestas y no hago esfuerzos para hablar. Unas pocas personas dicen hola pero respondo a duras penas, así que me dejan. Tal vez no es que no les guste, sino que me pongo muy ansioso ante una conversación. Me pregunto si estoy transmitiendo el mensaje de que me dejen solo.*

Hoja de tareas 20.2
Identificar tipos de errores cognitivos

A continuación encontrará tres ejemplos de errores cognitivos. Lea cada uno y después lea el desafío para cada distorsión. Debajo de cada ejemplo escriba el error cognitivo en juego. Puede volver a la lista de errores cognitivos si fuera necesario.

Ejemplo 1

"Puedo ver por tu cara lo que estás pensando. Estás enfadado conmigo".

Desafío: En realidad, aunque la expresión facial puede darle una pista sobre lo que alguien está pensando, no puede leer su mente. Debido a sus experiencias negativas en el pasado, usted (o ciertas partes de usted) a menudo solo presta atención a las señales que quizá indican amenaza y no a aquellas que pueden indicar seguridad. Así que si la persona está frunciendo un poco el ceño, tal vez lo interprete como que dicha persona está enfadada y que de alguna forma le hará daño. De hecho, la persona puede no estar enfadada sino que quizá esté concentrada en lo que usted está diciendo o quizá incluso tenga dolor de cabeza.

¿Cuál es el error cognitivo?

Ejemplo 2

Está cenando en casa de un amigo y este va a la cocina un momento a terminar de preparar la comida. El teléfono suena y corre hacia él que se encuentra cerca de donde usted está sentado. Todavía tiene en la mano el cuchillo que ha estado utilizando para cortar las verduras. Ve el cuchillo y esto le provoca que usted y otras partes de usted ya no perciban más a su amigo de forma exacta. Cree que él le va a atacar en un abrir y cerrar de ojos.

Desafío: Aunque una parte de usted está removida, otra sabe que su amigo nunca le haría daño y que no es peligroso. Es capaz de mirar a su alrededor, ver dónde se encuentra y recordar el largo y maravilloso pasado con su amigo. Todo está bien y el miedo es algo que está dentro de usted, no proviene de nada externo.

¿Cuál es el error cognitivo?

Ejemplo 3

Vive al lado de una familia con niños pequeños. Cada vez que usted o una parte oye a uno de los niños llorar, cree que algo terrible le ha ocurrido.

Desafío: En realidad, observa que esos niños no lloran a menudo o durante largos periodos de tiempo; sus padres rápidamente los consuelan; no gritan de angustia; por el contrario parecen felices, sanos, energéticos, juguetones y sociables. No hay razón para pensar que su llanto ocasional no sea algo normal.

¿Cuál es el error cognitivo?

21 Cuestionar los pensamientos y las creencias básicas disfuncionales

PROGRAMA

- Bienvenida y reflexiones sobre la sesión anterior.
- Coloquio sobre las tareas.
- Descanso.
- Tema: Cuestionar los pensamientos y las creencias básicas disfuncionales.
  - Introducción.
  - Bucles de *feedback*.
  - Explorar sus pensamientos cuando padece un trastorno disociativo complejo.
  - Reflexiones para entender y cuestionar sus pensamientos y creencias básicas.
- Tareas:
  - Releer el capítulo.
  - Completar la hoja de tareas 21.1, cuestionar los pensamientos inexactos y las creencias básicas.
  - Completar la hoja de tareas 21.2, desarrollar pensamientos positivos y creencias realistas.

Introducción

En los últimos dos capítulos, aprendió cómo los errores cognitivos pueden influir, reforzar y mantener las creencias básicas y los pensamientos negativos. Aprendió que las emociones afectan al cómo percibe las situaciones e intenciones de otras personas, las predicciones que hace de lo que sucederá en el futuro y cómo actúa. Es como si llevara unas gafas de color y todo lo que percibiera se tiñera de ese color. Además, cada parte de usted puede tener gafas de diferentes colores. En este capítulo aprenderá más sobre cómo las emociones, creencias básicas, pensamientos y ciertos errores cognitivos están relacionados y, a su vez, cómo afectan su capacidad de apreciar una situación con precisión, concretamente las situaciones relacionales.

Bucles de *feedback*

Como destacamos anteriormente, las emociones, las cogniciones, las percepciones (cómo interpretamos una situación), las sensaciones y el movimiento, las predicciones (lo que esperamos que ocurra en el futuro) y la toma de decisiones trabajan todos juntos en un bucle de *feedback* sin interrupciones (Van der Hart y otros, 2006). Cada uno proporciona y recibe *feedback* de los demás. De este modo, podemos desarrollar formas relativamente fijas y cerradas de estar en y ver el mundo. Estamos en un bucle de *feedback* negativo. Por ejemplo, las creencias básicas negativas promueven y mantienen emociones abrumadoras y viceversa.

A modo de ejemplo, volvamos sobre el escenario en el que la amiga pasa a su lado sin reconocerle. Si no es reflexivo cuando la ve pasar, quizá tenga una reacción inmediata. Esta reacción se basa en un bucle de *feedback* que consiste en lo siguiente:

- Percepciones (verla pasar sin que le salude; sus ojos miran hacia delante).
- Pensamientos (*"No la gusto. Soy un perdedor"*).

- Emociones (vergüenza, dolor, ira).
- Sensaciones (agitación en la boca del estómago, cara ruborizada).
- Movimientos (hombros encorvados, ojos abatidos, ganas de salir corriendo y desaparecer).
- Predicciones (*"Nadie me querrá nunca; las cosas siempre me irán mal"*).
- Toma de decisiones (*"De ahora en adelante evitaré a la gente. Prefiero estar solo"*).
- Acciones (aislamiento, evitación de llamadas telefónicas, rechazo de invitaciones a hacer cosas con otros).

Puede ver cómo esas experiencias no son secuenciales; es decir, una no precede a o causa la otra, pero cada una afecta a los demás simultáneamente. Todas forman parte de un paquete.

Puede que solo sea consciente de una de esas experiencias, como una emoción. Quizá cuando su amiga pasó a su lado sintió vergüenza. Puede identificar la vergüenza, pero se siente demasiado paralizado o colapsado como para pensar conscientemente. De todas formas, sus percepciones, predicciones, emociones, etc. implican la presencia de pensamiento. Estas cogniciones, llamadas *pensamientos automáticos*, están relacionadas con las creencias básicas y pueden hallarse justo bajo la superficie de su conciencia, tan insidiosas y rápidas que no las atrapa. A menudo contienen errores cognitivos, como el pensamiento de todo o nada y la sobregeneralización (*"a nadie le importo"*). A medida que se vuelve más competente en reflexionar –quizá primero retrospectivamente–, puede empezar a identificar y explorar todas las demás experiencias: percepciones, predicciones, pensamientos, sensaciones y movimientos. En este capítulo se centrará en identificar los pensamientos y creencias básicos negativos dentro en este bucle de *feedback* y en aprender a explorarlos y refutarlos.

La importancia de reflexionar y la capacidad de ajustar sus respuestas al presente se transmite hasta el futuro, porque usted basa sus predicciones acerca de lo que sucede a continuación en sus percepciones, pensamientos, creencias, emociones, etc. actuales. Por ejemplo, si usted o cierta parte disociada de usted cree que su amiga le ha ignorado deliberadamente, quizá empiece a evitar a esa persona y permanezca enfadado, herido o avergonzado. Si la vuelve a ver, estará atento en busca de pistas que digan que ella le está rechazando. Cada uno de sus movimientos, de sus frases ambiguas, cada expresión facial son ahora escudriñadas en busca de signos de rechazo. Dado que lo predice, puede interpretar fácilmente lo que ve como un rechazo. Quizá corte completamente el contacto con su amiga, reforzando sus creencias de que nadie es seguro y de que usted no es digno de aprecio, dejándole en un estado doloroso de vergüenza y soledad. Cuando todas las partes de usted puedan estar más abiertas a las posibles interpretaciones alternativas más neutrales o positivas de una situación, puede que no se sienta tan negativo sobre usted mismo y sobre alguno de los que le rodean.

Con este ejemplo puede ver por qué es vital aprender a reconocer los pensamientos que surgen de las viejas creencias básicas negativas y después considerar reflexivamente si estos pensamientos continúan siendo válidos en el presente. ¿Son correctos? ¿Qué pruebas tiene? ¿Puede pensar en alguna experiencia que proporcione evidencia en contra? ¿Estas creencias le ayudan a lograr sus metas de estar a salvo, conectado y seguro de sí mismo en el mundo? Utilizar estas preguntas puede ayudarle a cuestionar alguna de sus creencias, que quizá no estén adaptadas al presente.

Por supuesto, incluso cuando reconoce que la situación no es peligrosa para usted, quizá sienta todavía con fuerza que lo es, porque alguna/s de su/s parte/s puede estar estancada en el pasado. Esta brecha entre lo que usted sabe cognitivamente y lo que usted siente puede salvarse con la reflexión interna con todas las partes; esto le ayudará a empezar a entender y a resolver los conflictos internos y la falta de orientación hacia el presente. En la próxima sección abordaremos cómo puede explorar sus pensamientos y practicar la reflexión diariamente a su propio ritmo. El progreso llega aun cuando pueda ser en pequeños aumentos.

Explorar sus pensamientos cuando padece un trastorno disociativo complejo

Cuando usted padece una disociación crónica, explorar sus pensamientos puede suponer un desafío especial, debido a los conflictos y barreras internos entre sus diversas partes. Quizá no sea capaz de recordar situaciones específicas: puede tener amnesia, así que debe ser difícil saber lo que otra parte de usted está pensando en ese momento. Puede tener pensamientos que parecen asaltan su mente salidos de la nada y no tiene ni idea de dónde vienen o de qué tratan, porque pertenecen a partes de usted de las que no es muy consciente. Además puede sentirse ofuscado y confuso si varios pensamientos diferentes de varias partes se arremolinan en a su cabeza al mismo tiempo. Alguno de esos pensamientos no parecen pertenecerle; no obstante, están en su mente y pueden influir sobre sus percepciones, emociones, comportamientos y predicciones. Como explicamos anteriormente, algunas partes estancadas en el momento del trauma pueden tener sus propios bucles de *feedback* diferentes de los de usted, así que tienen dificultad en percibir con exactitud la situación actual, o incluso simplemente en percibirla. Experimentan el presente como el pasado y puede que nunca se hayan preguntado sobre la exactitud de sus pensamientos y emociones ni la interpretación de las circunstancias actuales.

Incluso con estas luchas internas, encontrará que es valioso explorar coherentemente sus pensamientos y creencias básicas y cómo afectan a sus emociones, predicciones, decisiones y acciones. Puede empezar con pensamientos sobre una situación que recuerde claramente. A medida que la comunicación interna aumente entre todas sus partes se volverá más consciente de los pensamientos de partes concretas y de cómo puede reflexionar más eficazmente y ayudar a modificar esos pensamientos. Todas las partes de usted pueden contribuir a ayudarle como persona completa a aprender a cambiar sus creencias a lo largo del tiempo. Al final, las partes de usted que tengan creencias básicas y pensamientos más realistas y positivos pueden ayudar a aquellas que los tienen más rígidos y negativos.

Reflexiones para entender y cuestionar sus creencias básicas y pensamientos

Cuando quiera explorar y cuestionar pensamientos preocupantes y negativos sobre una situación concreta, puede reflexionar utilizando las siguientes preguntas como guía. Puede que no sepa todas las respuestas. Está bien, pero cuanto más practique, más comprensivo se volverá con sus creencias y las irá cambiando con el tiempo.

- Empiece describiendo la situación. ¿Qué ocurrió? ¿Recuerda claramente la situación? ¿Ha tenido en cuenta el contexto completo de la situación? Si no es así, ¿puede pedir ayuda para comprender a las partes internas?
- ¿Qué pensamientos tuvo usted, o partes de usted? Si a su mente llegó más de un pensamiento, intente escribirlos, aun cuando sean contradictorios.
- Revise la lista de errores cognitivos del capítulo previo para ver si alguno puede aplicarse a su pensamiento.
- Decida qué pensamiento suscita la emoción más negativa. ¿Parece que dicho pensamiento fuera propio o perteneciera a una parte de usted mismo? Si fuese así, ¿puede comunicarse con compasión con esa parte?
- ¿Qué prueba tiene de que su percepción de la situación y los pensamientos sobre la misma son exactos en el momento presente?
- ¿Hay algún aspecto positivo de la situación que usted (u otras partes) están ignorando o pasando por alto?
- ¿Han tenido usted o partes de usted alguna experiencia que contradiga sus percepciones y pensamientos sobre esta situación?
- Si usted fuera a compartir sus pensamientos sobre su experiencia con alguien en quien confiara, ¿qué imagina que diría esa persona?
- Si alguien más estuviera implicado en la situación, ¿estaría dispuesto a revisar sus percepciones y pensamientos con esa persona?

- ¿Qué contraargumentos o explicaciones alternativas podría pensar que quizá sean diferentes de la forma en que usted percibe la situación y los pensamientos que tuvo?
- Si los pensamientos pertenecen con claridad a otras partes de usted, hable internamente u organice una reunión interna para discutir la posibilidad de que esos pensamientos quizá no sean completamente acertados para la situación actual (véase también el capítulo 27 sobre la toma de decisiones).

Hoja de tareas 21.1
Cuestionar los pensamientos inexactos y las creencias básicas

1. Describa cuatro pensamientos y creencias básicas disfuncionales o inexactos de los que haya sido consciente esta semana.

2. A continuación escriba afirmaciones o experiencias que cuestionen o refuten el pensamiento o creencia básica (quizá con la ayuda de otras partes de usted mismo). Si fuese necesario, vuelva a leer la lista de creencias básicas realistas sanas del capítulo 20. Si algunas partes no están de acuerdo con refutar las afirmaciones, escríbalas igualmente y márquelas. Después puede establecer un diálogo con esas partes para alcanzar una base común interna.

3. Describa cualquier obstáculo interno para cuestionar sus pensamientos y creencias.

4. Describa, si puede, opciones para reducir los obstáculos internos.

Ejemplo

1. ***Pensamiento o creencia básica disfuncional:*** *¡Nunca puedo hacer nada bien!*
2. ***Refutar afirmaciones y experiencias:*** *Salgo de la cama, me ducho, tomo un desayuno sano y termino mis tareas domésticas. Hice todas esas cosas bien. Puedo hacer algunas cosas bien.*
3. ***Obstáculos para cambiar la creencia:*** *Una parte de mí continúa diciéndome que ni si quiera podría salir de forma adecuada de la cama porque simplemente no era bueno como persona. Otra no deja de gritar, "¡Estúpido, estúpido!".*

4. ***Soluciones a los obstáculos internos:*** *Necesito reconocer que tengo algo de miedo de estar bien, no mal continuamente. Puedo empatizar con partes que me regañan con la intención de que no cometa más errores. Puedo observar lo que ocurre dentro de mí cuando realmente hago algo bien.*

Pensamiento o creencia básica disfuncional:

Refutar afirmaciones y experiencias:

Obstáculos para cambiar la creencia:

Soluciones a los obstáculos internos:

Pensamiento o creencia básica disfuncional:

Refutar afirmaciones y experiencias:

Obstáculos para cambiar la creencia:

Soluciones a los obstáculos internos:

Pensamiento o creencia básica disfuncional:

Refutar afirmaciones y experiencias:

Obstáculos para cambiar la creencia:

Soluciones a los obstáculos internos:

Pensamiento o creencia básica disfuncional:

Refutar afirmaciones y experiencias:

Obstáculos para cambiar la creencia:

Soluciones a los obstáculos internos:

Hoja de tareas 21.2
Desarrollar pensamientos y creencias realistas positivos

Haga una lista con sus propias creencias y pensamientos realistas positivos. Incluya todas las partes de usted mismo en este ejercicio y escriba incluso aquellas creencias con las que todas las partes no están de acuerdo.

1.

2.

3.

4.

5.

6.

7.

8.

9.

10.

Quinta parte
Repaso de habilidades

Ha aprendido varias habilidades en esta sección del manual. A continuación encontrará una revisión de dichas habilidades y una oportunidad de desarrollarlas. Cuando repase, le animamos a que vuelva sobre los capítulos, los lea de nuevo y practique otra vez las tareas paulatinamente. Recuerde que la práctica diaria regular es esencial para aprender nuevas habilidades.

Para cada habilidad establecida a continuación, conteste a las siguientes preguntas:

1. ¿En qué situaciones puso en práctica esta habilidad?
2. ¿Cómo le ayudó?
3. ¿Con qué dificultades se ha encontrado en la práctica de la misma?
4. ¿Qué ayuda adicional o recursos puede necesitar para sentirse más satisfecho en dominar esta habilidad?

Capítulo 17, Ejercicio de Mindfulness

1.

2.

3.

4.

Capítulo 17, Identificar emociones

1.

2.

3.

4.

Capítulo 18, Estrategias para hacer frente al sentir demasiado o sentir muy poco (distracción; contención; calmarse y tranquilizarse; orientarse al presente; actividad y estimulación mental; cuidar de partes de usted mismo)

1.

2.

3.

4.

Capítulo 18, Aprender sobre su Ventana de Tolerancia

1.

2.

3.

4.

Capítulo 19, Identificar sus creencias básicas negativas

1.

2.

3.

4.

Capítulo 19, Desarrollar creencias básicas realistas y sanas

1.

2.

3.

4.

Capítulo 20, Ejercicio del Collar de experiencias positivas

1.

2.

3.

4.

Capítulo 20, Identificar sus errores cognitivos

1.

2.

3.

4.

Capítulo 21, Cuestionar sus pensamientos y creencias básicas inexactos

1.

2.

3.

4.

Capítulo 21, Identificar creencias realistas y sanas

1.

2.

3.

4.

VI Habilidades avanzadas de afrontamiento

22 Manejar la ira

PROGRAMA

- Bienvenida y reflexiones sobre la sesión anterior.
- Coloquio sobre las tareas.
- Descanso.
- Tema: Manejar la ira.
  - Introducción.
  - Comprender la ira.
  - La ira en las personas con un trastorno disociativo complejo.
  - Consejos para manejar la ira.
  - Trabajar con partes de usted para manejar y resolver la ira.
- Tareas:
  - Releer el capítulo.
  - Completar la hoja de tareas 22.1, comprender su experiencia con la ira.
  - Completar la hoja de tareas 22.2, comprender y manejar sus partes disociadas enfadadas.

Introducción

La ira es natural y sana. Sin embargo, puede ser una emoción poderosa e inquietante. Las personas gravemente traumatizadas, especialmente por otros seres humanos, suelen tener sentimientos intensos de ira, rabia e, incluso, odio y venganza. Es completamente natural reaccionar con ira como forma de protegerse y distanciarse cuando alguien le ha herido intencionalmente. No obstante, cuando la ira se vuelve crónica y no se resuelve, cuando se inhibe durante largos periodos de tiempo o no se controla y se expresa de forma destructiva hacia usted mismo, otras partes de usted u otras personas, se convierte en un obstáculo para las relaciones y la sanación personal. En estos casos, la ira actual casi siempre se intensifica por la ira pasada que está sin resolver, mezclándose con ella. En este capítulo aprenderá más cosas sobre los significados de la ira y cómo regularla y manejarla, si la tiene usted u otras partes suyas.

Entender la ira

En la siguiente sección encontrará algunos datos sobre la ira que le ayudarán a modificar la manera de percibirla y manejarla.

Creencias comunes erróneas sobre la ira

Uno de los aspectos más difíciles de la ira es la intensidad y la sensación de sentirse sobrepasado con que se vive; en el cuerpo se genera mucha energía y las sensaciones físicas de ira son muy potentes. A fin y al cabo, la ira es una tendencia innata diseñada como refuerzo en situaciones amenazantes. Algunas personas creen que su ira les da una sensación de valor y les hace sentirse bien; tienen miedo de que si se les "quita" su ira, perderán su poder y su energía. Es cierto que quizá les proporcione fuerza en el momento, pero hay otras muchas formas de encontrar energía y la sensación de tener control sobre uno mismo, aun estando legítimamente enfadado por motivos justificados.

Muchos individuos traumatizados sienten vergüenza de su ira, porque creen que es "mala" o que serán castigados o rechazados si la expresan o incluso tan solo por sentirla o porque temen que el sentirla les haga "exactamente como" las personas que les hicieron daño. Les da miedo perder el control cuando su ira continua siendo intensa y fácilmente provocada. Como muchas emociones intensas negativas, con frecuencia se repudia la ira y se retiene en varias partes de la personalidad, para que otras partes no necesiten experimentarla y, en su lugar, reaccionar de otras maneras.

Es esencial recordar que la ira es una emoción que guía el comportamiento y no un comportamiento en sí mismo. La ira, como sentimiento, no es ni peligrosa ni mala; es una parte inevitable de la vida. Es el cómo maneja usted la ira lo que la hace adaptativa o no.

La ira como sustituta de otras emociones

La ira puede ser en ocasiones sustituta de otras emociones que son difíciles de tolerar. Por ejemplo, no es infrecuente que las personas expresen ira cuando se sienten avergonzadas o asustadas. Pueden arremeter contra otros, volverla contra sí mismas o incluso contra ambos, como se señala en el capítulo 24 dedicado a la vergüenza y la culpa. Varias partes disociadas pueden encararse unas contra otras. La ira también inhibe el dolor: a veces es importante afligirse, por fin, por lo que usted ha perdido y no puede tener, en lugar de continuar enfadado con lo que no tiene. La aflicción es una forma importante de reconciliarse con la realidad de lo que es y así poder seguir avanzando. La ira puede mantener a las personas bloqueadas e incapacitadas para encontrar otras formas de conseguir lo que necesitan. Cuando la ira es una tapadera de otras emociones, una parte importante de la resolución de la ira consiste en aceptar y resolver esas emociones.

Expresión de la ira

Muchas personas tienen miedo de expresar ira, pero también creen que la única manera de manejarla es "quitársela de encima". Las expresiones intensas, físicas o verbales, de ira pueden aliviar momentáneamente, pero no suelen resolver en absoluto la ira crónica y no modifica cómo se vive la ira internamente. Es decir, la expresión de ira en sí misma no crea cambios positivos ni saludables en el pensar, sentir y percibir. Hay muchas maneras de expresar ira, algunas sanas y otras destructivas. Por ejemplo, las expresiones saludables incluyen hablar respetuosamente sobre ella con alguien, escribir, pintar, entablar un diálogo interno respetuoso, trabajar hacia la resolución positiva de los problemas respecto a los que se siente enfadado, manejar las emociones subyacentes como la vergüenza o aceptar que usted no puede cambiar una situación y seguir adelante.

Las expresiones destructivas de ira incluyen fantasías persistentes de venganza, acciones que dañan a uno mismo o a otros, "descargándola" en gente inocente (o en animales) o en destruir objetos. Algunas personas o partes de ellas quizá sientan la necesidad de expresar ira de forma física, por ejemplo, necesitan golpear una almohada. Aunque no hay nada malo en esto, no soluciona la ira y puede de hecho aumentar su emoción. Solo es sanador cuando la ira se empareja con el control del comportamiento y con un cambio significativo de las creencias básicas. Por ejemplo, una creencia básica negativa puede ser, *"tengo derecho de estar enfadado por todas las cosas malas que me han pasado"*. Esto puede cambiarse por algo como, *"se me hirió y mi ira es justificable. Ahora puedo dejarla marchar y dejar espacio a otros sentimientos puesto que la ira continuada no me ayuda a funcionar y tengo una vida mejor. Puedo aceptar mi propia ira sin temerla"*.

La experiencia del otro enfadado

Las personas traumatizadas, a menudo, experimentan la ira de los demás como peligrosa y aterradora; quizá la asocian con el abuso que sufrieron y de ese modo la relacionan con un comportamiento terrible y fuera de control. Sin embargo, es importante darse cuenta de que sentirse enfadado y actuar destructivamente son dos cosas diferentes y que existen muchas formas de expresar la ira que no son peligrosas. Todo el mundo siente ira de vez en cuando y la mayoría de las personas son capaces de sentir y expresarla apropiadamente sin dañar a nadie.

La ira en personas con un trastorno disociativo complejo

A continuación describimos algunas cuestiones excepcionales respecto a la ira que necesitan ser consideradas, con el fin de que usted la gestione con éxito.

- Partes concretas de su personalidad pueden estar enfadadas y ser en general evocadas fácilmente. La ira permanece y usted no integra la emoción como una persona total porque esas partes están disociadas. Aunque los individuos con un trastorno disociativo son responsables de su comportamiento, como cualquier otra persona, con independencia de qué parte esté actuando, pueden sentir poco control sobre esta variedad de partes enrabiadas de sí mismos.
- Algunas partes disociadas quizá eviten o incluso tengan fobia a la ira. Pueden influir a la totalidad de su persona, para que evite conflictos con otros a cualquier precio o para que evite establecer límites claros por miedo a la ira de cualquiera; o quizá le insten a apartarse casi totalmente de los demás.
- Partes de usted que tienen fobia a la ira están generalmente aterrorizadas y avergonzadas de las partes enfadadas disociadas. A menudo existe un enorme conflicto entre las partes de un individuo que evitan la ira y las que están enganchadas a la misma. Por consiguiente, un ciclo interno y perpetuo de ira-vergüenza-miedo crea caos interno y dolor.
- De esta forma, usted, como persona completa, es incapaz de reconciliar los conflictos sobre la ira y de aprender a tolerar y expresarla de forma saludable. La agitación interna y la disociación se mantienen.

Estos problemas con la ira pueden resolverse con paciencia y persistencia, cuando aprenda a tener comprensión interna, empatía, comunicación y cooperación entre todas las partes que le conforman. A continuación tratamos de los tipos frecuentes de partes enfadadas.

Partes disociadas enganchadas a la ira

Las partes disociadas de una persona que están atascadas en la ira pueden experimentar este sentimiento como intenso e incontenible, a menudo sin palabras. Quizá tienen una urgencia irresistible de actuar agresivamente y experimentan gran dificultad para pensar y reflexionar sobre sus sentimientos antes de actuar. Las partes enfadadas no han aprendido cómo experimentar o expresar la ira de forma útil.

Hay dos tipos de partes disociadas encolerizadas. Al primero pertenecen partes que están estancadas en un modo de lucha defensiva, dispuestas a protegerle. Su cólera ante injusticias previas puede ser legítima y acompaña naturalmente a una tendencia a golpear o luchar, que constituye una estrategia de supervivencia esencial. Sin embargo, dichas partes se han quedado atascadas en la ira, incapaces de experimentar nada más. Perciben de forma rígida la amenaza y las malas intenciones en cualquier situación y reaccionan con ira y agresión como única opción de respuesta. Aunque esas partes de usted todavía no puedan darse cuenta de ello, la ira es habitualmente una protección contra los sentimientos vulnerables de vergüenza, miedo, dolor, desesperación, impotencia y pérdida.

El segundo tipo de parte encolerizada puede parecerse mucho al perpetrador o perpetradores originales Imitan a aquéllos que le hirieron en el pasado y pueden experimentarse internamente como el/los perpetrador/es real/es. Esta experiencia puede ser particularmente atemorizante, desconcertante y causar vergüenza. Sin lugar a dudas, es una forma muy común de afrontar el estar traumatizado. De hecho, aunque estas partes pueden tener algunas similitudes con aquéllos que le hicieron daño, también tienen diferencias significativas: son partes de usted como persona completa, que están tratando de manejar experiencias traumáticas no resueltas. Algunas veces, esas partes pueden parecer internamente más poderosas y agresivas hacia otras partes de lo que son externamente, aunque en algunos casos esas partes pueden también manifestarse externamente frente a otras personas. Y como partes que luchan, también existen para protegerle y, a menudo, sostienen sentimientos insoportables de furia e impotencia que usted todavía no es capaz de aceptar como propios.

Habitualmente las creencias de las partes enfadadas le protegen contra la toma de conciencia de cualquier debilidad, vulnerabilidad o incompetencia percibidas que pudieran llevar al rechazo, a la burla o al abuso. Quizá oiga voces en su interior que digan cosas como, *"la terapia es para gente loca; estás loco y todo el mundo lo sabe"; "eres un llorón"; "deja de lamentarte"; "¿por qué piensas que podrías conseguir un aumento?, tu jefe piensa que eres un idiota".* Estas partes se esfuerzan todo lo que pueden para mantener la "seguridad", evitando los errores y la vulnerabilidad y no permiten el desarrollo de lo que les parezca falsas esperanzas que pudieran frustrarse. Incluso en situaciones en las que distintas formas de afrontamiento serían más adaptativas, mantienen su forma rígida de percibir, pensar, sentir y actuar porque viven anclados en el momento del trauma. Por ejemplo, no importa lo coherente y seguro que parezca el terapeuta, una voz interna puede advertirle contra la confianza, porque *"no durará y te dará una patada cuando estés mal; sólo quiere controlarte".*

Por último, las partes enfadadas, suelen tener miedo de que no se las quiera. Efectivamente, hasta que desarrollen una mejor comprensión de esas partes, la mayoría de los individuos desean deshacerse de ellas. Es importante darse cuenta de que las partes enojadas, como cualquier otra parte, le pertenecen a usted como persona completa. Quizá no le gusten sus métodos, pero la intención subyacente es protegerle. Usted siempre puede aprender formas diferentes y más efectivas de protegerse y esas partes disociadas pueden participar y llegar a ser realmente sus mejores aliados internos. Puede aprender de ellas que es capaz de protegerse en la inmensa mayoría de situaciones. Lo cierto es que la ira sana es una capacidad innata válida para la supervivencia y, en algunas circunstancias, no solamente es normal sino también necesaria.

Las partes que imitan al perpetrador o a los perpetradores, habitualmente, recrean aspectos del pasado traumático. A menudo, repiten como papagayos lo que se les dijo, o algo similar, con una voz interna que suena como la de aquellos. Estas frases le producen normalmente sentimientos de desprecio y rechazo, vergüenza y miedo, como le ocurría en el pasado. Por ejemplo, muchas personas con un trastorno disociativo oyen voces encolerizadas que dicen cosas como: *"Tú lo pediste"; "eres tan estúpido"; "no te mereces nada"; "si lo cuentas te haré daño, así que cállate"*. En realidad, todavía no son capaces de distinguir entre el pasado y el presente. Como mencionábamos anteriormente, viven en el momento del trauma. Por tanto, a menudo tienen una posición de soledad, son condenadas al ostracismo y despreciadas por otras partes disociadas, son objeto de miedo y vergüenza internos. Forman parte de una reconstrucción interna del pasado traumático que da vueltas interminablemente e implica a todas las partes del ser.

Partes disociadas que evitan la ira

Otras partes disociadas evitan la ira a toda costa, como apuntábamos anteriormente. Algunas pueden estar atrapadas en el pasado, al creer o simplemente sentir que la ira les hace más vulnerables, esto es, que invita a más dolor y sufrimiento. Por lo tanto, estas partes, como las partes enojadas, tienen formas limitadas y rígidas de protegerse a sí mismas. Las partes que evitan la ira siempre tienden a minimizar o negar sus necesidades o deseos, trabajan para apaciguar a los demás y tienen propensión a quedarse inmóviles o cerrarse. Dichas partes casi nunca sienten ira, ni siquiera cuando sería apropiado sentirla. Pueden asociar la ira con el perpetrador, lo cual es confuso y aterrador. Juzgan los comportamientos de las partes enfadadas y tienen miedo o sienten vergüenza de ellas. Las partes que evitan la ira a menudo la asocian con perder el control, causar dolor y ser "malo".

La persona en su totalidad experimenta un estancamiento: está atrapada entre las creencias y los mecanismos de defensa en oposición de las partes que evitan la ira y de las que son proclives a ella. Algunas partes creen que estar enfadado es peligroso y vergonzoso, mientras que otras creen que ser vulnerable es lo peligroso y vergonzoso.

Recursos para manejar la ira

- El enfado se manifiesta con muchos niveles de intensidad, desde la irritación leve o fastidio hasta la ira o furia. Cuanto antes sea capaz de hacer esas distinciones y ser consciente del enfado ligero, como es la irritación, más fácil será intervenir antes de que la ira se convierta en abrumadora.
- Puede aprender a ser consciente de sus propios signos físicos de ira. El enfado se asocia típicamente con un sentimiento de opresión o de tensión en su cuerpo, las mandíbulas apretadas y/o los puños, el sentirse ruborizado y tembloroso, la respiración pesada, el ritmo cardíaco acelerado, una sensación de calor o un aumento de la energía a través de su cuerpo. Observar sus sensaciones corporales puede ser una forma muy eficaz de saber si está enfadado. Quizá haya aprendido a reaccionar automáticamente a las sensaciones físicas que acompañan a la ira como desencadenantes para evitar las emociones o pensamientos de enfado.
- Las partes enojadas pueden parecer "enemigos" o "alborotadores" internos, pero realmente no lo son, incluidas aquellas partes que actúan como perpetradores. Simplemente constituyen una forma mediante la que usted intenta manejarse. Debe aprender a empatizar con la difícil situación de tener muy limitadas habilidades de gestión y con el ser rechazadas por otras partes, que están solas con su dolor, miedo y vergüenza, y de no aceptar su comportamiento inapropiado, interno o externo.
- Una vez que sienta alguna empatía hacia esas partes, puede empezar a comunicarse con ellas, escuchar con mayor comprensión lo que se esconde "bajo" la ira. Asimismo, puede también pedir a su terapeuta que le ayude a comunicarse con sus partes enfadadas.
- Para las partes enfadadas es importante que se den cuenta de que usted no se "deshará de" ellas, de que tienen funciones de protección y de que son invitadas a participar en terapia junto con todas las demás partes suyas.

- Las partes enojadas son partes poderosas que gradualmente pueden ser estimuladas para utilizar su fuerza de formas más positivas, como, por ejemplo, ayudándole a lograr metas importantes en su vida y a ser más asertivo cuando sea necesario.
- No es malo sentirse enfadado. La ira es una emoción humana innata, normal e inevitable que es universal. Solo es importante cómo la expresa externa o internamente. ¿Le ayuda conseguir lo que desea sin herir a nadie? ¿Es respetuoso? ¿Está dentro de su ventana de tolerancia? ¿Le lleva a experiencias positivas en lugar de a otras más negativas?
- Observe si la intensidad de la ira que usted o algunas partes suyas sienten es apropiada a la situación. Quizá le ayude comprobar cómo otras personas responden en la misma circunstancia. Por ejemplo, puede observar si usted es la única persona en una reunión que sistemáticamente se enfada porque las personas parezcan muy incompetentes y, si es así, intente descubrir por qué otros no parecen tener dificultades con la ira en esas situaciones.
- Pruebe con formas no verbales creativas y sanas de expresar su ira: escribir, dibujar, pintar, hacer un collage.
- El ejercicio físico puede ser útil como válvula de escape para la energía física generada por la ira fisiológica.
- Reflexione sobre su ira, es decir, trate de entenderla en lugar limitarse a darle rienda suelta. Puede imaginarse que se observa desde la distancia y siente curiosidad sobre el porqué está enfadado. Es fácil echar la culpa a las circunstancias o a otros por cómo se siente pero, en realidad, son sus propios pensamientos internos, sus percepciones y predicciones el combustible de su ira.
- Dese una vuelta, aléjese de la situación si siente que se está enfadando mucho. Cuente despacio hasta diez, o incluso hasta cien, antes de decir o hacer algo de lo que se lamentará más tarde. Ponga en práctica la respiración calmada. Distráigase. Ayude a las partes internas a calmarse.

- Por supuesto, lo que funciona con una de sus partes no funciona para otra. Es importante para cada una tener formas de calmarse que funcionen. Mientras que algunas partes pueden beneficiarse con la distracción o lo relajante, otras pueden encontrar más útil ocuparse en actividades físicas energéticas.
- Mantenga una conversación interna con partes de usted mismo sobre la ira y cómo expresarla. Permita a todas sus partes compartir sus temores y creencias sobre la ira. Negocie con respecto a las formas ligeras y seguras de expresar la ira con la que estén de acuerdo todas sus partes.
- La ira, como todas las emociones, tiene un inicio, un punto medio y un final. Observe cuándo comienza y cómo se intensifica y decrece. Preste atención a sus pensamientos, sensaciones, percepciones y predicciones internas. Observe qué habilidades y apoyos diversos necesitan las diferentes partes para gestionar la ira más apropiadamente.
- Observe a las personas de confianza de su vida y vea cómo manejan su propia ira. ¿Aceptan estar enfadadas? ¿Son respetuosas y competentes con su ira? ¿Podría usted practicar esas estrategias específicas que ellas utilizan?
- La ira saludable puede proporcionar una fuerza y una energía positiva. Puede ayudarle a ser apropiadamente asertivo, establecer límites claros y afrontar los males del mundo. La ira puede allanar el camino a otras emociones, conduciendo a la resolución de los conflictos relacionales.
- Averigüe cuáles son los desencadenantes más comunes de su ira. Una vez que conoce esos desencadenantes, puede ser más consciente de cuándo ocurren y más capaz de prevenir una reacción automática de ira. Establezca una comunicación interna entre sus partes para reconocer los desencadenantes y negociar posibles estrategias de ayuda para manejarlos en lugar de limitarse a reaccionar.
- Puede intentar permitirse experimentar solo una pequeña cantidad de ira desde otra parte de usted: una gota, una cucharadita, el 1% o el 2%. A cambio, puede compartir con sus partes enfadadas sentimientos de calma y seguridad.

Trabajar con partes de usted mismo para manejar y resolver la ira

Tan pronto como sea consciente de sus sentimientos de irritación o ira, imagínese manteniendo una reunión interna para entender si esta ira es algo que todas sus partes comparten o si sólo la experimentan alguna de ellas. Haga un esfuerzo por observar lo que desencadena esos sentimientos. Es muy importante observar no solo los desencadenantes externos, sino también los internos. Los desencadenantes internos más poderosos de las partes enojadas son todos los signos (cualquiera de ellos) de debilidad percibida o de estar necesitado: llorar, anhelar, mostrar miedo, vergüenza. Las partes "niño", por ejemplo, pueden sentirse aterrorizadas o llorar internamente, lo cual provoca normalmente que las partes enfadadas traten a las partes jóvenes de forma similar a como fueron tratados de niños. Pueden hacerlo con el fin de prevenir abusos anticipados por parte de otros, como les ocurrió en el pasado, o como una vivencia recurrente automática. Su meta es prevenir cualquier "debilidad" mediante esfuerzos inapropiados de mantenerle a salvo.

Esta es la razón por la que son tan importantes los lugares internos seguros para sus partes jóvenes (véase el capítulo 8). Si estas sienten que están en un lugar seguro, son activadas en menor medida por los desencadenantes. A su vez, la seguridad interna para estas partes disminuye la necesidad de las partes enfadadas de sentir rabia o impotencia. Estas suelen aprender rápidamente que permitir a otras partes sentirse seguras y calmadas redunda en su beneficio; les ayuda a sentirse menos agitadas y exhaustas por estar enfadadas todo el tiempo. De hecho, todas sus partes se benefician de cada pizca de seguridad interna que usted pueda alcanzar.

Por último, para sus partes enojadas puede ser útil tener sus propios lugares y estados seguros. Este puede ser un espacio interno donde no se sientan amenazadas, es decir, un lugar tranquilo donde no tengan que oír ni preocuparse de proteger a otras partes (incluidas las partes más jóvenes de usted mismo) y donde no puedan hacer ningún daño ni puedan ser oídas por otras partes. Por tanto, podrán experimentar algo nuevo, sentimientos más positivos solo por la eliminación temporal del círculo vicioso interno de vulnerabilidad-vergüenza-rabia. *Sin embargo, es esencial que no se "fuerce" a las partes a estar encerradas con el fin de "deshacerse" de ellas o como castigo*. Los lugares y estados seguros deben ser completamente voluntarios y con el propósito de conseguir seguridad y calma, no para evitar. Si necesita ayuda, su terapeuta puede ayudarle a crear estos estados internos de seguridad y calma.

Cuestionar las creencias básicas y utilizar la reflexión para resolver la ira

La ira puede aparecer porque las situaciones del presente se interpretan o perciben desde el punto de vista del pasado. Usted puede aprender a distinguir si su ira es una respuesta al presente o al pasado, o a ambos y si la intensidad es apropiada a la situación. Por ejemplo, si alguien llega tarde a una reunión con usted porque estaba en medio de un atasco, una parte de usted puede sentir enfado como reacción al sentimiento de rechazo o de ser ignorado. Es útil garantizar que todas las partes saben lo que realmente está pasando en el presente para que usted pueda darse cuenta plenamente de que el retraso ni fue intencional ni pretendía herirlo. A menudo, partes de usted todavía viven en el momento del trauma y no son plenamente conscientes del contexto actual. Solo sienten la ira y reaccionan como lo hicieron en el pasado. Quizá crean por ejemplo: *"Otros piensan que yo no valgo nada, así que no les importa mantener la cita conmigo. Quieren hacerme daño a propósito"*. Si estas partes no son conscientes de las circunstancias actuales (por ejemplo, un atasco impide que la persona llegue a tiempo), y si no pueden entender que la persona quizá no tenga malas intenciones, nunca podrán cambiar esta creencia y la ira se perpetuará.

Concederse tiempo fuera

Si su ira suele aumentar en pocos instantes, especialmente respecto a otras personas, la mejor estrategia es abandonar la situación inmediatamente. Si tiene una relación, puede hacer un contrato con su pareja en el que cada uno de ustedes tiene su propia señal que indica la necesidad de tener retirarse temporalmente. Una vez que ha abandonado la situación respetuosamente es importante que todas las partes se ayuden entre sí a calmarse. La habilidad más importante a utilizar es la reflexión. Intente dejar de estar enfadado el tiempo suficiente como para calmarse y reconocer su ira. Entonces puede reflexionar sobre la situación, la intensidad con que la siente y qué pensamientos, percepciones y predicciones puede tener que perpetúen su ira. Puede utilizar cualquier método para calmarse que mejor le convenga (dar paseos, escuchar música, practicar ejercicios de relajación o acudir a su lugar seguro). Si está en una relación de pareja, es esencial tener un acuerdo para discutir la situación más tarde de forma calmada, cuando los dos son capaces de entender la posición del otro, exactamente como está aprendiendo a hacer entre las partes de usted mismo.

Hoja de tareas 22.1
Entender su experiencia de ira

Describa una situación actual en la que usted o algunas partes sientan ira.

1. Describa la situación.

2. ¿Qué pensamientos ha tenido usted u otras partes durante dicha situación?

3. Describa cualquier tendencia (en usted o partes de usted) a dirigir la ira hacia sí mismo. ¿Qué pensamientos o creencias sobre usted fueron los que despertaron esta ira?

4. Describa sus sensaciones físicas de ira, por ejemplo, aceleración del ritmo cardíaco, temblores, sudoración, frío, calor, etc.

5. Describa cualquier tendencia a evitar su ira, por ejemplo, distanciarse, distraerse, sentirse despersonalizado o cambiarse por otra parte.

6. Describa retrospectivamente describa cualquier percepción inexacta o inadaptada de la situación o de su propia ira. Por ejemplo, algunas de sus partes viven internamente a su terapeuta "como si fuera" una persona del pasado que le hirió.

7. Describa cualquier tentativa de comunicación interna durante o después del suceso, para trabajar mejor y comprender la situación. ¿Qué fue útil (o no) de la comunicación?

   Si no ha sido capaz de participar en ninguna comunicación interna, por favor describa lo que se lo ha impedido. Por ejemplo, no se le ocurrió hacer eso; sintió que no serviría; no quiere dejar de estar enojado; tiene demasiado miedo a su/s parte/s enfadada/s o algunas partes de usted no se lo permiten.

8. ¿Qué técnicas de distracción o de relajación usted o partes de usted intentan utilizar, si es que utiliza alguna? Describa en qué medida fueron o no fueron efectivas.

9. Enumere dos estrategias saludables de ayuda que a usted y a todas las partes les gustaría aprender a utilizar en el futuro cuando se sienta enfadado. Describa los obstáculos para utilizarlas en el presente.

Hoja de tareas 22.2
Entender y manejar sus partes disociadas enfadadas

Si es consciente o sospecha que puede tener partes disociadas enfadadas, por favor complete la siguiente hoja de tareas.

1. Describa cómo sabe que una parte suya está enfadada (por ejemplo, por escuchar una voz enojada, porque le han dicho que estaba actuando con enfado pero no recuerda el episodio, por sentirse enfadado "por nada", lo cual no tiene sentido para usted).

2. Describa su respuesta a las partes enfadadas (por ejemplo, se siente avergonzado, temeroso o paralizado).

3. Describa las reacciones de las otras partes, si hay alguna, respecto a las partes enojadas (por ejemplo, sienten miedo, lloran o se evaden con otras cosas).

4. ¿Sabe si las partes enfadadas interactúan de alguna forma con otras partes suyas? Si es así, ¿de qué forma? (por ejemplo, criticando o regañando).

5. ¿Podría empezar a ponerse en el lugar de las partes enfadadas que quizá pretenden que usted funcione mejor, aunque sea de forma desafortunada? Describa algunas posibilidades, por ejemplo, una parte le dice que usted es un fracaso. La intención es protegerle de las consecuencias dolorosas del fracaso, convenciéndole de que usted no puede tener éxito de ninguna manera.

6. ¿Podría imaginar que sus partes enojadas están intentando mantenerle lejos de relaciones para evitar que sea herido o decepcionado de nuevo? Si sus partes enfadadas tratan de convencerle de que usted no puede confiar o acercarse a los demás, por favor descríbalo.

7. Incluso aunque pueda parecerle extraño, trate de agradecer a sus partes enfadadas el tratar de hacer lo mejor que saben para mantenerle a salvo. ¿Puede permitirse tener un poco más de empatía hacia esas partes que forman parte de usted, aun cuando no tolere ningún comportamiento inaceptable? A fin y al cabo, estar enfadado todo el tiempo es agotador y solitario. Quizá a esas partes les gustaría aprender formas adicionales de control con las que pueda sentirse mejor como persona completa.

8. Invite a las partes enfadadas a tener su propio espacio interno seguro, donde no serán molestadas por el caos interno o externo.

23 Afrontar el miedo

PROGRAMA

- Bienvenida y reflexiones sobre la sesión anterior.
- Coloquio sobre las tareas.
- Tema: Afrontar el miedo.
  - Introducción.
  - Entender el miedo.
  - Problemas con el miedo de las personas con un trastorno disociativo complejo.
  - Consejos para afrontar el miedo.
- Tareas:
  - Relea el capítulo.
  - Complete la hoja de tareas 23.1, reflexione sobre su experiencia con el miedo.

Introducción

El miedo es una de las emociones más generalizadas y problemáticas para los individuos traumatizados y un síntoma esencial en los trastornos relacionados con el trauma, como el TEPT y los trastornos disociativos complejos. Percibir amenaza o peligro es una reacción de hiperactivación universal. Desde el nacimiento, cualquier persona tiene esta emoción innata de miedo cuando se siente suficientemente amenazada (Panksepp, 1998; Tomkins, 1963; véase el capítulo 17 sobre las emociones). El miedo es una emoción "preservadora de la vida" que avisa a nuestro cuerpo para poner en marcha estrategias de supervivencia, como luchar, huir, paralizarse o hundirse. El miedo y la ansiedad se convierten en un problema cuando se activan crónicamente en ausencia de amenaza en el presente o cuando permanecen activados por estímulos que no son realmente peligrosos. El miedo crónico constituye un problema universal para las personas con un trastorno disociativo complejo, al menos para algunas partes de la personalidad, porque muchas de ellas están estancadas en situaciones terribles del pasado y el miedo se ha convertido en una respuesta condicionada habitual.

Entender el miedo

Reacciones psicológicas frente al miedo

Las sensaciones físicas de miedo son muy intensas y, en sí mismas, pueden resultar abrumadoras. Los síntomas habituales incluyen temblores, aumento del latido cardiaco y la presión sanguínea, sudoración, náuseas, sofocos y escalofríos, mareo, pensamientos recurrentes o dificultad para pensar, y dificultad para respirar o hiperventilación acompañada de hormigueo en las manos, pies y cara. Cuando usted siente miedo, su sistema nervioso simpático bombea adrenalina al cuerpo (entre otras sustancias activadoras), dándole instantáneamente una descarga de energía para la reacción de lucha o huida. Esto ocurre en cuestión de milisegundos, mucho antes de que tenga una comprensión cognitiva sobre lo que está pasando, a menudo incluso antes de que pueda identificar el desencadenante. Su cuerpo reacciona como si usted estuviera en peligro inminente con anterioridad a poder distinguir conscientemente de si existe o no un peligro real. De hecho, usted y todas las partes que lo conforman están siempre anticipando el futuro (cercano): usted está constantemente haciendo predicciones instantáneas (y a menudo inconscientes) sobre lo que sucederá, antes de que sus pensamientos conscientes puedan ponerse al corriente (Siegel, 1999).

Si sus relaciones y su mundo han sido relativamente predecibles, seguros y protegidos, usted es capaz de prever con mayor exactitud. Pero cuando se siente inseguro y vive en un mundo impredecible y caótico, aprende a esperar el peligro, incluso cuando no exista ninguno. De este modo se ha condicionado a tener reacciones de miedo. Normalmente, una vez que ha evaluado la situación y decidido que no existe un peligro real, su cuerpo se calma rápidamente con la ayuda del sistema nervioso parasimpático. Sin embargo, cuando usted se encuentra traumatizado crónicamente es como si la "voz de alarma" de su cuerpo sonase casi siempre, con su miedo a todo gas, con independencia de sus esfuerzos para convencerse a sí mismo de que está a salvo.

Colapso

Cuando siente miedo, usted o una parte de usted, reacciona inmediatamente para protegerse con estrategias de defensa innatas que implican hiperactivación: huir, luchar o paralizarse. Sin embargo, si usted llega a estar demasiado activado, demasiado aterrorizado, al final su cuerpo puede caer en un estado de colapso y volverse hipeactivo en extremo, un estado sobre el que nos extenderemos en la siguiente sección. Esta es la última línea defensiva y está relacionada con una amenaza grave para la vida, aunque puede convertirse en una respuesta condicionada más generalizada en los individuos con traumatismo crónico.

Temor a las experiencias internas

Para la mayoría de los individuos traumatizados, los desencadenantes externos no son los únicos que suscitan el miedo, sino también una fuerte reacción a experiencias internas que pueden ser inquietantes o súbitas, como por ejemplo una emoción abrumadora, un recuerdo traumático o la voz de una parte disociada enfadada o que llora (véase el capítulo 5 sobre la fobia a la experiencia interna). Quizá sufra intensas reacciones de miedo frente a sus propias experiencias internas, por ejemplo, evitar lo que le preocupa de usted (huida), enfadarse (lucha) con otra parte suya o paralizarse de miedo y ser incapaz de moverse cuando toma conciencia de las actividades internas de partes suyas.

Miedo versus *ansiedad*

El miedo puede distinguirse normalmente distinguirse de la ansiedad. El miedo es una reacción a un peligro o a una amenaza, enfocada en un estímulo concreto, mientras que la ansiedad es más generalizada, sin un objetivo específico y se asocia habitualmente con la aprensión y el temor. La ansiedad se mueve en una franja muy ancha, que puede ir de leve a severa. El miedo se experimenta como una emoción intensa, incluso violenta, asociada a cambios rápidos y drásticos en el cuerpo. El pánico es también intenso, pero efímero. Cuando las personas sienten ansiedad, a menudo son incapaces de especificar la causa de los sentimientos ansiosos. Las personas ansiosas pueden sentir generalmente que algo malo va a ocurrir, pero son incapaces de saber de qué se trata, o quizá tienen miedo de "perder el control", sufrir un ataque cardiaco o ser incapaces de funcionar.

Habitualmente todo el mundo puede distinguir entre miedo y ansiedad. Sin embargo, es difícil de admitir para las personas con un trastorno disociativo; aunque sientan miedo, no son conscientes de las partes disociadas que sienten la emoción o de las razones de esas partes para tener tanto miedo.

El miedo y la ansiedad pueden ser sanos

Existen muchas situaciones en las que algo de miedo o ansiedad constituye una reacción apropiada. El miedo es una señal importante de la existencia de una amenaza y, si usted es incapaz de reconocerlo, se arriesga a exponerse a un peligro. Algunas partes disociadas no sienten miedo porque evitan las señales de peligro o no se dan cuenta del riesgo potencial porque están centradas en cualquier otra cosa. Por ejemplo, la intención de una parte de estar con una persona a toda costa puede ignorar, descartar, minimizar o evitar señales evidentes de que dicha persona es muy deshonesta o incluso violenta. Otras partes quizá busquen intencionalmente el peligro como un castigo, por ejemplo, paseando solos por la noche en una zona insegura.

Problemas con el miedo de las personas con un trastorno disociativo complejo

Cuando usted padece un trastorno disociativo, diferentes partes suyas están probablemente estancadas en las respuestas de miedo, mientras que otras pueden evitar el miedo con estrategias de distanciamiento o de distracción. Estas reacciones se han examinado en diversos capítulos previos, incluidos el capítulo 4 sobre el TEPT, el capítulo 5 sobre las fobias internas, los capítulos 14 y 15 sobre los desencadenantes y el capítulo 17 sobre las emociones.

Las partes disociadas que experimentan miedo crónico casi siempre están en alerta máxima y se estimulan fácilmente. Su "voz de alarma" nunca se desconecta y activa no solo el miedo sino también el conjunto completo de respuestas: pensamientos, sensaciones, predicciones y percepción de peligro. Por ejemplo, cuando usted se encuentra en sesión y su terapeuta se levanta para consultar un calendario o tomar una caja de pañuelos, quizá una parte temerosa de usted tenga miedo instantáneamente, anticipe un peligro o un posible daño, busque señales que indiquen peligro, prediga que el terapeuta está a punto de golpearle, no reconozca que se encuentra en ese momento en el despacho de su terapeuta y que no está sucediendo nada fuera de lo normal. Dicha parte quizá tendrá el impulso de salir corriendo de la sala o esconderse bajo la mesa del despacho (huida) o puede estar paralizada de miedo (inmovilizada). Estas partes no están (adecuadamente) orientadas hacia el presente y, por tanto, no responden al presente sino más bien al pasado: viven en el momento del trauma. Puede que evoque la presencia de una parte encolerizada para que le proteja (lucha) y se enfada con su terapeuta por ser insensible o incluso por quererle asustar deliberadamente. De vez en cuando, usted o partes suyas pueden estar tan sobrepasadas por el miedo de derrumbarse y ser incapaz de moverse o de responder verbalmente. Lo siguiente que vamos a describir son problemas concretos que puede encontrar relacionados con el miedo.

Sentir miedo sin saber por qué

Con frecuencia puede experimentar miedo sin tener ninguna idea del motivo de esta reacción, porque quizá evita su experiencia interna. Su miedo puede ser tan intenso que se descubra actuando sin ser capaz de analizar lo que está pasando. Por ejemplo, puede sentir un fuerte impulso de abandonar una situación particular y descubre que sus piernas parecen empezar a caminar o incluso a correr por sí mismas, o que no puede permanecer sentado y está completamente preocupado por encontrar una forma de marcharse. Se descubre evitando situaciones comunes a toda costa sin entender el porqué, como ir al dentista, bañarse o estar en los asientos de atrás de un coche. Usted es consciente del deseo o del comportamiento, pero parece como si no viniese de "usted". Estos deseos "inexplicables", a menudo pueden entenderse como surgidas de otras partes disociadas suyas.

A veces puede incluso que no sea consciente del hecho de que el miedo está afectando a su comportamiento. Por ejemplo, imagine que necesita ir de compras y abandona su casa y se encuentra inexplicablemente de vuelta poco tiempo después sin haber hecho en absoluto su compra. O descubre que ha estado dando vueltas aturdido alrededor de un establecimiento durante un rato sin comprar nada. O se pone en marcha para conducir hasta el establecimiento, pero en vez de ir allí conduce por la ciudad durante una hora sin pensar. Quizá sienta un vago desasosiego pero no puede explicarlo, o puede sentirse adormecido o no siente nada en absoluto. Puede perder el tiempo o decidir conscientemente que hará algo distinto de comprar, sin saber por qué ha cambiado de parecer, a pesar de que necesita comida.

Quizá más tarde se dé cuenta de que esas experiencias están relacionadas con la activación de sus partes asustadas. Una parte de usted puede sentir que es aterrador hacer la compra, porque se tienen que tomar muchas decisiones (por ejemplo, qué alimentos escoger y qué cantidad) que podrían juzgarse como "erróneas" y que, en este supuesto, usted será castigado. O una parte puede estar aterrorizada por la multitud existente en el establecimiento comercial. Podría no ser consciente de que esas partes suyas se han activado en ese momento y no siente miedo. O puede sentir miedo sin saber por qué. Solo sabe que vivió momentos perdidos, estaba aturdido, distraído o era incapaz de completar su tarea. Cuanta más comunicación interna tenga, más capaz será de manejar eficazmente situaciones como esta.

Miedo inapropiado en el presente

Usted o partes suyas pueden sentir miedo a pesar de saber que no está justificado en la situación actual. Todavía no puede convencerse racionalmente de los sentimientos y siente el impulso de actuar basándose en la emoción más que en lo que sabe. Puede ser consciente de que una parte de usted está aterrorizada, y no importa que trate de tranquilizarla: no por ello sentirá menos miedo.

No sentir miedo en situaciones amenazantes

Algunas personas con un trastorno disociativo informan de haber estado en una situación peligrosa en la actualidad y no haber sentido nada de miedo. Fueron capaces de actuar con calma y de forma racional, en ocasiones como robots, y lograr superar la situación sin perjuicio. Por un lado, esto es adaptativo pero puede dejar a otras partes disociadas suyas con miedos sin resolver. En este caso, una parte disociada que no siente mucho puede ser capaz de hacer frente a una situación, mientras que otras partes pueden contener esos sentimientos de miedo e incluso quedarse estancadas en revivirla crónicamente mucho tiempo después de pasado el suceso.

Actuar imprudentemente sin el miedo justificado

En otros casos, la incapacidad de sentir miedo puede no ser en absoluto adaptativa. Algunas partes disociadas son tan indiferentes al peligro y al miedo que no lo registran. Esta es una gran desventaja de tener partes disociadas que son rígidas y limitadas en sus emociones, percepciones, predicciones, acciones, etc. Dichas partes no prestan atención a señales y emociones de amenaza verdaderas, sino que únicamente (o sobre todo) se fijan en señale que encajan con sus propias tendencias, como por ejemplo ir a trabajar o realizar tareas por la casa. Algunas partes disociadas pueden volverse "contrafóbicas", es decir, hacen lo opuesto a estar asustadas de algo, incluso aunque algunas partes puedan de hecho tener miedo. Esto pudo haber sido en su inicio una estrategia de supervivencia, pero las acciones de estas partes quizá le pongan ante situaciones peligrosas, como estar en lugares inseguros con gente peligrosa, conducir de forma rápida y arriesgada o provocar peleas con otras personas sin tener en cuenta las consecuencias.

Algunas veces las personas con un trastorno disociativo tienen amnesia de lo que han hecho y sólo cuentan con la crónica que escuchan de otros sobre estos comportamientos temerarios; otras pueden ser conscientes pero incapaces de influir en su comportamiento. Estos comportamientos pueden crear juicios y conflictos internos graves que den lugar a una mayor polarización entre las partes y, por tanto, una mayor disociación. Por ejemplo, las partes imprudentes a menudo sienten repugnancia y desdén por las partes temerosas, mientras que las partes temerosas, por supuesto, están aterrorizadas de las partes destructivas, y las que se amoldan a las reglas sociales están conmocionadas e indignadas y quieren castigar o "deshacerse" de las partes imprudentes del yo.

Aunque puede ser difícil entender la conducta y los motivos de las partes que se involucran en comportamientos arriesgados, es importante darse cuenta de que pueden ser intentos de superar el miedo, aunque sean inadaptados, o de demostrarse a usted mismo que puede ser fuerte y que nadie puede controlarle. Habitualmente, estas partes participan en actividades cargadas de adrenalina para evitar el dolor interno y conseguir una sensación de dominar el miedo. Parecen no ser conscientes de que necesitan meditar sobre su experiencia interna, más que centrarse en actividades externas que sustentan su evitación. De este modo, internamente se mantiene un círculo vicioso de miedo, que provoca sentimientos de impotencia extrema, que a su vez producen aversión y desprecio, que suscitan vergüenza, la cual causa ira, que provoca miedo, el cual da lugar a más comportamientos temerarios.

Consejos para manejar el miedo

En capítulos previos hemos descrito muchos consejos y técnicas para ayudarle a manejar las emociones intensas: prácticamente todas ellas se pueden utilizar para afrontar el miedo. En la lista que aparece a continuación encontrará algunos de los pasos más esenciales para reducir el miedo en usted mismo y en todas sus partes.

- Tómese un tiempo con sus partes para reflexionar internamente y comprobar si sienten miedo.
- Trate de identificar el o los desencadenantes que le producen miedo a usted o a otras partes suyas, es decir, observe que está reaccionando interna o externamente a lo que le asusta.
- Intente valorar el nivel de miedo y determinar si está justificado por la situación. Si su miedo está basado en una percepción imprecisa de la situación actual, ¿es posible que su percepción se halle distorsionada por el momento del trauma? Si es así, apoye a todas las partes que le conforman para percibir fielmente y llegar a estar más orientado hacia el presente.
- Después de la reorientación al presente seguro, cálmese o calme a sus partes internas, utilice cualquier técnica que le sirva, a usted o a sus diferentes partes internas. Recuerde que no se puede ayudar a todas las partes con la misma técnica. Sea flexible con usted mismo.
- Practique alguno de los ejercicios que ha aprendido en este manual (o cualquier otro que usted conozca) para autorregularse.

- Si se siente paralizado (hipoactivo sin ser capaz de moverse), puede empezar haciendo pequeños movimientos; quizá en primer lugar parpadear, mover los dedos de las manos y de los pies y, de forma gradual, mover brazos y piernas. Si siente frío, caliéntese tapándose con una manta, preparándose una bebida o bañera calientes, poniéndose una almohadilla térmica o bolsa de agua caliente en la espalda o en el estómago. Utilice espacios seguros y ejercicios de relajación para ayudar a afianzar la sensación de calma y seguridad en todas sus partes.
- Si sabe de antemano que una determinada situación va a causarle miedo, puede hacer un plan para afrontarlo por adelantado (véase el capítulo 16 sobre planificar anticipadamente en momentos difíciles). Las partes de usted que ayudan van a su espacio interno seguro, de modo que no tienen que soportar una experiencia potencialmente aterradora, como tener que hacer trámites médicos molestos, hasta que puedan estar más orientadas al presente. En otras situaciones es útil juntar a todas las partes en un lugar de reunión seguro, explicar la situación por adelantado y hacer planes por seguridad. Una vez que las partes son capaces de reflexionar, serán capaces de cambiar sus patrones de respuesta habituales, incluyendo las reacciones de miedo.
- Las partes disociadas que no sienten miedo pueden ayudarle en muchas situaciones; por ejemplo, cuando son capaces de visitar al médico o al dentista, o afrontar otras situaciones potencialmente desencadenantes sin excesivo temor. Mientras que otras partes pueden estar atascadas en el momento del trauma y todavía no estar suficientemente orientadas al presente, las que no sienten miedo pueden ser de gran ayuda en esas situaciones.
- Si las partes se comportan de forma imprudente, necesitará empezar a comunicarse con ellas para disminuir las acciones arriesgadas. Si lo necesita, puede conseguir la ayuda de su terapeuta para manejarlas.

Hoja de tareas 23.1
Reflexionar sobre su experiencia del miedo

1. Describa una situación actual en la que usted o alguna parte suya sienta miedo. Elija un ejemplo que sea poco probable que le sobrepase.

2. Describa pensamientos o creencias que usted u otras partes tuvieron durante la situación.

3. Describa lo que desencadena su miedo, si lo sabe.

4. Describa sus sensaciones físicas de miedo (por ejemplo, aceleración del ritmo cardiaco rápido, temblores, sudoración, frío, calor).

5. Retrospectivamente, ¿cree que su miedo se basa en percepciones imprecisas de la situación, es decir, que se basan en el momento del trauma? Si es así, describa las percepciones.

6. Describa cualquier intento de comunicación interna durante o después del suceso. Describa cómo sí o no le ayudó. Si no fue capaz de tener cualquier comunicación interna, describa qué le impidió reflexionar.

7. Describa cualquier técnica que le sirviera, o retrospectivamente pudiera haberle servido si hubiera sido capaz de utilizarla.

8. Enumere dos estrategias de afrontamiento sanas que a usted y a todas sus partes les gustaría aprender a utilizar cuando sientan miedo en el futuro. Describa los obstáculos para usar estas estrategias en la actualidad.

24 Afrontar la vergüenza y la culpa

PROGRAMA

- Bienvenida y reflexiones sobre la sesión anterior.
- Coloquio sobre las tareas.
- Tema: Afrontar la vergüenza y la culpa.
  - Introducción.
  - Entender la vergüenza y la culpa.
  - Patrones de comportamiento de la vergüenza.
  - Comprender la culpa.
  - Consejos para afrontar la vergüenza y la culpa.
- Tareas:
  - Releer el capítulo.
  - Completar la hoja de tareas 24.1, manejar la vergüenza.
  - Completar hoja de tareas 24.2, manejar la culpa.

Introducción

Los individuos crónicamente traumatizados casi siempre experimentan una sensación devastadora de vergüenza de lo que son, además de sentirse avergonzados por lo que les pasó. Asimismo, las personas con un trastorno disociativo habitualmente sienten vergüenza de algunas partes de sí mismas y, quizá incluso, del hecho de tener un problema disociativo. Como el trauma interpersonal afecta al sentido de identidad y del sí mismo con tanta profundidad, puede que usted se avergüence de su misma esencia y de su existencia.

Muchos expertos consideran la culpa como un tipo particular de vergüenza centrada en las propias acciones (comportamiento), a pesar de que quizá se experimente de forma diferente. Algunos describen la culpa en relación a lo que usted hace, involucrando el miedo al castigo o a la retribución, mientras que la vergüenza tiene que ver con lo que usted es. En cualquier caso, la culpa sobre nuestro comportamiento puede llevar fácilmente a la vergüenza hacia nosotros mismos de forma más amplia. En este capítulo hablaremos de ambas emociones, dada la interrelación que tienen entre sí, centrándonos principalmente en la vergüenza. Ambas emociones implican vigilancia y evaluación (juicio) de nosotros mismos y de cómo otros pueden percibirnos. Y ambas emociones son prácticamente universales en los supervivientes del trauma.

Comprender la vergüenza y la culpa

La vergüenza es una de las emociones innatas que todos nosotros experimentamos (Dorrepaal, Thomaes, & Draijer, 2008; Nathanson, 1992; Tomkins, 1963; véase el capítulo 17 sobre comprender las emociones), pero puede ser una de las emociones más destructivas para los individuos traumatizados. La vergüenza implica un sentimiento de fracaso, incompetencia y derrota.

Cuando los niños crecen en familias cariñosas, les alaban cada paso de su desarrollo y les ayudan a conseguir un sentimiento sano de orgullo. Pero cuando los niños crecen en hogares negligentes, peligrosos o abusivos quizá estos logros se ignoren, desaprueben, ridiculicen e incluso castiguen. Estos niños sienten una vergüenza que puede llegar a ser generalizada y destructiva con el tiempo.

Otras personas pueden inducir o reforzar los sentimientos de vergüenza y culpa. Muchos perpetradores dicen a los niños o niñas que el abuso es culpa suya. Tales mensajes tienen un efecto importante cuando la relación es de poder y autoridad desigual (por ejemplo, cuando un padre culpa a un hijo). Algunas veces, un perpetrador amenaza con castigos terribles si un niño lo cuenta, así que su sentimiento de culpa y vergüenza, unidos al miedo, llega a ser casi dominante. Y ciertas creencias religiosas o culturales pueden también inducir a un sentimiento crónico de vergüenza y culpa.

La vergüenza tiene manifestaciones físicas intensas: cabeza baja, ojos que miran al suelo y evitan la mirada, rubor, cambios en la respiración, confusión o incapacidad para pensar y una sensación de desmoronamiento o paralización. En este estado, las personas parecen solo ser capaces de recordar ejemplos que demuestran lo malas o inútiles que son: el examen que suspendieron, la fecha que se les pasó, lo ridículas que pueden sonar en una conversación con alguien, cómo la gente debe sentir o saber lo sucias y repugnantes que son por dentro. Tienen *flashbacks* intensos de momentos vergonzosos, revividos una y otra vez. Cuando las personas sienten este tipo de vergüenza abrumadora quieren ser invisibles o, incluso, morir y encuentran horrible que alguien pudiera llegar a saber quiénes son realmente. De hecho, ni ellas mismas quieren saberlo.

La vergüenza y la culpa, en dosis pequeñas y con una duración reducida, cumplen funciones útiles, ayudándonos a seguir las normas de nuestros grupos sociales y culturales, respaldando el desarrollo de la conciencia y la moralidad, promoviendo el buen comportamiento e, incluso, influyendo sobre nuestra identidad. Una pequeña dosis de vergüenza o culpa pertinentes pueden estimularnos a esforzarnos más para lograr razonablemente bien una tarea o para ser mejores amigos, padres o compañeros de trabajo.

Pero el tipo de vergüenza y culpa que estamos tratando en este capítulo va más allá de esos vínculos sanos. Es una experiencia crónica, generalizada y prolongada de usted como un completo fracaso, un ser humano imperfecto y defectuoso, indigno de amor o vida. Estas emociones no resueltas pueden ser paralizadoras y pueden afectar profundamente su autoestima y las relaciones con los demás. La vergüenza se dirige frecuentemente al cuerpo, una prolongación de cómo se ve a usted mismo como persona: lo poco atractivo o feo que debe parecerle a otras personas, lo desgarbado o patoso, lo débil o inútil.

Cuando usted siente vergüenza crónica, cree que ningún castigo ni acción correctiva serían suficientes y es incapaz de perdonarse a usted mismo o tener algo de empatía por el terrible sufrimiento que la vergüenza le ocasiona. Es como si las personas crónicamente avergonzadas hubieran recibido una sentencia de sufrir vergüenza durante toda la vida sin esperanza de libertad condicional, aun cuando no estén seguras de por qué son malas. De hecho, algunas personas dirán que no existe ninguna explicación concreta de por qué son malas o indignas: el mero hecho de existir y de ocupar un espacio en la Tierra ya es suficientemente vergonzoso. Creen que no son dignas de vivir ni se merecen nada bueno. En tales casos, la vergüenza es una emoción de ocultamiento: la última cosa que una persona avergonzada quiere es ser franca, vulnerable y que otros la vean. Por lo tanto, es una emoción que con frecuencia no es abordada suficientemente en terapia, aunque sea un gran obstáculo para la sanación.

Como se señaló anteriormente, cuando las personas sienten vergüenza están reaccionando al fallo o incompetencia percibidos. Por tanto, se ven a sí mismas desde la perspectiva de los demás. En otras palabras, la vergüenza se basa siempre en las predicciones de que otros les considerarán malas, incompetentes o estúpidas. La vergüenza no requiere la presencia real de otra persona, simplemente la imagen interna de cómo otra persona pueda juzgarlas y les encuentre incompetentes o malas. A menudo, las personas no son conscientes de estas predicciones internas de ser juzgadas, sino solo de una sensación profunda de inutilidad, miedo indeterminado y, algunas veces, de paranoia.

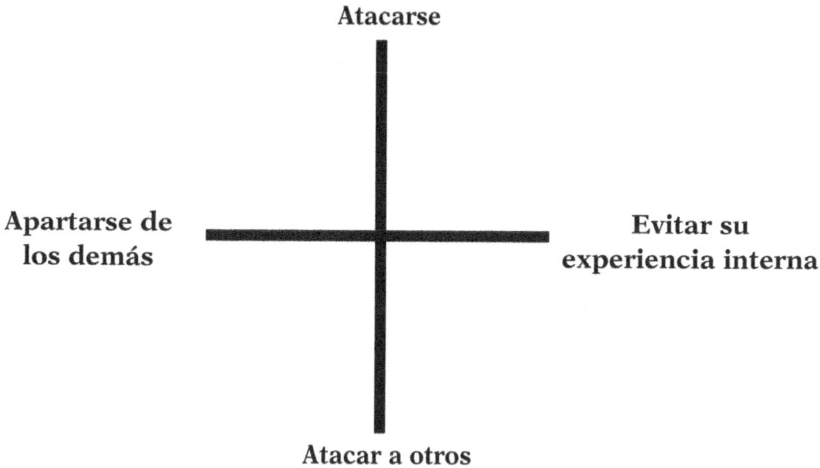

Figura 24.1. La brújula de la vergüenza. Adaptado de Nathanson, 1987.

La vergüenza y culpa extremas y generalizadas ya no sirven como señales útiles que ayuden a guiar nuestro comportamiento y el desarrollo de nuestra moral y ética, sino más bien se han convertido en una forma de ser, una identidad esencial que produce infelicidad en casi todos los aspectos de la vida de una persona. Y de forma absolutamente natural, las personas tratarán de evitar el sufrimiento extremo de la vergüenza. Esto requiere, cuatro patrones de comportamientos (o *scripts*; Nathanson, 1992) que las personas utilizan para prevenir experimentar la emoción de vergüenza, ilustrados en la figura 24.1

Patrones de comportamiento de la vergüenza

La vergüenza no resuelta es la mayor barrera para resolver la disociación (Kluft, 2007). Como señalaba Lynd (1958), "La vergüenza es la consecuencia, no solo de exponerse uno mismo ante otra persona, sino también de exponer ante uno mismo las partes propias que no ha reconocido". Hay cuatro patrones básicos de comportamiento disfuncionales que perpetúan la vergüenza no resuelta y que las personas emplean bastante habitualmente (Nathanson, 1992). De hecho, diversas partes disociadas de usted pueden utilizar diferentes respuestas de los cuatro patrones. Cuánto más aprenda a reconocer e intervenir para cambiar estas reacciones automáticas en usted mismo y todas sus partes, más capaz será de resolver la vergüenza. Estas reacciones incluyen: (1) atacarse a uno mismo, (2) atacar a otros, (3) evitar la experiencia interna y (4) apartarse de los demás (aislamiento). Cada una de esas reacciones implica un conjunto concreto de estrategias que intentan evitar la vergüenza y cada una se asocia con diferentes percepciones, predicciones, sentimientos, pensamientos, decisiones y comportamientos.

Atacarse a uno mismo

En esta estrategia, usted o una parte suya, acepta creencias de la vergüenza como verdaderas sin reflexionar en ellas, por ejemplo, que es inadecuado, estúpido o incompetente. Así, usted vuelve hacia dentro la ira y la repugnancia; por ejemplo, una persona que sienta vergüenza mientras está trabajando con este capítulo quizá sienta rabia dirigida hacia sí misma por ser "estúpida", por no saber todavía lo suficiente para dejar de estar avergonzada, por tener que afrontar la vergüenza en primer lugar, incluso, por pensar sobre la vergüenza. La experiencia en su totalidad es negativa y cuánto más negativa, se suscitan más ira dirigida hacia sí mismo, desprecio o repugnancia, que solo aumentan el efecto de la vergüenza. Los pensamientos implican una conciencia mayor de todas las cosas que usted ha hecho mal, sus fallos y características negativas. El comportamiento consiste en criticarse a sí mismo (o una parte critica a otra) con el fin de prevenir que vuelva a ocurrir la situación vergonzosa, forzándose a través de la crítica a ser "mejor" o incluso "perfecto".

Quizá sepa de la experiencia negativa de la vergüenza (por ejemplo, *"me siento tan mal que no puedo hacer nada bien"*) y de la aceptación del mensaje de la vergüenza como verdadero (por ejemplo, *"soy inútil"*) pero la vergüenza no puede identificarse como la raíz de esas experiencias internas. Usted simplemente se cree inútil en lugar de ser capaz de decir, *"me siento avergonzado"*. Las partes disociadas concretas que están estancadas en este patrón (atacarse a sí mismo) son a menudo una de las caras de la moneda. La otra cara está incluida en las partes internas que participan en la crítica interior, el menosprecio y las amenazas.

Atacar a otros

En este patrón de comportamiento, usted o una parte disociada habitualmente, no se siente negativo consigo mismo sino con otras personas. Usted no es el problema: lo son ellos. Por ejemplo, una persona que siente vergüenza en terapia puede hacer un comentario intencional que podría ser hiriente o vergonzoso para el terapeuta. O una parte disociada puede ser brutal e intencionalmente crítica hacia otras partes. La experiencia es negativa y el sentimiento es de ira o de desprecio hacia la otra persona (u otras partes). La ira se aleja de sí mismo, quizá hacia la fuente del acontecimiento vergonzoso. Los pensamientos incluyen la conciencia de las acciones o fallos de cualquier otra persona (quizá de otras partes) y pueden ser o no conscientes de la vergüenza. La motivación es mejorar su propia autoimagen externalizando la vergüenza y, quizá, proyectando en alguien más (u algunas otras partes). El comportamiento es un ataque verbal o físico para hacer que la otra persona se sienta inferior y usted superior y más fuerte. Las partes más enfadadas pueden participar en este tipo de estrategia, culpando y avergonzando siempre a otras partes o a otras personas del mundo, que no están al tanto de su propia vergüenza.

Apartarse de los demás (aislamiento)

En este patrón de comportamiento, usted o una parte disociada suya aceptan el mensaje de la vergüenza como algo objetivo (*"Soy un perdedor"*) y se siente mal por ello. Se siente tan mal que se aísla de los demás y así no se expone a más experiencias vergonzosas; por ejemplo, una persona que siente vergüenza mientras trabaja con las habilidades de este manual puede plantearse abandonar el grupo o la terapia individual para evitar los sentimientos de vergüenza. Un sentimiento fuerte de ira y ansiedad quizá acompañen la retirada y el aislamiento. Los pensamientos incluyen hipersensibilidad a la incomodidad de los demás, imaginar las reacciones negativas de otras personas (*"Realmente ¡qué mala perdedora es!"*) y una conciencia mayor de acciones, fallos o características vergonzosas. No obstante, como en el patrón de comportamiento *atacarse a uno mismo*, los sentimientos y cogniciones negativas pueden no identificarse conscientemente como basados en la vergüenza. La motivación es limitar la exposición vergonzosa evitando otras personas o situaciones que puedan evocar vergüenza. Algunas partes disociadas pueden tener fuertes impulsos de evitar situaciones sociales o nuevas experiencias por este motivo y pueden tener un profundo temor cada vez que usted deba estar con otros, o cuando deba probar algo nuevo que permite la posibilidad de fracasar.

Evitar la experiencia interna

Una persona (o parte disociada) puede evitar ser consciente de las experiencias internas como, por ejemplo, los sentimientos y pensamientos que quizá evoquen vergüenza. Así que él o ella no son conscientes de la experiencia de vergüenza; habitualmente desconocen la experiencia de sí mismo negativa, entran en un mecanismo de negación e intentan distraerse a sí mismos y a otros de los sentimientos dolorosos. Por ejemplo, una persona que siente vergüenza en terapia puede empezar a hacer chistes o comentarios a la ligera de que la sesión es aburrida o inútil o, quizá, él o ella traten de cambiar de tema completamente o, incluso, identificarse con otra parte que tiene una agenda diferente. La experiencia se convierte en neutral o positiva; quizá la vergüenza se repudie, niegue o anule con alegría o excitación en actividades para distraerse (bromear, hablar de otra cosa). Hay un desconocimiento en mayor o menor medida de la vergüenza o de las acciones, fallos o características vergonzosas. La motivación es minimizar la experiencia consciente de vergüenza o demostrar que uno no siente vergüenza. Las estrategias de evitación son las que con más probabilidad operan fuera del conocimiento consciente.

Partes disociadas concretas pueden ser especialmente expertas en distraer de la vergüenza cambiando de tema o estando dispuesta solo a hablar de temas tontos y mundanos.

La vergüenza y la culpa son generalizadas en aquellos que han sido traumatizados. Tienen emociones dolorosas y difíciles de experimentar y resolver. Le llevará tiempo afrontarlas más constructivamente. En este manual, en su terapia individual y en su vida diaria necesitará prestar atención constante a temas relacionados con la vergüenza, cambiando gradualmente las percepciones, creencias y sentimientos asociados con ella y con la culpa.

Entender la culpa

Como con la vergüenza, es importante que usted distinga entre la culpa adaptativa y la culpa generalizada e irrazonable. En el caso de la culpa adaptativa, usted ha hecho algo que la sociedad o su propia conciencia juzgan como malo, es decir, usted tiene una "conciencia culpable". Pone remedio a este tipo de culpa y avanza cuando reconoce y se responsabiliza de su comportamiento y lo cambia. A menudo la culpa implica que usted tuvo la oportunidad de elegir sus acciones. Sin embargo, los individuos traumatizados no hicieron nada malo para causar el abuso y no estaban en posición de decidir sobre lo que les pasó o lo que hicieron siendo niños; incluso aunque hubieran participado en un comportamiento inaceptable y elegido, parecen incapaces de aprender de ello y dejarlo pasar. Por tanto, los sentimientos de culpa suelen ser irreales o inapropiados en personas que sufrieron abusos siendo niños. Pueden incluso creer que el abuso fue por su culpa; no tienen idea de qué podría haber sido diferente, simplemente que los sucesos traumatizantes no habrían sucedido simplemente si ellos hubiesen sido de algún modo diferentes. Esta apreciación no se basa en hechos reales o de lo que podría esperarse de otras personas en la misma situación. Sin embargo, proporciona al niño indefenso una sensación interna de control al creer que *"podría haber cambiado la situación con tan solo haberme opuesto con más fuerza, haber corrido más o haberme enfrentado a él"*.

Consejos para afrontar la vergüenza y la culpa

Para resolver la vergüenza y la culpa generalizadas, encontrará útil aprender más formas adaptativas de afrontarlas en lugar de utilizar los patrones de comportamiento de la vergüenza descrito en las secciones previas.

- Reconozca las reacciones de vergüenza y culpa y póngales nombre. Descubra cuáles de sus pensamientos y sentimientos habituales se basan en la vergüenza. Por ejemplo, usted, o alguna parte de usted, quizá suela decir *"No podría hacer eso nunca; me equivocaría, así que ni si quiera lo intentaré"*. Ese miedo al fracaso está basado en la vergüenza. O a menudo se compara con otros y siempre se muestra "menos que". Si cree que los demás son más listos, amables, trabajadores, eficientes y mejores en las relaciones que usted, es muy probable que su patrón de comportamiento venga determinado por la vergüenza. Y lo contrario también es cierto: si usted siempre se ve superior a otros, es también muy probable que tenga mucha vergüenza.
- Averigüe sus patrones para afrontar la vergüenza, es decir, cómo utiliza los patrones de comportamiento de la vergüenza. ¿Se ataca mentalmente a sí mismo o tiende a atacar a otros? ¿Evita situaciones, pensamientos, sentimientos y recuerdos que quizá susciten vergüenza? ¿Se aísla y aparta de los demás? Cada parte de usted puede haber utilizado distintos patrones de comportamiento para hacer frente a la vergüenza.
- Recuerde con qué frecuencia tiende a sentir vergüenza en una escala del 1 al 5, donde 1 es *nunca o en raras ocasiones* y 5 es *todos los días o casi todo el tiempo*. Esta escala le ayudará a determinar en qué tipo de trabajo concentrarse para afrontar su vergüenza y con qué intensidad.
- Observe qué sensaciones corporales tiene cuando siente vergüenza o culpa. ¿Son diferentes para una y otra?
- Una vez que se ha dado cuenta de sus patrones, trate de interrumpirlos o cambiarlos. Puede encontrar que necesita practicar poco a poco. Por ejemplo, espere unos instantes antes de atacar-

se o atacar a alguien, en lugar de hacerlo inmediatamente. Así pues, trate de cambiar aspectos pequeños, por ejemplo, recuerde que está sintiendo vergüenza y que criticarse solo será peor.

- Compruebe qué cogniciones quizá necesite corregir, por ejemplo, *"Soy un inútil. No merezco tener cosas buenas. La gente me encuentra desagradable"*. Encuentre contraargumentos posibles, como por ejemplo: *"Nadie es completamente inútil; todas las personas tienen algunas cualidades". "Tener cosas buenas no tiene que ver con que se merezcan. Es parte de la vida tenerlas". "Hay personas en mi vida que no me consideran desagradable".*
- Dese cuenta de las creencias concretas relacionadas con la vergüenza y la culpa que pueden estar en partes disociadas específicas de usted.
- Reconozca y empiece a trabajar con las estrategias empleadas por otras partes suyas. Trate de crear diálogos sobre la vergüenza y sobre lo que todas las partes quieren lograr con esas estrategias. Por ejemplo, responda a las partes críticas en usted diciendo: *"Sé que tienes en mente los mejores intereses, que quieres que sea competente, que tenga éxito y sea bien considerado. Yo también quiero eso. Gritarme o ridiculizarme solo me hace perder la poca confianza que puedo acumular. Trabajemos juntos para encontrar una forma diferente que sea más eficaz"*. En cuanto a la parte muy avergonzada, usted debe decirle: *"Sé que la vergüenza es un sentimiento horrible y voy a ayudarte con ello. Sé que te sientes avergonzado sobre lo que te pasó y quiero que sepas que no fue culpa tuya y que hay una manera de que podamos afrontarlo juntos. Me gustará escuchar lo que tengas que decir en cualquier momento en que te sientas preparado. Me gustaría señalar lo que es diferente en el presente del pasado, para que puedas sentirte más a gusto".*
- Esté dispuesto a hablar sobre la vergüenza en terapia. Puede empezar a hablar sobre lo que es y cómo le afecta, mejor que hablar sobre sucesos vergonzosos concretos. Practique a hablar sobre ello hasta que esté más cómodo con el tema y sepa que su terapeuta también puede hablar sobre ello. Ayude a todas sus partes a aprender a hablarlo en terapia.

- Reconozca su experiencia actual y, cuando surjan la vergüenza o la culpa, enraícese en el presente, recuerde lo mucho que usted cree en sí mismo cuando sienta que estas son enormemente exageradas e irreales.
- Trabaje con su cuerpo para cambiar la experiencia física de la vergüenza. Por ejemplo, si se siente paralizado, trate de moverse un poco, inspire varias veces y contraiga los dedos de los pies dentro de los zapatos.
- Comparta poco a poco con usted mismo, con todas sus partes y con su terapeuta los sucesos de su vida que le han ocasionado mucha vergüenza. Cuando se comparte esta en presencia de una persona que acepta y no juzga, es probable que se resuelva. Puede que todavía no esté preparado para hacerlo. Está bien. Es solo un recordatorio para hacerlo cuando esté preparado. Deberá acordar el momento con su terapeuta.
- La vergüenza se alivia habitualmente cuando usted puede desarrollar una experiencia positiva o alegre con la que conectar la vergonzosa. Por ejemplo, si se siente "indigno", recuerde o imagine un momento en el que se sintió cuidado por otra persona. O si se siente fracasado, recuerde o imagine una época en la que se sentía bien u orgulloso de algo que hizo; por ejemplo, cuando terminó el curso con buenas notas, aprendió a utilizar el programa de ordenador, terminó un proyecto que era difícil de realizar o fue capaz de hacer un cambio en la terapia.
- La culpa crónica se maneja mejor aumentando la empatía hacia usted mismo y todas sus partes. También es útil empezar a darse cuenta (con la ayuda de su terapeuta y de otras personas) de que algunas de sus culpas pueden no ser realistas. Cuanta más empatía desarrolle y más plenamente pueda comprender las verdaderas circunstancias de las que siente una culpa crónica, el sentimiento disminuirá.
- La culpa realista se maneja mejor mediante: 1) La aceptación de que usted es falible y comete errores y no siempre se comporta perfectamente, como cualquier otro. 2) Una estimación realista de lo que ha hecho (o no) (esto puede requerir la ayuda de otra persona segura). 3) La ayuda a que todas sus partes

internas lleguen a una aceptación que permita que el comportamiento ofensivo pueda juzgarse de forma justa y que el ser humano que usted es pueda ser entendido y aceptado. 4) Las rectificaciones o las reparaciones cuando sea posible. 5) El aprendizaje a partir de su propio comportamiento para poder hacer cosas de manera diferente en el futuro.

Hoja de tareas 24.1
Afrontar la vergüenza

1. Suceso: describa un suceso o situación del presente en que sintió vergüenza (pida a todas las partes que cooperen tanto como sea posible en este ejercicio para elegir una situación que no sea demasiado abrumadora para usted).

2. Enumere el o los pensamientos o la o las creencias que usted u otras partes tuvieron durante el suceso referido en el que estaba sintiendo vergüenza.

3. Describa las sensaciones físicas que usted, u otras partes de usted, experimentaba cuando estaba sintiendo vergüenza (frío, temblores, bloqueo, derrumbe, contención de la respiración, sentirse apagado, hormigueo, mariposas en su estómago, etc.).

4. Enumere los desencadenantes concretos que despiertan su vergüenza, si los conoce.

5. Enumere lo mejor que pueda cuál de los cuatro patrones de comportamiento que usted, u otras partes de usted, tiende a utilizar y cómo se manifiestan en las situaciones que ha descrito anteriormente (atacarse, atacar a otros, apartarse o aislarse y evitar la experiencia interna).

6. ¿Puede recordarse o imaginarse teniendo una sensación de orgullo, realización o logro en una situación similar a la que ha descrito anteriormente? Por ejemplo, si describe una situación en que se siente avergonzado porque cometió un error, ¿puede recordar o imaginar una ocasión en la que hizo algo correctamente y se sintió bien por ello o en la que alguien le dijo que usted había hecho un buen trabajo? Si es así, tómese el tiempo de ayudar a sus partes a recordar o imaginar dicha experiencia. Preste atención a sus pensamientos, sentimientos y sensaciones corporales.

7. Ahora, haga una lista con algunas experiencias en las que usted sintió una sensación sana de orgullo, realización o logro. Ayude a todas las partes a reflexionar a menudo sobre esta lista.

Hoja de tareas 24.2
Afrontar la culpa

1. Suceso: describa un suceso o situación en que se sintió culpable (de nuevo, sea cuidadoso al elegir una situación que no sea abrumadora para usted ni ninguna de sus partes).

2. Enumere el o los pensamiento o la o las creencias que usted u otras partes tuvieron durante el suceso que indicaba le había hecho sentir culpable.

3. Describa las sensaciones físicas que usted u otras partes suyas experimentaron cuando se estaba sintiendo culpable (frío, temblores, bloqueo, derrumbe, contención de la respiración, sentirse apagado, hormigueo, mariposas en su estómago, etc.).

4. Enumere los desencadenantes concretos que despiertan su culpa, si los conoce.

5. ¿Cómo tiende a afrontar usted, u otras partes suyas, el sentirse culpable? Por ejemplo, ¿se aparta de los demás, se regaña internamente o regaña a otras partes, evita pensar en ello, no puede dejar de pensar en ello o quiere herirse?

6. Describa algunas formas en las que podría acercarse a la culpa crónica de forma más constructiva. Por ejemplo, en lugar de instalarse en ella, puede reflexionar sobre su experiencia de culpa y cuestionar alguna de sus creencias básicas.*

* N. del T. Mindfulness podría traducirse como "atención plena", pero ya es un término admitido en los manuales de Psicología y aparecerá como tal a lo largo de este capítulo.

25 Afrontar las necesidades de las partes infantiles internas

PROGRAMA

- Bienvenida y reflexiones sobre la sesión anterior.
- Coloquio sobre las tareas.
- Descanso.
- Tema: Afrontar las necesidades de las partes infantiles internas.
    - Introducción.
    - Entender sus partes jóvenes.
    - Objetivos de trabajar con las partes jóvenes.
    - Trabajar con las partes jóvenes.
    - *"Integración"* (*blending*): una técnica avanzada.
- Tareas:
    - Releer el capítulo.
    - Completar la hoja de tareas 25.1, trabajar con las partes infantiles internas.
    - Completar hoja de tareas 25.2, examen de la práctica: usar la cooperación interna para resolver problemas de la vida diaria.
    - Si procede, practique varias formas de integración (*blending*). Consulte primero con su terapeuta.

Introducción

Casi todas las personas que tienen un trastorno disociativo complejo experimenta al menos una parte disociada de sí misma que parece joven o infantil; esto es normal dado que fueron generalmente traumatizadas a edad temprana. Estas partes representan las etapas del desarrollo que se perdieron o no se realizaron completamente. Por supuesto, dichas partes no son en realidad niños y deben tratarse de manera responsable en el contexto de la vida adulta de una persona. En este capítulo aprenderá formas concretas de aumentar su aceptación y cooperación con esas partes "jóvenes" de usted mismo.

Entender sus partes jóvenes

Algunas partes pueden vivirse como adolescentes, niños o, incluso, niños muy pequeños o bebés. Estas están estancadas en varios periodos del desarrollo temprano del pasado, han sido desterradas de su conciencia o evitadas porque quizá usted haya carecido de la empatía y disposición para afrontarlas. Las edades de las partes disociadas parecen tener a menudo correlación con las épocas traumatizantes de su infancia.

Las partes disociadas que se viven como niños, a menudo perciben, piensan, sienten, hablan y se comportan más o menos del modo en que los niños lo harían. En gran medida, los comportamientos, pensamientos, emociones, necesidades y deseos de estas partes constituyen el esfuerzo por conseguir las experiencias normales de desarrollo de la infancia que usted echa de menos, concretamente las referidas al vínculo con una persona que le cuidara.

La experiencia con las partes infantiles

Sus experiencias de estas partes pueden incluir oír voces que están llorando o gritando, pidiendo ayuda o reclamando actividades u objetos que un niño puede disfrutar o encontrar reconfortantes (pero un adulto quizá no). Tal vez sienta los deseos intensos que los niños pueden tener por naturaleza como, por ejemplo, querer comprar una muñeca en una tienda, comer un postre en lugar de cenar o desear que su terapeuta lo adopte. En ocasiones, una parte joven puede influir o incluso controlar su comportamiento. Por ejemplo, quizá se descubra escondiéndose en un armario o en una esquina, quejándose como un niño, hablando con voz infantil o hasta, de repente, siendo incapaz de entender un vocabulario más "adulto". Estas experiencias pueden asustarle, avergonzarle o repugnarle a usted o a otras partes.

Las partes infantiles guardan normalmente los recuerdos traumáticos, especialmente los recuerdos de miedo, vergüenza, ira, soledad y añoranza de amor, una razón de peso por la que usted puede haberlas evitado. De vez en cuando tienen recuerdos positivos, reales o imaginados, como si los hubieran guardado a salvo para usted o se hubieran retirado hace mucho tiempo a un mundo de fantasía maravillosa para escapar del dolor de la vida real.

Evitación fóbica de las partes infantiles

Quizá haya desarrollado una tenaz evitación fóbica a la mayoría de esas partes suyas y a las experiencias que contienen. Quizá descubra que las necesidades y deseos de las partes jóvenes le resultan vergonzosos, detestables o agotadores y abrumadores. Tal vez las partes agresivas critiquen a estas por ser ridículas, tontas, estúpidas, infantiles, etc. y traten de convencerle para ignorarlas o, incluso, "deshacerse" de ellas. Sin embargo, evitar o ignorar esas partes solo perpetuará las experiencias internas de soledad, anhelo, necesidad, vergüenza y miedo. Como Marilyn Van Derbur (2004) escribió sobre las partes jóvenes de sí misma:

> "En lugar de sentir gratitud por sacrificarse, la detesté, desprecié y la culpé... era profundamente vulnerable, se encontraba completamente sola, atrapada y asustada. (p. 191)... Solo cuando pudiera empezar a entender cómo era yo en realidad siendo niña podría empezar a tener compasión por una de las que más odiaba, la niña de la noche. La percepción que tenía de ella debía cambiar o nunca sería capaz de encontrar una solución (p. 242).

Cuando usted u otras partes suyas puedan activamente conocer, aceptar y empatizar con sus partes jóvenes, empezará a sentirse más aliviado interiormente. Puede encontrar formas de ayudar a esas partes, atascadas en las dolorosas heridas de la infancia, a empezar a tener más experiencias positivas. Puede tener en cuenta sus necesidades y deseos con respeto, incluso si no siempre puede satisfacer esas necesidades de la forma deseada. Se trata de tomar en serio a esas partes y dedicar tiempo a saber más sobre ellas sin juzgarlas como malas o negativas.

Problemas relacionados con cambiar a las partes jóvenes en la vida diaria

Cambiar de forma espontánea a una parte infantil en la vida diaria ocurre habitualmente cuando un adulto es incapaz, tiene mucho miedo o vergüenza, de afrontar una determinada situación. Algunos individuos quizá cambien a una parte infantil como estrategia de evitación inconsciente, por ejemplo, para evitar un conflicto como un desacuerdo con un compañero enfadado, o para desviar la atención de un asunto significativo pero doloroso en terapia. Otras veces, cambiar a una parte infantil constituye una estrategia desadaptativa para la satisfacción de necesidades, por ejemplo, para conseguir el apoyo o consuelo que el adulto es incapaz de pedir a otra persona o no está dispuesto a ello. En estos casos, es esencial trabajar para ayudar a la parte o partes adultas a aprender a ser asertivas y menos evitativas.

Del mismo modo que no es apropiado que los niños sean responsables de funciones adultas en la vida, las partes jóvenes no deberían estar a cargo del comportamiento ni afrontar la vida diaria por sí mismas sin las partes adultas encargadas de hacerlo. Cuando sea posible y apropiado deberían mirar a través de los ojos del adulto o de una temporal (véase el debate posterior) (Fine y Comstock, 1989; Kluft, 2003), porque es esencial que todas las partes aprendan a estar presentes. Las formas limitadas de afrontamiento y fijación en el momento del trauma de las partes jóvenes puede dar lugar a tomar decisiones dudosas (véase el capítulo 27 sobre toma de decisiones) y problemas en las relaciones con los demás. Por ello es muy importante aprender a prevenir el convertirse en las partes jóvenes, especialmente cuando esté con otras personas, porque pueden no entender o, peor aún, aprovecharse de usted cuando está muy vulnerable. De vez en cuando puede permitir que esas partes jóvenes salgan en privado para actividades concretas que tienen propósitos sanadores. Pero esas experiencias deberían ser guiadas por una parte adulta con el fin de ayudarlas a continuar con su crecimiento y desarrollo hacia la madurez como partes suyas como persona integrada.

Objetivos de trabajar con las partes jóvenes

Todas las personas con un trastorno disociativo son diferentes y encuentran su propia manera de sanar. Cuando usted está reflexionando sobre las maneras de ayudar a sus partes jóvenes, como ocurre con todas las demás, es útil ser claro sobre los objetivos que está tratando de conseguir. Por ejemplo, si una parte infantil quiere pintar en un libro para colorear o llamar a su terapeuta, es importante considerar tanto el propósito de esa actividad para usted como persona completa, como tener en cuenta lo apropiado de estas actividades, teniendo en cuenta los límites de las relaciones o la aceptabilidad social.

Por ejemplo, ¿le ayuda una actividad en particular a saber que se puede divertir o darse un simple placer o consuelo? ¿Ayuda a las partes jóvenes a sentirse más aceptadas, a desear crecer y desarrollarse y a saber que usted puede satisfacer sus necesidades como persona integrada o, por el contrario, refuerza su deseo de permanecer infantiles y nunca crecer? ¿Ayuda a las partes críticas a aprender que tratar a las partes infantiles de forma más comprensiva y empática es útil o, por el contrario, aumenta su vergüenza y rabia hacia las "necesidades pueriles"? ¿Promueve una mayor evitación de que las partes infantiles (y usted) trabajen con la tristeza interna, necesaria pero dolorosa, o, por el contrario, ofrece un sentido de presencia adulta para ayudarlas a abordar asuntos difíciles? ¿Alivia y calma a las partes de forma que no perturben su vida diaria o las anima a que se vuelvan más exigentes de una atención individualizada y un espacio de tiempo "especiales"? Usted y su terapeuta deben tener en cuenta estas importantes cuestiones cuando decidan qué es lo mejor para ayudar a las partes jóvenes.

Una razón por la que las partes infantiles permanecen separadas de usted es el fuerte deseo de ignorar lo que ocurrió y de crear una infancia amorosa y bonita en el presente, como si nada malo hubiera ocurrido. Por tanto, un objetivo fundamental es encontrar el equilibrio apropiado entre la necesaria aceptación y la aflicción por lo que no consiguió siendo niño, así como descubrir los modos de satisfacer alguna de esas necesidades en su vida actual. No es posible deshacer lo que ya sucedió. Es posible apenarse y proseguir hacia experiencias gratificantes en el presente y en el futuro.

Además, para lograr la sanación de las partes jóvenes, necesita equilibrar al mismo tiempo lo que es útil para usted como adulto y como persona integrada. Si, por ejemplo, una parte joven quiere llevar un animal de peluche en la mano mientras compra en la tienda de ultramarinos, aun cuando esto pueda ayudar a esa parte suya a sentirse más segura, no es apropiado para usted como adulto hacerlo y quizá no ayude a las demás partes en absoluto. Por otro lado, anima a la parte joven a continuar ignorando la realidad actual, a saber, que usted es una persona adulta y que la tienda de ultramarinos es un lugar seguro. En tales casos, puede comprometerse, por ejemplo, a poner un objeto pequeño en su cartera o en su bolsillo que represente la seguridad y el consuelo para esa parte joven. O quizá esa parte pueda sentirse segura mirando a través de los ojos de una parte adulta, que asegurará el bienestar de ambas o permanecerá en un lugar seguro.

No tenga miedo de ser creativo. Como con toda interacción con partes de usted mismo, debe sopesar los beneficios y riesgos para todas las partes, encontrando un equilibrio que sea aceptable para todas ellas en el contexto de ser un adulto en el presente. Le sugerimos que analice con su terapeuta las formas más efectivas para usted de conseguir progresar hacia la sanación.

Como hemos señalado, las partes jóvenes no son niños en el sentido literal. Sin embargo, puede utilizar todo lo que sepa sobre el crecimiento y desarrollo de los niños para planificar la ayuda a esas partes. A continuación trataremos diversas estrategias para hacerlo.

Trabajar con las partes jóvenes

Antes de empezar un trabajo concreto con las partes infantiles, es esencial que examine su actitud hacia las mismas junto con su terapeuta. Lo más frecuente es que las partes infantiles permanezcan apartadas porque su o sus partes adultas evitan lo que representan. Mientras trabaja con ellas, es igualmente importante facilitar a sus partes adultas el ser más empáticas y aceptar las necesidades, deseos y sentimientos de las partes jóvenes.

Al utilizar este manual, así como en su terapia, ya ha tenido oportunidades de practicar habilidades que le ayudarán a afrontar sus partes jóvenes:

- Reflexionar, prestando atención y escuchando con respeto a las demás partes, así como ser más consciente de todas las experiencias internas que previamente había ignorado o evitado y aceptarlas más.
- Comunicarse con otras partes a través del diálogo interno o de la escritura en un diario.
- Hablar internamente con otras partes para tranquilizarlas, consolarlas y calmarlas.
- Desarrollar un lugar interno seguro para todas las partes.
- Usar la imaginación y otras técnicas de relajación para ayudar a todas sus partes.
- Orientar al presente a todas esas partes disociadas que están estancadas en el momento del trauma.
- Comprender y desafiar las creencias básicas disfuncionales de las partes disociadas.
- Crear un lugar de encuentro interior y tener deliberaciones internas sobre la vida diaria.

Como con otras partes, puede trabajar con las partes infantiles utilizando cuatro estrategias diferentes: (1) experiencias internas basadas en imágenes, como lugares seguros y actividades imaginarias; (2) cooperación interna entre las partes para que se cuiden entre sí; (3) experiencias reales que satisfagan las necesidades de desarrollo juveniles concretas, como tener una luz encendida durante la noche; y (4) experiencias actuales reales que satisfagan al mismo tiempo las necesidades de todas las partes, como ir al zoo o dar un paseo para disfrutar.

Muchas personas encuentran que las imágenes ayudan en el trabajo con las partes jóvenes (así como con otras partes). Puede imaginarse cuidándolas internamente de la misma forma que podría hacerlo con un niño. Tal vez pueda imaginarse, por ejemplo, abrazando o meciendo a una parte disgustada; enseñando a una parte lo que necesita saber para crecer y desarrollarse o creando un espacio interior en el que una parte pueda jugar libremente y sentirse segura. No hay límites sobre cómo puede utilizar su creatividad e intenciones empáticas para ayudar a sanar a otras partes de usted utilizando imágenes. Puede encontrar muchas sugerencias útiles en un método denominado *Estrategia para la Satisfacción de las Necesidades del Desarrollo* (Schmidt, 2009). Por supuesto, siempre debe consultar con su terapeuta antes de intentar cualquier sugerencia que pueda encontrar por sí mismo, para asegurarse que son adecuadas para usted.

Como ampliación del trabajo con imágenes, varias partes de usted pueden participar internamente cuidando de las partes infantiles. Algunas personas ya tienen partes que están ayudando internamente, quizá incluyendo algunas relaciones de confianza mutua entre las partes "más jóvenes" y las "más viejas". Otras personas pueden necesitar la ayuda de su terapeuta para acompañarlas en este paso, especialmente si evitan con todas sus fuerzas hacer frente a partes de ellas mismas. Una parte puede, por ejemplo, hacer de "canguro" mientras usted atiende sus responsabilidades de adulto, o bien varias partes pueden consolar y orientar a las jóvenes.

Algunas personas encuentran útil conceder a sus partes jóvenes un espacio de tiempo privado en el que pueden embarcarse en juegos infantiles reales, por ejemplo, colorear un cuaderno de dibujos o leer un libro para niños, permitiéndose a sí mismas placeres sencillos que no tuvieron previamente. Otras encuentran más útil imaginar que hacen esas actividades internamente, sin la necesidad de hacerlas realmente. Y otras pueden encontrar formas de incluir a las partes infantiles en las actividades de la vida diaria adulta, por ejemplo, ir a una excursión especial que es divertida para usted. Tal vez sea de utilidad establecer para las partes jóvenes una rutina confortable para ir a dormir; por ejemplo, leer una historia agradable, tener un animal de peluche, otros objetos tranquilizadores o poner música.

Y por supuesto, algunas personas quizá no encuentren útiles estas intervenciones en absoluto. No se trata de volver a la infancia o de tratar a estas partes como niños de verdad. Por el contrario, el objetivo consiste en aprender cómo darse lo que necesita para desarrollarse y sanarse y, lo más importante, crear un alto grado de empatía y conexión entre usted y esas partes jóvenes.

Trabajar con las partes no verbales

A menudo las partes jóvenes, y quizá otras partes también, no son muy verbales, así que les puede resultar duro expresarse en terapia. Usted podría permitirlas otra comunicación no verbal como llevar a terapia dibujos. Algunas partes parecen incluso niños pequeños que no pueden hablar. Afortunadamente, la mayoría de las personas son capaces de distinguir lo que los niños necesitan sin lenguaje. Usted puede ayudar haciendo el esfuerzo de entender los comportamientos no verbales de sus partes jóvenes, por ejemplo, al reaccionar a su llanto consolándolas. También puede aprender a hablar a las partes jóvenes, como lo hace un padre por su joven hijo para apoyar el desarrollo del lenguaje, por ejemplo, *"Necesitas consuelo, déjame abrazarte"*; *"estás frío, déjame calentarte"* o *"¡qué hambre tienes! te voy a dar de comer"*. Una técnica de imágenes más avanzada tiene por objeto ayudar a las partes jóvenes a "crecer" hasta una edad en la cual el lenguaje es posible. Probablemente su terapeuta puede ayudarle con estas intervenciones.

"Integración" (*blending*): una técnica avanzada

A medida que usted desarrolla una mayor empatía y cuidado por las partes jóvenes (o cualesquiera otras), quizá encuentre útil experimentar cercanía entre partes concretas. La *"integración"* (*blending*) es juntar temporalmente las partes con el propósito de enriquecer la experiencia de una o más de ellas (Fine y Comstock, 1989; Kluft, 1982, 2003). Es importante que usted comprenda varias precauciones antes de intentar cualquier forma de *"integración"*. En primer lugar, asegúrese de consultar con su terapeuta para determinar si esta técnica es adecuada para usted en este momento. Segundo, la *"integración"* debe ser voluntaria para todas las partes implicadas, no obligatoria y con el acuerdo alcanzado de que finalizará inmediatamente con la petición de cualquiera de las partes involucradas. Por último, durante el periodo de *"integración"*, como lo hemos descrito aquí, no deben compartirse los recuerdos, sentimientos o sensaciones traumáticos. Quizá haya ocasiones en las que la *"integración"* pueda apoyar el trabajo sobre los recuerdos traumáticos, pero esto no es lo que usted ha aprendido en este momento. El foco debería estar solo en la experiencia del momento actual. Si no es capaz de poner en práctica la *"integración"* sin incluir material traumático, debería abstenerse de utilizar esta técnica por el momento y consultar con su terapeuta para que le ayude.

La *"integración"* puede hacerse paulatinamente, adaptándose a su propio ritmo. Las partes que usted puede querer mezclar no deberían tener grandes conflictos entre sí y estar centradas en el presente no en el pasado.

Por ejemplo, puede invitar a una parte infantil (o, de nuevo, a cualquier parte) a "acercarse" a usted para que dicha parte pueda tener una experiencia sensorial más completa del presente. Al principio, puede permitir simplemente que ambas se acostumbren a estar cerca. Si esto no les hace sentir suficientemente seguras, podría invitarlas a mantener una distancia prudencial, pero mirando a través de unas gafas especiales, prismáticos o ventana protectora para ser capaz de ver el presente con mayor claridad. A medida que estas partes experimenten una situación actual "a través de sus ojos", es decir, desde una perspectiva adulta, pueden reducirse los sentimientos de ansiedad basados en el pasado.

Si su nivel de cercanía interna es seguro o positivo, puede dar otro pequeño paso para acercarse un poco más. Quizá implique acercarse hasta juntar las puntas de los dedos índice de cada uno, como en la película *E.T. el extraterrestre*, darse las manos, invitar a las partes infantiles a sentarse en su regazo o arroparse juntos con un edredón cómodo y seguro. Tómese su tiempo para encontrar la imagen adecuada para usted; a continuación, determine si ese nivel de cercanía interna es aceptable para todas las partes. Si es así, puede continuar con el siguiente paso.

Cuando usted y su parte joven estén cerca con seguridad, anímela a mirar a través de sus ojos, a escuchar a través de sus oídos y a sentir con sus manos. Por unos instantes, usted y su parte infantil están compartiendo la misma experiencia del presente en lugar de tener experiencias diferentes. Mientras tanto, puede usted señalar las diferencias que existen en el presente junto a algunas similitudes con el pasado.

Se produce una *"integración"* más completa cuando usted y otra parte se juntan completamente por un periodo corto de tiempo. Este tipo de integración no solo sirve para orientar a las partes hacia el presente, sino también para ayudarle a completar tareas más eficazmente. Por ejemplo, varias partes pueden unirse para funcionar mejor en el trabajo, para hacer un plan de seguridad o ayudar a otras partes internamente.

La *"integración"* es un precursor para que todas las partes lleguen a ser usted como una persona integrada (un objetivo importante de la terapia). Muchas personas con un trastorno disociativo complejo tienen miedo de tener todas las partes unidas (es decir, integradas), las partes temerosas morirán, desaparecerán o "serán asesinadas". La *"integración"* puede ofrecer experiencias temporales positivas dentro de su control que le ayudan a entender más sobre cómo es la integración, reduciendo el miedo de todas las partes a lo largo del tiempo.

Para *"integrar"* completamente, puede utilizar la imagen que mejor funcione con usted. Tal vez pueda imaginar una parte poniéndose los zapatos de otra, abrazándose hasta fusionarse, estando bajo un rayo cálido de luz que les ayuda a mezclarse o fundirse en un estanque terapéutico de agua. Puede, también, tratar de imaginarse a una parte frente a frente. Se encuentran en el medio y se fusionan. Hay infinitas imágenes que puede usar: elija la o las que son adecuadas para usted.

Si quisiera, podría intentar "integrarse" solo por un momento para ver cómo es y después alejarse entre sí y analizar su experiencia. Algunas personas tienen sensaciones físicas extrañas al principio; por ejemplo, cuando se *"integran"* con un niño se sienten muy bajos o muy altos (dependiendo en qué parte tienen la perspectiva). Algunas se sienten más sabias, fuertes o solo diferentes de un modo vago que no pueden explicar. Algunas (pero no todas) encuentran que sufren cambios temporales en la agudeza visual o auditiva. Esas sensaciones están previstas y desaparecen en un corto periodo de tiempo. Al principio, usted y otras partes pueden encontrar útil saber que pueden mezclarse y separarse a voluntad, así que no tiene que temer una integración obligada. Puede establecer un plazo para la *"integración"*, por ejemplo, 1, 2 o 5 minutos al principio durante una sesión de terapia y, si va bien, puede practicar en casa cada día. Cuando esté listo, la *"integración"* puede hacerla cuando la necesite. Puede descubrir incluso que la *"integración"* es una experiencia tan positiva que prefiere mantenerse *"integrado"*. Solo asegúrese de ir a su propio ritmo, teniendo en cuenta las necesidades e inquietudes de todas sus partes.

Hoja de tareas 25.1
Trabajar con sus partes infantiles internas

1. Describa su actitud y la actitud de otras partes (si hay alguna) hacia una parte interna infantil; por ejemplo, ¿se siente protector, enfadado, avergonzado, crítico, amoroso, indignado, cansado o útil?

2. Describa una actitud de la parte joven hacia usted y otras partes de usted mismo, si la conoce. Quizá esta parte sienta, por ejemplo, miedo, necesidad, enfado, desconfianza, amor o ayuda.

3. Dadas las actitudes descritas por usted en los párrafos 1 y 2, describa cualquier conflicto interno relacionado con aceptar y trabajar empáticamente con sus partes infantiles.

4. Imagine que sus actitudes y reacciones hacia su o sus partes jóvenes fueran las mismas que aquellas que puede tener hacia un niño real. ¿Qué podría ser diferente en su aproximación a su o sus partes internas infantiles? Por ejemplo, ¿sería más paciente, más interesado, más cuidadoso o pondría límites más afectuosos?

5. Describa cualquier dificultad que experimente con las partes infantiles, por ejemplo, oír el llanto interno, tener *flashbacks*, sentir una necesidad desesperada de atención y consuelo o interferir con la vida diaria.

6. Tanto durante la sesión de terapia como durante el tiempo libre, practique ayudar a su parte infantil a experimentar el presente de forma más plena mirando a través de sus ojos, escuchando con sus oídos, sintiendo con sus manos. Explore los alrededores con su parte infantil, hablando internamente para tranquilizar, consolar y orientar. Describa su experiencia en el ejercicio expuesto a continuación o, si no es capaz de terminar el ejercicio, describa lo que le frenó.

7. Enumere cinco formas en las que usted puede satisfacer las necesidades de su o sus partes infantiles con las que estén de acuerdo todas las partes y que sean adecuadas en el presente. Si lo necesita, vuelva a consultar el capítulo para encontrar sugerencias.

   1.

   2.

   3.

   4.

   5.

Hoja de tareas 25.2
Examen de la práctica: utilizar la cooperación interna para resolver problemas de la vida diaria

Este ejercicio no trata específicamente sobre sus partes jóvenes; es más una revisión de las habilidades para la cooperación interna.

1. Describa las áreas de la vida diaria en las que usted y todas las demás partes han conseguido un cierto grado de cooperación.

2. ¿En qué áreas les gustaría a usted y a otras partes conseguir mayor cooperación?

3. ¿Qué métodos de comunicación interna parecen ser los más útiles para usted?

    - Diálogo interno entre las partes.
    - Escribir o llevar un diario.
    - Reunión interna con las partes.
    - Integración.
    - Otros (por favor, descríbalos).

    Ponga un ejemplo de uno de estos métodos utilizados para la comunicación interna.

4. ¿Qué hace usted, o partes de usted, para calmar, consolar y orientar a las partes estancadas en el momento del trauma, incluyendo a las partes infantiles?

5. Si usted tiene dificultades continuadas con la comunicación interna y la cooperación, describa las razones (por ejemplo, siente demasiado miedo, evita dedicar tiempo a hacerlo; las partes rehúsan cooperar; no siente empatía por otras partes; o una parte es tan crítica que deja de intentarlo). Asegúrese de hablar de esas dificultades con su terapeuta.

26 Afrontar la autoagresión

PROGRAMA

- Bienvenida y reflexiones sobre la sesión anterior.
- Coloquio sobre las tareas.
- Descanso.
- Tema: Afrontar la autoagresión.
    - Introducción.
    - Entender la autoagresión.
    - Motivaciones para la autoagresión.
    - Ayudar a las partes disociadas involucradas en la autoagresión.
    - Consejos para mitigar la autoagresión.
- Tareas:
    - Releer el capítulo.
    - Completar la hoja de tareas 26.1, entender más sobre su autoagresión.
    - Completar la hoja de tareas 26.2, trabajar con una parte disociada que participa en la autoagresión.

Introducción

Los comportamientos autolesivos son estrategias de afrontamiento que ocasionan daño al cuerpo y que las personas utilizan cuando no tienen habilidades suficientes para arreglárselas con recursos más adaptativos. Muchas personas traumatizadas utilizan la autoagresión como una manera de afrontar las experiencias internas abrumadoras; por eso, el comportamiento se relaciona frecuentemente con la fobia a la experiencia interna. En este capítulo aprenderá más sobre la autoagresión, cómo afecta a todas sus partes y los recursos más efectivos para manejarla.

Entender la autoagresión

La autoagresión es un daño deliberado a su cuerpo con el fin de afrontar el estrés, el conflicto interior y el dolor. Puede entenderse como una acción sustitutiva de un afrontamiento más adaptativo a diversos problemas abrumadores, muchos de los cuales llevan aparejadas demasiadas emociones y sensaciones (por ejemplo, soledad, abandono, pánico, conflictos internos, recuerdos traumáticos) o muy pocas (insensibilidad, despersonalización, vacío, sentirse muerto). Así, la autoagresión se relaciona a menudo con la necesidad de habilidades reguladoras, es decir, de encontrar formas de modular y tolerar experiencias internas insoportables, como las emociones dolorosas y los recuerdos traumáticos (Gratz y Walsh, 2009; Miller, 1994). Algunas personas se hacen daño a escondidas y ocultan cuidadosamente a los demás las heridas que se han causado. Otras personas lastiman sus cuerpos en lugares que son visibles para las personas que les rodean. Para estos últimos la autoagresión puede ser, en parte, una forma de comunicar y expresar su dolor a los demás porque no son capaces de expresarlo con palabras. Algunas personas se dañan a sí mismas porque oyen una voz o voces internas que les ordenan hacerlo.

Generalmente, muchas personas sienten vergüenza de la autoagresión y tienen dificultad para hablar de la experiencia. Tal vez no la mencionen en terapia a menos que se les pregunte en concreto sobre ello de forma respetuosa y sin juzgarlas. Las personas que se autolesionan no pretenden matarse y, de hecho, la autoagresión puede disipar pensamientos extremos de suicidio en algunos individuos. La autoagresión es una señal intensa de que usted está sufriendo enormemente y de que necesita ayuda para afrontar el dolor más eficazmente. Aunque la autoagresión puede ser liberadora de forma provisional, inevitablemente conduce a la necesidad continua de hacerse daño hasta que sea capaz de reflexionar mejor sobre lo que impulsa este comportamiento. Entonces podrá intentar regular sus emociones e impulsos e intentar ayudar a sus partes a estar más enraizadas en el presente.

El comportamiento autolesivo tal vez se origine en partes concretas de la personalidad que pueden o no serle aún accesibles. La amnesia es bastante común antes, durante o después de la autoagresión, así que muchas personas pueden encontrarse heridas, pero ignoran aún que se lo han hecho sí mismas; o quizá se ven desde la distancia y parecen no poder controlar lo que están haciendo (Coons y Milstein, 1990). A menudo, otras partes injurian y evitan a las partes que autolesionan. Con frecuencia, los conflictos internos entre las partes disociadas suscitan una tendencia a la autoagresión como solución para aliviar la tensión del conflicto sin resolverlo.

Tipos de autoagresión

Existen diferentes modos de autolesionarse, desde causarse una leve incomodidad o dolor sin evidencia física de daño, hasta daños graves que requieren cuidados médicos en emergencias. Algunas personas sienten dolor durante o después de la autoagresión, mientras que otras no sienten nada porque están entumecidas. Uno puede causarse lesiones corporales intencionalmente, por ejemplo, mediante cortes o dándose cabezazos. Una forma más indirecta de autoagresión es descuidar el cuerpo, poner en peligro la propia salud a través del abuso de sustancias, alimentarse inadecuadamente, no conseguir visitar al médico cuando es necesario y faltas de atención que provocan accidentes frecuentes como caídas, quemaduras o accidentes de coche. Igualmente, muchas personas se lesionan llevando a cabo comportamientos de riesgo que podrían ocasionarles daños físicos graves; por ejemplo, conducción temeraria, sexo sin protección, ir a lugares inseguros solos o de noche o elegir estar con gente peligrosa. Algunas autolesiones son muy impulsivas, mientras que otras veces son planeadas, calculadas e implican una rutina concreta.

Motivaciones para la autoagresión

Cada persona tiene sus propias razones personales para llevar a cabo comportamientos autolesivos y también las distintas partes disociadas pueden tener motivos diferentes. Una vez que usted entiende sus motivaciones para engancharse en la autoagresión, está un paso más cerca de aprender cómo aliviar más eficazmente su dolor o conflicto. Las siguientes son algunas razones habituales por las que los individuos traumatizados pueden involucrarse en comportamientos autolesivos.

- Sentirse real o vivo cuando uno está despersonalizado o extremadamente insensibilizado.
- Provocar entumecimiento emocional con el fin de interrumpir el sentir demasiado.
- Aliviar emociones abrumadoras, tensiones o recuerdos traumáticos.
- Hacer que el "exterior" (cuerpo) sea congruente con el dolor "interior" (emocional).
- Volver a enfocar el dolor emocional interno hacia el exterior, para localizarlo.
- Expresar ira o agresión hacia sí mismo (auto desprecio).
- Sustituir la expresión de ira o agresión hacia los demás.
- Afrontar el abandono, el rechazo o la soledad.
- Disminuir los sentimientos de vacío, confusión o caos interno.
- Responder a las voces internas que mandan (de otras partes disociadas del sí mismo).
- Controlar el dolor causado ("me lastimo antes de que alguien más pueda herirme").

- Conseguir la atención de los demás.
- Contar lo que ha sucedido, como una vivencia traumática recurrente (alguna parte del cuerpo se lastima de una forma similar a cómo ocurrió durante el suceso traumático).
- Una parte disociada puede estar castigando o intentando matar a otra.
- Castigar por "contar secretos" (una parte castiga a otra por medio de autolesiones por hablar sobre los sucesos traumáticos).
- Prevenir el suicidio, es decir, existe un acuerdo interno de optar por un daño menor en lugar de la muerte.
- Precipitar el cambio de una parte a otra o prevenir un cambio.
- Para algunas personas, la autoagresión se vuelve adictiva porque libera endorfinas, que les hacen sentirse eufóricas o excitadas.

Ayudar a las partes disociadas involucradas en la autoagresión

Las personas que poseen partes disociadas que realizan autoagresiones suelen tener mucho miedo y vergüenza a los comportamientos de dichas partes. Mantienen poca o ninguna comunicación con ellas. Por tanto, esas partes están aisladas y se sienten criticadas, temidas y deshonradas. Es frecuente que las partes enfadadas hieren u ordenan a otras que se hagan daño a sí mismas como reacción a desencadenantes específicos internos o externos; por ejemplo, hablar al terapeuta sobre el suceso traumatizante que era necesario mantener en secreto, o una parte infantil que busca desesperadamente contacto con otra persona.

De hecho, a menudo la autoagresión es el resultado de un ciclo interno de conflictos intensos que perpetúan las emociones no reguladas. Las partes necesitadas, temerosas y vulnerables que sienten dolor despiertan la ira, el temor y la repugnancia de las partes críticas, que se vuelven cada vez más temidas, injuriadas y marginadas. Tales dinámicas desembocan en emociones cada vez más abrumadoras, en vergüenza y auto desprecio que solo intensifican el riesgo de autoagresión. Este ciclo está representado en la Figura 26.1

Recursos para mitigar la autoagresión

- Si no ha compartido con su terapeuta que está produciéndose autoagresiones, es imprescindible que lo haga. Cuanto más apoyo y ayuda pueda conseguir, más capaz será de aprender estrategias adaptativas de afrontamiento.
- Utilice sus habilidades de reflexión (véase el capítulo 6) para tratar de entender qué partes de usted están comprometidas con la autoagresión y cuáles son sus motivaciones. Si duda o tiene miedo, quizá algunas partes puedan ayudarle con esta tarea. Su terapeuta también puede ayudarle.

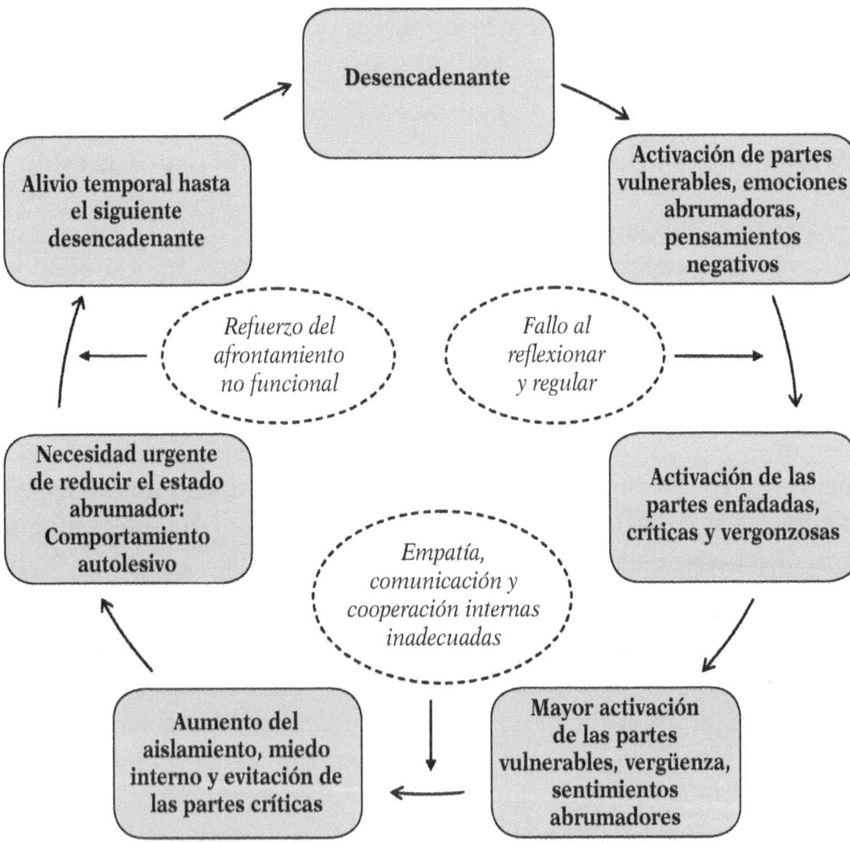

Figura 26.1. Ciclo de la autoagresión

- Trate de desarrollar cierta empatía por usted y sus partes, dándose cuenta que la autoagresión es una forma de hacer frente a experiencias insoportables, y esas partes que llevan a cabo tal comportamiento experimentan un gran dolor emocional y necesitan ayuda.
- Tómese en serio, tanto a usted mismo como su cuerpo. Si necesita cuidar las heridas causadas por autoagresión, por favor hágalo y consiga tratamiento médico en caso necesario. Esto puede no ser sencillo porque algunos profesionales médicos no entienden por qué la gente se autolesiona y, cuando el daño es muy grave, lo pueden confundir con un comportamiento suicida. Puede necesitar poner especial cuidado en encontrar profesionales de la salud que le ayuden en lugar de juzgarle.
- Dese cuenta de que cada una de las partes que llevan a cabo la autoagresión en potencia pueden tener diferentes razones para hacerlo. Quizá necesite ayudar a una parte cada vez con diferentes fórmulas de afrontamiento.
- Normalmente, las partes internas quieren contactar con usted y su terapeuta; quieren salir de su aislamiento y de los comportamientos autolesivos. Sin embargo, tienen miedo del juicio y necesitan estar seguros de que usted está deseando ayudar. Así que existe una fobia doble que superar: debe superar el miedo y la vergüenza de las partes que se autolesionan y ellas deben hacer lo mismo con usted. Muchas veces, la autoagresión disminuye en el momento en que está deseando aceptar y entender a esas partes internas suyas.
- Observe qué es lo que activa a partes suyas a iniciar la autoagresión (por ejemplo, recuerdos, conflictos relacionales, sentirse solo, ira abrumadora, vergüenza o tristeza). Una vez que se vuelva más consciente, puede utilizar alguna de las herramientas del capítulo 15 para minimizar y manejar los desencadenantes.
- Utilice las habilidades que aprende en este manual para aliviarle o calmarle así como aliviar o calmar a todas las partes suyas que tienen el impulso de autolesionarse.

- Desarrolle un plan para utilizar alternativas constructivas a la autoagresión que convenga a cada una de sus partes. Por ejemplo, si una parte se autolesiona como reacción a un *flashback*, es importante ayudar a esa parte a volverse más enraizada y orientada hacia el presente y a darse cada vez más cuenta de que esos sucesos ya pasaron. Puede necesitar comunicarse con esa parte para continuar ayudándola a enraizarse y enfocarse en el presente en situaciones potencialmente desencadenantes. Estar en contacto mediante la comunicación interna y la empatía puede ayudar a esa parte a estar presente, sentirse más segura y cómoda y de este modo sentir menos impulso de autolesionarse. Si una parte suya se autoagrede cuando percibe una amenaza percibida de abandono o rechazo, puede ayudarla explorando las creencias básicas que suscitan sentimientos de angustia; por ejemplo, "no merezco ser amado"; "todo el mundo me abandona"; "a la gente realmente no le importo"; "siempre estaré solo".
- Por último, sea paciente: no es siempre fácil encontrar formas más constructivas de afrontamiento. El cambio y la sanación llegan poco a poco.

Hoja de tareas 26.1
Entender más sobre su autoagresión

Cuanto más sepa sobre su autoagresión, más capaz será de eliminarla. Utilice el conjunto de preguntas formuladas a continuación para facilitarse el saber más sobre su necesidad de autolesionarse. Si cualquiera de estas preguntas son desencadenantes, debe dejar de contestarlas y utilizar los ejercicios para enraizarse y relajarse. Recuerde ir a su propio ritmo.

1. ¿Cómo sabe cuándo necesita autolesionarse? Por ejemplo: *"Me siento solo y desesperado"*; *"he tenido una pelea con mi compañero"*; *"me siento avergonzado"*.

2. ¿Cuánto duran los episodios de autoagresión aproximadamente? ¿Segundos? ¿Minutos? ¿Horas? ¿Con qué frecuencia se dan? ¿Diariamente? ¿Semanalmente? ¿Mensualmente? ¿Sólo ocasionalmente?

3. ¿Cómo sabe cuándo un episodio de autoagresión puede detenerse? Por ejemplo: *"Puedo sentirme real otra vez"*; *"siento una liberación de tensión"*; *"vuelvo en mí y me doy cuenta que he estado lastimándome"*; *"cuando me hago cinco cortes"*.

4. Describa las circunstancias en las que existen más probabilidades de que se autolesione. Por ejemplo, cuando está solo; por la noche; en el fin de semana; después de una pelea con alguien; cuando está muy estresado o cuando ha sufrido *flashbacks*.

5. ¿Donde es más probable que lleve a cabo las autolesiones (por ejemplo, en casa, en el baño o dormitorio, en el coche)? ¿Este lugar tiene algún significado especial para usted?

6. ¿Experimenta amnesia, insensibilidad física, sensación de observarse a usted mismo u otras evidencias de disociación? Por favor, describa cualquier síntoma de disociación y si han ocurrido antes, durante o después de los episodios de autoagresión.

7. ¿Qué hace habitualmente después de haberse autoagredido? Por ejemplo, duerme, come, sale, ve la televisión o llora?

8. ¿Cuáles fueron sus pensamientos y creencias básicas antes, durante y después del episodio?

9. ¿Cuáles fueron sus emociones antes, durante y después del episodio?

10. ¿Cuáles fueron sus sensaciones físicas antes, durante y después del episodio?

Hoja de tareas 26.2
Trabajar con una parte disociada que participa en la autoagresión

1. Utilice el método de la comunicación interna que le funcione mejor con usted para tratar de establecer un diálogo con la parte que realiza la autoagresión. Escuche con empatía cuando esa parte suya describe las motivaciones para la autoagresión, aun cuando no esté de acuerdo. Describa su experiencia con la comunicación interna, así como cualquier cosa nueva que haya aprendido sobre usted mismo y la tendencia a la autolesión.

2. Enumere razones por las que una parte de usted puede llevar a cabo autolesiones (repase la lista de razones para la autoagresión si lo necesitara).

3. ¿Es posible que esta parte no esté muy enfocada en el presente, es decir, que viva en el momento del trauma? Si es así, utilice sus habilidades para ayudar a esta parte a volverse más enfocada y enraizada en el presente. ¿Qué fue útil en los intentos de orientar a esta parte? ¿Qué no le sirvió y por qué?

4. Describa cualesquiera desencadenantes que pueden estar impulsándole a usted y partes suyas a pensar en la autoagresión.

5. Dada su comprensión sobre las razones para la autolesión y sus desencadenantes, describa una habilidad de afrontamiento que esta parte de usted puede utilizar en lugar de la autoagresión, por ejemplo, evitar ciertos desencadenantes, hablar con su terapeuta, cubrir las necesidades de una parte o escucharla con empatía. Practique estas habilidades de afrontamiento varias veces a la semana y describa su experiencia utilizándolas.

27 Mejorar la toma de decisiones a través de la cooperación interna

PROGRAMA

- Bienvenida y reflexiones sobre la sesión anterior.
- Coloquio sobre las tareas.
- Descanso.
- Tema: Mejorar la toma de decisiones a través de la cooperación interna.
  - Introducción.
  - Entender la toma de decisiones.
  - Problemas con la toma de decisiones de las personas con un trastorno disociativo complejo.
  - Mejorar la toma de decisiones.
  - Técnicas para tomar decisiones efectivas.
- Ejercicio: Crear un espacio interno de reunión para la toma de decisiones.
- Tareas:
  - Releer el capítulo.
  - Completar la hoja de tareas 27.1, desarrollar un espacio interno de reunión.
  - Completar la hoja de tareas 27.2, utilizar las técnicas de toma de decisiones.

Introducción

Tomar decisiones es fundamental para todas nuestras acciones. Tomamos decisiones tanto implícita como deliberadamente. Para bastantes personas, muchas de las pequeñas decisiones de la vida diaria necesitan un poco de energía o esfuerzo, como qué ropa ponerse, qué comer en el almuerzo, a qué hora irse a la dormir o cuándo dejar de trabajar y relajarse. Estas elecciones se hacen en un tipo de nivel "subconsciente" automático y ocurren con (relativa) facilidad. Las decisiones difíciles en especial tienden a implicar elecciones complejas y no del todo ideales, emociones o metas conflictivas, sacrificios y compromisos, energía sostenida y concentración. Sin embargo, algunas personas, concretamente muchos individuos traumatizados, encuentran problemáticas incluso las decisiones más nimias y ni que decir tiene las más complejas e importantes. La aptitud de tomar decisiones pequeñas de forma rápida y sencilla y la capacidad de reflexionar y decidir sobre decisiones más complejas son dos destrezas necesarias para su sanación. En este capítulo aprenderá más sobre cómo cooperar y resolver conflictos internos con todas sus partes con el fin de tomar decisiones eficaces en su vida diaria.

Entender la toma de decisiones

Para que nuestras decisiones sean adaptativas, debemos tener en cuenta no sólo nuestras necesidades inmediatas –que pueden o no sernos completamente claras en ese momento–, sino también tenemos que considerar las consecuencias potenciales de nuestras acciones en el futuro. Así pues tendemos a basar mayoritariamente nuestras decisiones en cómo percibimos las opciones en ese momento y en cómo predecimos los posibles resultados de las acciones que decidimos llevar a cabo. Para planificar el futuro cercano o lejano, es esencial tomar buenas decisiones en el presente, como dedicar tiempo ahora para estudiar un examen que tendrá lugar dentro de pocas semanas o ahorrar dinero ahora para cuando llegue la jubilación.

Imagine que está cansado pero está leyendo un libro muy interesante. Puede decidir dejar de leerlo a una hora decente y dormir suficientemente, lo que significa cubrir la necesidad a largo plazo de tener un descanso suficiente; o puede continuar leyendo el libro hasta la madrugada, lo que le proporciona un placer inmediato, pero al día siguiente está exhausto. Quizá decida que terminar el libro es una prioridad frente a dormir y acepta las consecuencias de estar cansado, cuando esté trabajando; o tal vez decida que un periodo regular de sueño es más importante, porque cuando está cansado se siente irritable e incapaz de concentrarse. Lo que sea más adaptativo para usted depende de con qué frecuencia se salta el sueño y de lo bien que puede funcionar después de no haber dormido suficientemente. Estar despierto hasta muy tarde de vez en cuando no suele ser un problema, mientras que estar desvelado la mayoría de las noches probablemente supone interrumpir tanto sus patrones de sueño como, su normal funcionamiento durante el día.

Ahora imagine otro escenario: tiene facturas que van a vencer inmediatamente y está cansado por la tarde. Puede optar por irse pronto a la cama, ver la televisión o forzarse un poco para pagar las facturas primero y después descansar. En este caso, la decisión más adaptativa puede ser vencer su fatiga temporalmente y pagar las facturas, porque las consecuencias de no hacerlo pueden ser desagradables; mucho más que perder una hora de sueño o descanso. Incluso mucho mejor, en lugar de posponer tales tareas para el final, es útil dedicarles un tiempo para llevarlas a cabo en lugar de dejarlas para el último minuto.

Algunas decisiones exigen que pensemos detenidamente y analicemos las opciones, mientras que otras se tomarán mejor si nos basamos en lo que sentimos y necesitamos en ese momento (Lehrer, 2011), lo cual es diferente de ser impulsivos en nuestra decisión. Las decisiones que implican situaciones novedosas ante las que nunca nos hemos encontrado requieren más reflexión, cuidadosa deliberación y creatividad. Las situaciones familiares necesitan menos reflexión porque sabemos habitualmente lo que hay que hacer. Por desgracia, a menudo ciertas partes disociadas de una persona toman de forma reflexiva las mismas decisiones en todas las situaciones, influyendo y controlando las decisiones que toma ella. Muchas veces, dichas partes no aprenden de la experiencia; actúan como si sus decisiones fuesen correctas sin pensar y no tienen en cuenta los indicios que contradicen sus conclusiones.

Los estilos en la toma de decisiones pueden a veces ser problemáticos. Algunas personas tienen tendencia a tomar decisiones de manera impulsiva basándose en cómo se sienten en ese momento; pocas veces se paran a pensar las cosas con detenimiento. Otras pueden titubear y obsesionarse, por pensar demasiado y no utilizar sus sentimientos suficientemente. Un estilo flexible y moderado es más útil: utilice la intuición cuando la situación le es familiar y ya tomó decisiones con éxito en circunstancias similares; utilice la reflexión y consideración de muchas opciones cuando la situación es compleja y novedosa (Lehrer, 2011).

Algunas veces quizá sea difícil saber cuando basar nuestra elección en necesidades a corto o a largo plazo. Pensar detenidamente es especialmente importante para ese tipo de decisiones; incluso cuando tomamos decisiones rápidas en el momento, necesitamos ser capaces de predecir con alguna precisión los efectos a largo plazo de nuestras acciones. Sin embargo, a menudo las decisiones sabias se toman aprendiendo de las diversas elecciones a las que nos enfrentamos y asimilándolas después. Utilizando nuestra intuición, por decirlo así, permitimos a nuestro subconsciente trabajar con el asunto para tomar una decisión con posterioridad.

Es importante que considere tanto sus pensamientos como sus emociones cuando se toman la mayoría de sus decisiones. Algunas personas ignoran sus sentimientos y actúan solo a partir de los pensamientos racionales, mientras que otras pueden ignorar su pensamiento y decidir basándose solo en lo que sienten. Las personas con trastornos disociativos son especialmente tan propensas a evitar sus emociones cuando toman decisiones, porque están demasiado abrumadas, como a evitar sus pensamientos y ser muy impulsivas, porque se basan en la emoción y deseos del momento.

Problemas con la toma de decisiones de las personas con un trastorno disociativo complejo

Los individuos con un trastorno disociativo habitualmente tienen dificultades para tomar ciertas decisiones debido a los conflictos internos entre las partes disociadas de sí mismos (Van der Hart, 2009). Incluso las decisiones sencillas de la vida diaria pueden estar cargadas de conflicto, incertidumbre y confusión porque varias partes disociadas no han aprendido todavía a aceptar y considerar las necesidades de la persona como un todo de forma colaboradora y empática. Cada parte puede querer tomar una decisión diferente a la que las otras quieren.

De hecho, la toma de decisiones forma parte del mantenimiento y de la resolución de su trastorno disociativo. En el momento que decida evitar o comunicarse con una de sus partes disociadas, ha tomado una decisión que tendrá unas consecuencias. Cuando decida saltarse o terminar una tarea doméstica difícil, ha tomado una decisión que afectará a todas sus partes. En cada capítulo, ha aprendido nuevas opciones, que exigen nuevas decisiones. En el capítulo 11, por ejemplo, aprendió a tomar decisiones sobre cómo gestionar su tiempo libre. En el capítulo 16 aprendió formas de tomar decisiones más eficaces que le ayuden a salir adelante en tiempos difíciles.

Muy a menudo las decisiones, especialmente las más importantes, necesitan involucrar a todas sus partes, justo lo que cualquier persona necesita para tomar decisiones que se fundamenten en sí misma como un todo. Pero cuando usted posee partes disociadas, quizá tenga una gran tendencia a evitar las decisiones difíciles, encuentre complicado resolver los conflictos internos sobre las mismas y sufra decisiones impulsivas de algunas partes. Tal vez haya vivido lo difícil que es tener en cuenta las perspectivas, los juicios, las preferencias, necesidades o metas de todas sus partes a la hora de tomar decisiones en un área de su vida, por ejemplo, sobre qué comer, cómo planificar y organizar su vida diaria, cómo gestionar sus relaciones o qué trabajar en su terapia.

En realidad, con independencia de si es consciente, cada parte disociada influye en sus decisiones de alguna forma, bien a través de la colaboración, el miedo, la vergüenza, la ansiedad, la excitación, la crítica o el sabotaje.

Las partes disociadas como "centros de toma de decisiones"

Cada parte disociada es un "centro de toma de decisiones", que suele conllevar percepciones, deseos, necesidades y metas distintas a las de otras partes. Muchas partes realizan funciones específicas para usted como persona completa y por eso ven ciertas decisiones desde una perspectiva limitada o rígida; o incluso encuentran completamente irrelevantes algunas decisiones, fuera de la esfera de su propia área de intereses. Estas perspectivas y metas conflictivas pueden crear caos y confusión internos. Por ejemplo, al decidir si salir fuera a comer con un amigo, una parte temerosa de usted puede no querer abandonar la casa, otra quiere estar con su amigo, otra no confía en la gente en general, a otra la espanta comer en público y a otra no le interesa en absoluto, quiere continuar trabajando en un proyecto.

Cuando sus partes están estancadas en una perspectiva rígida, habitualmente tienen problemas para empatizar con las perspectivas y metas de otras partes. Por ejemplo, si una parte disociada está atascada en el miedo y la desconfianza, puede ser duro convencer a esa parte de que confíe en una persona que podría ser de utilidad. Si una parte infantil está llorando y preguntando por alguien que le consuele, mientras que otras partes creen que esa dependencia es mala y peligrosa, estas últimas regañarán a la parte infantil e intentarán evitar o alejar a la persona reconfortante. El resultado es un acercamiento-evitación doloroso y confuso a la misma persona.

Además, a pesar de que muchas decisiones importantes requieren el compromiso con otras personas, muchas partes disociadas pueden no haber aprendido todavía a escuchar, deliberar y comprometerse con otros. Reflexionar y superar la fobia a la experiencia interna son esenciales para tomar decisiones adaptativas, así que es crucial que continúe trabajando con esas habilidades. Tal vez ya haya sido capaz de llegar a soluciones viables en algunas áreas de su vida, por ejemplo, usted como persona completa tomó algunas decisiones o puede haber delegado ciertas decisiones a partes concretas suyas, lo cual elimina el conflicto sobre el tener que decidir.

La presión del tiempo y la toma de decisiones

Tener que tomar decisiones bajo la presión del tiempo es un reto estresante para muchas personas, especialmente cuando las opciones son difíciles (Mann y Tan, 1993). La necesidad de elegir rápidamente suscita ansiedad o pánico, lo cual da lugar a una percepción estrecha de las opciones y a una exploración insuficiente y bastante aleatoria de la información necesaria para una adecuada decisión. El riesgo para los "decisores" abrumados, como se ha llamado a las personas en esas situaciones (Wright, 1974), es que se puede adoptar una decisión impulsiva que no es la mejor para los intereses del individuo.

Las personas con un trastorno disociativo son incluso más vulnerables a las presiones del tiempo. Algunas de sus partes pueden tener un sentimiento crónico de urgencia, así que aun cuando las decisiones no tengan que tomarse inmediatamente sienten necesidad de hacerlo. El estrés de esta presión de tiempo interna puede instarlas a adoptar decisiones que no se han pensado concienzudamente y las actuaciones apresuradas no siempre son las más adaptativas. Por ejemplo, una parte que siempre se siente hostigada y sobrecargada puede cancelar impulsivamente una sesión de terapia con el fin de hacer más trabajo, en lugar de trabajar durante una sesión para resolver esa sensación extrema de presión.

Por supuesto, siempre habrá situaciones en las cuáles usted haya decidido inmediatamente lo que hacer. Por ejemplo, mientras está conduciendo toma incontables decisiones para detenerse o no, permanecer detrás de otro coche o pasarle, tomar un camino u otro para llegar a su destino. En este tipo de situaciones que exigen decisiones inmediatas, necesita un entendimiento y acuerdo implícito (si no explícito) de que solo las partes del sí mismo que tienen las habilidades y el sentido de la responsabilidad necesarios pueden tomarlas.

A menudo, las decisiones apresuradas crean un círculo vicioso que conducen a un modo de vida agobiado en el que todas las partes se abruman por las consecuencias de malas decisiones que requieren menos esfuerzo y, de este modo se inclinan por decisiones aún más emocionales e impulsivas.

Efectos del miedo y ansiedad sobre la percepción y el juicio

El miedo y la ansiedad afectan la toma de decisiones en la dirección de mayor prudencia y aversión al riesgo (Loewenstein, Weber, Hsee y Welch, 2001). Los individuos traumatizados prestan más atención a las señales de amenaza que a otras experiencias e interpretan los estímulos y las situaciones ambiguos como amenazantes (Eysenck, 1992), lo que lleva a más decisiones dirigidas por el miedo. En las personas con un trastorno disociativo, ciertas partes están obligadas a centrarse en la percepción del peligro. Al vivir en el momento del trauma, estas partes disociadas perciben inmediatamente el presente como si fuera "exactamente como" el pasado, y se suscitan inmediatamente emociones "de emergencia" como el miedo, la rabia o el terror, que imponen decisiones impulsivas para realizar comportamientos defensivos (quedarse inmóvil, huir, luchar o derrumbarse). Cuando partes de usted son provocadas, las más racionales y enraizadas pueden abrumarse y ser incapaces de tomar decisiones efectivas.

Mejorar la toma de decisiones

Una de las formas más efectivas de mejorar su capacidad para la toma de decisiones es seguir la directriz de "abordarlo antes de que ocurra". En otras palabras, trate de imaginar con exactitud los resultados de tomar (y no tomar) decisiones importantes. Por ejemplo, en el capítulo 12 se le pidió que desarrollara planes con los que anticiparse a afrontar tiempos o situaciones difíciles. La reflexión sobre lo que todas sus partes necesitan y sobre los efectos que tienen las decisiones en cada una de ellas y en otros, requiere que encuentre un momento adecuado y tranquilo para analizar la situación con bastante antelación. Esta aproximación metódica previene la toma de decisiones muy intensa e inadaptada que puede ocurrir en el último minuto cuando se siente ansioso y presionado.

Por supuesto, la comunicación interna, la empatía y la cooperación son la base para mejorar la toma de decisiones. Para llegar a ser más efectivo en la toma de decisiones sobre el futuro (por ejemplo, decidir cuándo y dónde se irá de vacaciones, cómo se preparará para la próxima cita con el médico o para la ausencia temporal de su terapeuta), necesita entender las circunstancias en las que sus partes o bien trabajan juntas o bien obstaculizan sus decisiones. Podría considerar la forma en la que las percepciones y creencias limitadas y rígidas de ciertas partes afecta a su elección de opciones. Puede explorar cómo promover más comunicación, cooperación y negociación internas en general y, específicamente, respecto a una decisión concreta.

Una actitud básica de empatía mutua y entendimiento hacia las posiciones de las otras partes, necesidades y metas relacionadas inclusive, es esencial para resolver los conflictos que dificultan las decisiones. Con frecuencia, la toma de decisiones es difícil porque a veces es imposible satisfacer a todas las partes de dentro al mismo tiempo. Por tanto, es esencial aprender a adoptar compromisos internos para que las partes toleren un retraso en conseguir lo que quieren o para que se aflijan por lo que no pueden obtener. En su vida diaria adulta tiene que tomar a menudo decisiones responsables sobre acciones que a algunas partes quizá las vivan como "aburridas" (por ejemplo, pagar facturas en lugar de gastar el dinero en algo divertido), amenazante (como ir a una entrevista de trabajo donde las partes pueden sentir que se las está juzgando) o insatisfactorias de alguna otra forma.

Una vez que las partes disociadas se sienten respetadas y escuchadas por usted, se vuelven más susceptibles de considerar diferentes perspectivas y compromisos. Mientras la perspectiva de cada parte disociada necesita que se la tenga en cuenta, la responsabilidad de tomar la decisión debería recaer sobre los hombros de aquellas partes que tienen la experiencia y habilidades necesarias. Por ejemplo, una parte impulsiva joven de usted no debería cargar con la responsabilidad de decidir dónde vivirá o qué trabajo realizará. Por tanto, tal vez le sea útil fomentar un "equipo" interno que tome decisiones conjuntas sobre situaciones importantes de la vida y tenga en cuenta las necesidades de todas las partes. A continuación describiremos algunas técnicas específicas que ayudan en la toma de decisiones.

Técnicas para tomar decisiones efectivas

Examinar los pros y los contras

Haga una lista de opciones para una decisión concreta, tenga en cuenta las necesidades y deseos de todas las partes. Por supuesto, nadie puede tener siempre lo que quiere, pero para que usted tome en serio los deseos de todas las partes le será útil determinar lo que es necesario y, tal vez, cómo las partes pueden ser capaces de conseguir al menos algo de lo que quieren o necesitan, si no ahora, más tarde. Escriba los pros y los contras (ventajas y desventajas) de cada elección y cómo puede afectar a las diferentes partes. Por ejemplo, necesita decidir dónde recortar sus gastos. No puede disminuir su alquiler o hipoteca u otros elementos imprescindibles, así que debe limitar otras cosas que no son esenciales para su vida diaria. Anote las ventajas y desventajas para cada uno de los elementos presupuestarios que está considerando reducir. Tome nota de cómo varias partes de usted reaccionan a cada elemento. Trate de animar a todas las partes reunidas a sopesar los pros y contras de cada elemento.

Utilizar un sistema de clasificación

En colaboración con otras partes priorice en una escala de 1 a 5 los criterios que quiere que cumplan su decisión o su plan. Por ejemplo, si está tomando una decisión sobre unas vacaciones, sus criterios podrían ser que éstas sean seguras, divertidas, confortables, fáciles y valiosas. ¿Cuál de ellos es el más importante? Quizá elija este orden: 5-seguras, 4-confortables, 3-valiosas, 2-fáciles y 1-divertidas.

Si usted se queda en casa solo, ¿cumpliría con estos cinco criterios? Si la seguridad es una prioridad, entonces cualquier elección debe incluirla. Si la facilidad y la diversión son menos importantes, entonces una elección puede no necesitar incluirla.

Hacer conscientes las decisiones: no decidir es decidir

Es fácil evitar decidir cuando las opciones son igual de atractivas o negativas o cuando teme que, decida lo que decida, será equivocado o estúpido. Sin embargo, si no toma decisiones, la vida siempre decidirá por usted de formas sobre las que usted no tendrá control y quizá no le guste. En tales casos puede considerar si el tiempo para la decisión es el mejor, si es probable que tenga otra oportunidad de decidir más tarde o si hay una tercera opción. Esas decisiones duras se toman mejor consultando con personas en las que usted confíe. Lo más importante es que tales decisiones no se tomen de manera impulsiva sino reflexiva.

EJERCICIO
CREAR UN ESPACIO INTERNO DE REUNIÓN PARA LA TOMA DE DECISIONES

En el capítulo 8 aprendió cómo crear un espacio interno seguro para usted y sus distintas partes. Esto puede ser útil cuando está intentando tomar decisiones que requieren información de todas sus partes. En el ejercicio que sigue a continuación, aprenderá cómo crear su propio espacio interno de reunión, originalmente denominado técnica de la mesa disociativa (Frase, 1991, 2003; Krakauer, 2001). Puede que encuentre útil conseguir el apoyo de su terapeuta para practicar este ejercicio, si lo necesitara.

> Imagine un lugar donde usted y todas sus partes se sienten seguras y donde puede reunirse para tomar decisiones importantes. Este puede ser su espacio seguro habitual o podría ser una habitación especial, un sitio en la naturaleza o cualquier otro lugar donde se sienta cómodo. Una vez que se ha imaginado este lugar –sus sonidos, sensaciones, olores y vistas, su dimensión y forma y todo lo que contiene– permítase imaginar una mesa en este lugar con espacio para que todas las partes se sienten, si usted quiere. Esta mesa está especialmente hecha para usted. Quizá es de hermosa madera con

incrustaciones intrincadas, un magnífico tablón de mármol o granito o vidrio elegante y cromo. Imagínela de la manera que quiera: una mesa sólida para apoyar decisiones sólidas.

Las partes no están obligadas a sentarse a la mesa: Quizá algunas puedan sentirse más cómodas escondiéndose debajo de de ella, en un hueco o rincón especial o en otros lugares seguros que no estén ni demasiado cerca ni demasiado lejos de la mesa. Aún así, puede invitar a todas las partes, cuando sean capaces, para sentarse en sillas cómodas alrededor de la mesa. Cada parte de usted tiene justo la silla adecuada: la altura precisa, la textura y el color adecuados, el apoyo necesario. Algunas pueden girar, otras pueden balancearse, algunas pueden reclinarse, algunas pueden ser sillas robustas de ejecutivo, otras pueden ser sillas minúsculas para niños sobre plataformas especiales que se ajustan a su altura.

Algunas partes pueden estar deseando que se las escuche pero (todavía) no están dispuestas a participar en las conversaciones alrededor de la mesa o quizá designen a una parte concreta de usted para que hable en su nombre. Cuando usted pueda imaginar que todas las partes que son capaces de participar están sentadas a la mesa, escoja una parte de usted mismo que haga de moderador en el debate. Esta parte estructurará la reunión, permitiendo a cada una tener un turno razonable y una escucha respetuosa. Esta parte es capaz de reflexionar sobre lo que se está debatiendo, de considerar las diferentes perspectivas y se dedica a ayudar a todas las partes a alcanzar acuerdos internos que sirvan a sus mejores intereses como persona completa. Si lo desea, puede tomar nota del debate designando un "secretario" que lleve las actas de la reunión o simplemente escribir el debate como sea capaz. Si lo decide, puede imaginar que vienen a unirse a la mesa personas útiles como su terapeuta, una pareja cariñosa, un buen amigo o alguien de su pasado que ya no esté con usted pero que confía tiene en el corazón los mejores intereses para usted.

Empiece con un asunto relativamente pequeño para practicar sus habilidades para la reunión interna como equipo. Por ejemplo, podría querer debatir cómo pasar la tarde o el fin de semana, utilizando alguna de las estrategias de toma de decisiones mencionadas en este capítulo. Si es posible, deje tiempo para reuniones de seguimiento en las cuales sean evaluados los resultados de sus decisiones. Cuantas más partes estén seguras de que las toma en serio y no ignora o juzga sus necesidades y deseos, más deseosas estarán de cooperar.

Inicialmente, estas reuniones internas podrían tener carácter de reuniones de negocios, como las que tienen lugar en equipos de trabajo y organizaciones. Finalmente, pueden también utilizarse de modo constructivo para encuentros más personales, emocionales, como compartir internamente experiencias felices o sanadoras o, incluso, recuerdos dolorosos cuando todas sus partes estén preparadas para ese aspecto de su trabajo.

Hoja de tareas 27.1
Desarrollar un espacio interno de reunión

Practique con la creación y utilización de su espacio de encuentro interno para la toma de decisiones realizando las siguientes tareas:

- Decida la habitación o espacio en el que quiere reunirse (si todavía no tiene uno).
- En caso necesario, decida qué partes de usted mismo quieren participar en la reunión. Si nunca ha practicado esta técnica, puede ser más fácil empezar por las partes de las que tiene algún conocimiento y las que funcionan en la vida diaria.
- Si las partes permanecen apegadas al pasado, quizá pueda asignarlas un "portavoz" que hable en su nombre, mientras estas partes escuchan desde una distancia segura.
- Escoja a un "presidente" interno. Puede ser usted u otra parte de usted.
- Empiece centrando su proceso de toma de decisiones en un tema fácil, tal vez algo con lo que todas las partes puedan estar de acuerdo, según su intuición.
- Describa su reunión interna, incluyendo la decisión que ha sido capaz de tomar.
- Describa lo que funcionó bien para usted durante la reunión.
- Describa cualquier dificultad que encontrara durante su reunión interna.

Hoja de tareas 27.2
Utilizar las técnicas de toma de decisiones

Puede utilizar su espacio interno de reunión para este ejercicio. Repase y elija una de las técnicas de toma de decisiones tratadas en este capítulo: (1) examinar pros y contras, tener en cuenta a todas las partes; (2) utilizar un sistema de clasificación u otra técnica que encuentre más adecuada para usted; (3) utilizar la intuición y la experiencia pasada y (4) utilizar la reflexión y las soluciones creativas. Por el hecho de elegir una de estas técnicas, automáticamente está haciendo una elección consciente en lugar de evitarla. A continuación, elija una decisión concreta que necesite hacer (empiece con una que no sea demasiado difícil) y aplique, al menos, una de las técnicas. Puede combinar varias, como examinar los pros y los contras, la reflexión y soluciones innovadoras. Tome nota más abajo del proceso de toma de decisiones.

Sexta parte
Repaso de habilidades

Ha aprendido varias habilidades en esta sección del manual. Debajo encontrará un repaso de estas destrezas y una oportunidad de desarrollarlas más. Cuando las revise, le animamos a que vuelva a leer los capítulos de nuevo y a practicar las tareas un poco cada vez. Recuerde que la práctica regular diaria es esencial para aprender nuevas habilidades.

Para cada habilidad situada abajo, conteste a las siguientes preguntas:

1. ¿En qué situación/es empleó esta habilidad?
2. ¿Cómo le ayuda esta habilidad?
3. ¿Qué dificultades, si hay alguna, ha tenido al practicar esta habilidad?
4. ¿Qué ayuda adicional o recurso puede necesitar para sentirse más satisfecho en el dominio de esta habilidad?

Capítulo 22, entender a y afrontar las partes disociadas enfadadas de usted mismo.

1.

2.

3.

4.

Capítulo 23, reflexionar sobre su experiencia interna de miedo.

1.

2.

3.

4.

Capítulo 24, afrontar la vergüenza.

1.

2.

3.

4.

Capítulo 24, afrontar la culpa.

1.

2.

3.

4.

Capítulo 25, trabajar con sus partes internas infantiles.

1.

2.

3.

4.

Capítulo 25, integración (blending).

1.

2.

3.

4.

Capítulo 26, entender más sobre su autoagresión.

1.

2.

3.

4.

Capítulo 26, trabajar con la parte disociada que realiza la autoagresión.

1.

2.

3.

4.

Capítulo 27, desarrollar un espacio interno de reunión.

1.

2.

3.

4.

Capítulo 27, utilizar técnicas de toma de decisiones.

1.

2.

3.

4.

VII Mejorar las relaciones con los demás

28 Fobias al apego y a la pérdida del apego

PROGRAMA

- Bienvenida y reflexiones sobre la sesión anterior.
- Coloquio sobre las tareas.
- Descanso.
- Tema: Fobias al apego y a la pérdida del apego.
  - Introducción.
  - La importancia de las relaciones sanas.
  - ¿Qué es una relación sana?
  - Los efectos del trauma interpersonal en las relaciones.
  - Fobia al apego y dificultades con la regulación.
  - Fobia a la pérdida del apego y dificultades con la regulación.
- Ejercicio: Encontrar puntos comunes internos sobre las relaciones.
- Tareas
  - Practicar el ejercicio Encontrar puntos comunes internos sobre las relaciones.
  - Completar la hoja de tareas 28.1, encontrar puntos comunes internos sobre las relaciones.
  - Completar hoja de tareas 28.2, experiencias de relaciones seguras e inseguras.
  - Completar hoja de tareas 28.3, equilibrar la autorregulación y la regulación relacional.

Introducción

Como humanos tenemos la necesidad constante, biológicamente dirigida, de conectar con los demás: estamos hechos para ser seres sociales. Las relaciones sanas pueden proporcionar seguridad, protección, regulación emocional y reconfortante, contacto físico, compañía, comunicación, apoyo y sensación de pertenencia. Como John Bowlby, un eminente psiquiatra pionero en el estudio del apego, señaló:

"Se ha descubierto que los seres humanos de cualquier edad son más felices y capaces de desplegar sus talentos al máximo cuando están seguros de que... hay una o más personas de confianza que acudirían en su ayuda si surgieran dificultades" (1998, p. 359).

No obstante, se suscitan nuestras más intensas emociones en las relaciones, para bien o para mal. Esto hace que las relaciones sean más difíciles de gestionar y mantener de una manera relativamente estable. De vez en cuando, todo el mundo tiene dificultades en una relación cercana: las personas no son perfectas y sus necesidades y deseos no siempre coinciden con los de los demás. Algunas veces, todos malinterpretamos y percibimos de forma equivocada porque no podemos llegar a la mente de los demás. En ocasiones, decimos y hacemos cosas que hacen daño a otros, aun sin mala intención. La experiencia de ser traicionado, abandonado, rechazado o humillado puede suscitar alguno de los sentimientos más intolerables de odio, ira, vergüenza, soledad, miedo y desesperación. En este capítulo analizaremos modelos para las relaciones sanas y las dificultades que puede encontrar en relaciones que están vinculadas con el trauma y la disociación.

La importancia de las relaciones sanas

Todos basamos los modelos adultos para las relaciones interpersonales en los vínculos tempranos. En este punto del desarrollo aprendemos cómo funcionan las relaciones, para bien o para mal, desde nuestra experiencia limitada a las interacciones con los cuidadores primarios. Incluso después, respondemos de formas relativamente similares en las relaciones cercanas y esperamos que otros respondan de manera similar. De este modo hemos desarrollado una plantilla o modelo sobre el que tratamos de encajar todas nuestras relaciones en algún grado, tanto si encajan como si no. Los modelos relacionales incluyen ciertas creencias básicas constantes, por ejemplo: *"Puedo confiar en los demás y soy adorable"*, *"en realidad, nadie se preocupa por mí"*, o *"las personas son peligrosas"*. Varias de su partes disociadas pueden tener sus propios modelos relacionales, que potencialmente entran en conflicto entre sí, como veremos más tarde en este capítulo. Afortunadamente, los modelos disfuncionales se pueden cambiar a través de la reflexión con atención plena y del trabajo sobre sus formas de percibir las relaciones y a los demás.

Las relaciones seguras que educan, contienen y pueden predecirse son esenciales para nuestro desarrollo saludable desde el nacimiento hasta la muerte. De hecho, las relaciones primarias tempranas que son seguras ayudan a regular el sistema psicológico inmaduro del niño pequeño (incluidos los estados y emociones de angustia). Este constituye el primer paso necesario en el aprendizaje infantil para emplear sus propias habilidades de regulación. Slade (1999) señaló que dichas relaciones "predisponen al niño hacia un funcionamiento más diferenciado, coherente y flexible" (p. 584), condiciones necesarias para el desarrollo saludable a través de todo nuestro ciclo vital. En la próxima sección encontrará una lista parcial de principios rectores para las relaciones personales saludables. Observe lo que ya ha incorporado en su modelo relacional, así como aquello sobre lo que desea continuar trabajando. Y recuerde que estos principios son ideales, porque todos somos humanos y nadie es capaz de vivir conforme a ellos continuamente.

¿Qué es una relación personal sana?

- Está basada en el respeto mutuo, la empatía y la igualdad.
- Usted y el otro son capaces de establecer límites claros entre sí y de ser asertivos sin ser agresivos.
- Ambos tienen un equilibrio relativamente sano de autonomía, dependencia e interdependencia.

- Ambos se sienten seguros en las relaciones, pero este sentimiento de seguridad *no depende de que la persona puede estar disponible para usted todo el tiempo.*
- Ambos tienen una percepción del otro, es decir, aún cuando no está con usted puede llevarle o llevarla en su pensamiento y en su corazón.
- Ambos pueden regular las emociones involucradas en las relaciones.
- Ambos son capaces de negociar y de resolver la mayoría de los conflictos relacionales y están dispuestos a pedir ayuda externa si necesitan llegar a una solución porque la relación es importante para los dos.
- Ambos tienen una relativa seguridad y opinión estable de sí mismos.
- Ambos tienen una confianza básica en que la mayoría de las personas no intenta hacerles daño y pueden reconocer a los que intentan hacerles daño.
- Ambos son capaces de reconocer y respetar que el otro tiene necesidades y deseos, pensamientos y sentimientos, metas y aspiraciones que pueden ser diferentes a los suyos.
- Por lo general, ambos pueden entenderse con bastante precisión y reflexionar sobre los motivos e intenciones de la otra persona.
- Las relaciones se basan en negociaciones sobre lo que es mejor para ambos de ustedes, no en el poder y el control, el dominio o la sumisión, ni el ganar o el perder.
- Ambos pueden hablar sobre sus sentimientos y experiencias internos sin miedo al rechazo ni a la humillación.

Quizá uno de los aspectos más importantes de la relación sana es que este espacio está hecho para poder cometer errores, porque todos los cometemos. En realidad, las relaciones sanas siguen un ciclo natural e inevitable de conexión, desconexión y reconexión una y otra vez a lo largo del tiempo. Su capacidad para aprender a fluir con este ciclo y no quedarse atascado en la desconexión constituye una clave para hacer que las relaciones funcionen. Lo describiremos más a fondo posteriormente. Pero trataremos en primer lugar sobre cómo afecta a sus relaciones el estar traumatizado.

Los efectos del trauma interpersonal en las relaciones

Aquellos que han sido heridos de forma considerable en relaciones importantes, especialmente en una edad temprana, por lo general desarrollan sus modelos relacionales basándose en vínculos altamente inestables y destructivos. Las relaciones en sí mismas y varios acontecimientos relacionales han quedado traumatizados, por tanto pueden ser desencadenantes importantes en la actualidad. En consecuencia, tener una relación estrecha con otra persona puede ser una de las experiencias más desafiantes y desencadenantes para individuos que han vivido un trauma personal.

Las personas que tienen un trastorno disociativo generalmente esperan rechazo, daño, traición o abandono; por tanto, tienen grandes problemas de confianza. Quizá desarrollen una *fobia al apego*, una aversión intensa a llegar a sentirse cercano emocional y físicamente a otra persona (Steele, Van der Hart y Nijenhuis, 2001; Steele y Van der Hart, 2009; Van der Hart y otros, 2011). Por otro lado, las personas traumatizadas necesitan desesperadamente relaciones interpersonales estables y afectuosas. También pueden desarrollar una *fobia a la pérdida del apego*, un miedo y pánico intensos a perder relaciones importantes. La necesidad simultánea del individuo de buscar y evitar relaciones conduce a conflictos internos graves y a la confusión entre varias partes de la personalidad, a la vez que envía mensajes contradictorios a otras personas, que también llegan a estar confundidas y frustradas. Estas fobias relacionales –de apego y pérdida– son dos caras de la misma moneda y constituye el eje principal de este capítulo.

Fobia al apego y dificultades con la regulación

En el capítulo 18, tratábamos de la importancia de ser capaz de regularse, tanto por sí mismo (autorregulación) como gracias a la ayuda de otros (regulación relacional). Los individuos, o ciertas partes de sí mismos, que evitan las relaciones prefieren generalmente encontrar formas de afrontar los problemas por sí mismos en lugar de acudir a otros en búsqueda de apoyo y ayuda. Aprendieron a llegar a ser autosuficientes y les mortifican sus propias necesidades de dependencia. De hecho, sienten que las relaciones desajustan más que ayudan, porque están demasiado preocupados por la posibilidad de que hagan daño.

Algunas personas, sin embargo, pueden tener pocas capacidades para regularse a sí mismas, por tanto, es más probable que realicen estrategias destructivas para afrontar las relaciones, por ejemplo, utilizando la autoagresión, las drogas, el alcohol o el trabajo excesivo. Por supuesto, algunas partes quizá quieran evitar las relaciones, pero otras partes simplemente no tienen habilidades para regularse por sí mismas, lo que conduce a recurrir a estrategias de afrontamiento autodestructivas.

Probablemente tendrá una o más partes en usted que evitan en algún grado el acercarse a otras personas. Tal vez tema la traición, el daño, la indiferencia o el ridículo y por eso se refrena. Es importante empezar ya a ser más consciente de lo que usted y todas sus partes creen, esperan y predicen de las relaciones, porque puede cambiar las creencias disfuncionales con alguna ayuda. Además, algunas partes suyas pueden tener miedo a los sentimientos, las necesidades y los anhelos intensos que surgen inevitablemente en una relación cercana; al evitar las relaciones, evita esas experiencias internas fuertes (véase el capítulo 5 sobre la fobia a la experiencia interna). Probablemente tiene problemas para mantenerse estable en su ventana de tolerancia, porque existe mucho conflicto y miedo, mucha vergüenza y confusión sobre las relaciones.

Muchas personas con un trastorno disociativo no evitan completamente las relaciones, pero lidian considerablemente en las que tienen. Las partes de usted que tienen fobia al apego suelen tener diversas formas innatas principales de afrontar las situaciones de amenaza subjetiva en las relaciones. Abordamos estas estrategias reflexivas en términos más generales anteriormente en el capítulo 4, sobre cómo entender sus partes disociadas. Incluyen *huir, quedarse paralizado, luchar* y *sufrir un colapso*. Tal vez reconozca estas defensas en usted mismo en el contexto de una relación. Por ejemplo, durante un conflicto, usted o una parte de usted solo quieren irse y alejarse o evitar hablar sobre ello (*huir*); o sienten tanto miedo que están paralizadas y no se pueden mover o pensar en lo que les gustaría decir (*quedarse paralizado*). Quizá usted o partes de usted se enfaden y se involucren en fuertes discusiones (*lucha*), o se cierren tan a conciencia que incluso se hagan un ovillo y no sean sensibles, ni sientan ni piensen nada (*sufrir un colapso* o *desconectarse*). Cada una de estas posibilidades constituye un ejemplo de cómo podría evitar o incluso sabotear las relaciones con los demás. Cada ejemplo implica un alto grado de disfunción: o está hiperactivo o está inhibido.

A veces, algunas de sus partes pueden ser altamente críticas con otras personas, advirtiéndole de que no son de confianza, son peligrosos, inútiles o sólo desean conseguir algo de usted. Anticipan la catástrofe porque están muy estancadas en las experiencias traumáticas del pasado donde, en efecto, fueron heridas y traicionadas. Esta experiencia interna solo sirve para hacerle estar más alterado y disgustado. Por desgracia, estas partes están vinculadas, con sus propias perspectivas limitadas, a un mundo donde todas las relaciones repetirán las heridas del pasado. Las voces internas quizá también le ataquen, criticándole y ridiculizándole: "*¿Cómo alguien te puede amar? Eres tan estúpido y necesitado, ¡nadie puede soportar estar a tu alrededor!*". De esta manera, le ayudan a evitar las relaciones convenciéndole de que nadie podría tolerarle. Por supuesto, esto evoca la vergüenza y desesperación que debió haber sentido otras veces cuando era niño, y estas voces internas están recreando lo que sintió en el pasado, lo cual evita que se arriesgue en las relaciones presentes.

Basándose en razones comprensibles estas partes, que son fóbicas al apego, a menudo sufren reacciones intensas hacia las partes que quieren tener relaciones, y sienten una necesidad desesperada de estar con otra persona, porque se dan cuenta que las necesidades que usted tuvo en el pasado le hicieron daño, quizá ataquen con maldad a dichas partes, humillándolas y despreciándolas. Aunque este comportamiento desacertado es dañino para usted como persona completa, la intención original era la protección ya que la supresión rígida de sus necesidades podría haber sido la única protección posible en el pasado. Por ejemplo, pueden llamar a esas partes "lloronas", decirlas que son repugnantes o ridículas, que están tratando de conseguir volver a ser heridas otra vez, que deberían ser castigadas y encerradas. Por supuesto, como hemos analizado anteriormente, esto provoca que las otras partes se vuelvan más temerosas, necesitadas y avergonzadas, así que el ciclo interno de caos y agitación continúa. Todavía es esencial para usted comprender y desarrollar empatía por esas partes que en realidad solo quieren protegerle de mayor daño: sólo necesitan aprender formas más sanas de conseguirlo.

Fobia a la pérdida del apego y dificultades con la regulación

Ahora nos centraremos en las partes suyas que están desesperadas por relacionarse. Quizá usted o partes de usted tengan pánico cuando están solos, sintiendo que lo estarán para siempre, o cuando anticipa que alguien podría abandonarle o rechazarle le surge un intenso temor. Esta desesperada necesidad de relación puede ser profundamente disfuncional y abrumadora. Quizá esté sumamente avergonzado de esta necesidad y de las partes de usted que la tienen. Sin embargo, todos necesitamos interconexión y atención para sentirnos especiales y amados a los ojos de otro. No son necesidades y deseos negativos: son normales. Es importante entender y aceptar este hecho y ser empático hacia sus necesidades y deseos como persona completa.

Naturalmente, partes de usted pueden estar estancadas en el momento del trauma, volviendo a experimentar periodos en los que necesita desesperadamente cuidado y apoyo sin recibirlo. Así pues, pueden estar en un constante estado de búsqueda frenética y "cuelgue". Es importante entender que esta experiencia desesperada constituye en sí misma una defensa normal y natural: las crías de animales y los bebés entran en pánico cuando sus madres están fuera de su vista y gritan para llamarla y se aferran a ella cuando regresa porque es su protección contra los peligros del mundo. Esta búsqueda innata y grito de urgencia está diseñado para traer a la madre de vuelta y proporcionar seguridad, crianza y relación: es una función protectora (McLean, 1985).

Muchas partes disociadas jóvenes tienen necesidades de apego insatisfechas. Otras partes pueden atacarlas o sentir repugnancia por ellas, porque vuelven a experimentar la traición y el daño de los primeros cuidadores. Sin embargo, esto solo sirve para aumentar la búsqueda frenética de ayuda y apoyo, manteniendo el conflicto interno entre el acercamiento y la evitación de las relaciones.

Las partes disociadas de una persona que tienen fobia a la pérdida del apego, generalmente, prefieren que otras personas las calmen y regulen y tienen serias dificultades con la autorregulación. Han aprendido muchas estrategias diferentes para buscar personas y evitar estar solas. No obstante, esto tiene un precio: tienden a agotar a los demás, que las apartan, creando el mismo escenario que estas partes temen, lo cual refuerza aún más las creencias de las partes fóbicas al apego de que las relaciones son dañinas.

Por otro lado, algunas partes pueden buscar a otros siendo "complaciente con los demás". Tales partes pueden ser sumisas, evitar ser conscientes de sus propias necesidades y sentimientos e intentar mantener a la gente cerca haciendo lo que ellas quieran. Sin embargo, no consiguen satisfacer sus necesidades porque no existe una intimidad emocional verdadera en este tipo de dinámica relacional. Al final, esta estrategia cansa a la persona en su totalidad y otras partes inevitablemente se vuelven resentidas y furiosas. Trataremos las estrategias para ser más asertivo y darse cuenta de sus propias necesidades en el capítulo 32 sobre los límites.

En resumen, las personas con un trastorno disociativo experimentan un conjunto confuso y conflictivo de fobias relacionales: algunas partes de sí temen estar muy cerca, mientras que otras temen perder las relaciones. Este dilema actúa como varias partes de usted buscando o rechazando la cercanía con los demás, simultánea o alternativamente. Esta disyuntiva basada en el miedo (y con frecuencia en la vergüenza) hace difícil afrontar las alteraciones relacionales. A continuación, encontrará formas de hacer frente a dichas perturbaciones.

EJERCICIO
ENCONTRAR PUNTOS COMUNES INTERNOS SOBRE LAS RELACIONES

Este ejercicio le ayudará a aprender a empatizar con todas las partes respecto a su posición en las relaciones. Utilice la técnica del espacio de reunión del capítulo 27 (o algún otro método), para congregar a todas las partes. Puede pedir ayuda a su terapeuta para esta reunión interna si lo necesita o desea.

> Empiece poniéndose cómodo y entrando en un estado de calma. Imagine su espacio de reunión, el que es solo para usted, y permita a todas las partes que sean capaces de prestar atención. Algunas se sentarán cerca y otras más lejos. Algunas pueden preferir permanecer escuchando fuera de la sala. Cada parte una de sus partes puede encontrar un lugar confortable. Empiece la reunión con la afirmación de que todas son bienvenidas y de que se las escuchará. Enfatice también que se respetará a todas y que no se permitirán críticas durante esta reunión. Empiece a continuación buscando asuntos de interés común acerca de las relaciones sobre los que todas podrían estar de acuerdo. Por ejemplo, seguramente entenderá que cuando se le ha herido, ninguna parte suya querría que una relación le volviera a hacer daño y, por tanto, algunas partes las evitan. Puede empezar a entender su concepción del mundo, sus creencias básicas, sus sentimientos de miedo, ira y aislamiento, un mundo interno nada fácil de experimentar. Póngase por el momento en su piel y sienta empatía por lo difícil que es.
>
> Tenga en cuenta que todas están luchando arduamente, cada una a su manera, y tienen su propio sufrimiento y necesidades. Quizá todas sus partes están de acuerdo en no querer que se las haga daño y en desear sentirse mejor. Compruebe si eso es así y tal vez, todas podrían aceptar que, si usted pudiera saber con certeza que una relación es digna de confianza, valdría la pena otra vez. Ahora están empezando a encontrar una base común. De momento, quédese con aquello sobre lo que es capaz de llegar a un acuerdo, por pequeño que sea, y deje el resto para otra ocasión. Tomen conciencia de qué se siente al estar todos juntos de acuerdo. Saboreen ese momento por un instante.
>
> Ahora, del mismo modo que las partes necesitan sentirse a salvo, seguras y apoyadas en las relaciones, libres del dolor, la crítica y el rechazo, cada parte necesita sentir en su interior lo mismo con

otras partes. Cuánto más practiquen todas tratándose unas a otras como les gustaría que las tratasen otras personas, estará más seguro, tranquilo y preparado para afrontar las relaciones. Esta reunión es un buen comienzo. Vuelva con frecuencia a este lugar y experimente de nuevo los asuntos comunes sobre los que está de acuerdo. Trabajen juntos, respétense, tómense su tiempo y empezará a sentirse mejor, más seguro, más estable y más fuerte.

Hoja de tareas 28.1
Encontrar puntos comunes internos sobre las relaciones

1. Reflexione sobre el ejercicio anterior, encontrando una base común interna sobre las relaciones y describa su experiencia de la reunión con partes de usted mismo. Por ejemplo, ¿qué sintió? ¿Qué esperaba? ¿Fue capaz de encontrar más puntos comunes? ¿Descubrió que algunas partes tenían mayores dificultades con este ejercicio que otras? ¿Cuáles fueron los obstáculos para el acuerdo; por ejemplo, ¿hubo partes demasiado críticas o asustadas?

2. Practique este ejercicio cada día en casa. Si tiene dificultades, háblelas con su terapeuta y practíquelas durante su sesión, para poder aprender a encontrar puntos comunes.

Hoja de tareas 28.2
Experiencias de relaciones seguras e inseguras

1. Describa una experiencia en la cual se sintiera seguro en una relación. Por ejemplo, ¿cuáles eran sus emociones, pensamientos, sensaciones y acciones?

2. Utilice la misma experiencia que en punto 1, describa cómo se sintieron sus diferentes partes, en caso de que fuera diferente de lo que usted experimentó.

3. Describa cualquier conflicto entre las partes. Por ejemplo, ¿algunas partes tenían miedo, estaban enfadadas o desconfiaban? ¿Sentía prisa por retirarse de la relación? ¿Alguna parte le criticó por mantener la relación o por lo que usted sentía?

4. Describa una experiencia durante la cual se sintiera poco seguro o totalmente inseguro en la relación. Elija un pequeño incidente, no uno grave. Por ejemplo, ¿cuáles fueron sus emociones, pensamientos, sensaciones y acciones?

5. Utilizando la misma experiencia del punto 4, describa cómo se sintieron las diferentes partes suyas, en caso de ser distinto a lo que usted sintió.

6. Utilizando la misma experiencia que en el punto 4 , describa cualquier conflicto entre las partes. Por ejemplo, ¿querían algunas partes continuar con la persona, mientras que otras querían alejarse? ¿Querían algunas partes empezar una pelea mientras que otras querían salir corriendo y esconderse? ¿Alguna parte le criticó o criticó a otra parte de usted o le echó la culpa por algo que salió mal?

Hoja de tareas 28.3
Equilibrar la autorregulación y la regulación relacional

1. Describa momentos en los que regularse a sí mismo es preferible a estar con alguien más para calmarse. Por ejemplo, si se siente estresado o ansioso, prefiere retirarse, reflexionar sobre ello y afrontar sus sentimientos por sí mismo.

2. Describa cómo se calma, reconforta o tranquiliza a sí mismo cuando está solo.

3. Describa por qué calmarse a sí mismo es preferible a que otros le calmen en estos incidentes.

4. Describa momentos en los que descubre que regularse en una relación es preferible a calmarse usted solo. Por ejemplo, si se siente estresado o ansioso, prefiere llamar a un amigo o hablar con su terapeuta en una sesión, antes que afrontar esas sensaciones usted solo.

5. Describa cómo una relación de apoyo le ayuda a calmarse.

6. Mucha gente tiene, al menos, algo de equilibrio entre la autorregulación y la regulación relacional. Por favor, describa qué porcentaje (aproximado) de tiempo se tranquiliza a usted mismo y qué porcentaje (aproximado) de tiempo utiliza para buscar segu-

ridad y apoyo relacional. Las distintas partes de usted pueden preferir diferentes maneras, si es así, observe qué parte desea hacerlo por sí misma o con ayuda de otros. Si usted quiere cambiar esos porcentajes, por favor describa lo que preferiría y observe si hay algún conflicto interno respecto al cambio.

7. Dedique tiempo a pensar y hablar con su terapeuta sobre cómo puede conseguir un mejor equilibrio entre el calmarse a sí mismo y el apoyo relacional, si necesita cambiar su balance. Por ejemplo, podría escribir alguna de las creencias básicas que sustentan el apoyo a uno mismo o el apoyo relacional. (*"Las personas deberían cuidarse a sí mismas y no pedir ayuda"* o *"¡No puedo hacer nada yo solo, y sin duda tampoco apoyarme a mí mismo")*.

29 Resolver conflictos relacionales

PROGRAMA

- Bienvenida y reflexiones sobre la sesión anterior.
- Coloquio sobre las tareas.
- Descanso.
- Tema: Resolver conflictos relacionales.
  - Introducción.
  - Habilidades básicas para resolver conflictos relacionales.
  - Resolver conflictos relacionales para personas con un trastorno disociativo complejo.
- Tareas:
  - Completar la hoja de tareas 29.1, utilizar las habilidades de gestión del conflicto.
  - Continuar con la práctica del espacio interno seguro, empatía y colaboración entre las distintas partes suyas y los ejercicios de relajación si se siente estresado cuando gestiona los conflictos.

Introducción

El conflicto en las relaciones es inevitable. Aunque afrontar los conflictos no siempre es fácil, puede aprender habilidades que le ayudarán a resolver desacuerdos y rupturas con los demás. Trataremos brevemente de algunas de estas capacidades esenciales en la siguiente sección. De todas formas, reconocemos que el mero aprendizaje de habilidades no resuelve los conflictos internos entre las distintas partes suyas ni la tendencia de varias de ellas a reaccionar basándose en el pasado doloroso antes de que usted pueda pensar y responder conscientemente. Por tanto, abordaremos también otras formas para que usted pueda ayudar más eficazmente a todas las partes a hacer frente a los conflictos en las relaciones.

Habilidades básicas para resolver conflictos relacionales

Como hemos visto en el capítulo previo, las emociones que se suscitan en nuestras relaciones con los demás son algunas de las más intensas que vivimos, para bien o para mal. Los conflictos se producirán generando intensos sentimientos, porque cada uno de nosotros tenemos diferentes necesidades y metas de las que tiene la otra persona, y porque podemos malinterpretar y ser malinterpretados a pesar de nuestras buenas intenciones. Por tanto, permanecer a veces dentro de una ventana de tolerancia puede constituir un esfuerzo durante los desacuerdos o disputas, especialmente cuando nos sentimos avergonzamos, amenazados o muy incomprendidos.

Cada uno tenemos nuestra propia plantilla o modelo para afrontar estos conflictos, basados en nuestras experiencias tempranas y en lo que hemos aprendido desde entonces. Algunas personas evitan el conflicto a toda costa y se entregan a las necesidades de los demás; algunas parecen ansiosas por discutir, siempre dispuestas a pelear por lo que necesitan y quieren. Otras parecen evitar el conflicto, mientras que en silencio se desmarcan de la otra persona para conseguir lo que quieren. Algunas abordan las relaciones como si se trata-se de un juego de ajedrez, avanzando siempre sus pensamientos para anticiparse a los movimientos de la otra persona y prever sus propios movimientos como respuesta. Y otras personas entienden el conflicto como una parte más de lo que conlleva estar en una relación; ni lo buscan ni lo evitan, pero lo abordan con ecuanimidad y reflexión, averiguando soluciones y teniendo en cuenta los mejores intereses para ambas personas. El tiempo y la experiencia han mostrado que este último abordaje es el que mejor funciona.

Las personas pueden afrontar más eficazmente los conflictos en las relaciones cuando se poseen las siguientes capacidades:

- Pueden estar presentes y centradas en el aquí y el ahora. No están centradas en las heridas del pasado o en los posibles resultados negativos en el futuro.
- Atienden a la comunicación verbal y no verbal de la otra persona.
- Hacen frente a los conflictos tal y como ocurren y no intentan evitarlos.
- Son capaces de reflexionar acertadamente sobre su propia experiencia interna y sobre la del otro y prestan la misma atención a las necesidades y deseos propios y a los ajenos (véase el capítulo 6).
- Permanecen dentro de su ventana de tolerancia (véase capitulo 18). Son capaces de regular pensamientos, sentimientos y expectativas. Cuando una persona está relativamente tranquila, puede leer con mayor precisión e interpretar las comunicaciones verbales y no verbales y es capaz de comunicar mejor sus propias necesidades asertivamente sin amenazar, castigar o avergonzar a los demás.
- Son conscientes y respetuosas de los diferentes puntos de vista, necesidades y deseos. Hablan y actúan de manera respetuosa porque son capaces de reflexionar y de permanecer dentro de su ventana de tolerancia.
- Están dispuestas a comprometerse teniendo en cuenta sus propias necesidades y la de los demás.

Naturalmente, estas habilidades no son fáciles de emplear cuando su modelo relacional del conflicto está basado en las expectativas de que los demás le van a herir, ignorar, se van a aprovechar de usted o traicionar, y cuando partes de usted reaccionan paralizándose, huyendo, luchando, derrumbándose o adaptándose a cada deseo y necesidad del otro. A continuación expondremos algunas formas de abordar sus luchas internas con las dificultades de relación.

Resolver conflictos relacionales para personas con un trastorno disociativo complejo

Los conflictos en las relaciones pueden ser uno de los más graves desencadenantes para las personas con un trastorno disociativo. Incluso cuando el conflicto es trivial, usted o partes suyas pueden tener una reacción intensa o desbordante (por ejemplo, terror, rabia, vergüenza, pánico, colapso). Generalmente estas reacciones desencadenantes ocurren porque partes de usted están viviendo en el momento del trauma y porque ha desarrollado creencias básicas y un modelo relacional en el que las rupturas son siempre interpretadas como peligrosas y catastróficas. Cuando un conflicto tiene lugar, las fobias al apego o a la pérdida del mismo, o ambos, activan varias partes de usted que ya tienen desacuerdos internos sobre las relaciones (véase el capítulo 28). Esto sólo sirve para aumentar sus reacciones intensas e instantáneas, haciéndole sentir aún más fuera de control. Es importante reconocer, al menos, cognitivamente que los problemas relacionales se encuentran en un *continuum* que va desde muy insignificantes hasta verdaderamente devastadores. No todos son catastróficos; de hecho, la mayoría no lo son. A continuación ofrecemos algunas formas de afrontar los conflictos relacionales y las rupturas.

Observar cómo se relacionan otros

Cuando se sienta relativamente seguro y en calma, dedique algo de tiempo a observar las relaciones de otras personas, porque le pueden proporcionar intuiciones sobre formas eficaces (e ineficaces) de afrontar las relaciones. Dese cuenta de cómo las personas se relacionan unas con otras, por ejemplo, al ir a un restaurante o un centro comercial y simplemente observe. Asegúrese de que todas las partes miran y escuchan de forma que todas ellas puedan aprender. Observe que muchas relaciones son buenas, seguras y estables. Así pues, no todas las relaciones son peligrosas o están condenadas al fracaso. Algunas personas tendrán mejores habilidades que otras, así que preste especial atención a aquellas que parecen más satisfechas y relajadas. Asegúrese de que todas sus partes toman nota de lo que esas personas hacen de manera diferente en la relación con los demás. Este tipo de observación, además de preguntar a los amigos sobre sus éxitos en las relaciones, es una buena forma de aprender mejores estrategias relacionales.

Si algunas partes no se sienten lo suficientemente seguras para mirar, usted y las demás partes pueden observar e informarles de lo que han aprendido, o pueden mirar a distancia. Podría leer algo sobre las relaciones sanas y animar a todas sus partes a que lean con usted o escuchen. Dedique tiempo a conocer partes de usted, sus creencias básicas sobre las relaciones y expectativas sobre otras personas. Una vez que sea más consciente de ellas, podrá empezar a cuestionarlas con empatía y respeto.

Tomarse un tiempo fuera

Cuando se desencadene un conflicto relacional en usted o en algunas suyas, que le generan enfado, dolor, miedo o pánico, haga un alto y permítase salir un tiempo fuera o ayude a partes suyas a tomarse un tiempo fuera de la situación y acudiendo a su espacio interior de seguridad. Informe a la otra persona que necesita un descanso y que volverá para discutir el conflicto en algún momento posterior que a ambos les parezca bien (pueden pasar desde unos pocos minutos o veinticuatro horas o algo más). Establezca un plazo para volver a resolver el asunto –no continúe evitándolo–. Cuando se tome su tiempo fuera, vaya a un lugar tranquilo donde no sea molestado, respire lentamente, hable internamente con todas las partes para asegurarlas que están a salvo y ayúdelas a acudir a su lugar interno de seguridad. Tal vez quiera dar un pequeño paseo, tumbarse e imaginar que está en un lugar seguro o distraerse hasta conseguir calmarse. Utilice sus anclajes al presente y haga todo lo posible por estar en el presente y orientar todas sus partes al aquí y al ahora.

Reflexiones sobre sus propias intenciones y acciones y sobre las de la otra persona

Una vez que se ha tranquilizado, puede dedicar un tiempo a reflexionar sobre lo que ha pasado. Una de las formas más importantes de afrontar los conflictos relacionales es ser capaz de reflexionar sobre las posibles motivaciones e intenciones de la otra persona (véase el capítulo 6 sobre aprender a reflexionar). Entonces, usted podrá ser capaz de entender y disculpar, por ejemplo, la brusquedad de una amiga porque no se siente bien o llegó tarde a una cita y puede relajarse porque su brusquedad no significaba un desprecio personal hacia usted. Ayude a todas sus partes a integrarse en este momento de reflexión, si es posible. Si no, pida a las partes disgustadas que permanezcan en un lugar seguro mientras usted (y, quizá, otras partes de usted) reflexionan sobre la situación sin tanta intensidad emocional. Regrese a continuación con esas partes que habían sido activadas, ayúdelas a calmarse y comparta con ellas sus intuiciones.

Es importante reflexionar sobre sus propias reacciones, incluyendo las de las diversas partes suyas. Si ha sido capaz de detenerse y tomarse un tiempo fuera, ya se ha dado cuenta de lo que necesitaba para hacer eso y ha interrumpido su reacción inmediata. Es esencial ser capaz de retroceder y darse cuenta de que usted o partes de usted están reaccionando, que no están respondiendo, y darse cuenta de cómo reacciona, en lugar de continuar siendo controlado por la reacción. Por ejemplo, usted puede notar que cuando un amigo es brusco, usted o partes de usted se sienten paralizados y fríos. Tal vez asuma inmediatamente que él no quiere estar con usted, lo que aterroriza a una parte con fobia a la pérdida del apego. Al mismo tiempo, otra parte se siente enfurecida porque se siente desdeñada. Podría empezar dándose cuenta de algo como, *"estoy paralizad; esto es algo que conozco bien. Necesito retroceder e intentar calmarme a mí mismo antes de pensar o hacer cualquier otra cosa"*.

Una vez que sea consciente de ciertas reacciones repetitivas, podrá empezar a trabajar para comprender a las partes que tienen dichas reacciones y cómo ayudarlas a ser más conscientes y a abrirse a percepciones precisas sobre el aquí y del ahora.

Orientar las partes hacia el presente

Naturalmente, muchas partes disociadas tienen un mundo muy restrictivo en el cual tienen los mismos sentimientos horribles una y otra vez en las relaciones. Es fundamental que sea más consciente y empático con esas partes, ayudándolas a estar más arraigadas y orientadas hacia el presente, donde por lo menos algunas de sus experiencias son de hecho diferentes y más positivas que en el pasado.

Apoyar a las partes evitativas para afrontar el conflicto

Otras partes pueden estar tan adormecidas y apagadas, o tan rígidamente atentas a actividades de tipo no relacional como el trabajo o actividades en solitario, que la conexión y desconexión parece no ser importante. Tienen una fobia extrema al apego. Tales partes parecen estar en la inopia respecto a sus propias necesidades y a las de los demás. Cuando estas partes funcionan a diario de este modo y durante periodos largos de tiempo, pueden afectar profundamente a sus relaciones, que ignoran y descuidan. Esta actitud no es de ayuda ni para usted ni para sus seres queridos. De nuevo, estas partes necesitan profundamente la empatía porque simplemente están tratando de seguir con la vida diaria lo mejor que saben, ignorando el caos intenso interno o relacional. Su tarea es ayudar a estas partes a sentirse más seguras al saber que usted puede gestionar tanto su vida diaria como su mundo interno para aceptar e integrar su experiencia; sin embargo, también necesita compartir sus necesidades y deseos con ellas y empezar a encontrar puntos en común. Por supuesto, este será un trabajo continuo, pero cada pequeño paso le llevará hacia la sanación.

Proteger sus partes vulnerables

Si sabe que determinadas situaciones relacionales probablemente activen partes de usted, tómese con anterioridad tiempo para ayudar a esas partes a utilizar su espacio o espacios de seguridad, para que puedan confiar en que existen partes que pueden manejar esas situaciones. Por ejemplo, si una amiga dice sin mala intención algo hiriente, antes de quedar o hablar de nuevo con ella, hable interiormente con las partes vulnerables, explicándoles que el daño se hizo sin querer, que ella es su amiga, que es capaz de resolver los conflictos con otros y que las partes de usted más fuertes discutirán el problema con ella.

Para muchas personas con un trastorno disociativo, una relación sexual actual puede ser un desencadenante importante para las partes vulnerables que viven en el momento del trauma. Puede desencadenar *flashbacks* y reacciones defensivas, especialmente paralización y desmoronamiento. Algunas personas pueden confundir la diferencia entre intimidad emocional y sexual, lo que hace difícil interpretar con precisión las intenciones de la otra persona. Abordaremos este tema con algo más de extensión en el capítulo 32 sobre los límites; además, le aconsejamos que hable con su terapeuta de la sexualidad y de las relaciones sexuales, porque son elementos de su sanación.

Calmar y contener a sus partes enfadadas

Una reacción habitual y natural al sentirse herido, rechazado o avergonzado es enfadarse. La gente puede querer arremeter de forma verbal (o incluso física) para hacer que la otra persona retroceda, o algunas partes pueden llegar a obsesionarse con hacer que la otra persona experimente lo mismo o peor, sintiéndose justificados en sus acciones (venganza). Comportarse de forma irrespetuosa, hiriente o vergonzosa solo aumenta los conflictos relacionales y disminuye la confianza; no le ayuda a sanar o a tener las relaciones cariñosas que necesita en su vida.

Tal vez sea consciente de las partes de usted que experimentan una ira intensa en los conflictos o, quizá, desea evitarlas, pero es esencial empezar a solidarizarse con el intenso dolor y rabia que esas partes sienten. La sensación de ser escuchado y entendido es ya un paso en la dirección de llegar a estar más calmado. Al mismo tiempo, usted como persona completa debe aspirar a establecer límites apropiados con estas partes. Cuanto más practique las habilidades de este manual, y concretamente las de este capítulo, más control tendrá sobre las reacciones explosivas o comportamientos pasivo-agresivos hirientes como el "tratamiento de silencio", el enfurruñamiento, la retirada de afecto u otras formas soterradas de castigar a la otra persona. Cuanto más trate a los demás de la forma que usted desea que le traten, mayor probabilidad habrá de que tenga mejores relaciones. Ahora bien, por supuesto hay personas que son realmente peligrosas e intencionalmente dañinas. Usted necesita ser capaz de identificar y evitar a tales individuos.

Algunas formas adicionales de manejar las rupturas relacionales se encuentran en el capítulo 32 sobre los límites y hay muchas fuentes disponibles para leer online, libros o clases que pueden ayudarle a aprender a hacer frente a las relaciones más eficazmente.

Hoja de tareas 29.1
Utilizar las habilidades de gestión del conflicto

Si sufre un pequeño conflicto durante la próxima semana con otra persona, utilice tantas habilidades de las enumeradas a continuación en este capítulo como le sea posible para afrontarlo. Si no tiene un conflicto durante la semana, describa uno del pasado e imagine que utiliza estas habilidades para gestionar el conflicto de forma diferente a la que realmente utilizó. Después conteste a las preguntas formuladas después.

Habilidades

- Esté presente y centrado en el aquí y en el ahora.
- Oriente las partes de usted hacia el presente.
- Reflexione sobre sus propias experiencias e intenciones y sobre las del otro.
- Permanezca dentro de su ventana de tolerancia.
- Tómese un tiempo fuera o ayude a sus partes a ir a un espacio interno seguro.
- Ayude a las partes adormecidas y evitativas suyas.
- Ayude a las partes enfadadas suyas.
- Proteja a las partes vulnerables suyas.
- Sea respetuoso con usted y con otras personas.
- Esté dispuesto a comprometerse.

1. ¿Qué habilidades utilizó o se imagina utilizando? Describa cualesquiera dificultades que tenga empleando estas habilidades.

2. Observe si todas las partes de usted pueden aceptar estas habilidades como importantes y si les gustaría aprenderlas. Describa cualquier miedo o preocupación que tengan las diversas partes sobre la utilización de estas habilidades. Una vez que haya descrito los miedos y las preocupaciones, reflexione sobre si hay distorsiones cognitivas o creencias básicas negativas en sus raíces.

   Ejemplo: *"Tengo miedo de no poder protegerme si no estoy enfadado".*
   Reflexión: *Aunque es importante protegerme a mí mismo, también es importante considerar el contexto y las intenciones de la otra persona para determinar en qué grado necesito protección. Tal vez la persona no quería herirme intencionalmente, simplemente no estaba de acuerdo con mi punto de vista o dijo algo que me hizo sentir menospreciado, pero no pretendía perjudicarme. Hay muchas formas de protegerme durante relaciones conflictivas, no solo estando enfadado. Puedo ser asertivo (véase el próximo capítulo) respecto a lo que necesito en lugar de estar enfadado y agresivo. Puedo estar presente y darme cuenta de que no estoy en peligro y así tener más opciones disponibles. Puedo tomarme un tiempo fuera y hacer un chequeo con todas las partes para tranquilizarlas, orientarlas y clarificar creencias y percepciones inexactas.*

30 Afrontar el aislamiento y la soledad

PROGRAMA

- Bienvenida y reflexiones sobre la sesión anterior.
- Coloquio sobre las tareas.
- Descanso.
- Tema: Afrontar el aislamiento y la soledad.
  - Introducción.
  - Entender el aislamiento.
  - Entender la soledad.
  - Reflexiones sobre su experiencia de aislamiento y soledad.
  - Recursos para afrontar el aislamiento y la soledad.
- Tareas:
  - Volver a leer el capítulo.
  - Completar la hoja de tareas 30.1, reflexionar sobre un tiempo de aislamiento y soledad.
  - Completar la hoja de tareas 30.2, habilidades para resolver el aislamiento y la soledad.

Introducción

En este manual hemos analizado muchas de las razones por las que las personas con un trastorno disociativo pueden aislarse y sentirse solas. El aislamiento es el estado de estar solo y separado de otros. La soledad es la sensación de estar absolutamente solo en el momento en el que más necesita a alguien que le ame y le apoye, y puede provocar pánico y desesperación. El temor a estar solo o el vacío es un precipitante de crisis, que puede incluir la autoagresión y los intentos de suicidio. Aun cuando tenga familia y amigos, puede sentirse como un forastero que no pertenece a nada. O quizá experimente las relaciones como agotadoras, complicadas y aterradoras y por ello se aísla. La desconfianza es un obstáculo generalizado para sentirse actualmente conectado con otras personas y una fuerza que le empuja aún más hacia el aislamiento. Este tipo de aislamiento puede alimentar la soledad. En este capítulo trataremos de estos sentimientos de aislamiento y soledad, de algunos de los factores que los mantienen y sugeriremos algunos pasos iniciales para cambiar el patrón de aislamiento.

Entender el aislamiento.

En el clásico, *Trauma y recuperación: cómo superar las consecuencias de la violencia*, Judith Herman (2004), una de las pioneras en el campo del abuso crónico en la infancia, describe cómo el trauma destruye los vínculos entre el individuo y su comunidad. Esto es especialmente así en casos de abuso y negligencia que involucra a los cuidadores de confianza. Los sentimientos de abandono y traición, y la sensación de alienación o desconexión, pueden interferir en las relaciones futuras, con independencia del grado de cercanía o distancia de la otra persona. Y, por supuesto, *sentirse* aislado y *estar* aislado quizá no sea lo mismo. Uno puede sentirse absolutamente aislado y solo aun cuando se esté rodeado de personas.

Mantenimiento del aislamiento

El aislamiento social se puede mantener y reforzar a través de ciertas percepciones, predicciones, emociones y pensamientos. Las creencias básicas, como por ejemplo *"no se puede confiar en nadie"* o *"si alguien realmente me conociera, sentiría repulsión"*, estimulan el retirarse constantemente de los demás. El miedo y la vergüenza a "ser descubierto" pueden ser paralizantes si piensa que usted es una mala persona o si mantiene secretos que le parecen vergonzosos, o cual contribuye a un aumento de la sensación de aislamiento y desconexión. La desconfianza es un impedimento importante para llegar a estar menos aislado. Las personas con un trastorno disociativo hacen habitualmente muchas predicciones sobre cómo los demás les traicionarán, decepcionarán o harán daño. Muchos encuentran muy difícil asumir los riesgos de estar en una relación (véase el capítulo 28 sobre las fobias al apego) y, una vez que ocurre el conflicto inevitable, a menudo son rápidos en retirarse, esperando lo peor (véase el capítulo 29 sobre conflictos relacionales). Algunas personas se encuentran aisladas simplemente porque no tienen las habilidades sociales adecuadas para hacer amigos y mantener el contacto. Pero, por lo general, una ausencia de habilidades sociales acompaña a las experiencias internas más complejas descritas anteriormente. Por fortuna, las habilidades sociales, como cualquier otra habilidad, pueden aprenderse.

Aislamiento entre las partes disociadas

Para aquellos con un trastorno disociativo, el aislamiento interno de las partes disociadas constituye una lucha adicional dolorosa. Algunas partes están atascadas en el momento del trauma durante el cual estuvieron aisladas, sintiéndose permanentemente solas y necesitadas. Estas partes se sienten solas, a pesar de lo mucho que quizá otras partes se sientan conectadas con algunas personas. Otras partes pueden haber sido "desterradas" de la conciencia interna a causa de la vergüenza, el miedo o la repugnancia o son abandonadas detrás de barreras internas. Cuanta más desconexión interna exista entre las partes del sí mismo, más probabilidad de que el aislamiento y la soledad sean problemáticos. La vergüenza constante, el miedo y la evitación subsiguiente mantienen estas "barreras" internas entre las partes (véase el capítulo 5 sobre la fobia a la experiencia interna).

El aislamiento como una vivencia recurrente del pasado traumático

Muchos individuos traumatizados estuvieron bastante aislados durante su infancia sin personas de apoyo. Habitualmente soportaron solos las secuelas del abuso. Por un lado, probablemente generó una soledad terrible, pero, por otro lado, el aislamiento era también una señal de que *"se acabó"*, es decir, el abuso había terminado. De este modo, algunas personas o partes de ellas se recluyen automáticamente en el aislamiento para conseguir una sensación de seguridad y alivio. Pueden desarrollar un hábito de aislarse cuando están estresados en su vida actual, a menudo sin darse cuenta de lo que están haciendo o del porqué.

Aislamiento y límites disfuncionales

En el capítulo 32 aprenderá acerca de las desventajas que tienen los límites personales laxos o rígidos. Ambos pueden conducir a problemas con el aislamiento y la soledad. Los límites laxos significan que las personas pueden entrometerse en su vida más de lo que usted quisiera; por ello, algunas partes suyas pueden aislarse para protegerse de demasiadas peticiones, en lugar de establecer límites apropiados y asertivos frente a los demás. Los límites rígidos mantienen a las personas apartadas más de lo que sería útil para usted, llevándole a un aislamiento auto impuesto que puede dar lugar a una soledad profunda. Es importante ser capaz de identificar sus límites personales y cómo afectan su sensación de aislamiento y soledad.

Entender la soledad

La soledad es una condición compleja que conlleva problemas con las habilidades sociales, dificultades con el apego, emociones, pensamientos y creencias básicas concretas, asuntos coyunturales y, a veces, expectativas no realistas. La soledad no es lo mismo que estar solo. Todos tenemos momentos en los que estamos solos, ya sea debido a las circunstancias o por elección. El tiempo de soledad puede ser agradable y rejuvenecedor cuando se elige (véase el capítulo 11 sobre el uso del tiempo libre y la relajación). Sin embargo, cuando no quiere estar solo, cuando anhela estar con otros, cuando siente esta necesidad y es incapaz de tranquilizarse a sí mismo, se sentirá solo y, como mencionamos anteriormente, podría sentirse solo incluso cuando está en compañía de otras personas, porque se siente muy desconectado. La soledad puede llevar a mayores sentimientos de rechazo, baja autoestima, vergüenza e incluso desesperación. De hecho, la soledad puede parecer similar al dolor intenso que sigue a la muerte de un ser querido y puede ser abrumador en su insoportable sensación de separación.

Soledad, miedo y vergüenza

Usted o partes suyas pueden aislarse porque se sienten temerosos o abrumados por otras personas o, quizá, porque sienten vergüenza de quiénes son. Por un lado, siente alivio al evitar situaciones que vive como estresantes y vulnerables. Pero, por otro lado, tal vez se sienta solo porque somos seres sociales en el corazón y tenemos un impulso innato a estar con otros.

Soledad y fobias al apego y a la pérdida del apego

Como ha aprendido anteriormente en este manual, usted o partes suyas pueden tener una fobia a la pérdida del apego, es decir, a la separación, rechazo o abandono mientras que otras partes suyas quizá teman estar en contacto con otros (véase el capítulo 28). Por tanto, tiene un conflicto importante con estar solo: algunas partes desean estar a solas y encontrar seguridad en la soledad, mientras que otras se sienten solas y encuentran seguridad en la conexión con los demás. Es importante que usted conozca ambas y resolver cada lado de este poderoso conflicto.

La soledad como una vivencia recurrente del pasado

Las personas que sufrieron abuso o negligencia de niños a menudo experimentan una soledad profunda que se añade a la carencia de apoyo ante sentimientos y experiencias abrumadores. Esta soledad traumática puede ser sentida de nuevo como un tipo de *flashback* en el que se reviven dichos sentimientos. Por lo general, como el aislamiento y la soledad han podido ser reacciones inmediatas al abuso, algunas personas se aíslan automáticamente y se sienten solas cuando algo doloroso les ocurre. Están reproduciendo el pasado solitario.

Reflexiones sobre su experiencia de aislamiento y soledad

- Como siempre, el primer paso para superar un problema es reflexionar sobre él. Tómese un tiempo (con o sin la ayuda de su terapeuta) para tener una reunión interna entre las partes y empezar a hablar sobre el aislamiento y la soledad, en lugar de limitarse a revivirlas.
- Empiece pidiendo a todas las partes que participen en la medida de sus posibilidades. Aun cuando algunas partes no puedan, usted es capaz de sentir o saber algo sobre cómo esa parte vive el aislamiento y la soledad y los afronta.
- Observe los conflictos entre sus partes respecto a estar aislado o solo.
- ¿Hay partes de usted que prefieren estar solas? Si es así, ¿disfrutan el tiempo en soledad o están evitando a otras personas o situaciones estresantes? ¿Son conscientes y atienden las necesidades de otras partes solitarias que pueden no querer estar solas? ¿Qué sienten y piensan sobre estas partes de usted? ¿Existe algún tipo de comunicación entre esos dos tipos de partes?
- ¿Hay partes suyas que están muy solas y que quieren estar con otras personas? Si es así, ¿qué hace que no pida ayuda a otros? ¿Están estancadas en el momento del trauma, tienen miedo a otras personas, son socialmente ansiosas, carentes de habilidades sociales? ¿Son conscientes de partes de usted que quizá pre-

fieran tener un tiempo para ellas mismas o estar aisladas? Utilice el espacio de reunión interno para intentar animar a las partes que están aisladas a comunicarse con partes que se sienten solas sin juzgarlas y viceversa. ¿Pueden encontrar puntos comunes?; por ejemplo, ¿hay acuerdo en considerar que es bueno para todas las partes no sentir miedo, vergüenza ni soledad?
- Observe qué le incita a aislarse. ¿Ocurre cuando está estresado, después de una ardua sesión de terapia, cuando quiere evitar un conflicto o cuando se siente enfermo? ¿Existen para usted otras alternativas? Por ejemplo, llamar a un amigo o escribirle un correo electrónico contándole su estrés o sus problemas; ser asertivo al afrontar un conflicto; pedir a alguien que le ayude si está enfermo... Observe cualquier obstáculo interno para adoptar decisiones distintas a las habituales.
- Preste atención a lo que usted y partes suyas experimentan cuando están aislados. ¿Siente pánico, se siente desconectado, avergonzado, solo o entumecido?
- ¿Qué ocurre en su cuerpo cuando se siente solo?; por ejemplo, ¿se siente tenso, frío, paralizado o frenético?
- Observe sus pensamientos y creencias básicas.
- ¿Qué espera si pide ayuda a otros cuando se siente solo? ¿Qué espera si está solo y no puede comunicarse con alguien?
- ¿Son todas las partes capaces de empatizar entre sí en su necesidad de aislamiento o en su anhelo de no estar solas? ¿Cómo pueden usted y su terapeuta facilitar y fortalecer más una empatía que pueda conducir a la cooperación y a la resolución del conflicto?

Recursos para afrontar el aislamiento y la soledad

- Empiece enraizándose, sirviéndose de los ejercicios de este manual y otras técnicas que haya aprendido para ayudarse a estar en el presente.
- A continuación, reflexione internamente (utilizando la sección previa como guía, si quiere) para determinar sus conflictos y lo que necesitan y quieren todas sus partes.

- Céntrese primero en el *aislamiento y la soledad interior*. Puede utilizar todas las habilidades de este manual para ayudarse y facilitar a todas las partes internas a llegar a estar menos aisladas y solas: aceptarse y conectarse entre sí; reflexionar y orientarlas hacia el presente; ayudarlas a desarrollar la empatía, la comunicación y la cooperación; tranquilizarlas y calmarlas; desarrollar lugares seguros y actividades agradables o divertidas que todas las partes puedan disfrutar como una persona completa.
- Cuanto más conectado con todas sus partes esté, menos abrumado estará, lo cual le ayudará a sentirse más confortable y conectado con los demás.
- Cuanto más pueda aceptarse a usted mismo y a todas sus partes, menos avergonzado y temeroso estará en el contacto con los demás.
- Si tiene una gran dificultad para conectar con otros o hacer amigos, empiece por lo que sea más sencillo. ¿Qué es más sencillo hablar con una persona o con más de una? ¿Le ayuda tener un tema compartido (como el trabajo voluntario o una afición)? Quizá haya considerado apuntarse a algún curso para aprender algo nuevo, donde tendrá ocasión de conocer a personas nuevas o hacer algo de voluntariado, que le permitirá estar con otras personas.
- Algunas personas con un trastorno disociativo prefieren conocer a gente a través de internet y chats o tener un amigo por correspondencia. No es lo ideal, pero es un comienzo.
- Algunas personas descubren que tener una mascota les ayuda a sentirse menos aisladas; una mascota simpática es una buen pretexto de conversación con otras personas si sale a pasear.
- El aislamiento puede ser un hábito. Haga un esfuerzo por salir o estar regularmente con amigos, aun cuando le resulte dificultoso. Si es necesario, anime a las partes abrumadas para permanecer en un lugar seguro mientras usted conecta con otras personas.
- Haga lo que sea necesario para que el tiempo en soledad sea agradable (por ejemplo, con una buena música, un buen libro o una película, comida sana y sabrosa, un paseo, etc.) y productivo (véase el capítulo 11 sobre la utilización del tiempo libre).

- Si tiene preferencias religiosas o espirituales, medite o rece durante su tiempo en soledad para sentirse más conectado a Dios o al universo. (Puede reflexionar sobre si su concepto de Dios como un ser amoroso o vengativo refleja sus experiencias del pasado con otras personas). Y, naturalmente, algunas personas se sienten bien asistiendo a su iglesia preferida o mediante encuentros espirituales con otras personas en la misma línea.
- Permanezca presente para poder al menos conectar con su entorno. Vaya a dar un paseo, escuche a los pájaros y observe los árboles. Hay vida alrededor y le será útil si puede sentir al menos una pequeña conexión.
- Haga un esfuerzo por pedir ayuda a otros en lugar de esperar a que ellos le llamen.

Hoja de tareas 30.1
Reflexionar sobre un momento de aislamiento y soledad

Escoja un momento reciente en el que se sintió aislado, solo o ambas cosas y responda a las siguientes preguntas.

1. Describa la situación en la que se sintió aislado y solo.

2. Describa cualquier desencadenante concreto que le haga aislarse o sentirse solo, si lo conoce. ¿Estaba presente en la situación descrita?

3. Describa cualquier parte de usted que pueda haber estado aislada o que se sintiese sola. Describa cualquier conflicto entre las partes que se aíslan y las partes que se sienten solas.

4. Describa su experiencia de estar aislado o solo (incluyendo la experiencia de las diferentes partes suyas). Puede incluir pensamientos, sentimientos, sensaciones, percepciones y predicciones.

5. Si alguien le hubiera pedido ayuda o usted hubiera pedido ayuda a alguien, ¿qué habría querido de la otra persona en esa situación? ¿Qué le impidió pedir ayuda?

6. Enumere dos o tres pasos pequeños y manejables que usted pudiera dar para empezar a abordar su aislamiento y su soledad.

Hoja de tareas 30.2
Habilidades para resolver el aislamiento y la soledad

Muchas de las habilidades que ha aprendido en este manual pueden ayudarle de alguna forma a hacer frente y resolver su aislamiento y soledad. A continuación encontrará algunas de estas habilidades. Elija cuatro y describa uno de los siguientes aspectos para cada una de las cuatro habilidades:

- Una situación en la que utilizó dicha habilidad para afrontar con éxito su aislamiento y soledad. Describa lo que funcionó bien.
- Una situación en la que intentó la habilidad pero no le ayudó o no fue capaz de completarla. Describa qué es lo que interfirió o fue demasiado difícil.
- Una situación en la que le gustaría probar dicha habilidad.

Habilidades

1. Permanecer enraizado y en el presente.

2. Orientar partes suyas al presente.

3. Reflexionar sobre su experiencia de aislamiento o soledad.

4. Utilizar un espacio interno seguro.

5. Utilizar el tiempo de soledad productivamente.

6. Ser consciente de las creencias básicas y de los pensamientos que suponen retos.

7. Ser consciente de las emociones y regularlas.

8. Comunicación empática con sus partes internas (incluyendo el uso del espacio de reunión).

9. Negociar con las partes con fobia al apego y con aquellas fóbicas a la pérdida del apego.

10. Hacer frente a un desencadenante del aislamiento y de la soledad.

11. Regularse a sí mismo desde su ventana de tolerancia.

12. Hacer frente al miedo o a la vergüenza.

13. Ser asertivo.

14. Cambiar un límite personal disfuncional.

31 Aprender a ser asertivo

PROGRAMA

- Bienvenida y reflexiones sobre la sesión anterior.
- Coloquio sobre las tareas.
- Descanso.
- Tema: Aprender a ser asertivo.
  - Introducción.
  - Habilidades de asertividad básica.
  - Estrategias no asertivas: apaciguamiento, evitación y agresión.
  - Problemas con la asertividad en personas con un trastorno disociativo complejo.
  - Ayudar a partes suyas a cooperar para ser asertivo.
- Tareas:
  - Volver a leer el capítulo.
  - Completar la hoja de tareas 31.1, identificar los conflictos internos que evitan la asertividad.
  - Completar la hoja de tareas 31.2, utilizar las habilidades de asertividad: una mirada retrospectiva.
  - Completar la hoja de tareas 31.3, prepararse para ser asertivo en una situación futura.

Introducción

La asertividad es una habilidad interpersonal esencial que supone ser capaz de expresar las propias necesidades y deseos de una forma confiada que no transgrede los derechos de los demás y no es agresiva (Paterson, 2000; Phelps y Austin, 2008). Es activa, no pasiva ni categórica, e implica respeto hacia uno mismo y los demás. Es una manera de expresar con seguridad lo que usted quiere, sin herir a nadie. Ser asertivo supone ser capaz de saber lo que usted piensa, siente, necesita y quiere, y expresarlo con claridad y respeto. También supone ser capaz de establecer límites sin sentirse culpable (véase el capítulo 32 sobre los límites; Adams, 2005; Dorrepaal, Thomaes, & Draijer, 2008; Linden, 2008). La asertividad tiene siempre que ver con una comunicación clara y respetuosa entre personas.

En este capítulo aprenderá habilidades de asertividad básica y cómo ayudar a las diferentes partes suyas a superar los obstáculos que impide que sea más asertivo como persona completa. El capítulo comienza con algunas habilidades de asertividad básica, después analiza las dificultades generales para ser asertivo y los problemas especiales que aquellos con trastornos disociativos complejos encuentran. Por último, compartiremos algunos recursos para ayudar a que todas sus partes sean asertivas unidas como una persona completa.

Habilidades de asertividad básica

El comportamiento asertivo ofrece a las personas varios beneficios. Las personas asertivas tienden a tener menos conflictos relacionales y, por tanto, menos estrés en general. Al tener menos conflictos, a menudo las personas asertivas tienen relaciones más estables y sólidas con los demás. Consiguen satisfacer sus necesidades con más regularidad y ayudan a que otros también consigan cubrir sus necesidades, lo cual fortalece más las relaciones.

Cómo se ve a sí mismo y a los demás es fundamental para conseguir ser asertivo; por tanto, la reflexión es una parte importante de las habilidades de asertividad. Debe reflexionar sobre sus propias opiniones, pensamientos, sentimientos, necesidades y también sobre los de los demás. La asertividad requiere algo de autoconfianza, pero puede aprender a tenerla con la práctica, incluso cuando no se siente completamente a gusto consigo mismo o con otras personas.

La asertividad incluye ser capaz de hacer lo siguiente:

- Emitir y recibir críticas o comentarios constructivos.
- Pedir algo; formular una petición.
- Establecer límites claros al decir "no" o "ahora no".
- Ver ambos lados de un asunto y negociar conforme a su punto de vista.

Existen varias formas en que usted puede expresarse y manifestar su postura para que los demás estén más dispuestos a escucharle.

- *Escuche reflexivamente*. Cuando otra persona le esté hablando, no trate de formular respuestas en su cabeza. En vez de ello, escuche con la mente abierta y asegúrese de entenderla. Puede hacer aclaraciones, diciendo algo como *"permítame asegurarme que le he entendido"* y a continuación resuma lo que el interlocutor ha dicho. Siéntase libre de hacer preguntas sobre lo que no ha entendido, como por ejemplo: *"No estoy seguro de lo que ha querido decir con... ¿podría decir algo más sobre ello?"*.
- *Utilice el humor respetuoso* cuando sea apropiado. El humor puede aligerar una situación y es una forma muy agradable de estar conectado con otra persona.
- *Proporcione un contexto.* Explique brevemente por qué quiere algo o por qué no está de acuerdo, así los demás no asumen que usted está tratando de hacerles daño. *"Lo que tiene que decirme es importante para mí y no quiero herir sus sentimientos, pero tengo que colgar el teléfono ahora, así podré llegar puntual a mi cita"*.
- *Sea tan concreto y claro como sea posible.* Es probable que las afirmaciones vagas o provisionales lleven a tergiversación; por ejemplo, en lugar de decir: *"Me pregunto ¿qué están echando en el cine? ¿Qué quieres hacer?"*, diga: *"Quiero ir al cine esta noche. ¿Te gustaría venir conmigo?"*. Las siguientes afirmaciones son claras: *"Quiero..."*, *"necesito..."*, *"no quiero..."*; *"escucho lo que está diciendo y coincido con usted en..., pero no estoy de acuerdo con usted en..."*.

- *Pida opinión y después escuche con atención a la otra persona.* Pregúntele si está siendo claro y si su posición tiene sentido. Después, pregunte si quiere hacer comentarios y muéstrele que también está abierto a sus opiniones y necesidades, en lugar de limitarse a hacer una petición.
- *"Sea dueño" de su mensaje.* Utilice afirmaciones empezando con el pronombre "yo" en lugar de afirmaciones con el pronombre "usted" (aun cuando padezca un trastorno disociativo y a veces pueda ser difícil utilizar la primera persona). Admita que lo que está diciendo es suyo y no eche la culpa a otros; por ejemplo, *"no estoy de acuerdo con usted"* es mejor que *"usted está equivocado"*, y cuando critique a alguien o dé su opinión, hágalo de la forma más específica y respetuosa posible.
- *Establezca contacto visual.* Cuando mira directamente a alguien (no fijamente sino con tranquilidad), es más probable que la persona sea capaz de escuchar lo que está diciendo.
- *Utilice el lenguaje corporal.* Gírese hacia la otra persona y póngase frente a ella. Siéntese o manténgase en pie, siempre erguido, ni desplomado ni enfadado.
- *Sea congruente.* Su expresión facial y lenguaje corporal deben coincidir con lo que está diciendo. No sonría si está enfadado o está asustado, si está intentando defenderse.
- *Utilice un tono de voz normal.* Hable con su voz habitual, no en alto, tímida, callada o dubitativamente. Preste atención a su tono, inflexión y volumen y modúlelos según necesite.
- *Encuentre el momento adecuado.* Si es capaz, la mejor manera de hacer frente a las situaciones es cuando ocurren; pero si necesita reflexionar con el fin de no tomar decisiones impulsivas, tómese su tiempo. Por ejemplo, puede decir: *"Necesito pensar sobre ello. Deja que te vuelva a llamar"*. Después elija un momento concreto para tener la conversación, así no la evita. Generalmente, la mejor práctica es responder en el mismo momento. Le permitirá centrarse en sus sentimientos en ese instante. Sin embargo, nunca es demasiado tarde para volver a una persona posteriormente para expresar sus sentimientos sobre una interacción.

Cuando comience a practicar, empiece con pasos pequeños, es decir, ser asertivo en asuntos menores. Probablemente ya esté familiarizado con muchas habilidades de la asertividad. No obstante, aun cuando pueda entender cognitivamente la importancia de ser asertivo, existen varias razones por las que quizá sea difícil. A continuación, aprenderá estrategias comunes no asertivas, por qué las personas las utilizan y cómo cambiarlas.

Estrategias no asertivas: apaciguamiento, evitación y agresión

Cada uno aprendemos nuestros patrones para expresar y negociar nuestras necesidades y deseos en nuestras familias cuando crecemos. Algunas personas pueden haber tenido pocas oportunidades para decir *"No"*, para pedir lo que querían o eran castigadas si lo hacían. Tal vez simplemente una familia no conocía las habilidades de la asertividad y no sabía cómo modelarlas ni enseñarlas. Otras personas aprendieron a ser especialmente agresivas, o que ser agresivas era la única manera de conseguir lo que necesitaban. También existen diferencias de roles culturales, religiosos y de género aprendidos en las habilidades de la asertividad.

A partir de estas experiencias tempranas, cada uno de nosotros desarrollamos creencias básicas sobre la asertividad que afectan a lo asertivos o no que seremos y en qué situaciones podemos ser asertivos. Por ejemplo, *"No tengo derecho a una opinión; no merezco lo que necesito; se debe satisfacer a otras personas antes de que yo pueda conseguir lo que necesito; está bien pedir lo que necesito; no es agradable tener necesidades; puedo conseguir lo que quiera; la gente me respetará cuando me defienda; se supone que los hombres toman mientras que las mujeres dan; nunca debo decir 'no' cuando alguien me pide un favor; es importante cuidarme a mí mismo y ser respetuoso con los demás; puedo establecer límites con mis amigos, pero no con mi familia; la mayoría de las veces, casi todo el mundo puede conseguir lo que necesita"*.

Normalmente las personas que tienen dificultades para ser asertivas recurrirán al apaciguamiento, la evitación o la agresión cuando han de tomar una decisión o tienen un conflicto con otra persona.

Apaciguamiento

Algunas personas temen enfadar o sobrecargar a otros con sus necesidades porque creen que en ese caso se les rechazará o se les hará daño. Estas personas son "complacientes con los demás", así que ponen mucha energía en comportamientos apaciguadores, es decir, en hacer a otros felices en detrimento de sí mismas. Incluso aunque sepan ser asertivas, si la otra persona reacciona enérgicamente, ellas cederán, incluso se disculparán y sentirán que han hecho algo mal. Generalmente son personas pasivas y sumisas y raramente muestran ira. No obstante, sienten resentimiento y cólera que no muestran a los demás. Sienten que se aprovechan de ellas y que son subestimadas y, algunas veces, esperan que los demás "sepan" lo que necesitan y desean sin tener que decirlo. Ven los conflictos en términos de *"Yo pierdo-tú ganas porque tus necesidades son más importantes y tengo miedo de que te enfades o me rechaces si te pido algo y, por otro lado, no te preocupas por lo que yo quiero"*.

Evitación

Algunas personas tienen tanta fobia a la experiencia interna o están tan confundidas internamente que evitan completamente conocer sus propias necesidades o deseos y, por tanto, no son capaces de articularlos. Parecen estar apaciguadas porque en general siguen el juego a otros, no por miedo consciente, sino simplemente porque no pueden encontrar su propia brújula interna que les dirija hacia lo que necesitan. Ven el conflicto como: *"Usted gana porque no sé, en realidad no me importa mucho ni me preocupa"*.

Agresión

Algunas personas están convencidas de que la única forma de conseguir satisfacer sus necesidades consiste en ser contundentes y luchar agresivamente por sus derechos, ya que los demás están ahí fuera para conseguir lo que quieren para sí mismos. Estas personas no reconocen la diferencia entre agresión y asertividad. Inmediatamente desconfían de las motivaciones de los demás, tienen miedo de que otros les hagan daño o ganen ventaja sobre ellos, tienen poca empatía por lo que otros necesitan y se ponen fácilmente a la defensiva. Tal vez den la impresión de que se creen con derechos o de que acosan, y ven los conflictos en términos de *"Yo gano porque merezco conseguir lo que necesito, incluso si tengo que obligarle a que me lo dé¾en realidad no me importa que usted pierda. Si después de haber luchado tan duro como pude, usted ganara, con toda certeza se habrá aprovechado de mí y me habrá hecho mucho daño"*.

Ejemplos

Para explorar cómo podría desarrollarse cada uno de estos comportamientos, imagine que tiene un jefe que le pide por segunda vez en un mes que trabaje horas extraordinarias durante el fin de semana. Usted había planificado hace meses un fin de semana especial con su familia o sus amigos, está deseando que llegara y ha trabajado horas extra a lo largo de la semana.

Apaciguamiento. Usted le dice: *"¿No puede buscar a otro?"*. Su jefe le responde: *"No, lo he intentado ya, pero nadie más está disponible"*. Se siente presionado y tiene miedo de que su jefe se enfade e incluso le despida y le contesta: *"De acuerdo, lo haré"*. Al mismo tiempo, siente una tensión enorme y se pone ansioso al anticipar la decepción y el enfado de su familia o sus amigos. Le molesta sentirse utilizado y atrapado entre los deseos de su jefe, sus propios deseos y los de su familia o sus amigos. Se encuentra en un terrible dilema, porque necesita agradar a su jefe y a su familia o a sus amigos, y termina satisfaciendo al que le presiona más en el momento. Su familia y sus amigos están decepcionados y enojados porque no se mantuviese usted firme frente a su jefe. Se siente indefenso, desesperanzado y resentido y no es muy productivo en el trabajo durante el fin de semana.

Evitación. Le es difícil pensar claramente sobre si debería trabajar o mantener los planes para el fin de semana. Se siente confuso. Por un lado, es bueno hacer lo que le dice su jefe; por otro lado, sus amigos cuentan con usted. Trabajar es bueno y pasar tiempo con los amigos también lo es. Resulta difícil imaginar cómo se sentirán su jefe o sus amigos o quizá no se le ocurra pensar en ello. Realmente le da lo mismo, porque no tiene ninguna idea de qué opción es la mejor o más importante para usted. Parece muy difícil resolver el asunto, así que accede a trabajar para evitar pensar más en ello.

Agresión. Inmediatamente usted se irrita y se enfada con su jefe y le responde: "*¡Este es su problema, no el mío! ¡Siempre me lo pide a mí! ¿Por qué no lo hace usted? ¡Este lugar es patético!*". Se siente furioso y utilizado, y tiene la sensación de que su jefe no aprecia nada todo el duro trabajo que usted realiza y solo espera cada vez más. A continuación, se marcha usted enfadado. Está furioso todo el fin de semana sobre lo irrazonable y tacaño que es su jefe y cómo siempre le elige a usted. Su familia y amigos no disfrutan de su compañía, porque usted está muy enojado y disgustado y no está pasando un buen fin de semana

Asertividad. Se queda pensativo un momento y después dice: "*Lo siento, me va a ser imposible trabajar. Estoy de acuerdo con usted en que el trabajo tiene que hacerse. Sin embargo, es mi tiempo libre y tengo planes para el fin de semana con mis amigos y mi familia, que planifiqué hace tiempo. El trabajo es importante para mí, pero el tiempo con mis amigos y mi familia también lo es. Además, tiene gran valor para mí mantener mi palabra y equilibrar mi vida. Me gustaría hablar cuanto antes la semana que viene sobre cómo puedo ayudarle y cómo puede nuestro equipo planificar mejor el trabajo en el futuro para ser más eficaz durante la semana*". Usted se siente satisfecho por haber ofrecido a su jefe un buen compromiso (con independencia de si lo acepta con amabilidad o no), por haber establecido unos límites razonables, por haber dicho "no" a algo de lo que se habría arrepentido y por tener todavía el fin de semana que usted deseaba.

Problemas con la asertividad en personas con un trastorno disociativo complejo

Como muchas personas en general, los individuos que presentan un trastorno disociativo complejo tienen a menudo dificultades para ser asertivos y tienen, por el contrario, el tipo de respuestas no funcionales que acabamos de describir. Una complicación adicional la constituyen los conflictos sin resolver entre las partes, lo que hace que ser asertivo sea más difícil. Por ejemplo, una parte enfadada puede tender a ser agresiva, mientras que una parte asustada tal vez quiera transigir. La parte agresiva también se enfada internamente con la parte asustada por ser tan pasiva, lo que produce, a su vez, que la parte asustada se asuste aún más. Como consecuencia, la persona en su totalidad podría acabar sintiéndose abrumada, atrapada en un remolino interno, y queriendo evitar situaciones en las que se necesita tomar decisiones y una buena dosis de asertividad.

Como puede ver en el ejemplo anterior, con frecuencia las partes disociadas no son internamente asertivas entre sí y, en vez de ello, emplean la agresión, la evitación y el apaciguamiento. Por tanto, no solo está aprendiendo a ser asertivo con otras personas, sino que cada parte de usted está aprendiendo más sobre cómo relacionarse con otras partes. Cada parte disociada reacciona a situaciones (y a otras partes suyas) de acuerdo con la su visión del mundo, que normalmente está totalmente condicionada por el momento del trauma. Por tanto, si una parte tiene la tendencia a realizar un comportamiento determinado, por ejemplo, paralizarse, salir corriendo, evitar, luchar y ser agresiva o someterse, dicho comportamiento podría repetirse automáticamente, no solo en las situaciones actuales, sino también como reacción a otras partes suyas.

Para entender las luchas internas que puede tener entre sus diferentes partes, vuelva al ejemplo previo del jefe que le pide hacer horas extras de trabajo durante el fin de semana cuando ya había hecho planes. Tan pronto como su jefe se aproxima, antes incluso de que haya dicho nada, una parte infantil suya está convencida de que usted está metido en problemas y usted se siente paralizado. Una voz crítica regaña a esa parte por estar asustada y se prepara para ser agresiva con su estúpido jefe. Ya está listo para actuar, pero es una acción basada en la huida o la lucha, no en estar presente y ser asertivo. Entonces su jefe le pide trabajar durante el fin de semana. De inmediato, la parte infantil quiere decir *"sí, estaré encantado de hacerlo"* a fin de no enfadar al jefe, estar aliviada de no tener problemas ya, aunque todavía esté asustada. Al momento, la parte enfadada quiere chillar al jefe por sus ridículas exigencias. Una parte de usted que teme los momentos en que está con amigos, porque suele sentirse muy incómoda con otros, respira aliviada, pues ya tiene un pretexto para no ir. Otra parte de usted quiere desesperadamente tiempo libre para jugar. Usted es capaz de considerar el ser asertivo, pero está tan distraído con el conflicto interno y las actividades entre sus diversas partes, que permanece allí inmóvil con una cara confusa y sin saber muy bien qué hacer. En un caso extremo, una persona puede identificarse solo con una de esas partes, para resolver el conflicto a través del control en lugar de la asertividad.

A continuación encontrará algunos recursos sobre cómo trabajar con partes suyas para aumentar su habilidad para ser asertivo.

Ayudar a partes suyas a cooperar para ser asertivo

En esta sección encontrará una serie de pasos que ayudarán a todas sus partes a estar más dispuestas a experimentar el ser asertivas de forma segura y más competente. Estos pasos requieren tiempo y práctica y no siempre se pueden utilizar cuando se debe tomar una decisión en el momento. Se pueden utilizar mejor cuando sabe que necesitará ser asertivo en una situación futura y tiene tiempo y ganas de prepararse. Pero cuanto más practique estos pasos, más rápida y automáticamente serán capaces todas sus partes de ser asertivas cuando la situación lo requiera.

- *Utilice su sala interna de reuniones*. Reúna a todas sus partes en la sala interna de reuniones (véase el capítulo 27) o utilice otra forma que funcione mejor en su caso para tener un debate interno. Ayude a todas las partes a estar tan orientadas al presente como sea posible; así puede tener un diálogo sobre la asertividad y solucionar los obstáculos internos para alcanzarla.
- *Realice la reflexión interna*. Escuche respetuosamente a todas las partes y aprenda más sobre lo que cada una necesita y desea, incluso aunque no esté de acuerdo. Observe cómo sus distintas partes reaccionan a situaciones en las que sería útil ser asertivo y cómo reaccionan entre sí.

- *Reflexione sobre los conflictos internos*. Cuando sus partes tienen diferentes opiniones, emociones y comportamientos relativos a una situación que suponga un reto, quizá todavía no sea capaz de actuar asertivamente. Sin embargo, esas situaciones pueden ser mientras tanto experiencias de aprendizaje sobre las que todas las partes pueden reflexionar retrospectivamente (véase el capítulo 6 sobre la reflexión). Por ejemplo, ¿qué quería o necesitaba cada parte en ese momento? ¿Cuáles fueron sus preocupaciones o temores en ese momento? ¿Cuáles fueron los desencadenantes, si hubo alguno, de las partes? ¿Qué resultado quiso cada parte? ¿Qué quería hacer cada parte en ese momento, tanto si realmente lo hizo como si no? ¿Cómo reaccionaron las partes entre sí durante y después de la situación? A medida que se vuelva más consciente de los conflictos internos que le impiden ser asertivo, podrá empezar el proceso de resolverlos utilizando los pasos que siguen.
- *Cuestione las creencias básicas y pensamientos disfuncionales*. Cuando sea consciente de las creencias y pensamientos que apoyan una reacción particular de una parte de usted, trate de establecer comunicación y tener un diálogo interno sobre esas creencias; por ejemplo: *"No merezco tener nada: si pido cualquier cosa, no lo voy a conseguir, así que también podría cogerla por las buena o rendirme"*.
- *Negocie de manera empática.* Trabaje para conseguir acuerdos internos sobre cómo actuar asertivamente en situaciones concretas que se aproximan en el futuro cercano y, si es necesario, averigüe si las partes estarían dispuestas a comprometerse para conseguir lo que quieren o necesitan, o si lo pospondrían. Encuentre la mejor forma que pueda para que todas las partes se sientan satisfechas con sus decisiones (véase el capítulo 27).
- *Póngase de acuerdo sobre qué partes de usted harán frente a la situación.* Trabaje para obtener suficiente cooperación interna para que sus partes más racionales y con más habilidades relacionales puedan afrontar una situación en la que usted necesite ser asertivo. Prepare su mensaje para saber exactamente qué es lo que quiere decir. Por ejemplo: *"No voy a venir a visitarte esta*

semana; no quiero herir tus sentimientos, pero tengo algunas obligaciones que he de atender o necesito tiempo para descansar".

- *Ayude a sus partes asustadas, evitativas y enfadadas*. Naturalmente, a las partes que están enfadadas y asustadas les lleva tiempo llegar a estar más orientadas y calmadas y aprender nuevas habilidades. Si esas partes todavía están muy reactivas, puede tratar de ayudarlas a ir a un espacio interno seguro durante las situaciones en las que necesita ser asertivo. Esto requiere un nivel de acuerdo interno de que la asertividad será útil para todas las partes y que es más probable que se satisfagan todas las necesidades. Empiece por explicar por qué la asertividad es más efectiva o por animar a todas sus partes a leer juntas el capítulo o léaselo en alto (leer en alto ayuda a retener el contenido). Pregunte a todas las partes si están dispuestas a permitir un "experimento" en el que una parte adulta y más racional practica ser asertiva en una situación de poca importancia, mientras las demás permanecen en un lugar seguro. Después, reúna a todas sus partes para hablar sobre cómo la situación resultó para usted. Asegúrese de escuchar respetuosamente los comentarios de todas las partes. Inicialmente puede ser útil que las partes asustadas o muy enfadadas hayan accedido a permanecer en lugares internos seguros, mientras que las partes más inclinadas a lo cognitivo actúan asertivamente. Al final, dichas partes podrían contemplar desde detrás de una pantalla imaginaria de una sola dirección o a través de una ventana; de este modo, permanecen a una distancia segura y aprenden de los comportamientos asertivos que otras partes son capaces de modelar.
- *Imagine un ensayo*. Visualícese como persona asertiva con éxito (véase el capítulo 15 para más información sobre ensayos en la imaginación). Trate también de prever las diferentes respuestas de la otra persona y de prepararse para afrontarlas. También puede ser útil hacer un *role playing* [juego de rol] con una persona o compañero de confianza o con su terapeuta. Reúna a todas las partes e imagine que están apoyándose entre sí durante esta situación y que así puede sentirse más fuerte y

con una sola opinión. También puede imaginar que otra persona, con la que se siente seguro y es de confianza, se encuentra a su lado apoyándola en esa situación.

- *Integración*. Diferentes formas de integración (que se trataron en el capítulo 25) pueden ser útiles para ayudar a las partes a ser más asertivas. Como primer paso, por ejemplo, una parte temerosa podría mirar a través de los ojos de la parte adulta que está siendo asertiva, para irse familiarizando con las habilidades y beneficios de la asertividad. A medida que está más cómodo con la integración, una parte más agresiva puede estar dispuesta a integrarse con partes que tienen mejores habilidades asertivas, o incluso emparejarse con una parte más miedosa para ayudar a la misma a ser más fuerte y asertiva. Si es necesario, consulte con su terapeuta para conseguir ayuda con la integración.
- *Tómese un tiempo fuera*. Cuando de repente se enfrenta a una situación donde necesita ser asertivo de inmediato, no dispone de mucho tiempo para la reflexión interna y la preparación. Quizá se sienta paralizado o abrumado por la agitación interna del momento. Trate siempre de conseguir tiempo para usted mismo diciendo a la persona que responderá a la petición tan pronto como le sea posible, porque necesita pensarla primero. Incluso puede tomarse un rápido descanso para ir al baño para pensar en ello durante un minuto, diciendo: *"Vuelvo en un momento y le respondo"*. Un tiempo fuera le proporcionará a usted y a sus partes internas la oportunidad de "recomponerse" y prepararse para dar una respuesta asertiva que tenga en cuenta primero sus necesidades y después las necesidades de la otra persona y lo que exija la situación.

Hoja de tareas 31.1
Identificar los conflictos internos que evitan la asertividad

Escoja una situación reciente en la que quiso ser asertivo pero no le fue posible serlo. Utilizando los pasos expuestos en la sección anterior, tenga una reunión interna para identificar las razones por las que le fue difícil ser asertivo; después responda a las siguientes preguntas.

1. Describa la situación.

2. Describa las reacciones de sus distintas partes en el momento y sus preocupaciones y miedos.

3. Si hubo factores concretos que le provocaron a usted y a partes suyas durante la situación, enumérelos a continuación, incluyendo su reacción a los mismos.

4. ¿Qué resultado quiere cada parte de usted de la situación? ¿Existe un acuerdo interno sobre los resultados o hay diferencias de opiniones? Si hubiera diferencias de opinión, describa los conflictos.

5. Describa cómo reaccionan las partes suyas entre sí durante y después de la situación.

6. Retrospectivamente, describa tan bien como sea capaz una manera más eficaz con la que hubieran afrontado la situación todas las partes.

Hoja de tareas 31.2
Utilizar las habilidades de asertividad: una mirada retrospectiva

1. Describa una situación reciente en la que usted fue capaz de ser asertivo, aunque fuera solo parcialmente.

2. ¿Qué habilidades fue capaz de utilizar? Vuelva al principio del capítulo para recordar las descripciones de estas habilidades y compruebe todas las pudo utilizar expuestas a continuación.
    - Escuchar reflexivamente.
    - Echar mano de un humor respetuoso.
    - Proporcionar un contexto.
    - Ser tan concreto y claro como sea posible.
    - Pida *feedback* y después escuche de forma cuidadosa a la otra persona.
    - Responsabilícese de su propio mensaje.
    - Mire a los ojos.
    - Utilice el lenguaje corporal.
    - Sea coherente.
    - Utilice un tono de voz normal.
    - Encuentre el momento oportuno.
3. Si tuvo dificultades con alguna de las habilidades que acabamos de exponer, rodéelas con un círculo y describa sus dificultades a continuación.

4. ¿Implicaron conflictos internos entre partes suyas las dificultades que describió en el punto tercero? Si es así, por favor describa el o los conflictos.

5. ¿Estaban todas las partes satisfechas con el resultado de la situación? En caso afirmativo, describa cómo las distintas partes suyas satisficieron sus necesidades. En casi negativo, describa por qué algunas partes no quedaron satisfechas y qué resultados hubieran querido obtener.

Hoja de tareas 31.3
Prepararse para ser asertivo en una situación futura

Describa una situación futura en la que necesite ser asertivo. Elija una situación que refleje el grado de dificultad para el que se siente preparado.

1. Describa la situación futura.

2. ¿Cuál es el resultado que le gustaría que ocurriera?

3. Tenga una reunión interna en la que dialogue sobre la situación futura con todas sus partes. Siga paso a paso la propuesta de la sección anterior (Ayudar a partes suyas a cooperar para ser asertivo) y describa las respuestas de las partes a cada paso.

    - Reflexione sobre las necesidades y deseos de sus partes respecto a la situación y descríbalos a continuación.

    - Enumere cualquier conflicto sobre la situación.

    - Enumere cualquier creencia básica o pensamientos disfuncionales sobre la situación y cómo los cuestionó con respeto.

    - Describa cómo intentó negociar empáticamente con todas las partes para afrontar la situación y sus reacciones.

    - Llegue a un acuerdo sobre qué partes de usted harán frente a la situación y describa cómo reaccionaron las partes a esta negociación.

- Ayude a las partes temerosas, evitativas o enfadadas, enfocándolas en el presente, hablando de sus miedos o preocupaciones, teniendo en cuenta sus necesidades y deseos y ofreciendo un espacio interno seguro durante la situación. Describa lo que fue capaz de hacer y cómo reaccionaron las partes.

- Ensaye imaginariamente, para concebir un resultado exitoso de la situación. Consiga la ayuda de otras personas en las que confíe, incluyendo a su terapeuta si lo necesita. Describa su experiencia con este ejercicio.

- Si está preparado y se siente capaz, ponga en práctica formas de integración, para estar listo para afrontar la situación desde una posición de fuerza y confianza. Describa su experiencia de integración, si fue capaz de realizarla.

32 Establecer límites personales sanos

PROGRAMA

- Bienvenida y reflexiones sobre la sesión anterior.
- Coloquio sobre las tareas.
- Descanso.
- Tema: Establecer límites personales sanos.
    - Introducción.
    - Límites sanos.
    - Límites insanos.
    - Problemas con los límites en personas con un trastorno disociativo complejo.
    - Ayudar a partes suyas a cooperar para establecer límites sanos.
- Tareas:
    - Volver a leer el capítulo.
    - Completar la hoja de tareas 32.1, identificar sus límites personales.
    - Completar la hoja de tareas 32.2, su espacio personal y nivel óptimo de cercanía y distancia.
    - Completar la hoja de tareas 32.3, prepararse para establecer límites en una situación futura.

Introducción

En el capítulo anterior aprendió cómo ser asertivo. Las habilidades implicadas en la asertividad son esenciales para establecer *límites personales*, que son las directrices para que otras personas se comporten con usted de forma razonable y segura, y sobre cómo responder si alguien los traspasa (Adams, 2005). Los límites ayudan tanto a estar separados como conectados con los demás (Linden, 2008), al incluir su nivel de comodidad con la cercanía o distancia que tenga emocional y físicamente de las personas. Sus límites están relacionados con lo cerca o lejos que usted desea estar de otras personas. Cuando usted tiene un trastorno disociativo, a menudo tiene conflictos no sólo sobre el ser asertivo sino también sobre la distancia emocional óptima entre usted y otra persona (véanse también los capítulos 28 y 29 sobre las relaciones). Puede sentirse confuso sobre cómo estar separado de otros y al mismo tiempo cerca. Diferentes partes de usted pueden apartar a la gente, no quieren estar cerca, mientras que otras partes satisfacen a las personas para conseguir estar cerca o evitar que se vayan o le rechacen, lo que da lugar a límites poco claros. En este capítulo aprenderá más sobre diferentes tipos de límites personales, cómo establecerlos y cómo ayudar a todas sus partes a negociar límites razonables.

Límites sanos

Los límites sanos le ayudan a protegerse y a cuidar de sí mismo. Pueden establecerse de manera respetuosa pero con firmeza: los límites no son amenazas. Son comunicaciones claras sobre sus límites y las consecuencias de cruzarlos cuando una persona continúa traspasándolos. El otro tiene la opción de decidir si continuar con su comportamiento o no; por tanto, las consecuencias de sus límites son el resultado del comportamiento de la otra persona. Muy a menudo los límites tienen que ver con cuánto tiempo pasa usted con una persona, cuánta energía emocional pone en la relación y cómo le trata el otro. En ocasiones, implican cuestiones sobre el dinero, es decir, cómo se gestionan las finanzas, cuánto dinero está dispuesto a gastar y cuánto está dispuesto a que su compañero gaste.

Puede que algunas personas estén confusas sobre si establecer límites constituye un intento de controlar a los demás. No lo es; al contrario, es una forma de ser responsables de nosotros mismos y de nuestras vidas. Cuando establecemos un límite, dejamos de invertir en el resultado. Esto es lo que distingue los límites de los intentos de control. Por ejemplo, si es amigo de una persona que está bebiendo y le llama por teléfono o aparece en su casa ebria, usted puede establecer un límite, pero tiene que estar dispuesto a aceptar las consecuencias de los mismos. Puede ser claro y respetuoso diciendo:*"Me siento incómodo y desconectado de ti cuando estás bebiendo. Te aprecio, aprecio tu amistad y echo de menos la conexión contigo, pero no quiero que vuelvas a llamarme o venir a mi casa si has estado bebiendo. Tendré que reconsiderar qué hacer, incluso terminar nuestra relación"*. En este caso, usted espera que su amiga respete sus límites y esté dispuesta a conseguir ayuda con la bebida pero esa es una elección suya que usted no puede controlar. Usted debe estar dispuesto a mantener en pie lo que dijo que haría y tolerar sus reacciones e incluso arriesgarse a perder su amistad en último caso.

Cercanía y distancia relacional óptima

Como hemos comentado anteriormente, todas las relaciones tienen fluctuaciones normales entre la cercanía y la distancia emocional (y física) (véanse los capítulos 28 y 29 sobre las relaciones), y cada persona tiene sus propias preferencias sobre lo que es demasiado cerca o demasiado lejos, tanto en situaciones generales como en situaciones específicas. Existe un amplio margen de lo que es normal, pero las personas se encuentran generalmente en equilibrio cuando no son intrusivas o agobian a los demás ni son demasiado distantes o evitan el contacto. Es normal para todo el mundo tener a veces algunos conflictos en relación a la cercanía y a la distancia. Su margen personal es una experiencia subjetiva basada en lo que usted ha aprendido, en lo que quiere y con lo que usted está cómodo. Muchos conflictos relacionales implican desajustes sobre lo cerca o lejos que dos personas quieren o necesitan estar en un momento dado y a lo largo de la relación.

Es importante entender que la mayoría de las veces, cuando las personas quieren más distancia, no es porque usted no les importe, sino que están buscando lo más adecuado para ellas en ese momento, exactamente lo que sería ideal que hiciera usted. Y cuando las personas quieren estar más cerca de usted, normalmente no tratan de asfixiarle, controlarle o herirle. Como hemos comentado previamente, esto puede ser difícil de comprender si usted tiene partes bloqueadas en el momento del trauma, que siguen pensando que siempre tiene que hacer lo que la otra persona quiere o que si no lo hace le perjudicarán.

Continuamos con algunos importantes límites personales sanos; así podrá empezar a tener una idea mejor de cómo esforzarse dandi los pequeños pasos más adecuados para usted.

Límites personales sanos

- Es capaz de decir *"sí"* o *"no"* a otros.
- Se encuentra bien cuando alguien le dice *"no"*.
- Se respeta a usted mismo.
- Comparte responsabilidad y poder en una relación. No es controlado ni controla.
- Puede identificar o ser receptivo a que le digan sus errores o el papel que desempeñó en un problema relacional y asume su responsabilidad.
- Comparte paulatinamente información en una relación de confianza mutua.
- No tolera el abuso ni la falta de respeto.
- Conoce sus propios deseos, necesidades y sentimientos.
- Comunica sus deseos, necesidades y sentimientos claramente a la otra persona.
- Conoce sus límites físicos y sexuales y es capaz de mantenerlos.
- Es responsable de su propia vida y permite a otros adultos ser responsables de la suya.
- Valora sus opiniones y sentimientos y los de los demás.
- Respeta los límites de otras personas y espera que los demás respeten los suyos.

- Es capaz de pedir ayuda cuando la necesita y puede manejarse usted solo cuando es apropiado.
- No compromete sus valores ni su integridad para evitar el rechazo.
- Está dispuesto a seguir adelante con las consecuencias si una persona continúa traspasando sus límites.

Límites insanos

Los límites insanos son o muy laxos o muy rígidos. Los límites laxos o "derrotados" le dejan a merced de los deseos y necesidades de otras personas. Los límites rígidos le aíslan e impiden que la gente se acerque lo suficiente para tener una relación significativa con usted.

A continuación encontrará las características básicas de los límites laxos y rígidos.

Límites laxos o derrotados

- No puede decir "no" porque tiene miedo al rechazo, abandono, ira o decepción de los otros.
- Es tan poco claro sobre su propia identidad que deja que otros definan quién es usted y qué hace.
- Tiende a ser o excesivamente responsable y controlador o bien pasivo y dependiente.
- Asume los problemas y sentimientos de los demás como propios.
- Comparte demasiada información personal demasiado pronto en una relación. No sabe cómo marcar el ritmo de compartir lo personal.
- No puede decir "no" al contacto sexual no deseado; se descubre a usted mismo en relaciones sexuales que realmente no quería; o piensa que está bien acceder siempre a tener relaciones sexuales si la otra persona quiere.
- Tiene una alta tolerancia a que se abuse de usted o se le trate sin respeto, o lo pasa por alto.

- Tiene problemas para identificar sus necesidades, deseos y sentimientos.
- Si es capaz de identificarlos, sus deseos, necesidades y sentimientos casi siempre son secundarios a los de los demás.
- Se siente responsable de la felicidad y bienestar de otras personas e ignora la suya.
- Confía en la ayuda, opiniones, sentimientos e ideas de otros más que en las suyas.
- Confía en los límites de las otras personas en lugar de tener los suyos propios.
- Traiciona sus valores y creencias para agradar a los demás o evitar el conflicto.
- Cuando pone un límite, cede si la otra persona presiona un poco.

Límites rígidos

- Dice "no" bastante más a menudo que "sí", en especial si la petición implica interacción cercana.
- Evita la intimidad al no lograr la comunicación, provocar peleas, trabajar demasiado y no estar disponible de otras formas.
- Tiene fobia al apego (a acercarse demasiado) y quizá a la pérdida del apego (a ser rechazado o abandonado), lo que le mantiene a distancia.
- En raras ocasiones comparte información personal y cuando lo hace se siente incómodo.
- Tiene dificultad para identificar sus deseos, necesidades y sentimientos y reacciona distanciándose de los demás.
- Tiene pocas relaciones o no cercanas. Pasa la mayor parte de su tiempo libre solo.
- En raras ocasiones pide ayuda.
- No tiene curiosidad ni respeto por los límites de otras personas si no encajan con los suyos.
- No quiere verse envuelto en los problemas de otras personas.

Problemas con los límites en personas con un trastorno disociativo complejo

Probablemente, en los individuos con un trastorno disociativo, cada parte disociada tiene diferentes necesidades y preferencias concretas en relación a los límites, la cercanía y la distancia. Algunas partes suyas pueden tener un deseo profundo de pertenecer a alguien, estar conectadas, ser vistas y apreciadas y sentir que la otra persona se preocupa por usted. Algunas partes se viven a sí mismas como jóvenes, sobrepasadas e incapaces y, por tanto, se sienten muy dependientes y necesitadas de otras personas. A menudo, estas partes tienen terror al abandono y a límites derrotados, están dispuestas a hacer lo que la otra persona quiera, lo cual le hace muy vulnerable a ser más herido aún. Otras partes desprecian la dependencia y no quieren acercarse en absoluto a los demás, por lo que han construido altos muros a su alrededor, para mantener a la gente fuera. Estas partes se enorgullecen de ser autosuficientes e independientes. Sin embargo, otras partes pueden tener un equilibrio mucho más adaptativo, aunque es probable que viva conflictos internos graves sobre los límites y la cercanía y distancia óptima en las relaciones. Debido a las dolorosas experiencias del pasado, partes de usted hacen esfuerzos extras para evitar cualquier rechazo, abandono o daño potencial, ya sea cediendo o manteniendo la distancia. En la vorágine de todos estos deseos y emociones contradictorios entre las partes, puede que le sea difícil saber qué límites son útiles y sanos.

Problemas con los límites sexuales. Las personas con un trastorno disociativo pueden tener dificultades para establecer límites sexuales, porque tienen miedo de la violencia, el ridículo o el rechazo si los establecen, o pueden tener relaciones sexuales compulsivamente como una especie de recreación de una vivencia. Otras establecen límites extremadamente rígidos excluyendo el sexo de sus vidas. Quizá estas personas, o partes de ellas, están avergonzadas de los sentimientos sexuales y pueden no ser capaces de hablar de temas sexuales con sus parejas; por ejemplo, compartir lo que les gusta y no les gusta hacer en un encuentro sexual. Algunas partes disociadas pueden influir fuertemente en los encuentros sexuales con extraños o con meros conocidos, poniéndose a sí mismas en posición de extrema vulnerabilidad frente al peligro. Otras partes quizá crean que el sexo es la única forma de acercarse a una persona, así que carecen de límites sexuales. Algunas partes no sienten nada en absoluto, como por ejemplo que el sexo es irrelevante, mientras que otras sienten dolor y que se les activa la disociación. Algunas partes pueden encontrar al sexo repugnante o aterrador. Por último, como describimos en el capítulo 29, algunas partes son provocadas por el sexo, que les evoca recuerdos dolorosos. Estas partes pueden confundir en ocasiones a su actual pareja con el perpetrador original.

A menudo, la sexualidad es una cuestión que produce intensos sentimientos y puede ser compulsiva, dar vergüenza o crear confusión en usted o partes de usted. Si tiene problemas en la relación sexual con su pareja, o reconoce cualquiera de los problemas descritos, le animamos a que hable de ello con su terapeuta individual y quizá a que lea alguno de los valiosos libros sobre relaciones sexuales tras un abuso sexual (por ejemplo, Carnes, 1997; Graber, 1991; Maltz, 2001).

A continuación encontrará recursos que le ayudarán en su trabajo sobre límites sanos con todas sus. Observará que la estructura es la misma que la de los capítulos previos en los que trabajó para llegar a ser más asertivo.

Ayudar a partes suyas a cooperar para establecer límites sanos

- *Haga una lista de sus límites actuales*. Una vez que los haya escrito, añada unos adicionales que le gustaría tener, incluso aunque haya desacuerdo interno.
- *Haga una lista de los límites que le gustaría poner pero todavía no lo ha conseguido.*
- *Utilice su sala de reunión interna.* Reúna a todas las partes en su sala de reunión interna (véase el capítulo 27), o utilice otra manera de tener un debate interno que funcione bien para usted. Ayude a todas las partes a estar tan enfocadas en el pre-

sente como sea posible, así puede tener un diálogo sobre los límites y resolver los obstáculos internos con que se encuentran.

- *Realice una reflexión interna.* Escuche respetuosamente a todas sus partes y aprenda más sobre lo que cada una necesita y quiere de los límites, aunque no esté usted de acuerdo. Observe cómo sus diferentes partes reaccionan a las situaciones en las que poner límites sería útil y note cómo las partes reaccionan entre sí.
- *Entienda los conflictos internos sobre los límites.* Cuando partes de usted tienen diferentes opiniones, emociones y comportamientos respecto a un límite concreto, puede ser duro encontrar un equilibrio. Por ejemplo, algunas partes desean que se las toque y abrace, y otras no quieren ni siquiera estar cerca de otras personas. Como primer paso, reconozca y respete los dos lados del conflicto y encuentre puntos comunes (por ejemplo, todas las partes quieren estar seguras y sentirse bien). A medida que es más consciente de los conflictos internos que le impiden poner límites sanos, puede empezar el proceso de resolverlos, utilizando los pasos siguientes.
- *Cuestiónese las creencias básicas y pensamientos disfuncionales.* A medida que conozca las creencias y pensamientos que respaldan un determinado límite insano (demasiado laxo o demasiado rígido), trate de establecer comunicación y tener un diálogo interno sobre esas creencias, por ejemplo: *"Creo que si comparto algo vulnerable, los demás lo utilizarán contra mí, así que nunca lo haré"* o *"no me gusta que me golpeen y me insulten, pero uno tiene que aguantar mucho para alcanzar el amor"*.
- *Negocie empáticamente.* Trabaje para conseguir acuerdos internos sobre qué límites poner en general, también en situaciones específicas o con ciertas personas. Recuerde que alguno de sus límites puede ser diferente con distintas personas. Es útil encontrar límites con los que todas las partes pueden estar de acuerdo para que usted se sienta seguro y respetado.
- *Póngase de acuerdo sobre qué partes suyas harán frente al establecimiento de límites.* Trabaje para obtener la suficiente coope-

ración interna de forma que las partes adultas más racionales de usted con habilidades relacionales puedan poner límites con firmeza pero sin ser punitivo. Prepare su mensaje, de modo que sepa exactamente qué quiere decir. Por ejemplo: *"Quiero que dejes de gritarme cuando tenemos una discusión. Si gritas, abandonaré la habitación y haré otra cosa hasta que te calmes lo suficiente como para hablar y permanecer conectado. Si continúas gritando, tendré que considerar otras opciones, incluyendo terminar con la relación".*

- *Prepare a partes de usted para poner límites.* Diferentes partes suyas necesitarán tiempo y atención con el fin de estar preparadas para poner algunos límites. Empiece donde pueda y, mientras tanto, ayude a todas las partes a estar orientadas y calmadas; aprenda más sobre habilidades de asertividad para ayudarse a poner límites y aprenda más sobre límites sanos. Si hay partes de usted que todavía están muy reactivas, debe tratar de ayudarlas a ir a un lugar interno seguro durante las situaciones en las que usted necesite poner límites. Esto requiere un nivel de acuerdo interno de que los límites ayudarán a todas las partes manteniéndolas a salvo. Empiece explicando por qué los límites son eficaces animando a todas las partes a leer el capítulo juntas, o quizá leyéndoselo en alto a ellas (leer en alto le ayuda a retener el contenido). Pregunte si todas las partes están dispuestas a permitir un "experimento" en el que una parte adulta y más racional practique estableciendo un límite pequeño en una situación de poca importancia, mientras estas partes permanecen en un lugar seguro. Más tarde, reúna a todas las partes para debatir cómo resultó la situación para usted. Asegúrese de escuchar respetuosamente los comentarios de todas las partes.
- *Utilice el ensayo imaginario.* Visualícese estableciendo límites sanos con éxito (véase el capítulo 15). Trate también de imaginar las diferentes respuestas de la otra persona y prepárese para afrontarlas. Asimismo, puede ser útil representar esta situación con un amigo o compañero de confianza o con su terapeuta. Reúna todas las partes juntas e imagine que se apo-

yan unas a otras durante esta situación, de modo que se sienta más fuerte y como una sola mente. Podría también imaginar a una persona que le inspire seguridad y confianza detrás de usted para apoyarle.

- *Integración.* Varias formas de integración, de las que se habló en el capítulo 25, pueden ser útiles para ayudar a las partes a establecer límites claros y firmes. Las partes más fuertes pueden apoyar a las más asustadas y estas, quizá, moderar la agresión de las partes más fuertes.

Hoja de tareas 32.1
Identificar sus límites personales

1. Haga un listado de sus límites personales actuales (diferentes partes pueden tener diferentes límites).

2. Intente determinar si estos límites son sanos, laxos o rígidos. En la lista anterior, ponga un signo que indique la categoría de cada límite. Si no está seguro, podría comprobarlo con otras personas de confianza.

3. ¿Qué le ayuda a mantener sus límites? ¿Hay partes de usted que le pueden ayudar a establecer límites sanos? Por favor, descríbalas.

4. Enumere cualquier límite en particular que encuentre especialmente difícil de mantener.

5. ¿Qué hace que sea difícil mantener sus límites? ¿Hay partes de usted que contribuyen a hacer que ciertos límites sean difíciles de mantener? Por favor, descríbalas.

6. Observe si sus límites son diferentes de los de las personas que le rodean. Describa como se maneja con esas diferencias.

7. Observe si hay conflictos entre sus partes en relación a límites concretos y describa los conflictos.

8. Haga una lista de límites sanos que le gustaría establecer pero que todavía no ha sido capaz. Describa qué hace que sea difícil establecer esos nuevos límites.

Hoja de tareas 32.2
Su espacio personal y nivel óptimo de cercanía y distancia

1. Haga un dibujo o representación de usted en el centro de una hoja de papel (puede ser un monigote. Su habilidad artística no es importante para este ejercicio.) A continuación, dibuje o represente a las personas que son importantes para usted y póngales una etiqueta con su nombre. Indique los límites actuales entre usted y esas personas mediante líneas (anchas, finas, ausentes, continuas, de puntos, irregulares) o símbolos (muros, puertas, canales, puentes, cercas, lo que usted quiera) que exprese el grado de cercanía o distancia. Observe si el nivel general de cercanía o distancia es algo que usted quiere o si existe un conflicto entre sus partes internas.

2. Pinte un círculo imaginario alrededor de usted basándose en la distancia a la que a usted le resulta cómodo tener a otras personas cerca. Este es su "espacio personal". Para la mayoría de las personas es de unos dos pies [unos sesenta centímetros], pero puede ser mayor o menor dependiendo de cada individuo. Observe si su círculo es cómodo para todas las partes. Si no, dibuje un círculo más ancho hasta que la parte que necesita más espacio se sienta cómoda. A continuación, dibuje el círculo más estrecho hasta que la parte que quiere estar más cerca de la gente se sienta cómoda. Observe las diferencias entre los primeros círculos y los más anchos y estrechos.

Hoja de tareas 32.3
Prepararse para establecer límites en una situación futura

Elija una situación futura en la que probablemente necesitará establecer un límite. Escoja una situación que refleje el nivel de desafío para el que se siente preparado.

1. Describa la situación.

2. ¿Cuál es el resultado que le gustaría obtener con el límite?

3. Mantenga una reunión interna para debatir la situación futura con todas sus partes. Siguiendo el enfoque de ir paso a paso de la sección anterior (Ayudar a partes suyas a cooperar para establecer límites sanos), describa las respuestas de las partes a cada paso.
   - Reflexione sobre las necesidades y deseos de sus partes relativas al límite que quiere establecer y descríbalos a continuación.
   - Enumere cualquier conflicto interno sobre el establecimiento de límites.
   - Enumere cualquier creencia básica o pensamiento disfuncional sobre el límite y cómo puede cambiarlo respetuosamente.
   - Describa sus intentos de negociar empáticamente con todas las partes para establecer un límite y sus reacciones.

- Llegue a un acuerdo sobre qué parte de usted establecerá el límite y describa cómo reaccionaron las partes a esta negociación.

- Ayude a sus partes temerosas, evitativas o enfadadas orientándolas al presente, hablando de sus miedos o preocupaciones, considerando sus necesidades y deseos y ofreciendo un espacio interno seguro durante la situación. Describa lo que fue capaz de hacer y cómo reaccionaron las partes.

- Utilice el ensayo imaginario para verse a usted mismo poniendo el límite con éxito.

- Practique formas de integración, si está preparado y es capaz, para ayudar a establecer límites. Describa su experiencia con la integración, si fue capaz de llevarla a cabo.

Séptima parte
Repaso de habilidades

Usted ha aprendido varias habilidades en esta sección del manual. Debajo encontrará un repaso de esas habilidades y una oportunidad de seguir desarrollándolas. Cuando las repase, le animamos a que repase los capítulos para leerlos de nuevo y volver a practicar las tareas poco a poco. Recuerde que la práctica regular y diaria es esencial para aprender nuevas habilidades.

Para cada una de las habilidades enumeradas a continuación, responda a las siguientes preguntas:

1. ¿En qué situación o situaciones practicó esta habilidad?
2. ¿Cómo le ayudó esta habilidad?
3. ¿Qué dificultad ha tenido, en caso de haberla tenido, practicando esta habilidad?
4. ¿Qué ayuda adicional o recurso podría necesitar para sentir que tiene éxito en el dominio de esta habilidad?

Capítulo 28, Encontrar puntos comunes internos sobre las relaciones

1.

2.

3.

4.

Capítulo 28, Su experiencia con las relaciones seguras e inseguras

1.

2.

3.

4.

Capítulo 28, Equilibrar la auto regulación y la regulación relacional

1.

2.

3.

4.

Capítulo 29, Utilizar las habilidades de gestión del conflicto

1.

2.

3.

4.

Capítulo 30, Habilidades para resolver el aislamiento y la soledad

1.

2.

3.

4.

Capítulo 31, Identificar los conflictos internos que impiden la asertividad

1.

2.

3.

4.

Capítulo 31, Prepararse para ser asertivo en una situación futura

1.

2.

3.

4.

Capítulo 32, Identificar sus límites personales

1.

2.

3.

4.

Capítulo 32, Su espacio personal y nivel óptimo de cercanía y distancia

1.

2.

3.

4.

Capítulo 32 Prepararse para establecer límites en situaciones futuras

1.

2.

3.

4.

VIII Guía para los facilitadores de grupos

33 Guía para los facilitadores de grupos

PROGRAMA

- Introducción.
- Cualificaciones de los facilitadores y directrices.
- Evaluación y diagnóstico de participantes potenciales en el curso.
- Contacto y coordinación con el terapeuta a cargo del tratamiento.
- Dirigir las sesiones del curso.
- Entender y resolver las dificultades del grupo.
- Utilización del manual en la terapia individual.
- Utilización del manual en el tratamiento de día y grupos de pacientes hospitalizados.

Introducción

En este capítulo proporcionamos directrices para la utilización del manual en grupos de entrenamiento de habilidades con pacientes externos, así como en psicoterapia individual para aquellos pacientes que no son capaces de participar en un grupo o para quienes no tienen a su disposición un grupo. Un grupo de entrenamiento de habilidades *no* sustituye– la terapia individual, que es el tratamiento estándar para aquellos que tienen un trastorno disociativo (ISSTD, en prensa). No obstante, el grupo puede ser un complemento útil cuando está altamente estructurado y lo dirige un terapeuta con experiencia en el tratamiento de los trastornos disociativos complejos.

Cualificaciones de los facilitadores y directrices

Los facilitadores del curso deberían ser profesionales de la salud mental autorizados y familiarizados con los estándares para la atención de los trastornos disociativos y deberían tener varios años de experiencia en el tratamiento de pacientes con trastornos disociativos complejos en terapia individual. Deben ser capaces de establecer y mantener límites terapéuticos firmes pero flexibles, de mantener una actitud empática y no reactiva ante la emotividad intensa y los problemas relacionales con los pacientes y estar dispuestos a solicitar supervisión cada vez que lo necesiten. Los facilitadores deberían ser capaces de distinguir entre grupos de entrenamiento de habilidades y grupos de proceso terapéutico, así como mantener la estructura del curso de entrenamiento en habilidades. Además, deben ser capaces de explicar con claridad el concepto de disociación y describir los síntomas y trastornos disociativos basándose, no solo en el conocimiento teórico, sino también en la experiencia clínica con pacientes.

Recomendamos que dos facilitadores lleven cada curso. Si así se desea, un tercer profesional de la salud mental puede hacer de asistente y observador, como parte del esfuerzo de formar más responsables de grupo. Estos asistentes pueden servir de sustitutos en ausencia de uno de los facilitadores principales.

División de las tareas del grupo entre los facilitadores

Sugerimos que los dos facilitadores se alternen los roles en el grupo, para familiarizarse con todos los aspectos que suponen guiarle. Por ejemplo, un facilitador pude hablar de las tareas y los ejercicios mientras que el otro da la charla de la semana y, después, cambian los papeles a la semana siguiente. Los facilitadores podrían también decidir cambiar sus papeles cada mes. Si hay un tercer facilitador u observador que no está interviniendo activamente en el grupo en ese momento, puede tomar notas durante las sesiones de las dificultades y éxitos de los miembros del grupo con las tareas y en la participación en el mismo. Al principio del curso, la división de papeles se explica a todos los participantes.

Aunque este no es un grupo de terapia, invariablemente surgen dinámicas relacionales y resulta útil para todos los facilitadores que participan ser conscientes de ellas y ser capaces de abordarlas, para dirigir al grupo a volver a los contenidos del curso.

Animamos a los facilitadores, observadores incluidos, a trabajar en colaboración. Un observador silencioso puede crear sensación de malestar y desconfianza entre los participantes del curso; así que se les anima a que participen verbalmente, aunque sea mínimamente. En general, el grupo agradece la participación de todos los facilitadores y observadores.

Evaluación y diagnóstico de participantes potenciales en el curso

Entre los participantes del curso se deben incluir pacientes que están en terapia individual externa y a los que se ha evaluado y diagnosticado un TID o TDNE, por el que están actualmente en tratamiento. No recomendamos incluir individuos que no hayan recibido una evaluación diagnóstica formal para estos trastornos.

Evaluación diagnóstica de los trastornos disociativos complejos

Antes del curso debe realizarse una evaluación exhaustiva a cualquier participante al que no le haya hecho todavía. Esto evita la inclusión de pacientes con un diagnóstico falso positivo que no se beneficiarían del curso. También puede confirmar el diagnóstico en muchos individuos de quienes se sospecha el trastorno y así orientar mejor su tratamiento individual. El diagnóstico debe llevarse a cabo por un terapeuta entrenado, utilizando una entrevista clínica estructurada para evaluar los trastornos disociativos del *DSM*, incluso si el paciente ha estado o está actualmente en tratamiento para el presunto trastorno. La evaluación puede incluir la *Entrevista Clínica Estructurada para los Trastornos Disociativos según DSM-IV Revisada* (SCID-D-R, Steinberg, 1994, 1995), la *Dissociative Disorders Interview Scale* (Escala de Entrevista de los Trastornos Disociativos; DDIS; Ross, 1989; Ross y otros, 1989); la *Interview for Dissociative Disorders and Trauma-Related Symptoms* (Entrevista sobre Trastornos Disociativos y Síntomas Relacionados con el Trauma; IDDTS; Boon, Draijer y Matthes, 2006) o la *Multidimensional Inventory for Dissociation* (Inventario Multidimensional de la Disociación; MID; Dell, 2002, 2006), junto con entrevistas y observaciones clínicas adicionales, exhaustivas y cuidadosas.

Una puntuación alta en la *Escala de Experiencias Disociativas* (EED; Bernstein y Putnam, 1986) no es suficiente para un diagnóstico preciso, porque es un instrumento de *screening* [detección rápida y fiable] incluye muchos síntomas experimentados por la población sana y no únicos de aquellos con un trastorno disociativo. El *DES-Taxón* (DES-T; Waller, Putnam y Carlson, 1996) es útil para identificar niveles graves de disociación, pero tampoco sirve para el diagnóstico. El *Cuestionario de Trastornos Disociativos Somatoformes* (SDQ-20; Nijenhuis, Spinhoven, Van Dyck, Van der Hart y Vanderlinden, 1996) es otro instrumento de *screening* útil que consiste en un test de autoinforme breve que mide la disociación somatoforme.

Los trastornos disociativos deben distinguirse de los trastornos *borderline*, psicóticos y bipolares y su existencia concomitante potencial. Los test psicológicos adicionales (por ejemplo, el MMPI, el test de Roschach, el *Procedimiento de Evaluación de Schedler y Westen*

[SWAP200] para trastornos de personalidad y la *Entrevista Clínica Estructurada para los Trastornos de Personalidad del Eje II del DSM-IV* [SCID-II]) son útiles para determinar trastornos concomitantes, pero estos tests no son específicos de los trastornos disociativos. Si existe incertidumbre sobre el diagnóstico, es mejor esperar y permitir al paciente y al terapeuta un tiempo adicional en la terapia individual para conseguir mayor claridad antes de participar en el curso.

Criterios de inclusión de participantes

Existen varios criterios de inclusión que los participantes deben conocer. Todas las personas deben estar al tanto de las siguientes condiciones:

- Tener un diagnóstico confirmado de TDNE o TID.
- Hallarse en tratamiento con un terapeuta individual que está tratando el trastorno disociativo.
- Entender el concepto básico de disociación y cómo el trastorno disociativo afecta a su vida diaria.
- Tener una comprensión suficiente de su trastorno disociativo para ser capaz de reconocer que tienen partes disociadas.
- Tener una alianza terapéutica relativamente estable con su terapeuta individual.
- Estar en la primera fase del tratamiento, es decir, estabilización, reducción de los síntomas y entrenamiento de habilidades.
- O si el paciente ha empezado la segunda fase, el tratamiento de la memoria traumática, y se encuentra sobrepasado, debe hacerse todo lo posible para contener los recuerdos y volver a estabilizar al paciente. En ese momento, los pacientes pueden entrar en un grupo de habilidades, pero no deben trabajar activamente sobre los recuerdos traumáticos durante este periodo, porque el riesgo de desestabilización es muy grande.
- Asistir a sus sesiones de terapia individual regularmente y comprometerse en su proceso terapéutico.
- Tener metas claras en la terapia individual respecto a la resolución de su disociación.

- No ser activamente psicótico.
- No ser sociópata o estar tan severamente trastornado que no sea apto para la terapia de grupo.
- Ser capaz de tolerar las interacciones grupales.
- Poder controlar el cambio de personalidad durante las sesiones, por lo menos sin ser disruptivo para el grupo.
- No tener pseudoconvulsiones en el grupo.
- Ser capaz de utilizar el manual y terminar las tareas asignadas en la medida en que lo tolere.

Consideraciones adicionales para elegir a los participantes

Hay otros factores a considerar cuando se eligen a los participantes del curso.

Inclusión de los pacientes del facilitador en el curso. Los terapeutas competentes, experimentados y dispuestos a tratar los trastornos disociativos complejos no son fáciles de conseguir. En muchas áreas solo pueden encontrarse muy pocos. Así pues, puede ser habitual que los facilitadores incluyan en el grupo alguno de sus propios pacientes. Como con cualquier grupo, incluir sus propios pacientes tiene sus pros y sus contras. El terapeuta es capaz de observar activamente los éxitos y dificultades del paciente con lo que está aprendiendo y puede apoyarle más eficazmente en la terapia individual. Además, cualquier conflicto que tenga el paciente con otros miembros del curso o dinámicas del grupo pueden abordarse más eficazmente cuando el terapeuta tiene su propia experiencia del curso. El trabajo realizado en grupo puede integrarse en el trabajo en las sesiones individuales.

No obstante, son altas las posibilidades de que se produzcan reacciones de transferencia y contratransferencia problemáticas. Por ejemplo, el paciente puede querer la atención exclusiva de su terapeuta o un terapeuta puede tender a favorecer a su paciente por encima de otros miembros del curso. Las transferencias de la "rivalidad fraterna" pueden surgir más fácilmente que cuando los participantes reciben terapia individual en otro lugar. También existe el riesgo de que en el curso el terapeuta revele inadvertidamente información sobre el paciente, que debería permanecer en la terapia individual, incumpliendo por tanto el contrato de confidencialidad.

En caso de que surja alguno de estos problemas, deben siempre discutirse en la sesión de terapia individual, no en las sesiones del curso. A algunos pacientes con transferencia intensa y activa quizá no les sirva de ayuda participar en un curso dirigido por su terapeuta. Antes del curso, el terapeuta individual debe siempre hablar con el paciente sobre las dificultades posibles (y comprensibles) que pueden surgir de los roles diferentes de terapeuta y paciente y de la diferencia de las relaciones en la terapia individual en comparación con las relaciones en el grupo de entrenamiento de habilidades y cómo ambos pueden abordar mejor estas cuestiones.

En la terapia individual es importante subrayar que los sentimientos de querer ser especial en el grupo o de querer que el terapeuta individual lo proteja, no son negativos o "insensatos". El paciente necesita no sentir vergüenza por estos sentimientos y deseos, que son indicios importantes que señalan la necesidad de desarrollo de un vínculo seguro. El terapeuta debe explicar que tales sentimientos pueden estar relacionados con dificultades de vinculación temprana y que es mejor afrontarlas en terapia individual que durante las sesiones del curso. Debe quedar claro que exteriorizar esos sentimientos en grupo no es apropiado.

Eje I comorbilidad. Muchos pacientes con trastornos disociativos tienen un diagnóstico del Eje I comórbido y algunos tienen un grado severo de comorbilidad que complica el tratamiento y necesita atención antes de participar en el curso. Por ejemplo, adicciones primarias, trastornos de la alimentación que amenazan la vida o depresión o ansiedad severas pueden necesitar intervención médica y psicoterapéutica antes de que el paciente esté lo suficientemente estable como para participar en el grupo.

Eje II comorbilidad. Debido a que el trauma y el descuido de las primeras atenciones durante la infancia temprana afectan al desarrollo de la personalidad, muchos pacientes con un trastorno disociativo padecen trastornos coexistentes de personalidad descritos en el *DSM*.

Pueden entenderse empáticamente como adaptaciones del desarrollo a situaciones extremas, pero hay veces en las que algunos de los comportamientos resultantes pueden ser inapropiados en un grupo. Los individuos que demandan excesiva atención y tiempo durante las sesiones, que dan marcha atrás con facilidad, que viven intensos fenómenos de transferencia o que no pueden seguir las reglas básicas del curso, pueden hacer un mejor uso del manual en el tratamiento individual. La terapia individual no debe dirigirse solamente al trastorno disociativo, sino también al trastorno de personalidad. Es imprescindible que los facilitadores del curso mantengan los límites y no toleren comportamientos disruptivos en la sesión.

Tiempos de participación del curso. Es esencial considerar el tiempo del curso en el contexto de la situación de vida actual del paciente. Algunas veces, los asuntos de la vida actual demandan toda la energía disponible a un individuo y pueden conllevar crisis que impiden de momento la participación en el curso. Por ejemplo, enfermedad o pérdidas graves; problemas sociales, de vivienda, ocupacionales o financieros graves o relaciones actuales de abuso pueden estar indicando que para esa persona no es el momento adecuado de participar en el grupo.

Ausencia de control sobre síntomas disociativos severos. Las personas que no controlan los síntomas disociativos graves y disruptivos como las pseudoconvulsiones o el cambio incontrolado a partes disfuncionales (por ejemplo, estar en la sesión con la parte infantil y después ser incapaz de conducir de regreso a casa), necesita mayor estabilización antes de participar en el curso. A menudo, estos síntomas conductuales son un signo de grave conflicto interno entre las partes. La exigencia de interacción y de realización de tareas del curso centradas en las partes disociadas quizá sean demasiado abrumadoras para el individuo y los comportamientos pueden ser muy disruptivos para otros en el curso.

Abandonar y volver al curso más tarde. En ocasiones, la participación del grupo puede ir bien durante un tiempo, pero un participante puede llegar a estar agobiado con el tiempo. En tales casos, lo mejor es permitir al paciente abandonar el curso y volver a empezar uno nuevo más adelante. Por ejemplo, una mujer se dio cuenta tras 14 sesiones de que tenía más partes disociadas de lo que creían ella y su terapeuta. Este descubrimiento, junto con la intromisión de nuevos recuerdos traumáticos, fue insoportable. La paciente abandonó el grupo, se la volvió a estabilizar y volvió un año más tarde para participar con éxito en un nuevo curso.

Repetir el curso. Como en otros grupos de entrenamiento de habilidades, algunos participantes pueden encontrar útil repetirlo con el fin de continuar practicando habilidades esenciales. Varios pacientes hasta la fecha han informado que el primer curso les permitió familiarizarse con las habilidades y el segundo respaldó un trabajo más enfocado en la medida en que superaron lo que antes evitaban. Para aquellos que no tuvieron éxito o tuvieron que abandonar el primer grupo, los facilitadores y terapeutas individuales deben valorar de en colaboración si un paciente puede beneficiarse de un segundo intento.

La sesión de admisión

Aproximadamente 4 o 6 semanas antes del comienzo del curso, cada participante potencial debe reunirse con uno o los dos facilitadores para una evaluación inicial. Si existe alguna duda en ese momento sobre el diagnóstico del trastorno disociativo, un clínico cualificado debe completar una evaluación del diagnóstico antes de que se acepte al paciente en el grupo. Si quedan dudas de si el grupo va a ser beneficioso para el paciente después de la reunión inicial, puede programarse una segunda sesión para una evaluación más profunda.

Además de evaluar al paciente para formar parte del grupo, el facilitador describe el curso, el formato de cada sesión, qué es lo que se espera de los participantes, el rol de los facilitadores y entrega al paciente una copia escrita de las normas básicas (véase apéndice B). El terapeuta y el facilitador deben firmar un *formulario de divulgación de información* para hablar sobre el paciente. Si el curso forma parte de un estudio de investigación, los participantes deben dar su consentimiento informado de acuerdo con el protocolo del estudio.

Es importante revisar detalladamente las normas básicas con el individuo y determinar si está dispuesto a cumplirlas. El facilitador explicita que se espera del individuo que participe activamente en las sesiones, lleve a cabo las tareas asignadas y las comente. Si es necesario, el facilitador puede hablar de las diferencias entre un curso de entrenamiento de habilidades y un grupo de psicoterapia, en el caso en que el paciente o el terapeuta que deriva parecen confundidos.

Es importante determinar si el paciente siente que puede llegar y abandonar cada sesión de forma segura y a tiempo y si le es posible hablar sobre las tareas durante la sesión. El facilitador debe explorar con cuidado las expectativas y preocupaciones que tiene el paciente sobre el curso. Deben discutirse las expectativas y temores no realistas. Si el paciente ha estado en otros grupos de entrenamiento de habilidades, por ejemplo en un grupo de terapia dialéctico conductual (TDC), el facilitador debe preguntar por los resultados que fueron útiles y lo que resultó difícil de la experiencia.

Pueden evaluarse y hablarse con el paciente los problemas potenciales que pueden surgir durante el curso. Por ejemplo, si el paciente tiene una historia de cambios a las partes infantiles o enfadadas cuando está estresado, el facilitador hace hincapié en que una parte adulta debe estar presente en la sesión y preguntar si el paciente siente que es posible respetar este límite. Del mismo modo, si un paciente tiene pseudoconvulsiones, el terapeuta recalca que tales episodios no deben ocurrir durante la sesión o el paciente tendrá que dejar el grupo. Si hay cualquier duda sobre si el paciente tiene suficiente control, es mejor esperar y valorarle de nuevo para otro curso posterior. Se debe tomar la misma decisión si el paciente está demasiado asustado de participar en un determinado grupo.

Composición óptima del grupo

El número óptimo de participantes es ocho, con un máximo de nueve y un mínimo de cinco por grupo. La mayoría de los grupos basados en habilidades sufren uno o dos abandonos durante los 3 primeros meses. No obstante, no recomendamos empezar con 10 o más participantes. Se pueden prevenir los abandonos efectuando una evaluación exhaustiva de los participantes potenciales y aplicando a rajatabla los criterios de inclusión.

La bibliografía especializada suele recomendar un equilibrio sano entre edad, género, orientación sexual, estatus socioeconómico y experiencias de vida entre los miembros del grupo, pero no hasta el punto de que los participantes no encajen en el grupo. Por ejemplo, tener un único miembro mayor puede ser problemático en un grupo compuesto de participantes muy jóvenes o un único hombre en un grupo de mujeres, puesto que las experiencias vitales pueden variar demasiado como para poder relacionarse bien entre sí.

Pero más allá de esas consabidas cuestiones relativas a la composición del grupo, existen también consideraciones especiales específicas para pacientes con trastornos disociativos. En primer lugar, recomendamos un equilibrio entre los pacientes que tienen TDNE y aquellos que tienen TID. Al menos debe haber dos participantes (preferiblemente tres) en el grupo, que tengan un diagnóstico menos prevalente. Por ejemplo, quizá no sería provechoso que un único paciente con TDNE estuviese en un grupo de pacientes con TID o viceversa. Aunque algunas de las experiencias son similares en ambos diagnósticos, también existen diferencias significativas en las interacciones entre las partes en pacientes con TID, que podrían poner más énfasis en mantener las partes separadas.

En segundo lugar, entre los participantes debe existir cierto equilibrio en su grado de comprensión del diagnóstico y de reconocimiento de las partes disociadas, así como en su habilidad para comunicarse con sus distintas partes. Por ejemplo, si la mayoría de pacientes evita aceptar el diagnóstico y las partes disociadas de sí mismos, la minoría que lo haya hecho en gran medida puede sentir que no pertenece al grupo y que gran parte del tiempo el grupo lo invierte en aceptar el diagnóstico. En cambio, si es un único paciente el que no ha aceptado su diagnóstico, mientras que el resto del grupo está mucho más avanzado en su comprensión, este paciente puede sentirse fracasado y abandonar el grupo o incluso llegar a descompensarse.

Por último, cualquier nivel individual de funcionamiento en el curso y en la vida diaria puede afectar al grupo como un todo. Por ejemplo, un funcionamiento alto individual puede no encajar bien con un grupo de participantes con un funcionamiento bajo y viceversa. Los facilitadores pueden elegir a los participantes del curso según el nivel de funcionamiento, sin emparejar los extremos. Por ejemplo, un grupo de pacientes que funcionan en un nivel general elevado no debe incluir un individuo que funcione en un nivel muy bajo y viceversa. Una mezcla adaptativa de grupo puede incluir pacientes que funcionan en niveles altos y moderados o moderados y bajos. Los problemas del Eje II deben tenerse en cuenta como parte del nivel de funcionamiento. Es probable que los pacientes que muestren agresión, evitación o narcisismo extremos, por ejemplo, es interrumpan y desestabilicen el grupo.

Contacto y coordinación con el terapeuta a cargo del tratamiento

Es esencial la coordinación regular y sólida entre los facilitadores y los terapeutas individuales de los participantes, tras haber obtenido el consentimiento informado apropiado. El trabajo del curso es difícil y estimulante, requiere práctica regular por parte de los pacientes y resolución terapéutica de los problemas de estancamiento por parte de los terapeutas, a quienes se anima a trabajar activamente las habilidades con sus pacientes. Así pues, los participantes necesitan el apoyo coordinado de ambos, facilitadores y terapeutas. También es importante evitar la separación entre facilitadores y terapeutas. Por consiguiente, recomendamos que se mantenga un contacto regular entre terapeutas y facilitadores que se puede llevar a cabo por teléfono. Como mínimo, se pide a los facilitadores que pongan al día cada pocas semanas a los terapeutas sobre el progreso de sus pacientes y que contacten por supuesto con el terapeuta de inmediato si se produce cualquier crisis. Así mismo, se debe pedir a los terapeutas que se pongan en contacto con los facilitadores si se produce cualquier asunto de importancia que pueda afectar al participante en el grupo.

En la medida de lo posible, recomendamos una reunión educativa con los terapeutas antes de que comience el grupo, para ayudarles a que sus pacientes consigan los máximos beneficios del curso. Durante este encuentro, los facilitadores pueden repartir las fechas de los encuentros del grupo, una copia con las normas básicas y el contrato del participante, así como los datos de contacto de los facilitadores. Asimismo, estos últimos obtienen la información de contacto de los terapeutas individuales. Se anima a los terapeutas a que tengan una copia del manual y a recibir instrucciones sobre su utilización con los pacientes y sobre cómo ayudarles a superar los obstáculos en la práctica exitosa de las habilidades. Por último, se proporciona información sobre la estructura de las sesiones de grupo. Dependiendo del nivel de habilidad del terapeuta, también se puede entregar material educativo sobre los trastornos disociativos, incluyendo una copia de las directrices para el tratamiento del TID y del TDNE (ISSTD, en prensa), información sobre cursos de formación previstos en el área e información de contacto de consultores y supervisores con experiencia en el tratamiento de los trastornos disociativos. Debe preverse un tiempo para preguntas relativas al curso, el manual, la estructura del grupo y a las preocupaciones sobre las dificultades potenciales para los pacientes individuales en el grupo.

Si se desea, puede tener lugar un encuentro suplementario a mitad de curso e incluso después de que el curso haya finalizado. De hecho, animamos a los terapeutas a que se conozcan entre sí e incluso a que se reúnan para consultarse entre colegas y tener más oportunidades de aprender. A fin y al cabo, tratar pacientes con trastornos disociativos es una tarea difícil y, a veces, solitaria y abrumadora. Cuando los terapeutas se sienten apoyados por sus colegas, son capaces de ofrecer lo mejor de sí a sus pacientes.

Motivaciones de los terapeutas que derivan

Mientras que la mayoría de terapeutas realizará una derivación apropiada al grupo de entrenamiento en habilidades como complemento a una psicoterapia individual adecuada, algunos derivarán por otras razones. El facilitador debe ser receptivo a estas motivaciones y ser capaz de abordarlas. Algunos terapeutas principiantes en el tratamiento de los trastornos disociativos simplemente se sienten desbordados por los esfuerzos que de buena fe realizan al tratar a un paciente y están buscando el alivio que puede proporcionar el grupo. En la medida en que dichos terapeutas estén dispuestos a continuar con una buena formación y supervisión, esto no debe ser un problema, pero el terapeuta no puede abandonar el tratamiento en manos de los facilitadores del curso.

Sin embargo, como ocurre en ocasiones con las derivaciones a grupos concretos, los terapeutas que no tienen suficiente formación en el área específica (en este caso, el tratamiento de los trastornos disociativos) pueden intentar derivar a los pacientes con el fin de evitar tratar el trastorno. Pueden tener la creencia errónea de que el trastorno disociativo de un paciente puede tratarse separadamente del resto de la terapia. Nada más lejos de la realidad: los individuos crónicamente traumatizados necesitan tratamientos exhaustivos, especializados e integrados. Este tipo de derivación puede tener un resultado potencialmente desastroso para el paciente, que puede estar sobrepasado con todo el trabajo que se hace en el grupo y con posterioridad puede no conseguir la ayuda adecuada del terapeuta. Se debe animar a los terapeutas que carecen de formación a que se formen, a que vayan a supervisión o a que deriven al paciente a otro terapeuta que pueda tratarlo adecuadamente. *Un grupo de entrenamiento en habilidades no debe ser nunca un sustituto de la psicoterapia exhaustiva y, por otro lado, el terapeuta individual debe acceder a incorporar a la terapia el entrenamiento de habilidades y las tareas del grupo.*

Algunos terapeutas insisten en que tratan a los pacientes con trastornos disociativos, aunque trabajan con las partes disociadas como si fueran "personas" reales, se enfocan demasiado en las memorias traumáticas o pueden estar muy implicados con el paciente. Aunque el paciente de un terapeuta de este tipo puede conseguir algo de conocimiento útil del grupo, sin embargo es muy probable que se aplique una terapia equivocada que cause caos y crisis en el paciente y divisiones entre los facilitadores y los terapeutas. La inclusión de pacientes que tienen tales terapeutas puede tener efectos negativos en el grupo y en los facilitadores.

Los facilitadores deben cuidarse de intentar "rescatar" pacientes de un terapeuta invitándoles a unirse al grupo, ya que el bienestar del grupo como un todo es prioritario sobre las necesidades de cualquier participante individual. Tanto el terapeuta individual como los facilitadores deben aceptar cumplir las directrices de tratamiento más actuales de los trastornos disociativos.

En resumen, los facilitadores del curso deben elaborar una impresión de los puntos fuertes y débiles del miembro potencial del grupo independientemente del terapeuta individual, a la vez que tienen en cuenta los numerosos factores que pueden llevar al terapeuta a derivar a un paciente al curso.

Dirigir las sesiones del curso

En esta sección, los facilitadores encontrarán contenidos relevantes para dirigir las sesiones de grupo.

La sesión introductoria

La sesión introductoria (capítulo 34) sienta las bases para el curso. Sugerimos que la sesión comience con introducciones y un ejercicio para romper el hielo en el grupo que sea ligero, divertido y rápido. Por ejemplo, sobre una hoja de papel los facilitadores y participantes dibujan el contorno de sus manos con los dedos extendidos. En cada uno de los dedos escriben su edad, afición, música que les gusta, animal favorito y otras cosas a libre elección. O cada persona puede rellenar la siguiente frase con un dicho gracioso de un miembro de la familia: *"Mi abuela (o tía, abuelo, hermano, etc.) siempre decía..."* (por ejemplo, *"mi abuela siempre decía 'debes llevar mudas limpias en caso de que tengas un accidente de coche'"*). Durante esta sesión se discute con el grupo el formato general, las metas del curso y las normas básicas (véase el apéndice B). Se da una explicación de la reunión educativa con las personas significativas (véase la sección posterior en este capítulo). Los participantes firman su contrato del curso (véase el apéndice C) durante esta sesión y tienen tiempo de hacer preguntas sobre el curso y las normas básicas.

Normas básicas

Es esencial establecer normas básicas claras para el grupo que todos los participantes entiendan. Se habla de estas normas en la entrevista previa a ser aceptado al curso y se vuelven a exponer en esta sesión introductoria. Muchas dificultades que se encuentran en los grupos están relacionadas con problemas con las normas básicas y con las dificultades de los facilitadores del curso para mantenerlas. Las normas básicas se encuentran en el apéndice B.

Es importante mencionar aquí una norma con mayor detalle. Durante las sesiones se permite a los participantes abandonar la sala brevemente y tomarse un breve descanso fuera (de 10 minutos como máximo), si sienten la necesidad de hacerlo para conseguir enraizarse. Deben avisar al grupo que van a tomarse un breve tiempo fuera, en lugar de abandonar la sala bruscamente sin previo aviso. El facilitador *no* les acompaña y el grupo continuará. Se espera que vuelvan al grupo por voluntad propia dentro de los 10 minutos de plazo. Si decidieran que terminar la sesión no es lo mejor para ellos, deben al menos regresar al grupo para informar a todos de que se van a casa y de que pueden regresar de forma segura. Si un participante no consigue enraizarse al final de la sesión, los facilitadores deben llamar a un contacto de emergencia para que venga a por el paciente o, en el peor de los escenarios, pueden ponerse en contacto con los servicios de emergencias. Es esencial que esta norma quede clara para todos los participantes y que sepan que los facilitadores no les acompañarán cuando dejen el grupo, con independencia de lo contrariados que puedan estar. Puede ser difícil tanto para los facilitadores como para los participantes mantener este límite, pero es esencial para la estabilidad continua del grupo y para que los pacientes aprendan a responsabilizarse de sí mismos.

Formato de las sesiones del curso

El curso de entrenamiento en habilidades tiene un formato altamente estructurado, lo cual es esencial para que los participantes tengan éxito. Las sesiones deben celebrarse en una sala de tamaño adecuado, donde los participantes puedan reunirse sin excesivas interrupciones. Es preferible estar sentados en una mesa de conferencia a estar sentados en el tradicional círculo de grupo, porque la estructura para situarse sentados presta apoyo a un formato de formación más que a uno de terapia. Cada sesión tiene una duración de 1 hora y 45 minutos, con 15 minutos de descanso entre los dos segmentos de 45 minutos. El primer segmento empieza con una breve bienvenida y algunos anuncios, seguidos de un debate sobre las tareas y preguntas sobre el tema de la sesión anterior.

Durante el descanso de 15 minutos, los facilitadores abandonan la sala y tienen una oportunidad de revisar entre ellos el proceso del grupo y cualquier preocupación que surja sobre los participantes. A continuación del descanso, se deja un tiempo para preguntas sobre la parte anterior de la sesión. Los siguientes 45 minutos se dedican a explicar y hablar del nuevo tema y a practicar los ejercicios, si procede. Se explican las tareas asignadas de forma que los participantes puedan tener un entendimiento claro de lo que necesitan trabajar durante la semana. Los últimos minutos de la sesión deben dedicarse a concluir con una declaración de cada participante o con un ejercicio o ritual corto de enraizamiento, para asegurar que todos los participantes están presentes y se encuentran bien para marcharse. Los facilitadores tienen la libertad de hacer pequeños cambios sobre la estructura, por ejemplo, practicar los ejercicios antes del descanso, pero se debe informar a los participantes de los cambios. Las sesiones deben empezar y terminar a tiempo. Es mejor no esperar para empezar con el grupo si algunos participantes llegan tarde.

Enseñar los ejercicios de habilidades

Durante la sesión, se explican y se practican todos los ejercicios. Los participantes son invitados a tomar parte de los ejercicios, pero nunca se les fuerza a hacerlo, porque es esencial respetar el ritmo. Se anima a todos los participantes a practicar los ejercicios en casa o durante su terapia individual. Se les alienta a que hagan modificaciones en cualquier ejercicio para conseguir una mejor adaptación al individuo o a que encuentren otros ejercicios que tengan las mismas metas. Tanto los facilitadores como los participantes deben entender que lo que es útil para una persona (o para ciertas partes internas) quizá no lo sea para otra persona (u otras partes internas). Por tanto, es importante utilizar en cualquier ejercicio la creatividad personal y la flexibilidad para aprender habilidades. Cuando los participantes no son capaces de practicar un ejercicio, se les debe animar a escribir sobre ello o a expresar qué es lo que les resulta difícil y llevar esos temas a la terapia individual.

Enseñar los temas del curso

Tras el descanso a mitad de la sesión, uno de los facilitadores habla del nuevo tema. Se alienta a los entrenadores a que no lean en voz alta el manual, por el contrario, deben hacer el tema más relacional e interactivo. Este estilo de enseñanza requiere memorización y familiarización con todos los aspectos del tema y ayudará a los participantes a permanecer más presentes y comprometidos. Los facilitadores pueden tratar de conceptos e ideas claves y aclarar detalles. El uso de un humor cálido, anécdotas interesantes, diapositivas o clips cortos de películas son buenas formas de hacer más entretenidos los temas y de mantener mejor la atención de los participantes. Se debe tener cuidado al compartir anécdotas sobre otros pacientes porque los participantes pueden sentir que es una violación de la confidencialidad y así disminuir su confianza en los facilitadores. Se debe hablar de cualquier caso sólo de forma genérica.

Es importante crear una atmósfera en la cual hacer preguntas sea seguro, es decir, donde se permita cualquier pregunta siempre que esté relacionada con el tema. E incluso aunque se trate el contenido durante la sesión, es especialmente importante animar a los pacientes a leer y releer los temas por sí mismos de forma que puedan integrarlo mejor.

Si los facilitadores no se sienten suficientemente seguros con el conocimiento que tienen de los temas, pueden leerlo en alto al grupo de vez en cuando. En ese caso, deben hacer un alto aproximadamente después de cada párrafo y comprobar si los participantes están enraizados y entienden el contenido, invitándoles a plantear preguntas, hacer comentarios o aportar sus propios ejemplos. Escuchar a alguien leer puede inducir al trance y puede desencadenar la disociación, especialmente porque a menudo existe una fobia al contenido del tema. Por lo tanto, este método de enseñanza no es el ideal y los facilitadores deben hacer esfuerzos extenuantes para aprender el contenido de los temas lo suficiente como para crear debates altamente interactivos.

Tareas

Las tareas asignadas constituyen una parte central del curso de entrenamiento, porque la práctica estable es la forma probada de aprender nuevas habilidades. Aunque se pide y se espera de los participantes que completen las tareas por escrito lo mejor que puedan y que las lleven a la siguiente sesión, no debe haber consecuencias negativas o castigos si se fracasa al hacerlo. Muchos individuos traumatizados tienen miedo al fracaso y acarrean una larga historia de castigos severos cuando no hicieron lo que se les pidió. Existen muchas razones por las que un individuo puede no completar las tareas. Estas incluyen temor al tema, vergüenza, evitación general, confusión, sentirse abrumado y ocasionalmente que el tema de la tarea no sea relevante para la experiencia de la persona. Las razones para no terminar las tareas pueden ser un tema a tratar en la terapia individual y, si es necesario, los facilitadores del curso pueden ayudar también a que el participante supere esos obstáculos. Pero el fracaso en hacer las tareas debe ser abordado, porque su finalización es una parte que se espera de la participación y su evitación es endémica en las personas con trastornos disociativos. Con independencia de si el participante ha cumplido con las tareas o no, es vital que participe activamente durante las sesiones.

Cada participante debe compartir sus tareas de vez en cuando en el grupo. Para muchos, el mismo acto de compartir es un riesgo aterrador que puede ir asumiendo con seguridad durante el curso. Aquellos que por todos los medios evitan y temen hablar deben recibir apoyo para superar su fobia. Al principio es frecuente que se comparta lo mínimo, pero un desarrollo gradual la sensación de seguridad y de las experiencias compartidas refuerza la participación activa de manera regular. Cuando un paciente está habitualmente callado, la tensión crece dentro del grupo y la confianza se convierte en un problema.

Reunión educativa para los seres queridos

Durante el curso, normalmente tras ocho o nueve sesiones, se organiza una reunión educativa para familiares, parejas o amigos, es decir para los seres queridos de los participantes. El propósito es que aprendan sobre los trastornos disociativos complejos y las metas del curso, así como responder a las preguntas generales que tengan sobre los trastornos. De este modo, los participantes pueden recibir un apoyo más apropiado en sus relaciones. Normalmente la reunión se celebra por la tarde o en fin de semana, en un momento en que la mayoría de las personas pueden asistir.

Previamente a la reunión, los facilitadores hablarán de las metas y contenidos de este encuentro con todos los participantes, durante una de las sesiones del curso, invitándoles a mencionar los temas que les gustaría que se trataran durante la reunión y animándoles a hablar de sus expectativas y preocupaciones. Por ejemplo, los participantes pueden querer que sus parejas sepan cómo responder apropiadamente cuando están cambiando de personalidad o no están enraizados en el presente. Y los facilitadores pueden querer explicar, por ejemplo, que son perjudiciales para la recuperación las interacciones continuas con las partes infantiles sin presencia de las partes adultas o tratar a las partes como si fueran diferentes personas reales.

Aunque no es obligatorio, se aconseja encarecidamente a los participantes su asistencia a la reunión junto con los seres queridos. Los facilitadores declaran expresamente que no se hablará de detalles personales y que no se deberá responder a ninguna pregunta personal: el contenido de los intercambios verbales permanecerá dentro de las consideraciones generales sin entrar en detalles.

Finalizar el curso

Las dos últimas sesiones del curso se centran en las despedidas e incluyen una evaluación resumida del mismo realizada por los pacientes. En la primera de esas dos sesiones, los participantes hablan de las tareas de la sesión previa, como es habitual antes del descanso. Tras el descanso, los facilitadores apoyan al grupo en el desarrollo de su propio ritual de dejar-tomar. Hay muchas opciones para los rituales, limitadas solo por la creatividad y los deseos del grupo. Por ejemplo, cada participante puede comprar o hacer una tarjeta y escribir en ella algo para cada miembro del grupo. Cada persona del grupo debe decir algo positivo sobre los otros miembros del grupo. Los participantes pueden escribir o compartir verbalmente las cosas más importantes que se llevan del curso y de haber estado con otros que tienen experiencias similares. Cada persona debe escribir una nota a cada participante en la que indique los deseos que tiene para su futuro. Algunos quizá prefieran celebrarlo con una comida. Los facilitadores del grupo pueden dar pequeñas piedras de colores u otros recuerdos significativos a cada participante. La primera parte de la última sesión se dedica a la evaluación del curso y durante la segunda parte los participantes tienen su ritual de dejar-llevar y el grupo termina.

Si los facilitadores lo creen útil, pueden programar una sesión de seguimiento 8 o 12 semanas después de la finalización del grupo. Durante esta sesión, los participantes examinan de nuevo el curso y lo que han aprendido, compartiendo cómo han sido capaces de utilizar sus habilidades en los meses pasados y de obtener apoyo para continuar trabajando en las habilidades en las que continúan esforzándose. Los facilitadores refuerzan la necesidad de la práctica regular de los ejercicios y el trabajo continuo hasta que se dominan las habilidades.

Entender y resolver las dificultades del grupo.

Las siguientes son algunas dificultades comunes que surgen en el grupo y que deben abordarse directamente. Cuando los problemas en el grupo no se reconocen, se crean tensiones y recelos y, por ello, es imprescindible tratarlos rápida y firmemente.

Participantes que hablan poco o demasiado

En muchos grupos hay participantes que son relativamente silenciosos y para ellos resulta doloroso hablar de sus tareas o comentarlas. Sin embargo, hay otros participantes que hablan mucho, interrumpen a los demás o que se pierden en detalles prolongados y en temas farragosos que no tienen relación con lo que se está tratando. Durante la sesión de admisión, es importante enfatizar que se espera que todo el mundo hable de las tareas y participe activamente, y que hay límites de tiempo para que cada participante tenga su turno. Pero incluso aunque se haya hecho hincapié en esas directrices, el problema de hablar demasiado poco o mucho surge inevitablemente durante el curso. Los facilitadores deben adoptar un rol activo que asegure que cada participante es capaz de reflexionar sobre la calidad de su propia participación en el curso, y de establecer límites de forma empática, pero firme, a aquellos que no pueden mantenerse dentro de las directrices del grupo. Si un participante habla demasiado o si es demasiado silencioso y su comportamiento es disruptivo hacia el grupo y no puede cambiarse, se debe contactar con el terapeuta individual para evaluar si el curso es apropiado para el paciente.

Participantes que hablan de contenidos inapropiados

Aun cuando las directrices del grupo expresan claramente que los participantes deben evitar debatir temas de gran contenido emocional o provocativos, invariablemente un participante compartirá un ejemplo de la tarea o mencionarán un tema que no es apropiado para el grupo. Esto puede conducir a la desregulación de otros participantes del curso. Aunque el individuo no se dé cuenta del efecto que el contenido de lo que está compartiendo tiene sobre otros participantes, los facilitadores deben intervenir inmediatamente.

Por ejemplo, una participante estaba hablando de la vergüenza. Describió cómo había pensado en suicidarse durante la semana pasada y había sentido tanta vergüenza que había llamado a su joven hijo adulto para que la ayudara a evitar un intento de suicidio. La tensión entre los participantes no solo se elevó porque se desencadenase cuando compartió sus tendencias suicidas extremas, sino también porque estaban preocupados por el joven hijo adulto en quien pensaban ella había confiado de forma inapropiada. Los facilitadores intervinieron y le dijeron que para ella era útil hablar de su experiencia interna de sentirse avergonzada, pero que el contenido del ejemplo era mejor tratarlo en su terapia individual, no en la sesión. Los facilitadores también validaron las experiencias de los demás participantes y cerraron el debate, aconsejando a todos que llevaran el tema a su terapia individual si sentían que necesitaban volver sobre este asunto. En la siguiente sesión, la persona se disculpó y dijo que se había dado cuenta de que no debería implicar a su hijo en tales situaciones y que estaba desarrollando una mejor forma de afrontarlas con su terapeuta individual. El grupo se sintió aliviado y pudo avanzar.

Participantes que son incapaces de estar presentes

Supone todo un reto para los pacientes con un trastorno disociativo estar presentes mientras están hablando de su trastorno y sus consecuencias e implicaciones. Por tanto, las dificultades para estar presente son endémicas a este curso. En particular, la atención puede decaer durante el segundo segmento de la sesión, tras el descanso. Esto puede estar relacionado con evitar el contenido, pero también porque es difícil para los pacientes mantenerse presentes durante largos periodos de tiempo y se cansan fácilmente tras la primera mitad de la sesión grupal. Al principio del curso, es útil para los facilitadores explicar esta posibilidad y anunciar que harán una intervención directa para ayudar al participante a conseguir enraizarse en el presente. Sin embargo, si el paciente continúa perdiendo contacto con el presente, distanciándose o parece preocupado internamente después de la intervención, los facilitadores deben seguir adelante con la sesión, con la expectativa de que sea capaz de volver al presente por sí solo. Los episodios de no estar plenamente presente pueden durar de varios minutos a una gran parte de la sesión. Cuando esto se convierte en un problema que se repite durante la sesión o si un participante es incapaz de enraizarse lo suficiente como para marcharse y volver a casa al final de la sesión, los facilitadores del curso deben contactar con el terapeuta individual para consultar si el paciente es capaz de continuar con el curso.

Participantes que llegan tarde crónicamente

El retraso crónico puede ser el resultado de la evitación, la disociación y el conflicto interno, o de una disfunción ejecutiva que afecta a la gestión del tiempo. A menudo es una combinación de todos estos factores. Cuando un participante llega tarde, los facilitadores deben abordarlo inmediatamente y pedir a la persona que encuentre una solución. Si el problema es de evitación, el paciente debe trabajar la solución en la terapia individual. Una participante resolvió su retraso, causado por un conflicto interno grave, a través de un amigo que la traía temporalmente en coche a la sesión. Hay varias formas de aprender a gestionar el tiempo más adecuadamente (véase el capítulo 10 sobre la gestión del tiempo). Si el retraso sigue siendo un problema, los facilitadores del curso deben hablar con el terapeuta individual sobre si el participante debería abandonar el curso.

Participantes que deben abandonar prematuramente

Nunca es fácil para un participante tomar la decisión de abandonar el curso. No obstante, es esencial adherirse a las directrices del curso y minimizar las interrupciones durante las sesiones. También se debe proteger a los pacientes de las experiencias abrumadoras en el grupo si no están en condiciones de manejarlas. Una decisión ideal es la que toman los facilitadores en consulta conjunta con los terapeutas individuales. Cuando se ha tomado una decisión, los facilitadores del curso deben hablar en privado con el participante, y en la siguiente sesión, explicar lo que ha ocurrido a los demás participantes. Habrá ocasiones en las que sea apropiado para el participante volver brevemente al principio del próximo grupo para despedirse, pero esto no debe implicar tener que procesar lo que ha ocurrido.

Los participantes que se quedan pueden experimentar intensos sentimientos sobre la decisión de los facilitadores, en una escala que se puede mover desde el alivio hasta el enfado, desde sentirse cuidados hasta traicionados. Aunque este es un curso de entrenamiento, debe haber al menos algo de espacio para discutir estos sentimientos en el grupo. Sin embargo, el debate debe centrarse en la seguridad del grupo y en avanzar. Una vez que los sentimientos de los participantes se han reconocido, se les debe pedir que lleven la cuestión a su terapeuta individual, así el curso puede continuar.

Existen varias razones comunes para pedir a un miembro del grupo que se vaya. Estas incluyen comportamientos gravemente disruptivos en la sesión como pseudoconvulsiones; cambio incontrolado; arrebatos inadecuados de furia o falta de respeto hacia los facilitadores o los miembros del grupo; amenaza de violencia contra sí mismo o contra otros; autolesiones durante las sesiones (por ejemplo, darse cabezazos); incapacidad para estar enraizado y volver a casa con seguridad; asistir al grupo bajo la influencia de drogas o alcohol; traer un arma a la sesión; y ausencias prolongadas (incluida la hospitalización).

Cuanto más activa y cooperativamente presente ha estado un participante como miembro del grupo, más difícil es para todas las partes aceptar una decisión de abandonarlo, con independencia de las normas. No obstante, al final muchos participantes son capaces de reconocer su alivio de que los facilitadores sean protectores del grupo.

Participantes que se oponen a las normas básicas

Cuando un participante se opone clara y abiertamente a las normas básicas en la sesión de admisión y no está dispuesto a firmar el contrato, no se le debe incluir en el curso. No obstante, los participantes pueden desafiar las normas básicas en algún momento a lo largo del curso y esto debe ser abordado inmediatamente. Este desafío suele girar alrededor de episodios en los que uno o más participantes sienten que las normas son muy rígidas, se aplican de forma injusta o se tiene la expectativa de se les exima de cumplirlas por circunstancias "especiales". Aunque es importante un cierto grado de flexibilidad, es igualmente importante que los facilitadores del curso conserven el marco del grupo manteniendo las normas básicas. Estas directrices se han desarrollado a lo largo del tiempo y con experiencia; por ello, se puede tener confianza en que son razonables y efectivas.

Por ejemplo, una participante empezó a hablar sobre la norma de que un facilitador no acompaña a un paciente que abandona la sesión para tomarse un tiempo fuera, con independencia de lo disgustado que este pueda estar. Esta persona declaró que si los facilitadores no acompañaban al paciente, lo haría ella misma, porque era irresponsable permitir a alguien disgustado abandonar la sesión por sí mismo. Los facilitadores del curso explicaron que los participantes son responsables de sí mismos y que estar sobrepasado o activado es parte de la vida diaria de cada participante y, por tanto, es una situación en la que deben aprender a desenvolverse. Los facilitadores también explicaron que no podían seguir a ocho o nueve participantes si cada uno de ellos decidía tomarse un tiempo fuera al mismo tiempo. Todos los demás entendieron esto claramente. Se dijo a la participante que mencionó este tema que podría reconsiderar durante la semana que empezaba si era capaz de participar siguiendo las normas básicas tal y como estaban fijadas; en caso contrario, no debería continuar. Decidió firmar el contrato y finalizar con éxito el curso.

Contacto de los participantes entre sesión y sesión

Hay varias cuestiones respecto al contacto entre sesiones. Primero, se espera que los pacientes en crisis contacten con su terapeuta individual de acuerdo con su propio protocolo y no con los responsables del grupo. Tanto los participantes como los facilitadores pueden iniciar el contacto, si hay un asunto relativo al grupo que es necesario abordar fuera de la sesión. Por ejemplo, una participante sintió que otro estaba siendo muy agresivo y pidió ayuda a los facilitadores para establecer más límites. A su vez, se le ayudó a que asumiera el riesgo de ser más asertiva y a que hablara sobre el asunto al grupo. Otro estaba sufriendo *flashbacks* graves y necesitó una semana de descanso y llamó para informar a los facilitadores.

No se anima al contacto entre los participantes fuera del curso. Hay situaciones en las que los pacientes con los mismos asuntos pueden servirse de apoyo entre sí, pero los riesgos inherentes a menudo superan los posibles beneficios en el caso de individuos con un trastorno disociativo. A menudo tienen dificultades para establecer límites apropiados y ser asertivos, son fácilmente desregulados y tienen especiales dificultades en manejar las relaciones y los conflictos relacionales. Las camarillas y el conflicto interpersonal entre participantes fuera del grupo puede ser una fuerza destructiva dentro de él.

Queda a la discreción de los facilitadores del grupo hacer que la participación grupal dependa de no tener contacto con otros participantes fuera del grupo. Muchos facilitadores fomentan esta postura. Ahora bien, algunos facilitadores no insisten demasiado en el tema y los participantes deciden tener contacto. Si así fuera, se deberían tratar a fondo, tanto en las terapias individuales como con el grupo, las ramificaciones posibles y los efectos potenciales sobre el grupo. El contacto se inicia frecuentemente antes de que cada participante haya pensado en las posibles consecuencias: un debate de antemano sobre el tema puede proporcionar una prudente cautela. Además, el grupo entero de participantes debe saber si alguien está teniendo contacto fuera; de otra forma se convierte en un secreto.

Si el contacto entre sesiones conduce a problemas para uno o más participantes, deben llevar el asunto a sus respectivos terapeutas. Si el contacto produce problemas para el grupo, debe cesar de inmediato y en todas sus formas, es decir, por correo electrónico, mensajes, llamadas de teléfono, redes sociales y encuentros personales.

Utilizar el manual en la terapia individual

El manual se puede adaptar fácilmente para ser utilizado en terapia individual cuando un paciente no puede participar en un grupo o no hay ninguno disponible. El manual se puede utilizar en un formato altamente estructurado, como esas sesiones de terapia que se sustituyen por periodos de tiempo para el entrenamiento de habilidades. Sin embargo, muchos terapeutas probablemente preferirán un abordaje más desestructurado, utilizándolo para entrenamientos periódicos de habilidades en alternancia con sesiones de psicoterapia. De esta manera, el manual puede ser útil para pacientes en diferentes fases de su terapia individual, y no solo en la fase de estabilización.

Por ejemplo, los temas sobre las emociones, la ira y la vergüenza pueden revisarse en todas las fases del tratamiento.

Al igual que con los participantes del curso, nadie debe utilizar el manual a menos que se le haya diagnosticado formalmente un TDNE o un TID. Si el terapeuta no está seguro, debe solicitar una segunda opinión de un colega experimentado antes de utilizar el manual con un paciente. No se debe introducir el manual inmediatamente cuando un paciente empieza la terapia. Primero debe establecerse una alianza estable, un sistema de seguridad, un marco terapéutico y haberse fijado las metas del tratamiento en conjunción con una evaluación exhaustiva. Asimismo, cuando a un paciente se le diagnostica por primera vez un trastorno disociativo, normalmente experimenta un período de desequilibrio durante el cual no se debe introducir el manual. El paciente y el terapeuta deben explorar a fondo en primer lugar el significado del diagnóstico para el paciente y aprender cómo podrá afrontarlo. El paciente debe asistir a terapia regularmente y tener una mínima aceptación del diagnóstico y de las partes disociadas antes de introducir el manual.

Uso estructurado del manual

Una vez que se ha establecido una alianza terapéutica y el paciente asiste de forma regular a las sesiones individuales, el manual se puede usar de una manera estructurada al igual que en los grupos. El terapeuta empieza con el primer tema (sobre la disociación) y trabaja sistemáticamente con el paciente a su propio ritmo a lo largo de todo el manual. En casa, el paciente debe leer los temas, completar las tareas y hablar de los éxitos y dificultades durante las sesiones individuales. Este abordaje estructurado está recomendado para aquellos pacientes que tienen gran necesidad de habilidades para desenvolverse en la vida diaria.

El terapeuta quizá elija alternar sesiones de entrenamiento de habilidades con la intervención y estabilización centradas en la crisis, o tal vez dedique la mitad de la sesión al entrenamiento de habilidades, mientras que reserva la otra mitad para otros asuntos. Atención a las situaciones en que el paciente sufre tal crisis crónica que nunca hay tiempo para hablar de habilidades y practicarla. Esto se convierte en una trampa, tanto para el paciente como para el terapeuta, y debe tratarse con dedicación y resolverse.

Uso no estructurado del manual

Los pacientes con un alto nivel de funcionamiento no necesitan la estructura rigurosa que requieren los individuos con un funcionamiento más bajo. Pueden elegir los capítulos que son más relevantes. El paciente y el terapeuta deben debatir qué temas son más útiles y con qué prioridad. Por ejemplo, algunos pacientes son muy conscientes de sus síntomas disociativos y sus partes disociadas, por tanto, no necesitan recibir la formación que se ofrece en los cuatro primeros capítulos. Por el contrario, se beneficiarán más aprendiendo cómo mejorar el sueño o afrontar una emoción particularmente difícil. Prácticamente todos los pacientes se beneficiarán de los capítulos dedicados a aprender a superar la fobia de las partes disociadas, aprender a reflexionar, desarrollar un sentido interno de seguridad y la ventana de tolerancia.

Usar el manual en el tratamiento de día y grupos de pacientes hospitalizados

Algunos capítulos específicos del manual pueden utilizarse para organizar grupos de habilidades a corto plazo en tratamientos de día y programas para pacientes hospitalizados. Por ejemplo, un grupo educativo básico podría beneficiarse de los primeros capítulos sobre diagnóstico y síntomas. Un grupo de habilidades para la vida podría utilizar los capítulos sobre la estructura diaria, alimentación y sueño sanos, organización del ocio y del tiempo libre. Un grupo de habilidades relacionadas con una emoción podría utilizar los capítulos sobre reflexión y la ventana de tolerancia, así como aquellos sobre emociones específicas. Un grupo basado en lo cognitivo puede utilizar los que tratan sobre las creencias básicas y los pensamientos disfuncionales.

Para concluir, los facilitadores tendrán más éxito si seleccionan cuidadosamente a los participantes, mantienen las normas básicas y abordan con rapidez los problemas que puedan surgir en el grupo. Se anima a que los facilitadores sigan sesiones de supervisión, porque es probable que surjan muchos asuntos complejos a lo largo de los encuentros del grupo, en especial referidos a conflictos relacionales, límites y estancamientos.

34 Sesión introductoria

PROGRAMA

- Presentación de los facilitadores y de los participantes (utilizar un ejercicio de su propia elección para romper el hielo y proporcionar a unos y otros insignias con sus nombres).
  - Explicación de las normas básicas (véase el apéndice B).
  - Cómo aprovechar al máximo el curso de entrenamiento en habilidades.
  - Reunión educativa para seres queridos.
- Firma de los contratos (véase el apéndice C).
- Preguntas.
- Tareas.
  - Volver a leer el capítulo.
  - Leer el capítulo 1.
  - Observe cómo se siente en esta primera sesión y si tiene alguna preocupación. Siéntase libre de abordar dudas y preocupaciones al principio de la siguiente sesión.

Explicación de las normas básicas (Apéndice B)

Los facilitadores deben explicar todas las normas básicas con detalle. Es útil leerlas en voz alta para asegurarse de que todos los participantes tienen una copia escrita además de su manual de entrenamiento en habilidades. Todos los participantes deben acceder a cumplir con esas directrices.

Cómo aprovechar al máximo el curso de entrenamiento en habilidades

- *Haga grandes esfuerzos por centrarse en* lo que está ocurriendo en cada sesión. Concéntrese en el presente, no en el pasado ni en el futuro, y en la conversación, no en lo que está pasando por su cabeza.
- *Sea responsable* de su propio comportamiento, a pesar de que pueda sentirlo fuera de su control.
- *Anime a todas sus partes a participar.*
- *Aprenda a escuchar* a otros sin interrumpir. Deje que una persona termine completamente de hablar antes de empezar a hacerlo usted.
- *Sea concreto y haga comentarios directamente a los participantes y entrenadores.* Describa lo que observa y siente. Haga afirmaciones en primera persona (por ejemplo, *"me siento confundido por lo que estás diciendo"*, en lugar de *"nunca tiene sentido lo que dices"*). Evite señalar con el dedo o utilizar declaraciones de culpa o de vergüenza. Si discrepa, por favor no se salga del tema actual. Evite volver atrás para hablar de otros asuntos del pasado (por ejemplo, *"me sentí intimidado cuando hablaste tan alto y me interrumpiste hace un momento"* en lugar de *"eres un broncas; en las últimas dos sesiones criticaste a otras personas"*). Piense también cómo quisiera que le dieran la misma información que usted da a los demás. El objetivo sería ser constructivo en lugar de ser hostil o rechazar.

- *Indique que ha oído el comentario* que ha recibido de sus compañeros o facilitadores (repita lo que ha oído). Pida aclaración si hay algo que no ha entendido. No intente defenderse: todo el mundo está aquí para aprender y ayudarse unos a otros en su aprendizaje. No tiene que estar de acuerdo con los comentarios; limítese a escucharlos y pensar sobre ellos.
- *Experimente a menudo con los nuevos comportamientos* que ha aprendido en este curso. La práctica es una de las cosas que más le ayudará a aprender nuevas habilidades.
- *Revise regularmente las metas que se planteó para llevar a cabo este curso.*
- *¡Sea paciente y no se desanime!* Un trastorno disociativo es un trastorno crónico; cambiar requiere tiempo y un trabajo arduo, pero el cambio continuará mucho más allá de la última sesión si está dispuesto a continuar practicando lo que ha aprendido. ¡Sin duda el cambio puede ocurrir!

Reunión educativa para seres queridos

Las personas con un trastorno disociativo complejo tienen una fuerte tendencia a ocultar su diagnóstico y sus problemas a los demás. Quizá tengan realmente una prohibición interna de hablar sobre el tema o tal vez estén profundamente avergonzados o con miedo de hablar. Pero es difícil cambiar solo. Necesita personas que le ayuden a practicar y fortalecer las habilidades que está aprendiendo, personas en quienes usted confíe para ayudarle a distinguir qué habilidad necesita en una situación dada. Puede ser una pareja, un amigo, un pariente o alguna otra persona en la que usted confíe, al menos hasta un cierto punto.

Sin duda no necesita compartir con todo el mundo que tiene problemas disociativos, pero le alentamos a que comparta aspectos importantes de sus dificultades disociativas actuales y lo que está aprendiendo en este curso con al menos una persona. Su terapeuta individual puede ayudarle a decidir qué compartir y la mejor forma de hacerlo. Le recomendamos que encuentre al menos una persona con quien pueda hablar sobre lo que usted está aprendiendo en este curso y a quién le gustaría invitar a una reunión educativa. De nuevo, lo recomendamos encarecidamente pero no es obligatorio.

Si quiere, puede compartir contenidos del manual sobre las habilidades con la persona que le ayuda. Puede averiguar junto con las personas que son importantes para usted cómo le pueden apoyar para poner en práctica dichas habilidades y quizá incluso a volver al presente cuando se esté quedando en blanco o esté entrando en una parte suya. Es importante que no se sienta muy solo y puede ser de gran ayuda y un alivio para las personas de su alrededor entender algo más sobre lo que le ocurre.

No debería esperar que la persona que le ayuda tenga una disponibilidad ilimitada o que siempre cuide de usted durante una crisis emocional. Por lo general, no es deseable para ellos dejarse fascinar por las diferentes partes de usted, tratarlas como personas separadas o tomar especial cariño hacia ciertas partes. La persona que le ayuda debe tratarle como una persona completa en la medida de lo posible, al igual que usted debe tratarse a sí misma.

Por favor haga una lista con los nombres de las personas que le gustaría invitar a la reunión educativa. (Esto es sólo para usted; no necesita mostrárselo a nadie más).

Nombre	**Número de teléfono**
1. ______________________	______________
2. ______________________	______________
3. ______________________	______________
4. ______________________	______________

35 Sesión de cierre

El cierre empezará en la segunda mitad de la sesión después del capítulo 32. Tras el coloquio sobre las tareas y el descanso, los facilitadores presentarán un tema muy corto sobre la importancia de despedirse y el grupo decidirá el ritual de despedida.

En la sesión final, los participantes tomarán parte en el ritual de despedida y terminarán el curso.

PROGRAMA

- Bienvenida y reflexiones sobre la sesión previa (capítulo 32).
- Coloquio sobre las tareas.
- Descanso.
- Tema corto: Despedirse.
  - Introducción.
  - Despedirse.
  - Rituales de despedida.
  - Evaluación del curso.
- Tareas:
  - Completar la hoja de tareas 35.1, despedirse del grupo.
  - Completar la evaluación de grupo (opcional; véase el apéndice D).

Introducción

Despedirse, o cerrar un ciclo, forma parte inevitable y normal de la vida, pero precisamente porque es ineludible es importante aprender cómo conseguir una buena experiencia cuando nos despedimos de alguien. Todavía hay muchas personas que evitan todo lo que pueden las despedidas, porque a veces implica dolor, tristeza o sentimientos de decepción. Usted ha estado trabajando arduamente para mejorar su capacidad de tolerancia a los sentimientos y disminuir su evitación, así que es de esperar que se encuentre en mejor posición para manejar los que le surjan cuando se despida de los participantes y de los facilitadores. Cuando quede poco para el fin del curso, asegúrese de utilizar las habilidades que ha aprendido para ayudarse a sí mismo. A continuación tratamos de la importancia del cierre.

Despedirse

Es hora de despedirse. Ustedes han llegado a conocer a otras personas de este grupo, a algunas más y a otras menos; no obstante, han estado unidos en su lucha frente a los problemas difíciles, con su sufrimiento y su propósito de trabajar hacia la sanación. Estos son elementos importantes que han compartido, aunque puedan ser bastante diferentes para cada persona en muchos aspectos. Se han arriesgado al compartir un poco más de sí mismos con los demás, ¡que no es fácil! Esto ha creado un vínculo entre ustedes, aunque pueden haber sufrido conflictos o desacuerdos entre sí de vez en cuando. Esto es lo normal y forma parte del crecimiento de las relaciones. Han trabajado duro para entender y ponerse en el lugar de los demás. Deberían felicitarse por este importante trabajo que han logrado como grupo. La sensación de estar conectados entre ustedes hace más difícil la despedida.

El objetivo de este curso consistía en aprender nuevas habilidades y tener más información que le ayudaran a enfrentarse mejor a la vida, hacer frente a los problemas de forma más adaptativa y desarrollar una mayor empatía, comunicación y cooperación internas. Nosotros esperamos además que haya aprendido cómo se relaciona con diferentes personas del grupo.

Aunque no existe una única forma correcta de despedirse, existen algunas directrices generales que pueden servir. Por ejemplo, cuando se esté despidiendo, reflexione sobre lo que ha recibido que es positivo o que promueve el crecimiento en la relación (en este caso, su relación con los facilitadores y los participantes del grupo). Incluso si ninguna relación fue excelente, probablemente haya aprendido cosas útiles sobre sí y sobre los demás a lo largo del curso.

Considere lo que el curso en sí mismo ha significado para usted. Puede ser consciente, no solo de los aspectos positivos del grupo, sino también de los negativos o decepcionantes; al fin y al cabo, nadie es perfecto y los grupos tampoco lo son. Es probable que tuviera expectativas en este curso que no se hayan cumplido plenamente; es importante conocerlas y aceptarlas. Si quiere, puede compartir estas experiencias positivas y negativas con el grupo sin hacer juicios de valor.

También será útil ser consciente de lo que se perdió del grupo y qué sienten las diferentes partes de usted sobre el cierre. Es útil también que reflexione sobre cómo utilizar su experiencia del curso seguir adelante en el futuro. Imagine al grupo como una sección interna "animadora" que le alienta a continuar aprendiendo y practicando nuevas habilidades y trabajando sobre sus problemas. Preste atención a lo que ha aprendido y qué habilidades desea seguir desarrollando, para poder continuar su progreso. Es importante encontrar un equilibrio entre los sentimientos positivos, la tristeza y la decepción, así como un entendimiento de cómo puede continuar sanando después de que el grupo haya terminado, llevándose consigo lo aprendido.

Lo más importante es hacer todo lo posible por permanecer presente y observando sus experiencias internas cuando se despida del grupo. Quizá nunca haya sido capaz de vivir una despedida positiva o tal vez le haya sido difícil estar presente en el pasado. Observe sus pensamientos, creencias básicas, sentimientos, sensaciones e impulsos. Cada uno de ellos le puede ayudar a aprender más sobre cómo usted y otras partes suyas reaccionan a la despedida. Puede llevar estos asuntos a su terapia individual para conseguir más refuerzo. Mientras tanto, disfrute del tiempo con esas personas con las que ha caminado codo con codo durante parte de su largo viaje.

Rituales de despedida

Usted y su grupo decidirán todos juntos qué ritual de despedida prefieren usar en su última sesión la próxima semana. Existen innumerables rituales, cuyo único límite son las restricciones de su creatividad y tiempo. Es posible que algunos miembros del grupo propongan algunos. A continuación ofrecemos algunas sugerencias, pero no están obligados a utilizarlas.

Sugerencias para los rituales de despedida

- Puede considerarse (dependiendo de las normas del lugar en el que se reúnan) el que se traiga algo de comer para celebrarlo.
- Puede traerse música con la que todo el grupo esté de acuerdo.
- Traer un recordatorio de lo que el grupo ha significado para usted, por ejemplo, una piedra, una figura pequeña, una foto, una flor o cualquier otro elemento de la naturaleza. El grupo puede decidir usar el mismo tipo de recordatorio para cada persona que los facilitadores o los participantes acuerden traer. Los recordatorios deben ser pequeños y no muy caros, si son comprados.
- Cada persona pasa su recordatorio a todo el grupo. Cada persona sostiene el recuerdo en sus manos, impregnando el objeto con su buena energía para que cada cual se la lleve consigo. Puede decir algo al participante cuando vaya pasando su recordatorio o puede permanecer en silencio. Puede elegir música para esta parte del ritual, si quiere.
- Puede escribirse una tarjeta para cada miembro del grupo y para cada facilitador con una nota personal que no es necesario compartir públicamente.

- Si se utilizan flores, cada persona puede poner las suyas en un jarrón sencillo hasta que todas las flores juntas hagan un solo ramo que represente al grupo y también la progresiva cooperación y comunicación entre todas las partes de cada persona presente.

Evaluación del curso

Se anima a los facilitadores a recibir *feedback* de los participantes del grupo con el fin de que se escuche a sus miembros, así como para reunir sugerencias valiosas para mejorar el curso siguiente. Hemos incluido una evaluación en el apéndice D. Puede utilizarla o servirse de cualquier otro formulario que prefiera. Se debe dar el formulario de evaluación en esta sesión y debe traerse en la siguiente. Sin duda, la evaluación puede ser anónima si los participantes lo deciden así o se les invita a añadir sus nombres si quieren. Los facilitadores pueden aprender mucho del *feedback* que reciban.

Hoja de tareas 35.1, despedirse del grupo

Durante la semana, tómese algo de tiempo para escribir una nota corta a cada miembro del grupo, exprese algo que aprecie de esa persona y algo que le desea en el futuro. Traiga lo que haya escrito para la última sesión. Puede hacer otras observaciones también si quiere.

- Lo que aprecio especialmente de usted es...
- Le deseo que en el futuro...
- Otras observaciones

Sugerencias. Se le invita a utilizar su creatividad para hacer que este ritual encaje con sus necesidades. De este modo, lleva a cabo este proyecto de la forma que siente adecuada para usted. No hay una forma acertada o equivocada de hacerlo. No es importante si utiliza un simple trozo de papel para notas o hace algo más elaborado, los detalles no son importantes, lo son sus sentimientos e intenciones. Si siente que no puede escribir nada, puede traer algo que represente sus pensamientos y sentimientos, como una fotografía o un pequeño recordatorio. Si desea hacer algo más elaborado, puede considerar lo siguiente:

- Dibujar o pintar algo.
- Hacer un collage.
- Escribir un poema o una historia.
- Grabar un CD de música o canciones.
- Recordar un momento significativo, cálido o divertido que compartió con la otra persona en el grupo.

Sesión final

PROGRAMA

- Bienvenida.
- Entregar las evaluaciones (si se han utilizado).
- Reflexiones sobre su experiencia en el grupo y sobre su progreso.
- Descanso (si es necesario).
- Ritual de despedida.
- Cierre.

No hay una parte didáctica de esta sesión final. Los facilitadores y los miembros del grupo deben estructurarla de acuerdo con los deseos y necesidades del grupo como un todo. Algunos grupos han aportado a la sesión comida y música, con un sentimiento de celebración, mientras que otros han tenido una sesión más melancólica y reflexiva. En su grupo decidirán todos juntos lo que es mejor.

Nota final de los autores

Le felicitamos por el duro trabajo que ha realizado a lo largo del curso de este entrenamiento. Por favor, no se desaliente si no logró todo lo que deseaba. Las habilidades de este manual pueden ser muy difíciles y requieren bastante tiempo de práctica y aprendizaje. Es bastante normal necesitar más tiempo en terapia para continuar con lo que ha empezado a lograr aquí. Los trastornos disociativos tienden a ser crónicos y pueden requerir un tiempo para resolverse. Pero cada uno de nosotros ha visto muchos pacientes que, de hecho, han sanado y avanzado para tener una vida fructífera y estable. Les deseamos a todos lo mejor en el viaje que continúa: fuerza, auto respeto, coraje, amor, risas, descanso y sanación.

Suzette Boon
Kathy Steele
Onno van der Hart

Apéndice A
Criterios diagnósticos del *DSM-IV*

Trastorno de Identidad Disociativo (TID)

A. Presencia de dos o más identidades o estados de personalidad (cada una con un patrón propio y relativamente persistente de percepción, interacción y concepción del entorno y de sí mismo).
B. Al menos dos de estas identidades o estados de personalidad controlan de forma recurrente el comportamiento del individuo.
C. Incapacidad para recordar información personal importante, que es demasiado amplia para poder ser explicada por el olvido ordinario.
D. El trastorno no es debido a los efectos fisiológicos directos de una sustancia (p. ej., comportamiento automático o caótico por intoxicación alcohólica) o a una enfermedad médica (p. ej., crisis parciales complejas). *Nota*: En los niños, los síntomas no deben confundirse con juegos fantasiosos o compañeros de juego imaginarios. (APA, 1995, p. 499).

Trastorno Disociativo No Especificado (TDNE), Subtipo 1b

Se incluye esta categoría para los trastornos en los que la característica predominante es un síntoma disociativo (p. ej., alteración de las funciones normalmente integradas de la conciencia, la memoria, la identidad o la percepción del entorno) que no cumple los criterios del diagnóstico de trastorno disociativo específico. El TDNE, subtipo 1b se describe como sigue:

> 1. Cuadros clínicos similares al trastorno de identidad disociativo que no cumplen todos los criterios de este trastorno. Los ejemplos incluyen los cuadros en los que a) no aparecen dos o más estados de identidad distintos, o b) *no existe amnesia de alguna información personal importante* [la cursiva es nuestra]. (APA, 1995, p. 502).

Trastorno por Estrés Postraumático (TEPT)

A. La persona ha estado expuesta a un acontecimiento traumático en el que han existido 1 y 2:
   (1) La persona ha experimentado, presenciado o le han explicado uno (o más) acontecimientos caracterizados por muertes o amenazas a su integridad física o la integridad de terceros.
   (2) La persona ha respondido con un temor, una desesperanza o un horror intensos. *Nota*: En los niños estas respuestas pueden expresarse en cambio con comportamientos desestructurados o agitados.

B. El acontecimiento traumático vuelve a ser experimentado persistentemente a través de una (o más) de las siguientes formas:
   (1) Recuerdos de acontecimientos recurrentes e inoportunos que provocan malestar, que conllevan imágenes, pensamientos o percepciones. *Nota*: En los niños pequeños esto puede expresarse en juegos repetitivos en los que aparecen temas o aspectos característicos del trauma.
   (2) Sueños de carácter recurrente sobre el acontecimiento, que producen malestar. *Nota*: En los niños pueden producirse sueños terroríficos de contenido irreconocible.
   (3) El individuo actúa o tiene la sensación de que el acontecimiento traumático está ocurriendo (se incluye la sensación de estar reviviendo la experiencia, ilusiones, alucinaciones y episodios disociativos de ***flashback***, incluso los que aparecen al despertarse o al intoxicarse). *Nota*: Los niños peque-

ños pueden volver a escenificar el acontecimiento traumático específico.

(4) Malestar psicológico intenso al exponerse a estímulos internos o externos que simbolizan o recuerdan un aspecto del acontecimiento traumático.

(5) Respuestas fisiológicas al exponerse a estímulos internos o externos que simbolizan o recuerdan un aspecto del acontecimiento traumático.

C. Evitación persistente de estímulos asociados al trauma y embotamiento de la reactividad general del individuo (ausente antes del trauma), tal y como indican tres (o más) de los siguientes síntomas:

(1) Esfuerzos para evitar pensamientos, sentimientos o conversaciones sobre el suceso traumático.

(2) Esfuerzos para evitar actividades, lugares o personas que suscitan recuerdos del trauma.

(3) Incapacidad para recordar un aspecto importante del trauma.

(4) Disminución importante del interés o de la participación en actividades significativas.

(5) Sensación de desapego o enajenación frente a los demás.

(6) Restricción de la vida afectiva (p. ej., incapacidad para tener sentimientos de amor).

(7) Sensación de un futuro desolador (p. ej., no tiene ninguna expectativa de obtener un empleo, casarse, formar una familia o, en definitiva, llevar una vida normal).

D. Síntomas persistentes de aumento de hiperactividad (ausente antes del trauma), tal y como indican dos (o más) de los siguientes síntomas:

(1) Dificultades para conciliar o mantener el sueño.

(2) Irritabilidad o ataques de ira.

(3) Dificultades para concentrarse.

(4) Hipervigilancia.

(5) Respuestas exageradas de sobresalto

E. Estas alteraciones (síntomas de los Criterios B, C y D) se prolongan más de 1 mes.

F. Estas alteraciones provocan malestar clínico significativo o deterioro social, laboral o de otras áreas importantes de la actividad del individuo (APA, 1995, pp. 439-440).

Trastorno por Estrés Postraumático Complejo o trastorno por estrés postraumático extremo no especificado (DESNOS)

No se incluye en el *DSM-IV* este trastorno propuesto. Sin embargo, alguno de sus síntomas sí se recogen en el *DSM-IV,* dentro de las "Características descriptivas y de los trastornos mentales asociados" del TEPT (APA, 1995). El *DSM-IV* establece que "cuando el agente estresante es de carácter interpersonal (p. ej., abusos sexuales o físicos en niños, peleas familiares, secuestros, encarcelamientos como prisionero de guerra o internamientos en campos de concentración, torturas), puede aparecer la siguiente constelación de síntomas" (APA, 1995, p. 436).

A. Alteraciones en la regulación del estímulo afectivo
   (1) desregulación afectiva crónica
   (2) dificultades para modular la ira
   (3) comportamientos autodestructivos y suicidas
   (4) dificultades para modular las relaciones sexuales
   (5) comportamientos impulsivos y de riesgo
B. Alteraciones en la atención y la conciencia
   (1) amnesia
   (2) disociación
C. Somatización
D. Cambios caracteriales crónicos
   (1) alteraciones en la autopercepción: vergüenza y culpa crónicas; sentimientos de autoculpabilización, de ineficacia y de estar permanentemente dañado
   (2) alteraciones en la percepción del perpetrador: adoptar creencias distorsionadas e idealizadas del perpetrador
   (3) alteraciones en las relaciones con los demás:
      (a) incapacidad para confiar o mantener relaciones con otros
      (b) tendencia a ser victimizado
      (c) tendencia a victimizar a otros
E. Alteraciones en los sistemas de significado
   (1) desesperación o desesperanza
   (2) pérdida de las creencias previamente mantenidas (Herman, 2004; Van der Kolk, 1996).

Nota: El *Manual diagnóstico y estadístico de los trastornos mentales (DSM)* está en continua evolución. Se ha anunciado la publicación de una nueva edición del *DSM-V* en el 2013. Es muy probable que los criterios para el diagnóstico de los trastornos disociativos y del TEPT cambien para entonces, al menos hasta cierto punto.

Apéndice B
Reglas básicas para un grupo de formación

- ***Es fundamental la asistencia regular*** para que usted pueda lograr los mayores beneficios de las sesiones. Si por algún motivo no pudiese asistir, llame al (nº de teléfono)________________ lo antes posible y pregunte por su formador, deje un mensaje en secretaría o en el contestador. No está obligado a justificar su ausencia pero se lo agradeceríamos si lo hiciera. *Si pierde tres sesiones consecutivas o cinco sesiones en total, no podrá seguir en el curso.*
- ***Realice las tareas propuestas en cada sesión,*** de forma que pueda participar y aprender las habilidades facilitadas en este curso. Por favor, complételas por escrito utilizando los espacios proporcionados en su manual y tráigalas a cada sesión. Otros no leerán sus trabajos a menos que usted decida compartirlos, y siempre serán de su propiedad.
- ***Este curso está diseñado para ayudarle a dominar habilidades concretas. No sustituye a la terapia individual.*** Este curso tiene dos objetivos: (1) formarle sobre la disociación y otros problemas relacionados con el trauma; (2) ayudarle a adquirir destrezas que mejorarán su habilidad para manejar sus dificultades. Así que el propósito de este curso no es investigar su pasado personal ni las causas de su trastorno disociativo. Esperamos que los participantes eviten hablar de los detalles de su pasado o de su trabajo terapéutico con otros participantes, ya sea dentro o fuera de las sesiones, porque es posible que dicha informa-

ción cause malestar a otros y/o a usted mismo. Continúe trabajando normalmente en su terapia durante el curso y siéntase libre de tratar asuntos del curso con su terapeuta.

- ***El rol de los formadores es enseñarle*** y ayudarle respecto a las habilidades, no a actuar como terapeuta personal.
- ***Todas las sesiones son confidenciales,*** así que todos los participantes pueden sentirse cómodos y seguros. No revele los nombres, o cualquier otra información identificativa, de otros participantes. Cualquier conversación sobre el curso con gente de fuera debería estar estrictamente limitada a su propia experiencia y a las habilidades que está aprendiendo. No obstante, puede hablar abierta y libremente con su terapeuta personal, porque lo que usted trate con él o ella es confidencial.
- ***Es desaconsejable el contacto entre participantes fuera de las sesiones*** y no debe sentirse responsable de las necesidades o las crisis de otros participantes. En ocasiones, el contacto externo puede originar conflictos entre los miembros del grupo y afectar a las sesiones. Conforme a su compromiso de mantener la confidencialidad, no debe hablar en el grupo de otros ni de sus problemas con ningún participante (ni con nadie más). Si usted mantiene contacto con otros participantes fuera de las sesiones, le pedimos que no hable de otros ni de sus problemas.
- ***Se espera en cada sesión su participación activa,*** porque le ayudará a aprender más eficazmente, incluso cuando sienta emociones intensas. La participación también le ayudará a estar más presente y centrado.
- ***Durante la sesión se podrán salir fuera hasta 10 minutos,*** si usted tiene necesidad de recomponerse y enraizarse. Se le ruega que informe a los formadores de que usted va a hacer una pausa en lugar de marcharse sin decir nada. También se le pide que vuelva a la sesión por sí mismo, una vez transcurridos los 10 minutos. En la medida de lo posible, trate de permanecer en la sesión, donde le va a ser más fácil conseguir conectarse con el aquí y el ahora y calmarse. Si no puede, tómese entonces ese descanso. Si siente que no puede regresar al grupo tras 10 minutos, avise al formador de que se va a marchar a casa y de que está en condiciones de hacerlo. Si no puede controlar su comportamiento o sus sentimientos como para poder participar en el grupo, es probable que el curso sea demasiado abrumador para usted. Además, los comportamientos que no se pueden contener, como llorar sin parar, gritar, cambiar a partes disruptivas de la personalidad o autolesionarse, son perturbadores para los demás participantes. Por tanto, si es incapaz de controlar su conducta se le pedirá que se retire del curso hasta que esté en mejores condiciones de permanecer presente y bajo control.

- ***Los formadores u otros participantes no le van a acompañar si usted opta por salir unos momentos fuera; ellos continuarán con la sesión***. No hay excepciones a esta norma. Durante las sesiones se espera que usted sea responsable, tanto para llegar como para marcharse de forma segura y oportuna.
- ***Nunca abandone una sesión repentinamente sin decir nada***. Si decide durante una sesión o en un momento de descanso que es incapaz de continuar con la sesión, informe siempre a los formadores, y asegúreles que puede volver sano y salvo a casa.
- ***No se permite la intimidación física o verbal ni los insultos***. Cualquiera de estos comportamientos causarán su inmediata expulsión del curso. Se espera que sea capaz de comportarse como un adulto y ser respetuoso con usted mismo y con los demás. Si se siente enfadado o frustrado durante una sesión, por favor permanezca en su sitio. No levante la voz, grite ni insulte. No haga movimientos físicos o gestos amenazantes a los demás, ni lance objetos de ninguna clase.
- ***En las sesiones no se permiten armas o instrumentos autolesivos de ningún tipo,*** incluso si se mantienen guardados o en una bolsa sellada. Todos los participantes, usted inclusive, merecen y necesitan sentirse seguros.
- ***Está prohibido el consumo de alcohol y otras drogas durante las sesiones.*** Si viene a una sesión bajo los efectos del alcohol o de otras drogas, será expulsado inmediatamente del grupo. Puede matricularse para el próximo curso si es capaz de abstenerse de su consumo.
- ***Si necesita hospitalización psiquiátrica o se ausenta prolongadamente por otra causa*** durante el curso de formación, por un periodo superior a 3 semanas (tres sesiones del curso), debe dejarlo. Sin embargo, puede matricularse en el siguiente curso disponible si se encuentra suficientemente estable. En caso ser hospitalizado menos de 3 semanas, se determinará si es capaz de continuar en el curso tras una reunión entre los formadores, los terapeutas y el interesado, es decir usted. Es importante que aprenda a encontrar su propio ritmo de aprendizaje y los retos que sean más adecuados para usted. Si falta a cinco sesiones durante el curso, tendrá que abandonar y repetir en otra ocasión.
- ***Si tiene dudas sobre el curso, plantéelas durante las sesiones.*** Con frecuencia, otros participantes tienen las mismas, o similares, dudas, así que sus preguntas serán bienvenidas en las sesiones y suelen resultar de utilidad para los demás. No obstante, habrá ocasiones en las que los formadores pospongan una pregunta en particular para más adelante, dependiendo de cómo encaje con el tema tratado en ese momento.

- ***Por favor, absténgase de hablar de cualquier problema o asunto que no esté relacionado con lo que está aprendiendo en el curso.*** Podrá conversarlos con su terapeuta personal, no en las sesiones.
- ***Si uno de los formadores es también su terapeuta personal,*** él o ella deberá ser lo más discreto posible en relación con la información personal obtenida en las sesiones individuales. Es conveniente hablar por adelantado con su terapeuta sobre lo que debería compartir o no en el curso de formación.
- ***Usted debe firmar una autorización para divulgar información,*** si su terapeuta personal no es uno de los formadores, de manera que su formador y su terapeuta puedan comunicarse y coordinarse en su beneficio. No podrá participar en el curso a menos que esté dispuesto a firmar esta autorización, ya que la coordinación en el tratamiento es esencial para su bienestar.
- ***Se llevará a cabo una reunión educativa*** para las personas que son importantes para usted, por ejemplo, una pareja, un amigo cercano o un miembro de su familia. Durante la reunión se tratarán la información básica cerca de la disociación y los trastornos disociativos complejos, así como los temas de la formación. Ni los formadores, ni sus seres queridos, ni usted hablarán ni revelarán información sobre ninguno de los participantes. Puede presentar una lista de preguntas o de temas sobre los que quisiera que la persona (o personas) que le apoya sepa más. Le pedimos que venga al menos con una persona a esta reunión, pero nos damos cuenta de que quizá no cuente con ese apoyo, por eso no es obligatorio. Con independencia de si trae a alguien o no, le animamos encarecidamente a que asista.

Apéndice C
Contrato del participante con el grupo de formación

1. Entiendo que es importante asistir a todas las sesiones, tanto por mi propio bien como por el éxito del curso de formación. Por consiguiente, por la presente, me comprometo a asistir a todas las sesiones a menos que me vea impedido por circunstancias más allá de mi control. Si no pudiera asistir, avisaré a los formadores tan pronto como sea posible, comprendiendo que es una cortesía hacia los formadores y participantes permitirles saber quién va a faltar.
2. Entiendo que estoy obligado a dejar el curso si pierdo más de tres sesiones consecutivas o un total de cinco sesiones de todo el curso, incluso si es por causa de hospitalización prolongada o enfermedad. Entiendo que se me permitirá matricularme para el próximo curso si estoy preparado.
3. Acepto llevar a cabo las tareas a realizar en casa que se establezcan y llevarlas a las sesiones, así como poner en práctica las habilidades, en la medida de mis posibilidades.
4. Acepto participar verbalmente en las sesiones, según mis posibilidades.
5. Respetaré la confidencialidad de todos los participantes y de los asuntos que surjan a lo largo del curso. No sacaré información personal sobre los demás miembros fuera del curso.
6. Acepto abstenerme del consumo de alcohol y otras sustancias (distintas a las recetadas, que tomaré de acuerdo con las dosis y el tiempo prescritos) al menos durante las 24 horas previas a las sesiones.

Nombre ____

Dirección ____

____

Teléfonos

Mañanas (____) ______________________________________

Tardes (____) ______________________________________

Móvil (____) ______________________________________

El mejor número para localizarme es: __por el día __por la noche __móvil

Correo electrónico: _____________________________

____ ________________________

Firma Fecha

Nombre del terapeuta personal _______________________________

Número de teléfono del terapeuta personal ____________________

Correo electrónico del terapeuta personal (si dispone de él) ___________

Apéndice D
Evaluación final del grupo de formación

1. ¿Cuál ha sido su experiencia al participar en este curso?

2. ¿Qué es lo más importante que usted, o partes de usted, han aprendido?

3. Describa de qué forma usted, o partes de usted, perciben al grupo. ¿De forma segura o insegura?

4. ¿Qué metas se ha puesto durante el curso? ¿Logró alcanzar alguna de ellas?

5. ¿Qué cambios positivos, si es así, ha notado en usted o en partes de usted?

6. ¿Qué cambios negativos, si es así, ha notado en usted o partes de usted?

7. ¿Le resultó difícil en alguna ocasión participar en el grupo? Si fue así, ¿qué fue difícil para usted? ¿Los formadores del grupo o participantes habrían podido hacer algo de forma diferente para ayudarle?

8. En general, ¿fue capaz de utilizar los temas y tareas para obtener beneficio de ellos? Si es el caso, ponga algún ejemplo. Si no, por favor, explíquese.

9. Haga un listado de ejercicios de imaginación o relajación que encuentre particularmente útiles de este manual y señale lo que le resultó práctico de ellos.

10. ¿Qué partes de este curso le han ayudado más? Ordénelos empezando por el de mayor utilidad al de menor numerándolos del 4 (más útil) al 1 (menos útil).
    ____Tareas para casa
    ____Nuevos temas y hechos
    ____Ejercicios
    ____Compartir con otros participantes
    Comentarios:

11. ¿Qué temas fueron más útiles para usted? y ¿los menos útiles?

12. Durante el curso se dedicó mucha atención a mejorar la empatía interna, la comunicación y la cooperación entre las distintas partes suyas. ¿Qué destacaría del curso como lo más útil para usted en este sentido? y ¿lo menos útil? ¿Fue usted capaz de mejorar su empatía interna, su comunicación y cooperación? Si fue así, por favor, describa cómo. Si no lo pudo, ¿tiene alguna idea sobre lo que podría haber sido más útil?

13. ¿Qué piensa acerca de su propia participación en el curso? (por ejemplo, satisfecho de la mayor parte, mejor de lo que esperaba, más duro de lo que pensaba).

14. ¿Cómo fue su experiencia respecto a la aportación de otros miembros del grupo (por ejemplo, útil, aburrida, difícil de seguir, demasiado extensa, insuficiente participación). Por favor, extiéndase, si es posible.

15. En general, ¿cómo valoraría la utilidad de las tareas para casa?
    - Excelente
    - Buena
    - Regular
    - Pobre
    - Inconsistente

    Comentarios:

16. En general, ¿cómo calificaría la dificultad de las tareas para casa?
    - Por encima de mis capacidades
    - Difíciles, pero razonables la mayor parte de las veces
    - Adecuadas
    - Fáciles
    - Demasiado simples

    Comentarios:

17. ¿Cómo calificaría la experiencia y profesionalidad de los formadores?

Nombre del formador________
- Excelente
- Buena
- Regular
- Pobre
- Poco sólida

Comentarios:

Nombre del formador________
- Excelente
- Buena
- Regular
- Pobre
- Poco sólida

Comentarios:

18. ¿Cómo calificaría la ayuda proporcionada por los formadores?

Nombre del formador________
- Excelente
- Buena
- Regular
- Pobre
- Poco sólida

Comentarios:

Nombre del formador________
- Excelente
- Buena
- Regular
- Pobre
- Poco sólida

Comentarios:

19. Sugerencias para el manual o los próximos cursos.

Bibliografía

Adams, J. (2005). *Boundary issues: Using boundary intelligence to get the intimacy you want and the independence you need in life, love, and work.* Nueva York: Wiley.

Allen, J. G., Fonagy, P. y Baterman, A. W. (2008) *Mentalizing in clinical practice.* Washington D.C.: American Psychiatric Publishing.

Artigas, L. y Jarero, I. (2005) El abrazo de la mariposa. Revista de Psicotrauma para Iberoamérica, *4*(1), 30-31.

Asociación Americana de Psiquiatría (1995). *Manual diagnóstico y estadístico de los trastornos mentales.* Barcelona: Masson, S.A.

Bandler, R. y Grinder, J. (1975). *The structure of magic.* Palo Alto, CA: Science and Behavior Books.

Beck, A. T. (1975). *Cognitive Therapy and the emotional disorders.* Madison, CT: International University Press.

Bernstein, E. y Putnam, F. (1986). Development, reliability, and validity of a dissociation scale. *Journal of Nervous and Mental Disease, 174,* 727-735.

Blum, N., St. John, D. Pfohl, B., Stuart, S., McCormick, B., Allen, J. y otros (2008). Systems Training for Emotional Predictability and Problem Solving (STEPPS) for outpatients with borderline personality disorder: A randomized controlled trial and 1-year follow-up. *American Journal of Psychiatry, 165,* 468-678.

Boon, S (2003). Directieve en hypnotherapeutische interventies als onderdeel van een fasengerichte behandeling voor vroeger seksueel misbruik. In N. Nicolaï (red.), Handbook Psychotherapie na seksueel misbruik (pp. 209-224). Utrecht: De Tijdstroom.

Boon, S & Hart, O. van der (1991). De behandeling van de multiple persoonlijkheidsstoornis. In O. van der Hart (red.) Trauma, Dissociatie & Hypnose (pp 159-187). Lisse: Swets & Zeitlinger.

Boon, S. (1997). The treatment of traumatic memories in DID: Indications and contraindications. *Dissociation, 10,* 65-79.

Boon, S. y Draijer, N. (1993). *Multiple personality disorder in the Netherlands.* Amsterdam: Swets & Zeitlinger.

Boon, S. y Draijer, N. (1995) *Screening and diagnostiek van dissociatieve stoornissen* [Screening and diagnostics of dissociative disorders]. Lisse, Países Bajos: Swets & Zeitlinger.

Boon, S., Draijer, N. y Matthess, H. (2006). *Interview voor dissociative stoornissen en traumagerelateerde symptomen (IDSTS). Eerste versie, uitgave in eigen beheer.* [Interview for Dissociative Disorders and Trauma-related Symptoms (IDDTS)]. Manuscrito no publicado. (Disponible de Suzette Boon, PhD, at boon@altrecht.nl; o Suzette Boon, PhD, Brinkveld TRTC, Oude Arnhemse Weg 260, 3705BK, Zeist, Países Bajos).

Bos, E. H., Van Wel, E. B., Appelo, M. T. y Verbraak, M.J. (2010). A randomized controlled trial of a Dutch version of systems training for emotional predictability and problem solving for borderline personality disorder. *Journal of Nervous and Mental Disease, 198,* 299-304.

Bowlby, J. (1998). *El apego y la pérdida II. La separación.* Barcelona: Paidós.

Brand, B. L., Classen, C. C., Lanius, R., Loewenstein, R. J., McNary, S. W., Pain, C., y otros (2009). A naturalistic study of Dissociative Identity Disorder and Dissociative Disorder Not Otherwise Specified patient treatment by community clinicians. *Psychological Trauma: Theory, Research, Practice, and Policy, 1,* 153-171.

Brand, B. L., Classen, C. C., McNary, S. W. y Zaveri, P. (2009). A review of dissociative disorders treatment studies. *Journal of Nervous and Mental Disease, 197,* 646-654.

Braun, B. G. (Ed.). (1986). *Treatment of multiple personality disorder.* Washington, D. C.: American Psychiatric Press.

Brown, D. Sheflin, A. W. y Hammond, D. C. (1998) *Memory, trauma treatment, and the law.* Nueva York: Norton.

Burns, D. D. (2011). *Sentirse bien: una nueva terapia contra las depresiones.* Barcelona: Paidós.

Carnes, P. (1997). *Sexual anorexia: Overcoming sexual self-hatred.* Center City, Minnesota: Hazelden Publishing.

Chu, J. A. (1998). *Rebuilding shattered lives: The responsible treatment of complex post-traumatic and dissociative disorders.* Nueva York: Wiley.

Cloitre, M., Cohen, L. R. y Koenen, K. C. (2006). *Treating survivors of childhood abuse: Psychotherapy for the interrupted life.* Nueva York: Guilford Press.

Coons, P. M. y Milstein, V. (1990). Self-mutilation associated with dissociative disorders. *Dissociation, 3*(2), 81-87.

Courtois, C. A. (1999). *Recollections of sexual abuse: Treatment principles and guidelines.* Nueva York: Norton.

Dell, P. F. (2002). Dissociative phenomenology of dissociative identity disorder. *Journal of Nervous and Mental Disease, 190,* 10-15.

Dell, P. F. (2006). A new model of Dissociative Identity Disorder. *Psychiatric Clinics of North America, 29*(1), 1-26.

Dorrepaal, E., Thomaes, K. y Drajier, N. (2006). Stabilisatiecursus als antwood op complexe posttraumatische stress-stoornis [Stabilization course as an answer to complex post-traumatic stress disorder. Diagnosis, treatment and research in women abused in childhood with a complex posttraumatic stress disorder]. *Tijdschrift voorPsychiatrie, 48,* 217-222.

Dorrepaal, E., Thomaes, K. y Drajier, N. (2008). Vroeger en verder: Cursus na een geschiedenis van misbruik of mischandeling [Earlier and further: Stabilization course as an answer to complex PTSD]. Amsterdam: Pearson Assessment.

Eysenck, M. W. (1992). *Anxiety: The cognitive perspective.* Hove, Inglaterra: Erlbaum.

Fine, C. G. (1988). Thoughts on the cognitive perceptual substrates of multiple personality disorder. *Dissociation, 1*(4), 5-10.

Fine, C. G. (1996). A cognitively based treatment model for DSM-IV dissociative identity disorder. En L. Michelson y W. J. Ray (Eds.), *Handbook of dissociation: Theoretical, empirical and clinical perspectives* (pp. 401-411). Nueva York: Plenum Press.

Fine, C. G. y Comstock, C. (1989). Completion of cognitive schemata and affective realms through temporary blending of personalities. En B. G. Braun (Ed.), Dissociative Disorders 1989-Proceedings of the 6th International Conference on Multiple Personality/Dissociative States (p.17). Chicago: Rush University.

Fonagy, P., Gergely, G., Jurist, E. y Target, M. (2002). *Affect regulation, mentalization, and the development of the self.* Nueva York: Other Press.

Fonagy, P. y Target, M. (1997). Attachment and reflective function: Their role in self-organization. *Development and Psychopathology, 9,* 679-700.

Follette, V. M. y Pistorello, J. (2007). *Finding life beyond trauma: Using acceptance and commitment therapy to heal from posttraumatic stress and trauma-related problems.* Oackland, California: New Harbinger Publications.

Ford, J. D. y Russo, E. (2006). Trauma-focused, present-centered, emotional self-regulation approach to integrated treatment for posttraumatic stress and addiction: Trauma Adaptive Recovery Group Education and Therapy (TARGET). *American Journal of Psychotherapy, 60,* 335-355.

Fraser, G. (1991). The dissociation table technique: A strategy for working with ego states in dissociative disorders and ego-state therapy. *Dissociation, 4,* 205-213.

Fraser, G. (2003). Fraser's Dissociative Table Technique revisited, revised: A strategy for working with ego states in dissociative disorders and ego-state therapy. *Journal of Trauma and Dissociation, 4*(4), 5-28.

Goodwin, J.M. y Attias, R. (1993).Eating disorders in survivors of multimodal childhood abuse. En R. P. Kluft y C. G. Fine (Eds.), *Clinical perspectives on multiple personality disorder* (pp. 327-341). Washington, D. C.: American Psychiatric Press.

Graber, K. (1991). *Ghost in the bedroom: A guide for partners of incest survivors.* Deerfield Beach, Florida: Health Communications.

Gratz, K. y Walsh, B. (2009). *Freedom from selfharm: Overcoming self-injury with DBT and other skills.* Oackland, California: New Harbinger Publications.

Hayes, S. C., Folette, V. M. y Linehan, M. M. (Eds). (2004). *Mindfulness and acceptance: Expanding the cognitive-behavioral tradition.* Nueva York: Guilford.

Hayes, S. C., Wilson, K. G., Guifford, E. V. y Follete, V. M. (1996). Experiential avoidance and behavioral disorders: A functional dimensional approach to diagnosis and treatment. *Journal of Consulting and Clinical Psychology, 64,* 1152-1168.

Harris, M. (1998. *Trauma recovery and empowerment: A clinician's guide for working with women in groups.* New York: Free Press.

Herman, J. L. (2004). *Trauma y recuperación: cómo superar las consecuencias de la violencia.* Madrid: Espasa-Calpe.

Horevitz, R. y Loewenstein, R. J. (1994). The rational treatment of multiple personality. En S. J. Lynn y J. W. Rhue (Eds.), *Dissociation: Clinical and theoretical perspectives* (pp. 289-316). Nueva York: Guilford Press.

International Society for the Study of Trauma and Dissociation (ISSTD). (in press). Guidelines for treating dissociative identity disorder in adults, 3rd revision. *Journal of Trauma and Dissociation, 12.*

Isaac, M., Janca, A. y Sartorius, N. (1995). *Glosario de los síntomas para los trastornos mentales CIE-10.* Madrid: Meditor, S.L.

Jacobson, E. (1974). *Progressive Relaxation: A physiological and clinical investigation of muscular states and their significance in psychology and medical practice* (3rd ed.). Chicago: University of Chicago Press.

Janoff-Bulman, R. (1992). *Shattered assumptions: Towards a new psychology o trauma.* Nueva York: Free Press.

Kashdana, T. B., Barrios, V., Forsyth, J. P. y Steger, M. F. (2006). Experiential avoidance as a generalized psychological vulnerability. Comparisons with coping and emotion regulation strategies. *Behavior Research and Therapy, 44,* 1301-1320.

Kluft, R.P. (Ed.). (1985). *Childhood antecedents of multiple personality.* Washington, D. C.: American Psychiatric Press.

Kluft, R. P. (1987). First-rank symptoms as a diagnostic clue to multiple personality disorder. *American Journal of Psychiatry, 144,* 293-298.

Kluft, R. P. (1993). Clinical approaches to the integration of personalities. En R. P. Kluft y C. G. Fine (Eds.), *Clinical perspectives on multiple personality disorder* (pp. 101-133). Washington, D. C.: American Psychiatric Press.

Kluft, R. P. (1999). An overview of the psychotherapy of dissociative identity disorder. *American Journal of Psychotherapy, 53,* 289-319.

Kluft, R. P. (2006). Dealing with alters: A pragmatic clinical perspective. *Psychiatric Clinics of North America, 29,* 281-304.

Kluft, R. P. (2007). Applications of innate affect theory to the understanding and treatment of dissociative identity disorder. En E. Vermetten, M. J. Dorahy y D. Spiegel (Eds.), *Traumatic dissociation: Neurobiology and treatment* (pp 301-316). Arlington, Virginia: American Psychiatric Publishing.

Kluft, R. P. y Fine, C. G. (Eds.). (1993). *Clinical perspectives on multiple personality disorder.* Washington, D. C.: American Psychiatric Press.

Krakauer, S. Y. (2001). *Treating dissociative identity disorder: The power of the collective heart.* Filadelfia: Brunner-Routledge.

Lanius, R. A., Vermetten, E., Loewenstein, R. J., Brand B., Schmahl, C., Bremmer, J. D., et. al (2010). Emotion modulation in PTSD: Clinical and neurobiological evidence for a dissociative subtype. *American Journal of Psychiatric, 167,* 640-647.

Lehrer, J. (2011). *Cómo decidimos y cómo tomar mejores decisiones.* Barcelona: Paidós.

Linden, A. (2008). *Boundaries in human relationships: how to be separate and connected.* Williston, Vermont: Crown House Publishing.

Linehan, M. M. (2010). *Manual de tratamiento de los trastornos de personalidad límite.* Barcelona: Paidós.

Loewenstein, G. F., Weber, E. U., Hsee, C. K. y Welch, N. (2001) Risk as feelings. *Psychological Bulletin, 127,* 267-286.

Loewenstein, R. J. (1991). An office mental status examination for complex chronic dissociative symptoms and multiple personality disorder. *Psychiatric Clinics of North America, 14,* 567-604.

Lynd, H. (1958). *On shame and the search for identity.* Nueva York: Harcourt.

Maltz, W. (2001). *The sexual healing journey: A guide for survivors of sexual abuse* (2nd ed.). Nueva York: Harper Collins Publishers.

Mann, L. y Tan, C. (1993). The hassled decision maker: The effects of perceived time pressure on information processing in decision making. *Australian Journal of Management, 18,* 197-209.

McCullough, L., Kuhn, N., Andrews, S., Kaplan, A., Wolf, J., Hurley, C. L. y otros (2003). *Treating affect phobia: A manual for short-term dynamic psychotherapy.* Nueva York: Guilford Press.

McLean, P. D. (1985). Brain evolution relating to family, play, and the separation call. *Archives of General Psychiatry, 42,* 405-417.

Michelson, L. y Ray, W. J. (Eds.). (1996). *Handbook of dissociation: Theoretical, empirical, and clinical perspectives.* Nueva York: Plenum Press.

Miller, D. (1994). *Women who hurt themselves: A book of hope and understanding.* Nueva York: Basic Books.

Najavits, L. M. (2002). *Seeking safety: A treatment manual for PTSD and substance abuse.* Nueva York: Guilford Press.

Nathanson, D. L. (1992). *Shame and pride: Affect, sex, and the birth of the self.* Nueva York: Norton.

Nijenhuis, E. R. S., Spinhoven, P., Van Dyck, R., Van der Hart, O. y Vanderlinden, J. (1996). The development and psychometric characteristics of the Somatoform Disociation Questionnaire (SDQ-20). *Journal of Nervous and Mental Disease, 184,* 688-694.

Ogden, P., Minton, K. y Pain C. (2009). *El trauma y el cuerpo: un modelo sensoriomotriz de psicoterapia.* Bilbao: Desclée De Brouwer.

O'Shea, K. (2009). EMDR friendly preparation methods for adults and children. En R. Shapiro (Ed.), *EMDR solutions II: For depression, eating disorders, performance, and more* (pp. 289-312). Nueva York: Norton.

Panksepp, J. (1998). *Affective neuroscience: The foundations of human and animal emotions.* Nueva York: Oxford University Press.

Paterson, R. J. (2000). *The assertiveness workbook: How to express your ideas and stand up for yourself at work and in relationships.* Oakland, California: New Harbinger Publications.

Pelcovitz, D., Van der Kolk, B. A., Roth, S., Mandel, F., Kaplan, S. y Resick, P. (1997). Development of a criteria set and a structured interview for the disorders of extreme stress (SIDES). *Journal of Traumatic Stress, 10,* 3-16.

Phelps, S. y Austin, A. (2008). *La mujer asertiva sabe lo que quiere.* Barcelona: Ediciones Obelisco.

Putnam, F. W. (1989). *Diagnosis and treatment of multiple personality disorder.* Nueva York: Guilford.

Putnam, F. W. (1997). *Dissociation in children and adolescents: A developmental perspective.* Nueva York: Guilford Press.

Ross, C. A. (1989). *Multiple personality disorder: Diagnosis, clinical features, and treatment.* Toronto, Canadá: Wiley.

Ross, C. A. (1997). *Dissociative Identity Disorder: Diagnosis, clinical features, and treatment.* Toronto, Canadá:Wiley.

Ross, C. A., Herber, S., Norton, G. R., Anderson, B., Anderson, G. y Barchet, P. (1989). The Dissociative Disorders Interview Schedule: A structured interview. *Dissociation, 2,* 169-189.

Rothbaum, B., Foa, E. y Hembree, E. (2007). *Reclaiming your life from a traumatic experience. A prolonged exposure treatment program workbook.* Nueva York: Oxford University Press.

Schmidt, S. J. (2009). *The Developmental Needs Meeting Strategy: An ego state therapy for healing adults with childhood trauma and attachment wounds.* San Antonio, Texas: DNMS Institute.

Schore, A. (2001). The effects of a secure attachment relationship on right brain development, affect regulation, and infant mental health. *Infant Mental Health Journal, 22,* 7-66.

Siegel, D. J. (2007). *La mente en desarrollo: cómo interactúan las relaciones y el cerebro para modelar nuestro ser.* Bilbao: Desclée De Brouwer.

Slade, A. (1999). Attachment theory and research: Implications for the theory and practice of individual psychotherapy with adults. En J. Cassidy y P. R. Shaver (Eds.), *Handbook of attachment: Theory, research and clinical applications* (pp. 575-594). Nueva York: Guilford.

Steele, K., Dorahy, M. Van der Hart, O. y Nijenhuis, E. R. S. (2009). Dissociation versus alterations in consciousness: Related but different concepts. En P. F. Dell y J.A. O'Neill (Eds.) *Dissociation and the dissociative disorders: DSM-V and beyond* (pp. 155-170). Nueva York: Routledge.

Steele, K. y Van der Hart, O. (2009). Treating dissociation. En C. A. Courtois y J. D. Ford (Eds), *Treating complex traumatic stress disorder* (pp. 145-165). Nueva York: Guilford Press.

Steele, K., Van der Hart, O. y Nijenhuis, E. R. S. (2001). Dependency in the treatment of complex posttraumatic stress disorder and dissociative disorders. *Journal of Trauma and Dissociation, 2*(4), 79-116.

Steele, K., Van der Hart, O. y Nijenhuis, E. R. S. (2005). Tratamiento secuenciado en fases de la disociación estructural en la traumatización compleja: superar las fobias relacionadas con el trauma1. *Journal of Trauma and Dissociation, 6*(3), 11-53.

Steinberg, M. (1994). Entrevista Clínica Estructurada para los Trastornos Disociativos según DSM-IV revisada2. Washington, D.C.: American Psychiatric Press.

Steinberg, M. (1995). *Handbook for the assessment of dissociation: A clinical guide.* Washington, D.C.: American Psychiatric Press.

Tomkins, S. S. (1963). *Affect/imagery/consciousness: Vol. 2. The negative affects.* Nueva York: Springer.

Tracy, J. L., Robins, R. W. y Tangney, J. P. (Eds.). (2007). *The self-conscious emotions: Theory and research.* Nueva York: Guilford Press.

Van Derbur, M. (2004). *Miss America by day: Lessons learned from ultimate betrayals and unconditional love.* Denver, Colorado: Oak Hill Ridge Press.

Van der Hart, O. (Noviembre 2009). *Haunted and harassed: Perception, memory, and decision-making in the dissociative patient: The 2009 Pierre Janet Memorial Lecture.* Paper presented at the International Society for the Study of Trauma and Dissociation 26th Annual Conference, Washington, D.C.

Van der Hart, O. y Boon, S. (1997). Treatment strategies for complex dissociative disorders: Two Dutch case example. *Dissociation, 10,* 157-165.

Van der Hart, O., Nijenhuis, E. R. S. y Solomon, R. (2010). Dissociation of the personality in complex trauma-related disorders and EMDR: Theoretical considerations. *Journal of EMDR Practice and Research, 4,* 76-92.

Van der Hart, O., Nijenhuis, E. R. S. y Steele, K. (2005). Dissociation: An under-recognized feature of complex PTSD. *Journal of Traumatic Stress, 18,* 413-424.

Van der Hart, O., Nijenhuis, E. R. S. y Steele, K. (2011). *El yo atormentado: la disociación estructural y el tratamiento de la traumatización crónica.* Bilbao: Desclée De Brouwer.

Van der Hart, O. y Steele, K. (1997). Time distortions in dissociative identity disorder: Janetian concepts and treatment. *Dissociation, 10,* 91-103.

Van der Hart, O., Van der Kolk, B. A. y Boon, S. (1998). Treatment of dissociative disorders. En J. D. Bremner y C. R. Marmar (Eds.), *Trauma, memory, and dissociation* (pp. 253-283). Washington, D.C.: American Psychiatric Press.

Van der Hart, O., Boon, S., Friedman, B. & Mierop, V. (1992. De reactiverin van traumatische herineringen. *Dth,* 12-55.

Van der Hart, O., Steele, K., Boon, S., Brown, P. 1993). The treatement of traumatic memories: Synthesis, realization, and integration. *Dissociation,* 6 (2/3) 162-180, *triggers traumatic memories.*

Van der Kolk, B. A. (1996). The complexity of adaptation to trauma: self-regulation, stimulus discrimination, and characterological development. En B. A. van der Kolk, A. C. McFarlane y L. Weiseath (Eds.), *Traumatic stress: The Effects of overwhelming experience on mind, body, and society* (pp. 182-213). Nueva York: Guilford Press.

Vanderlinden, J. y Vandereycken, W. (1997). *Trauma, disociación y descontrol de los impulsos en los trastornos alimentarios.* Barcelona: Ediciones Granica, S.A.

Vermilyea, E. G. (2007). *Growing beyond survival: A self-help toolkit for managing traumatic stress.* Baltimore, Maryland: Sidran Press.

Waller, N. G., Putnam, F. W. y Carlson, E. B. (1996). Types of dissociation and dissociative types: A taxonomic analysis of dissociative experiences. *Psychological Methoods, 1,* 300-321.

Westen, D., Novotny, C. M. y Thompson-Brenner, H. (2004). The empirical status of empirically supported psychotherapies: Assumptions, findings and reporting in controlled clinical trials. *Psychological Bulletin, 130,* 631-663.

Williams, M. B. y Poijula, S. (2002). *The PTSD workbook: Simple, effective techniques for overcoming posttraumatic stress symptom.* Oakland, California: New Harbinger Publications.

Wolfsdorf, B. A. y Zlotnick, C. (2001). Affect management in group therapy for women with posttraumatic stress disorder and histories of childhood sexual abuse. *Journal of Clinical Psychology, 57,* 169-181.

Wright, P. (1974). The harassed decision maker: Time pressures, distractions, and the use of evidence. *Journal of Applied Psychology, 59,* 555-561.

Zlotnick, C. Shea, T. M., Rosen, K., Simpson, E., Mulrenin, K., Begin, A. y otros (1997). An affect-management group for survivors of sexual abuse with PTSD. *Journal of Traumatic Stress, 10,* 425-436.

Índice analítico

1. Se puede encontrar una traducción al español de este artículo en la siguiente URL: http://www.trastornosdisociativos.com/documentos/Fobias/20relacionadas/20con/20el/20trauma.pdf
2. No existe una adaptación española como tal, existe una traducción que sólo ha sido utilizada para los estudios interculturales de fiabilidad.

Vivir la ansiedad con conciencia

Libérese de la preocupación y recupere su vida

Susan M. Orsillo, PhD,
Lizabeth Roemer, PhD

ISBN: 978-84-330-2688-0

Este libro tiene potencial para ser de gran ayuda para todas las personas que sufren de ansiedad en esta era de frenesí despiadado, aislamiento social, estrés y distracción digital perpetua. El sabio consejo de las autoras basado en su propia investigación y experiencia clínica, además de las historias reales de sus propias vidas y de las de otras personas, aportan pruebas convincentes de por qué Mindfulness es tan importante para recuperar nuestras vidas. — Jon Zabat-Zinn, PhD

Si está buscando una forma nueva de relacionarse con la ansiedad -y de sanarse-, este libro será una guía de incalculable valor. Las autoras presentan el sendero Mindfulness de manera clara y accesible. — Tara Brach, PhD

Orsillo y Roemer le muestran cómo utilizar Mindfulness para liberarse del yugo de la ansiedad y avanzar hacia el tipo de vida que quiere vivir. — Steven C. Hayes, PhD, autor de *Sal de tu mente, entra en tu vida*

La ansiedad no es algo que simplemente se supera y de hecho, lo que hace la mayoría de personas para sentirse mejor –evitar las situaciones temidas, alejar la preocupación de la mente– no hace más que empeorar el problema. Susan M. Orsillo y Lizabeth Roemer presentan una nueva alternativa muy potente que puede ayudarle a liberarse de la ansiedad y a cambiar radicalmente la forma en que se relaciona con ella.

Con claridad y compasión, en este libro se describen ejercicios de Mindfulness clínicamente probados y diseñados a medida para la ansiedad en sus varias formas. Aprenda estrategias paso a paso para ganar conciencia de las sensaciones de ansiedad sin dejar que escalen, libérese de la preocupación y del miedo, y logre un nuevo nivel de bienestar emocional y físico.

Terapia de Aceptación y Compromiso

Proceso y práctica del cambio consciente (mindfulness)

Steven C. Hayes
Kirk Strosahl
Kelly G. Wilson

ISBN: 978-84-330-2695-8

La Terapia de Aceptación y Compromiso (ACT) pertenece a lo que ha dado en llamarse *terapias de tercera generación* que suponen una revisión de los planteamientos cognitivo-conductuales vigentes hasta no hace muchos años. La ACT asienta sus fundamentos teóricos en el contextualismo funcional y en la teoría del marco relacional, lo que implica un cambio radical en la consideración de los elementos del comportamiento humano, que ya no son analizados en su particular individualidad sino en cuanto elementos que forman parte del contexto en el que tiene lugar la propia conducta.

En el ámbito de la práctica terapéutica, su aportación fundamental es la despatologización de la experiencia humana. Vivir no es una enfermedad, por dura que sea la realidad; *lo verdaderamente patológico consiste en renunciar a las propias vivencias y experiencias vitales, la evitación vivencial*. De este modo, la ACT se convierte en una invitación a la vida, a la realización personal a través de la propia trayectoria vital.

Su objetivo terapéutico es el desarrollo de la flexibilidad psicológica a la que están enfocadas las distintas técnicas y herramientas recogidas en este manual. Los seguidores de distintos enfoques terapéuticos –Terapia Narrativa, Terapia Gestalt, Psicoterapia Analítica Funcional, PNL, Focusing, Mindfulness, Logoterapia, etc.– encontrarán en esta obra muchas técnicas y conceptos que les resultarán familiares. La ACT, sin embargo, es un enfoque diferente que puede enriquecer la práctica terapéutica de los profesionales de tendencias muy diversas.

En el plano operativo, el presente manual aporta gran cantidad de materiales diagnósticos y de seguimiento de aplicabilidad inmediata y aborda, además, la situación vivencial del propio terapeuta en el transcurso de la terapia, sus dudas y temores. Proporciona una visión clara de la relación terapéutica mediante abundantes transcripciones de sesiones y aporta ejemplos concretos de motivación terapéutica mediante metáforas y demás técnicas propias de la ACT.

El niño atento

Mindfulness para ayudar a tu hijo a ser más feliz, amable y compasivo

2ª edición

Susan Kaiser Greenland

ISBN: 978-84-330-2674-3

> Un extracto soberbio e imaginativo sobre la atención plena para el uso de niños, padres y maestros, presentado de un modo divertido, inteligente y adaptado a la edad. Este libro deja el listón muy elevado para cualquier trabajo posterior en el creciente campo del mindfulness en la educación primaria y secundaria. *—Jon Kabat-Zinn*

> Uno de los mejores libros sobre mindfulness para niños que jamás haya leído. Muy práctico y accesible. Resultan evidentes los años de experiencia y dedicación de Susan. *—Jack Kornfield*

Las técnicas de la atención consciente han ayudado a millones de adultos a reducir el estrés de sus vidas. Ahora los niños –que se encuentran sometidos a una presión mayor que nunca– pueden aprender a protegerse utilizando estos métodos adaptados a su edad. El niño atento es un libro revolucionario, el primero en mostrar a los padres el modo más adecuado de enseñar a sus hijos estas prácticas transformadoras.

La atención consciente te ayuda a prestar una mayor atención a lo que ocurre en tu interior –tus pensamientos, sentimientos y emociones– para poder entender mejor lo que te sucede. El niño atento amplia los grandes beneficios del entrenamiento en mindfulness a niños a partir de cuatro años, con ejercicios, canciones y juegos adaptados a su edad. Estas técnicas amables y divertidas alientan la conciencia y la atención e influyen muy positivamente en el rendimiento académico y en las habilidades sociales y emocionales, al tiempo que proporcionan herramientas para gestionar adecuadamente el estrés y superar problemas como el insomnio, la sobrealimentación, el trastorno de déficit de atención e hiperactividad, el perfeccionismo o la ansiedad. El proceso gradual de entrenamiento mental aquí presentado proporciona herramientas de las que todos los niños –y todas las familias– podrán beneficiarse.

Terapia Cognitivo-Conductual con mindfulness integrado

Principios y práctica

Bruno A. Cayoun

ISBN: 978-84-330-2679-8

> "Un libro maravilloso que consigue reunir lo mejor de la ciencia cognitivo-conductual con la sabia introspección de las enseñanzas Budistas. Estamos ante una maravillosa contribución a la literatura." *—J. Mark G. Williams, Profesor de Psicología Clínica y Jefe de investigación de la Universidad de Oxford.*

> "Bruno Cayoun predica con el ejemplo y eso se hace patente en todo lo que escribe. La TCCMi es un método completo, claro, práctico y fácilmente evaluable. Es como una bocanada de aire fresco y consciente para el mundo de la terapia que promete mejorar las vidas de nuestros pacientes... y las nuestras." *—George W. Burns, Psicólogo Clínico, Profesor de la Universidad Edith Cowan, Australia.*

La incorporación de la práctica de Mindfulness a las técnicas de TCC tradicionales brinda una técnica terapéutica de incalculable valor para muchos trastornos psicológicos y demás problemas de bienestar general. TCC con Mindfulness integrado. Principios y práctica es la primera serie de principios generales y de pautas prácticas para la integración de la meditación Mindfulness y técnicas de TCC bien documentadas. Bruno Cayoun, principal desarrollador de la técnica, comparte con el lector información y conocimientos fruto de muchos años de implementación y de modificaciones aportadas a su innovadora técnica terapéutica y nos ofrece una guía cuidadosamente estructurada para la implementación de un programa efectivo de TCCMi. También nos revela cómo las características de la técnica pueden modificarse con flexibilidad para entornos individuales o de grupo en función de los trastornos y del progreso de cada paciente.

Estableciendo puentes entre filosofías y ciencias Orientales y Occidentales con sofisticación, claridad y precisión, ofrece una pauta enriquecedora para mejorar la vida de pacientes aquejados de una amplia gama de trastornos psicológicos.

BIBLIOTECA DE PSICOLOGÍA
Dirigida por Vicente Simón Pérez y Manuel Gómez Beneyto

ÚLTIMOS TÍTULOS PUBLICADOS

158. AYUDA PARA EL PROFESIONAL DE LA AYUDA. Psicofisiología de la fatiga por compasión y del trauma vicario, por Babette Rothschild.
159. TEORÍA DEL APEGO Y PSICOTERAPIA. En busca de la base segura, por Jeremy Holmes.
160. EL TRAUMA Y EL CUERPO. Un modelo sensoriomotriz de psicoterapia, por P. Ogden, K. Minton y C. Pain.
161. INSOMNIO. Una guía cognitivo-conductual de tratamiento, por Michael L. Perlis, Carla Jungquist, Michael T. Smith y Donn Posner.
162. PSICOTERAPIA PARA ENFERMOS EN RIESGO VITAL, por Kenneth J. Doka.
163. MANUAL DE PSICODRAMA DIÁDICO. Bipersonal, individual, de la relación, por P. Población Knappe.
164. MANUAL BÁSICO DE EMDR. Desensibilización y reprocesamiento mediante el movimiento de los ojos, por Barbara J. Hensley.
165. TRASTORNO BIPOLAR: EL ENEMIGO INVISIBLE. Manual de tratamiento psicológico, por Ana González Isasi.
166. HACIA UNA PRÁCTICA EFICAZ DE LAS PSICOTERAPIAS COGNITIVAS. Modelos y técnicas principales, por Isabel Caro Gabalda.
167. PSICOLOGÍA DE LA INTERVENCIÓN COMUNITARIA, por Itziar Fernández (Ed.).
168. LA SOLUCIÓN MINDFULNESS. Prácticas cotidianas para problemas cotidianos, por Roland D. Siegel.
169. MANUAL CLÍNICO DE MINDFULNESS, por Fabrizio Didonna (Ed.).
170. MANUAL DE TÉCNICAS DE INTERVENCIÓN COGNITIVO CONDUCTUALES, por Mª Ángeles Ruiz Fernández, Marta Isabel Díaz García, Arabella Villalobos Crespo.
172. EL APEGO EN PSICOTERAPIA, por David J. Wallin.
173. MINDFULNESS EN LA PRÁCTICA CLÍNICA, por Mª Teresa Miró - Vicente Simón (Eds.).
174. LA COMPARTICIÓN SOCIAL DE LAS EMOCIONES, por Bernard Rimé.
175. PSICOLOGÍA. Individuo y medio social, por Mª Luisa Sanz de Acedo.
176. TERAPIA NARRATIVA BASADA EN ATENCIÓN PLENA PARA LA DEPRESIÓN, por Beatriz Rodríguez Vega – Alberto Fernández Liria
177. MANUAL DE PSICOÉTICA. ÉTICA PARA PSICÓLOGOS Y PSIQUIATRAS, por Omar França
178. GUÍA DE PROTOCOLOS ESTÁNDAR DE EMDR. Para terapeutas, supervisores y consultores, por Andrew M. Leeds, Ph.D
179. INTERVENCIÓN EN CRISIS EN LAS CONDUCTAS SUICIDAS, por Alejandro Rocamora Bonilla.
180. EL SÍNDROME DE LA MUJER MALTRATADA, por Lenore E. A. Walker y asociados a la investigación.
182. ACTIVACIÓN CONDUCTUAL PARA LA DEPRESIÓN. Una guía clínica, por Christopher R. Martell, Sona Dimidjian y Ruth Herman-Dunn
183. PREVENCIÓN DE RECAÍDAS EN CONDUCTAS ADICTIVAS BASADA EN MINDFULNESS. Guía clínica, por Sarah Bowen, Neha Chawla y G. Alan Marlatt
185. TERAPIA COGNITIVA BASADA EN MINDFULNESS PARA EL CÁNCER, por Trish Bartley
186. EL NIÑO ATENTO. Mindfulness para ayudar a tu hijo a ser más feliz, amable y compasivo, por Susan Kaiser Greenland
187. TERAPIA COGNITIVO-CONDUCTUAL CON MINDFULNESS INTEGRADO. Principios y práctica, por Bruno A. Cayoun
188. VIVIR LA ANSIEDAD CON CONCIENCIA. Libérese de la preocupación y recupere su vida, por Susan M. Orsillo, PhD, Lizabeth Roemer, PhD
189. TERAPIA DE ACEPTACIÓN Y COMPROMISO. Proceso y práctica del cambio consciente (mindfulness), por Steven C. Hayes; Kirk Strosahl Y Kelly G. Wilson
190. VIVIR CON DISOCIACIÓN TRAUMÁTICA. Entrenamiento de habilidades para pacientes y terapeutas, por Suzette Boon, Kathy Steele y Onno Van Der Hart
192. DROGODEPENDIENTES CON TRASTORNO DE LA PERSONALIDAD. Guía de intervenciones psicológicas, por José Miguel Martínez González y Antonio Verdejo García

193. ARTE Y CIENCIA DEL MINDFULNESS. Integrar el mindfulness en la psicología y en las profesiones de ayuda. Prólogo de Jon Kabat-Zinn, por Shauna L. Shapiro y Linda E. Carlson

195. MANUAL DE TERAPIA SISTÉMICA. Principios y herramientas de intervención, por A. Moreno (Ed.)

197. TERAPIA DE GRUPO CENTRADA EN ESQUEMAS. Manual de tratamiento simple y detallado con cuaderno de trabajo para el paciente, por Joan M. Farrell y Ida A. Shaw

198. TERAPIA CENTRADA EN LA COMPASIÓN. Características distintivas, por Paul Gilbert

199. MINDFULNESS Y PSICOTERAPIA. Edición ampliamente revisada del texto clásico profesional, por Christopher K. Germer, Ronald D. Siegel Y Paul R. Fulton

200. MANUAL DE TRATAMIENTO DEL TRASTORNO DE ESTRÉS POSTRAUMÁTICO. Técnicas sencillas y eficaces para superar los síntomas del trastorno de estrés postraumático, por Mary Beth Williams, PhD, LCSW y CTS, Soili Poijula, PhD

201. CUIDADOS DE ENFERMERÍA SOBRE LA BASE DE LOS PUNTOS FUERTES. Un modelo de atención para favorecer la salud y la curación de la persona y la familia, por LAURIE N. Gottlieb

203. EL SER RELACIONAL. Más allá del Yo y de la Comunidad, por Kenneth J. Gergen

204. LA PAREJA ALTAMENTE CONFLICTIVA. Guía de terapia dialéctico-conductual para encontrar paz, intimidad y reconocimiento, por Alan E. Fruzzetti

206. SENTARSE JUNTOS. Habilidades esenciales para una psicoterapia basada en el mindfulness, por Susan M. Pollak, Thomas Pedulla y Ronald D. Siegel

207. PSICOTERAPIA SENSORIOMOTRIZ. Intervenciones para el trauma y el apego, por Pat Ogden y Janina Fisher

208. ¿TRATAR LA MENTE O TRATAR EL CEREBRO? Hacia una integración entre psicoterapia y psicofármacos, por Julio Sanjuán

210. EL MUNDO DE LA ESCENA Psicodrama en el espacio y el tiempo, por Pablo Población Kanappe y Elisa López Barberá; con la colaboración de Mónica González Días de la Campa

211. TRATAMIENTO BASADO EN LA MENTALIZACIÓN PARA TRASTORNOS DE LA PERSONALIDAD. Una guía práctica, por Anthony Bateman y Peter Fonagy

Serie PSICOTERAPIAS COGNITIVAS
Dirigida por Isabel Caro Gabalda

171. TERAPIA COGNITIVA PARA TRASTORNOS DE ANSIEDAD. Ciencia y práctica, por David A. Clark y Aaron T. Beck

181. PSICOTERAPIA CONSTRUCTIVISTA Rasgos distintivos, por Robert A. Neimeyer

184. TERAPIA DE ESQUEMAS Guía práctica, por Jeffrey E. Young, Janet S. Klosko, Marjorie E. Weishaar

191. TRASTORNOS DE ANSIEDAD Y FOBIAS. Una perspectiva cognitiva, por Aaron T. Beck y Gary Emery, con la colaboración de Ruth Greenberg

194. EL USO DEL LENGUAJE EN PSICOTERAPIA COGNITIVA Conceptos y técnicas principales de la terapia lingüística de evaluación, por Isabel Caro Gabalda

196. TERAPIA DE SOLUCIÓN DE PROBLEMAS. Manual de tratamiento, por Arthur M. Nezu, Christine Maguth Nezu y Thomas J. D’Zurilla

202. MANUAL DE INTERVENCIÓN CENTRADA EN DILEMAS PARA LA DEPRESIÓN, por Guillem Feixas Viaplana y Victoria Compañ Felipe

205. TRABAJANDO CON CLIENTES DIFÍCILES. Aplicaciones de la terapia de valoración cognitiva, por Richard Wessler, Sheenah Hankin y Jonathan Stern

209. MANUAL PRÁCTICO PARA LA ANSIEDAD Y LAS PREOCUPACIONES. La solución cognitiva conductual, por David A. Clark y Aaron T. Beck